动物药理

主　编　杨庆稳
副主编　沈留红　吴有华　吕永智
　　　　殷红梅　雍　康　欧红萍

重庆大学出版社

图书在版编目（CIP）数据

动物药理／杨庆稳主编.--重庆：重庆大学出版
社,2021.9（2023.1重印）
"双高计划"高职畜牧兽医高水平专业群建设教材
ISBN 978-7-5689-2657-7

Ⅰ.①动…　Ⅱ.①杨…　Ⅲ.①兽医学—药理学—高等
职业教育—教材　Ⅳ.①S859.7

中国版本图书馆 CIP 数据核字（2021）第 073866 号

"双高计划"高职畜牧兽医高水平专业群建设教材

动物药理

主编　杨庆稳

责任编辑:张红梅　　版式设计:张红梅
责任校对:黄菊香　　责任印制:邱　瑶

*

重庆大学出版社出版发行
出版人:饶帮华
社址:重庆市沙坪坝区大学城西路 21 号
邮编:401331
电话:(023) 88617190　88617185(中小学)
传真:(023) 88617186　88617166
网址:http://www.cqup.com.cn
邮箱:fxk@ cqup.com.cn (营销中心)
全国新华书店经销
重庆俊蒲印务有限公司印刷

*

开本:787mm×1092mm　1/16　印张:17.25　字数:422 千
2021 年 9 月第 1 版　　2023 年 1 月第 3 次印刷
印数:2 001—5 000
ISBN 978-7-5689-2657-7　定价:50.00 元

编委会名单

主　编：杨庆稳（重庆三峡职业学院）

副主编：沈留红（四川农业大学）

　　　　吴有华（重庆三峡职业学院）

　　　　吕永智（重庆三峡职业学院）

　　　　殷红梅（西昌学院）

　　　　雍　康（重庆三峡职业学院）

　　　　欧红萍（成都农业科技职业学院）

参　编：陈思宇（重庆市渝东卫生学校）

　　　　刘雪松（黑龙江省农业科学院畜牧兽医分院）

　　　　罗正中（重庆三峡职业学院）

　　　　莫　全（西昌学院）

　　　　母治平（重庆三峡职业学院）

　　　　任晓丽（河南牧业经济学院）

　　　　张　超（重庆三峡职业学院）

前　言

"动物药理"是一门重要的畜牧兽医、动物医学、动物检疫、宠物保健等专业的专业基础课程,是学习"兽医临床诊疗""动物外产科""动物普通病防治""动物传染病防治"等课程的前导课程。本书结合课程要求,以及毕业生职业岗位(群)所需的基本理论和专业技能,设计教学内容,突出了本书的实用性、针对性和技能性。

本书按照模块进行划分,每个模块下设项目,项目下再细分学习情境。全书共7个模块、25个项目,包括药理基础知识(任晓丽、刘雪松编写),作用于内脏系统的药物(杨庆稳、雍康编写),作用于神经系统的药物(吕永智、张超编写),调节新陈代谢的药物(母治平、沈留红编写),作用于病原体的药物(吴有华、陈思宇编写),抗组胺药、前列腺素、糖皮质激素及解热镇痛抗炎药(殷红梅、莫全编写),解毒药(欧红萍、罗正中编写)。另外,每个模块开始时还设置了学习目标、学习要求、资讯问题等,便于学生自学和把握教学重点;每个项目后面都有课后笔记,利于学生加深对动物药理知识的学习和理解;模块结束时还有思考题、模块病例导入和直击执业兽医师等专项练习题,便于学生巩固提高和检测自己对知识的掌握情况。

本书内容丰富、文字简洁、适用范围广,既可作为高等职业院校畜牧兽医、动物医学、动物检疫、宠物保健等专业的教材,也可作为中等职业学校畜牧兽医类专业广大师生、兽药生产企业的销售和技术服务人员、兽药经营单位的营销人员、动物养殖企业的兽药使用人员和兽药行政监管专职人员等的自学教材或参考书籍。

由于编者水平有限,书中难免存在不足之处,敬请专家、学者及广大读者批评指正。

编　者
2021年3月

目　录

模块 1
药理基础知识

【学习目标】

1. 了解药物的来源、剂型的分类及常见制剂的应用。
2. 了解药物体内代谢的基本规律。
3. 理解药物作用的基本理论,掌握影响药物作用的因素。
4. 掌握药物的基本概念及开写处方的注意事项。
5. 能够熟练地开出正确的处方。
6. 能妥善地保管与贮存药物。

【学习要求】

1. 掌握药理基础知识。
2. 学会正确贮存药品。
3. 学会开写处方。

【资讯问题】

1. 什么是兽药?
2. 国家规定禁用的兽药有哪些?
3. 新兽药有哪些?
4. 兽药的分类?
5. 什么是国家兽药管理规范?

项目1 药物的基本知识

学习情境1 药物基本概念

药物的基本概念如下：

1. 兽药

兽药是指用来预防、治疗和诊断动物疾病，以及促进动物生长、繁殖，提高动物生产效能的物质，如动物保健品和饲料添加剂等。

2. 普通药

普通药是指在治疗剂量时一般不会产生明显毒性的药物，如青霉素、恩诺沙星等。

3. 剧药

剧药是指毒性较大的药物。其极量与致死量比较接近。服用超过极量时，亦可引起中毒与死亡。其中毒性较小而又常用的品种称为"限剧药"，此类毒性较强的药物，必须经有关部门批准才能生产、销售，如安钠咖、巴比妥等。

4. 毒药

毒药是指毒性极大的药物。其极量与致死量极为接近，稍大用量即可危及生命，如升汞、三氧化二砷、硝酸士的宁等。

5. 麻醉品

麻醉品是指较易成瘾的药物，在药典中多属毒剧药，如阿片、吗啡、哌替啶等。它与麻醉药物不同，麻醉药物不具成瘾性。

6. 毒物

毒物是指能对动物机体产生损害作用的物质。在兽医临床上，药物的用量恰当、用法准确，就能达到预防、治疗疾病或促进生长的目的；药物用量过大或用法不恰当，就会成为对动物机体产生毒性，甚至引起动物死亡的毒物。因此，药物与毒物之间没有绝对的界限。

学习情境2　药物的来源

《山海经》中明确提出,药物包括植物药、动物药和矿物药三类。这些属于天然状态,加以简单调制而成的药物称为生药。研究各种生药的来源、形状、组织、成分、鉴别和应用的学科,称为生药学。

随着科学的迅猛发展,人们除了获取天然药物外,又人工合成了许多化学药物,如磺胺类药物,而且还从某些微生物的代谢产物中获得了医疗价值高、种类多的抗生素药物,并在抗生素基础上引入基团,形成半合成药物。因此,药物可分为天然药物、半合成药物和人工合成药物三大类。天然药物包括植物药、动物药、矿物药和微生物类药,其中植物药运用范围较广泛,是利用植物的根、茎、叶、花、果实及种子经加工制成的药物。植物药中含有多种化学成分,其中具有医疗效用或生物活性的物质称为该种药物的有效成分。植物药的有效成分主要有以下7种。

1. 生物碱

生物碱是一种含氮的碱性化合物。大多数生物碱不溶或难溶于水,能溶于氯仿、乙醚和酒精等有机溶剂,易与稀酸液化合生成生物碱盐类。生物碱盐类易溶于水,难溶于有机溶剂。生物碱大多具有特殊的生物活性,如小檗碱能杀菌消炎,咖啡因能使中枢神经兴奋等。

2. 苷类

苷类又称为配糖体,是由非糖部分的苷元(配基)和糖或糖衍生物组成的一类化合物。大多数苷类可溶于水、酒精,难溶于苯或醚,遇酸或酶可水解为糖和苷元。苷元一般易溶于有机溶剂,难溶于水。苷的种类很多,由于所含苷元不同,所以具有不同的生物活性。苷在植物中分布较广,是一类重要的有效成分。一般包括:

①强心苷:有强心的作用。

②皂苷:有祛痰的作用。

③氰苷:有止咳的作用。

④蒽醌苷:有泻下的作用。

⑤黄酮苷:主要作用于心血管系统,并有止血、镇咳、祛痰等作用。

3. 有机酸

有机酸在植物中广泛存在,多数植物的有机酸能溶于酒精或乙醚等有机溶剂,但难溶或不溶于石油醚。常见的有机酸有枸橼酸、苹果酸、琥珀酸和草酸等。

4. 挥发油

挥发油是可随水蒸气蒸馏、与水不相混合的挥发性油状产物的总称。挥发油香气成分大多是分子中含氧的萜烯、芳烃、醇、醛、酮、酯、酚、酸和醚等。挥发油为无色或微黄色的透明油状液体,具有特殊香味,常温下能挥发,易溶于有机溶剂,难溶于水;主要具有祛风、祛痰、强心、利尿、抗菌、消炎和镇痛等多种作用。多数植物都含有挥发油,以种子植物居多。

5. 氨基酸

氨基酸是广泛存在于生物中的一类大分子含氮物质。植物药中的氨基酸多能溶于水。南瓜子和使君子中所含的氨基酸都是植物药的有效成分。

6. 鞣质

鞣质是可与蛋白质、生物碱盐、重金属结合生成沉淀的一类大分子含酚类化合物,具有涩味和收敛性,内服可止泻及作为生物碱、重金属中毒的解毒药,外用可作止血、烧伤用药。

7. 树脂

树脂为植物分泌的一种含多糖类的混合物,多含有挥发油、树胶等物质,不溶于水,能溶于醇或其他溶剂中。药用树脂,如乳香、没药、安息香、血竭等有消炎、止血、镇痛、抗菌等作用。

学习情境3　药物的制剂与剂型

为了使用安全、有效且便于保存、运输,将原材料加工制成的一定形态和规格的药品,称为制剂。如10%的葡萄糖注射液、乳酶生片等都是制剂。剂型是指药剂的类别,是药物经加工而成的适合医疗应用的一种形态,如注射剂、片剂、丸剂等。临床常用的剂型有液体剂型、半固体剂型及固体剂型。

一、液体剂型

液体剂型是指一种或多种溶质溶解或分散在溶媒中所制成的澄明或混悬的剂型。

1. 溶液剂

溶液剂是一种可供内服或外用的澄明溶液。溶液剂的溶质一般为不具挥发性的化学药品,溶剂多为水,如高锰酸钾溶液;也有溶剂为不具挥发性的醇溶液或油溶液的,如维生素A溶液。

2. 合剂

合剂是由两种及以上药物制成的供内服的液体剂型。它与溶液剂的区别是:其溶质与溶剂有的相溶,成为溶液;有的不相溶,成为悬浮剂。合剂包括溶性和不溶性成分,如胃蛋白合剂、三溴合剂等。

3. 煎剂及浸剂

煎剂及浸剂都是生药(药材)的水浸出制剂。煎剂是将生药加水煎煮一定时间后过滤而制得的液体剂型;浸剂是将生药用沸水、温水或冷水浸泡一定时间后过滤而制得的液体剂型。

4. 注射剂

注射剂亦称针剂,是指灌封于特别容器中经灭菌的药物澄明液、混悬液、乳浊液或粉末(粉针剂),是一种须用注射方法给药的剂型。如葡萄糖注射液、注射用青霉素 G 钾。

5. 醑剂

醑剂是指挥发性药物的酒精溶液,可供内服或外用。如樟脑醑、芳香氨醑等。

6. 酊剂

酊剂是指用规定浓度的酒精浸泡生药或化学药物而制成的澄清液体剂型。如碘酊、大蒜酊、陈皮酊和龙胆酊等。

7. 搽剂

搽剂是指刺激性药物的油性或醇性液体剂型。供外用涂搽皮肤的表面,一般不用于破损的皮肤。如四三一搽剂、松节油搽剂等。

8. 流浸膏剂

流浸膏剂是指将生药的浸出液除去一部分溶剂而制成的浓度较高的液体剂型。除有特别规定外,流浸膏剂每毫升相当于原药 1 g,多供内服。如大黄流浸膏。

9. 乳剂

乳剂是指两种以上不相混合的液体(如水与油),加入乳化剂后制成的乳状混浊液。乳剂的特点是增加了药物表面积,以促进吸收及改善药物对皮肤、黏膜的渗透性,可供内服和外用。

二、半固体剂型

半固体剂型是指药物与适当的基质混合均匀的剂型,供外用或内服。

1. 软膏剂

软膏剂是药物与适宜的基质混合而制成的,容易涂布于皮肤、黏膜、创面的一种半固体剂型外用药。供眼科用的灭菌软膏称为眼膏。

2. 浸膏剂

浸膏剂是生药浸出液经浓缩制成的膏状或粉状浸出制剂,如甘草浸膏等。除特别规定外,每 1 g 浸膏剂相当于原药 2～5 g。

3. 硬膏剂

硬膏剂是药物与基质混合后涂布在布或纸上的硬质膏药,遇热则软化而易于黏附在皮肤上不易脱落。硬膏剂能在局部持久呈现作用。

4. 舔剂

舔剂是由各种植物性粉末、中性盐类或浸膏等与黏浆药混合制成的一种黏稠状或粥状药剂。舔剂常用辅料有淀粉、米粥、糖浆等,多为诊疗后现用现配。

5. 糊剂

糊剂是含有 25% 的粉末状药物与甘油、液体石蜡均匀混合制成的半固体剂型。

三、固体剂型

固体剂型是指药物或药物与赋形剂均匀混合而制成的剂型。

1. 散剂

散剂是指一种或多种药物粉碎为末后混合制成的干燥固体剂型,可供内服或外用。

2. 片剂

片剂是指一种或多种药物经机械压制成圆片状或异形片状的干燥固体剂型,主要供内服,如乳酶生片、阿司匹林片等。

3. 胶囊剂

胶囊剂是将药物密封于胶囊中而制成的一种剂型。其目的是避免药物的刺激性或不良气味或起到缓释作用。

4. 丸剂

丸剂是指由一种或多种药物制成的球形或卵圆形的剂型,供内服,如牛黄解毒散。

有时候,由于临床治疗的需要,会临时调制一些药物用,即调剂。调剂是根据兽医师书写的医疗处方临时调成的成品。制剂和调剂统称为药剂。

学习情境4 药物的保管与贮存

药物都具有一定的物理性质和化学性质,如果保管或贮存不当,则会引起药物理化性质的改变而影响药物疗效,带来经济损失,甚至危及生命安全。

对各种药物的保管,可根据药物的临床应用、物理或化学性质(如易燃、易氧化、易挥发等)、外观形状(如液体、固体)等而分类放置。排列要整齐有序,便于拿取。普通药和剧药、毒药必须分开贮存,剧药、毒药必须专人、专柜保管,实行领用登记制度。药瓶应贴有清楚的瓶签,更换时,须先贴上新瓶签,再去掉旧瓶签。

药品的贮存一般应按照药品说明书的贮存方法操作。根据药物的理化性质不同,药物的贮存方法也各有不同。遇光、空气、热等易分解或变色的药品应装于有色瓶内,密闭避光保存;易潮解、易挥发及易风化的药品,应拧紧瓶塞或涂蜡封存;遇热易分解或挥发的药品应放于阴凉干燥处保存;血清、疫苗应在低温条件下(2~8 ℃)保存;特殊药品如甲醛溶液的贮存温度不能低于9 ℃,以免聚合;注明有效期的药品,应按有效期批号(批号以8位数字表示,如20180919,即2018 年9 月19 日生产)分别保管,有效期早的先用,以免造成浪费。

学习情境 5　兽药的生产与销售规范

改革开放以来,我国的兽药业快速发展,兽药的研究水平得到提高,新兽药的研制速度得到加快,新产品的开发能力得到增强。但在发展过程中还存在许多问题:兽药厂数量多,规模小,产品质量低;兽药质量监督力度跟不上兽药生产和销售企业的发展速度,假兽药、劣兽药泛滥,不规范使用兽药现象相当严重,兽药使用的安全问题日趋突出。

兽药使用的安全性问题,不仅涉及动物健康,而且涉及公共卫生、环境保护、人们的健康和生命安全。目前,肉、蛋、奶及其制品中出现的兽药残留严重超标现象,主要是滥用兽药造成的。不遵守《中华人民共和国兽药典》(2020 年版)、《中华人民共和国兽药规范》和《饲料药物添加剂使用规范》的规定,是造成兽药滥用的主要原因。

《中华人民共和国兽药典》是我国兽药生产、经营、销售、使用和新兽药研究、兽药的检验、监督和管理应共同遵循的法定的技术依据。我国第一版《中华人民共和国兽药典》(1990 年版)共两部,第一部收载化学药品、抗生素、生化制品和各类制剂;第二部收载中药材和成方制剂。根据我国兽药行业的发展状况,中国兽药典委员会又于 2020 年对《中华人民共和国兽药典》进行了修订、增补。

《中华人民共和国兽药规范》是兽药生产、经营、使用和监督等部门应遵循的法定依据。《中华人民共和国兽药规范》第一版于 1978 年出版,现经中国兽药典委员会组织修订,将没有收入兽药典、但各地仍有生产和使用的一些品种,以及农业部陆续颁布的一些新兽药质量标准载入了第二版(1992 年版)。《中华人民共和国兽药规范》分一部和二部,采用的凡例和附录均依照《中华人民共和国兽药典》规定。

《兽药管理条例》由国务院于 1987 年颁布,要求凡从事兽药生产、经营和使用者必须遵守本条例的规定,保证兽药生产、经营、使用的质量,并确保安全有效。农业部根据《兽药管理条例》制定和发布了《兽药管理条例实施细则》《新兽药及兽药新制剂管理办法》《核发兽药生产许可证、兽药经营许可证、兽药制剂许可证管理办法》《兽药生产质量管理规范》《兽药生产质量管理规范实施细则》《动物性食品中兽药最高残留限量》及《饲料药物添加剂使用规范》等。

《兽药生产质量管理规范》即"兽药 GMP(Good Manufacture Practice)",是每个兽药生产企业必须达到的标准,否则,不准进行兽药生产。

我国兽药行业的管理体系是一个完整的系统。根据《兽药管理条例》的规定,我国农业部畜牧兽医局负责全国的兽药管理工作,中国兽药监察所负责全国的兽药质量监督、检验工作。各省、直辖市、自治区相应地设立兽药药政部门和兽药监察所,分别负责辖区内的兽药管理工作和兽药质量监督、检验工作。

＊课后笔记

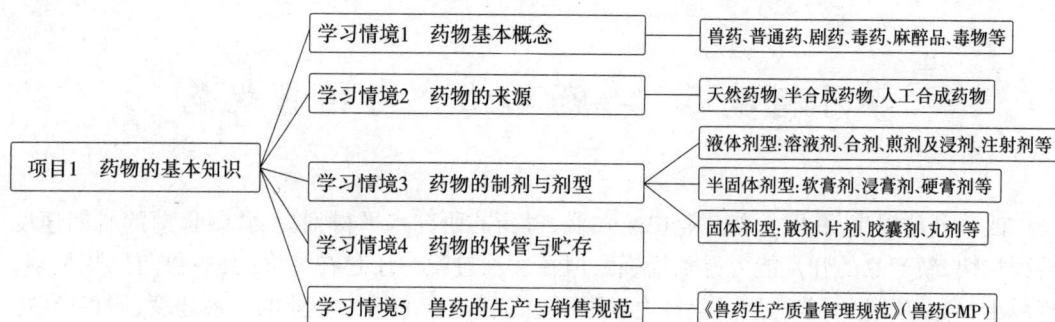

项目1　药物的基本知识

学习情境1　药物基本概念　——　兽药、普通药、剧药、毒药、麻醉品、毒物等

学习情境2　药物的来源　——　天然药物、半合成药物、人工合成药物

学习情境3　药物的制剂与剂型　——
液体剂型：溶液剂、合剂、煎剂及浸剂、注射剂等
半固体剂型：软膏剂、浸膏剂、硬膏剂等
固体剂型：散剂、片剂、胶囊剂、丸剂等

学习情境4　药物的保管与贮存

学习情境5　兽药的生产与销售规范　——　《兽药生产质量管理规范》(兽药GMP)

项目2 药物对机体的作用——药效学

药物对机体的作用表现为使机体的生理机能或生化反应过程发生变化,称为药物的作用或效应,简称药效学。药效学是药理学研究的主要内容,也是应用药物防治疾病的依据。

学习情境1 药物的基本作用

一、药物作用的基本形式

药物作用是指药物对机体原有的生理、生化功能的改变。药物对机体所产生的作用有以下两方面:一是使机体器官、组织的生理、生化功能增强,称为兴奋;二是使机体器官、组织的生理、生化功能减弱,称为抑制。引起机体组织生理、生化功能兴奋的药物称为兴奋药,如咖啡因能使大脑皮质兴奋、心跳加快,则咖啡因属兴奋药;反之,使机体组织生理、生化功能下降的药物称为抑制药,如氯丙嗪能抑制中枢神经,使体温下降,则氯丙嗪属抑制药。同一药物对不同的器官、组织可以产生不同的作用。如肾上腺素可加强心肌收缩力,加快心跳,对心脏呈现兴奋作用;同时使骨骼肌血管舒张、支气管平滑肌松弛而呈现抑制作用。

药物的作用是通过机体并且依靠机体固有的机能发生的,药物只能改变机体原有的机能,而不能产生新的机能。

二、药物作用的方式

1.局部作用和全身作用

根据作用的范围,药物作用可分为局部作用和全身作用。药物在吸收入血液以前,在用药局部产生的作用,称为局部作用。如用酒精对局部皮肤表面的消毒。药物经吸收进入血液循环后产生的作用,称为全身作用,又称吸收作用。如肌内注射青霉素后出现的抗感染作用。

2. 直接作用和间接作用

根据作用发生的顺序或药效作用先后,药物作用可分为直接作用和间接作用。药物对所接触的组织器官产生的作用,称为直接作用或原发作用;由直接作用引起其他组织器官的机能改变,称为间接作用,又称继发作用。如用洋地黄治疗充血性心力衰竭时,洋地黄毒苷作用于心脏,增强心肌收缩力,改善全身血液循环,这是洋地黄的直接作用;由于血液循环的改善,体内过多的水分自肾脏排出,产生了利尿和消除水肿的作用,这是洋地黄的间接作用。

三、药物作用的选择性

药物进入机体后,对某些器官或组织的作用特别强,而对其他组织,甚至相邻的细胞作用很弱,甚至无影响,这种现象称为药物作用的选择性。如洋地黄毒苷对心脏、麦角对子宫有明显的选择性,而对其他的组织器官不产生影响。药物作用的选择性是机体组织、器官对药物的敏感性差异的表现。因为机体的各种组织细胞不但在形态结构上各有不同,它们的生化过程也各有特点。药物作用的选择性是治疗的基础,如果一种药物选择性高、针对性强,就会产生良好的治疗效果,且很少或没有副作用。药物作用的选择性是相对的,并不是完全专一或特异的。药物的选择性和药物的用量有关,如适量的咖啡因能选择性地兴奋大脑皮质,但当增大剂量时,就能兴奋延脑甚至脊髓。

四、药物作用的基本规律

(一)药物的治疗作用与不良反应

用药后产生符合治疗目的或达到预防效果的作用,称为治疗作用;与用药目的无关或对机体产生损害的作用,称为不良反应。大多数药物在发挥治疗作用的同时又产生不同程度的不良反应,这就是药物的二重性。

1. 治疗作用

治疗作用一般可根据治疗效果分为对因治疗和对症治疗两种。

(1)对因治疗

药物作用的目的在于消除疾病发生的原因,又称为治本,如用洋地黄治疗慢性充血性心力衰竭引起的水肿。

(2)对症治疗

药物作用的目的在于改善疾病症状,又称为治标,如解热镇痛药能使发热动物的体温降至正常,但如果发热病因不除,药物作用消失后体温又会上升。

一般情况下首先考虑对因治疗,对因治疗才是用药的根本。但在症状严重以致危及生命(如休克、惊厥、心力衰竭等)时,则必须先采取对症治疗,以减轻症状,赢得治疗时间,即"急则治其标,缓则治其本"。多数情况下采取"标本兼治"才能取得最佳疗效。

2. 不良反应

(1)副作用

药物在治疗剂量内产生的与治疗目的无关的作用称为副作用。它是药物固有的、可预知的作用,一般动物反应都较轻微,停药后能自行消失,但严重时应设法纠正。由于有些药物选择性低,药理作用广泛,当利用其中一个作用为治疗目的时,其他作用便成了副作用。如阿托品用于肠痉挛可缓解或消除疼痛,但会出现腺体分泌减少、口腔干燥的副作用。当治疗目的不同时,副作用也可成为治疗作用。如上述阿托品在治疗肠痉挛时出现的腺体分泌减少是副作用,但在作为麻醉前给药时又是治疗作用,它抑制腺体分泌,有利于手术。

（2）毒性反应

使用药物剂量过大或用药时间过长,引起机体严重的功能紊乱、组织损伤等不良反应称为毒性反应。用药后立即发生的称为急性毒性,多由一次用量过大引起,常表现为心血管功能和呼吸功能的损害。长期用药蓄积后逐渐产生的称为慢性毒性,常表现为肝、肾、骨髓的损害。少数药物还能产生特殊毒性,即致癌、致畸和致突变反应。大多数药物都有一定的毒性,只是毒性反应的性质和程度不同。毒性反应一般是可预知的,临床用药时应设法减轻或防止。

（3）过敏反应

过敏反应又称变态反应,指极少数动物个体在再次应用某药时发生的一种特殊反应,它的本质是免疫反应。如青霉素作为一种半抗原,进入动物体内与蛋白质结合形成全抗原,刺激机体产生抗体,当青霉素再次进入机体后,青霉素与抗体形成抗原抗体复合物,从而导致组织细胞损伤、机体功能紊乱,出现过敏性休克。这种反应与剂量无关,反应性质各不相同,很难预料。致敏原可能是药物本身,或者是药物在体内的代谢产物,也可能是药物制剂中的杂质。

（4）继发反应

继发反应是药物治疗作用引起的不良后果。如草食动物胃肠道有许多微生物寄生,菌群之间存在互相制约的关系,维持着平衡的共生状态,当长期应用四环素类广谱抗生素,对药物敏感的菌株受到抑制,菌群间的平衡遭到破坏,致使一些不敏感的或抗药的细菌,如真菌、葡萄球菌及大肠杆菌等大量繁殖,引起中毒性肠炎或全身感染。这种继发感染称为"二重感染"。

（5）后遗效应

后遗效应是指停药后血药浓度降至阈值以下时的残存药理效应。由于用药造成的组织不可逆损害的后遗效应,称为药源性疾病。有些药物的后遗效应除能产生不良反应外,也能产生对机体有利的后遗效应。如抗生素后效应,指的是抗生素后白细胞促进效应,可提高吞噬细胞的吞噬能力。

（二）药物的构效关系

多数药物通过化学反应而产生药理效应,这种效应的特异性取决于药物特定的化学结构,药物的化学结构与药物效应之间的密切关系称为构效关系。大多数药物以其特定的化学结构与机体组织细胞的受体、酶结合,从而引起机体生理、生化功能的改变。一方面,化学结构类似的化合物一般能与同一受体或酶结合,因而产生相同或相似的作用,这类药物称为拟似药。如麻黄碱与肾上腺素。另一方面,结构相似而作用相反的药物称为拮抗药。如组胺与抗组胺药。

　　许多化学结构完全相同的药物还存在光学异构体,因此具有不同的药理作用。多数左旋体有药理活性,而右旋体则无。如左旋咪唑有抗线虫作用,右旋体则没有。结构的微小改变可能使药效产生很大的变化,因此认识药物的构效关系不仅有助于理解药物作用的性质和机理,也有利于寻找和合成新药。

　　(三)药物的量效关系

　　在一定范围内,药物的效应随用药剂量或血中药物浓度的增加而增强,这种药物效应和剂量之间的规律性变化称为量效关系。

　　药物的剂量过小,不产生任何效应,称为无效量;能使药物产生效应的最小剂量称为最小有效量。随着剂量的增加,药物效应也逐渐加强。对一群个体中 50% 的个体有效的剂量称为半数有效量,用 ED_{50} 表示。达到最大效应的剂量,称为极量。这时若再增加剂量,效应不再增强,反而出现毒性反应。出现中毒的最低剂量称为最小中毒量。引起死亡的量称为致死量。引起半数动物死亡的量称为半数致死量,用 LD_{50} 表示。药物的 LD_{50} 和 ED_{50} 的比值称为治疗指数,此数值越大,药物应用越安全。

　　药物临床常用量或治疗量应比最小有效量大,比极量小。最小有效量与最小中毒量之间的剂量是临床用药的安全范围。

　　药物效应强度与剂量的关系见图1-1。

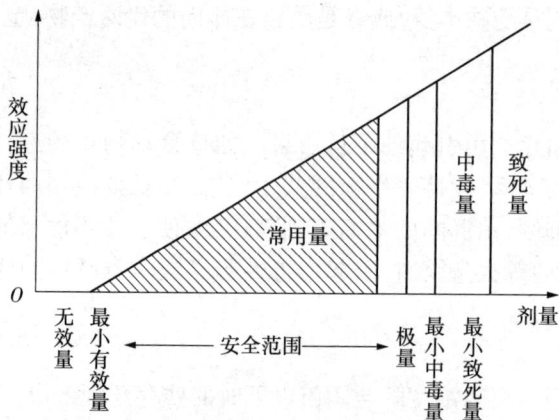

图 1-1　药物效应强度与剂量的关系示意图

(《动物药理学》刘占民,李丽主编,2008 年,中国农业科学技术出版社)

学习情境2　药物作用的机理

　　药物作用的机理是研究药物对动物机体如何起作用,以及在哪个部位起作用的问题,是药效学的重要内容。对药物作用机理的研究已从细胞、亚细胞水平深入到分子水平。药物作用的机理较多,归纳起来主要是受体学说和非受体学说。

一、受体学说

　　受体学说是指存在于细胞膜或细胞内对特定的生物活性物质具有识别能力,并可选择性地与之结合的蛋白质,与外来化合物结合,进而引发一系列识别、换能和放大过程,最后导致生物学效应。生物活性物质包括机体内固有的内源性活性物质(神经递质、激素、活性肽、抗原与抗体等)和来自体外的外源性活性物质(药物、毒物等)。对受体具有选择性结合能力的生物活性物质称为配体。

　　受体的种类较多,如胆碱受体(M 胆碱受体、N 胆碱受体)、肾上腺素受体(α-肾上腺素受体、β-肾上腺素受体)、生长因子受体、维生素 D_3 受体等。各种受体在体内都有其固定的分布与功能。受体具有饱和性、特异性、可逆性,也就是说在机体组织细胞内的受体数量是一定的,不是无限的;特定的受体与特定的配体结合,具有专一性;受体与配体(药物)结合后以非代谢的方式解离,解离后得到的配体是药物本身,而不是代谢产物,解离后的受体恢复原状。

　　药物作用的发生是药物(配体)与受体结合的结果。首先是药物与受体结合形成复合体,然后复合体进一步激活一系列生物化学反应,继发产生特定的生物效应。药物与受体结合产生药理效应的研究在不断进行,受体作用学说较多,目前较为认同的是“占领学说”。

　　“占领学说”认为,药物与受体结合产生效应必须具有亲和力和内在活性。亲和力表示药物与受体结合的能力。亲和力越大,药物占领受体的数量越多,药物的效应越强。内在活性表示药物与受体结合后诱导产生生理效应的能力。不同的药物具有不同的内在活性,可以产生不同的效应:与受体既有亲和力又有内在活性的药物称为激动剂;与受体只有亲和力但无内在活性,与受体结合后不仅不能诱导效应,反而还阻断激动剂与受体作用的药物称为拮抗剂;与受体具有亲和力,但内在活性不强,具有较弱的激动剂和拮抗剂的作用的药物称为部分激动剂或部分拮抗剂。

二、非受体学说

　　药物作用的机理是十分复杂的生理、生化过程。虽然许多药物与受体的作用机理已被阐明,但是很多药物不直接作用于受体也能引起器官、组织功能发生变化。因此,药物作用还存在各种非受体机理。

1. 对酶的作用

　　许多药物是通过影响酶的抑制、酶的激活、酶的诱导及酶的复活来实现其效应的。如苯巴比妥诱导肝微粒体酶,碘解磷定使磷酰化胆碱酯酶复活。

2. 影响离子通道

　　有些药物可直接作用于细胞膜上的 Na^+、K^+、Ca^{2+} 通道而产生药理效应,如普鲁卡因可阻断 Na^+ 通道而产生局部麻醉作用。

3. 对核酸的作用

　　抗癌药物和部分抗菌药物大都通过影响细胞的核酸代谢而产生药理效应。

4. 影响自体活性物质或神经递质

有些药物通过影响自体活性物质或神经递质的生物合成、贮存、释放而产生药理效应。如解热镇痛药影响前列腺素的合成,麻黄碱促进去甲肾上腺素的释放。

5. 参与或干扰细胞代谢

有些药物通过参与或干扰细胞的生理、生化过程而产生药理作用。如磺胺药是通过阻断细菌的叶酸代谢而产生抑菌作用的。

6. 影响免疫机能

有些药物通过影响机体免疫机能而起作用。如左旋咪唑具有免疫增强作用。

7. 理化条件的改变

有些药物是通过简单的理化反应而产生作用的。如碳酸氢钠中和胃酸治疗胃溃疡,醇、酸及碱等使病原微生物的蛋白质沉淀。

✳ 课后笔记

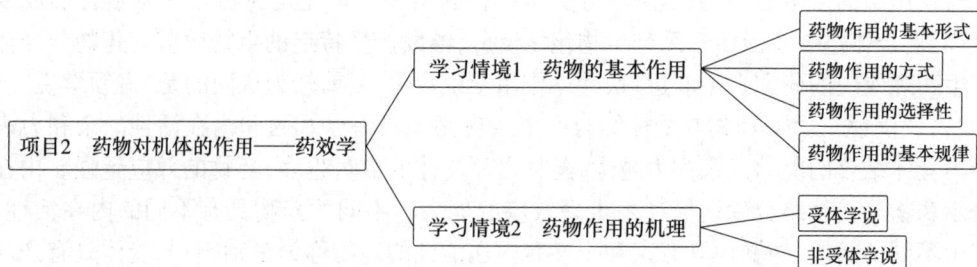

项目 3 机体对药物的作用——药动学

机体对药物的作用即是药物代谢动力学的内容;研究机体对药物的处置过程,即研究药物在机体内的吸收、分布、代谢和排泄的规律。

学习情境 1 药物的跨膜转运

药物从进入机体至排出体外,都要通过有机体的生物膜,也就是说,药物从吸收到排泄都要进行跨膜转运。生物膜是细胞膜和细胞器膜的总称,主要由类脂、蛋白质和少量的多糖组成。由于药物通过细胞膜或生物膜的机制不同,所以跨膜转运的方式主要有以下几种。

1. 被动转运

药物通过生物膜由高浓度向低浓度转运的过程称为被动转运,它包括简单扩散和滤过。

简单扩散又称被动扩散,是药物顺浓度高的一方向膜对侧浓度低的一方扩散,扩散过程与细胞代谢无关,故不消耗能量,也无饱和现象。药物的浓度越高,脂溶性越大,解离度越低,扩散越快。大部分药物是通过这种方式转运的。

在简单扩散中,药物的理化性质、解离度和体液的 pH 值都可对扩散产生影响。只有非解离型并具有脂溶性的药物才容易通过生物膜;解离型的药物具有极性并且脂溶性低,不能通过生物膜。多数药物是弱有机酸或弱有机碱,体液的酸碱环境使药物在体内组织中有不同的浓度(包括解离浓度和非解离浓度)。酸性药物在碱性较强的体液中具有较高的浓度;碱性药物则在酸性较强的体液中有较高的浓度。因此,在治疗疾病时可根据以上规律来选择药物。如治疗乳腺炎时,因乳汁的 pH 值低于血浆 pH 值,碱性药物在乳汁中的浓度较高,故应选择碱性药物治疗。

滤过是小分子(相对分子质量 150～200)物质及水溶性、极性和非极性物质直接通过水通道转运的常见方式。

2. 主动转运

主动转运是指药物从低浓度一侧向高浓度一侧的转运,它是需要载体参与,并消耗能量的一种转运方式。由于载体的参与,转运过程具有饱和性和竞争性。

3. 易化扩散

易化扩散是一种需要载体参与,但不消耗能量的顺浓度梯度转运的方式。它具有饱和性和竞争性。

4. 胞饮作用

胞饮作用是细胞膜主动变型,将某些物质摄入细胞内或从细胞内释放到细胞外的过程。通常蛋白质、毒素、抗原等大分子物质通过这一方式转运。

学习情境2 药物的体内过程

药物进入机体后,在对机体产生作用的同时,本身也受机体的作用而产生变化,变化的过程分为吸收、分布、生物转化和排泄。整个过程是在药物进入动物机体后相继发生的。

一、吸收

药物从用药部位进入血液循环的过程称为吸收。除静脉注射药物直接进入血液循环外,其他给药方法均有吸收过程。因此,给药途径是影响吸收的重要因素。根据给药部位的不同,可将其分为消化道外吸收和消化道吸收。

1. 消化道外吸收

通过注射、吸入或皮肤黏膜给药的吸收为消化道外吸收。

注射给药常采用静脉、肌内、皮下及腹腔注射方法。静脉注射可立即产生药效。肌内或皮下注射时,药物透过毛细血管壁吸收。肌肉内血管丰富,吸收速度比皮下注射快。腹腔内注射的吸收速度与肌内注射相当,一般 30 min 内血药浓度达峰值。注射给药的吸收速度与注射部位的血管分布、药物浓度、脂溶性和吸收表面积等有关。

吸入给药是气体或挥发性液体药物通过呼吸道吸收的一种给药方式。它们通过肺泡扩散进入血液,吸收速度仅次于静脉注射。

2. 消化道吸收

内服给药由消化道吸收。消化道的吸收部位是胃、小肠和直肠。吸收的方式主要是简单扩散。各种药物在消化道吸收的程度和速度既受药物理化因素的影响,又受动物生理因素的影响。

药物的剂型不同,吸收速度也不同,液体剂型的吸收速度最快,散剂、胶囊剂、片剂的吸收速度依次变慢。

药物的酸、碱性决定了药物在体液中是以解离型存在还是以非解离型存在。非解离型的脂溶性药物易通过细胞膜而被吸收;解离型的药物不易通过细胞膜而难以吸收。弱碱性药物在碱性环境中解离得少,吸收得多,在酸性环境中解离得多,吸收得少;同样,弱酸性药物在酸性环境中解离得少,吸收得多,在碱性环境中解离得多,吸收得少。胃液的酸性比肠液的酸性高,因此,一般酸性药物在胃液中多不解离,容易吸收,碱性药物在胃液中则易解离,不易吸收,要在进入小肠后才能被吸收。

消化道吸收还受胃内容物的充盈程度、胃排空速度、胃肠蠕动及反刍兽复胃的影响。其中,反刍兽内服吸收速度与程度都比单胃动物差。通过消化道吸收的药物经门静脉系统进入肝脏,在多种酶的联合作用下进行首次代谢,使进入全身循环的药量减少的现象,称为首过效应,又称为首过消除。首过效应影响药物的利用程度。

二、分布

分布是药物随血液循环转运到全身各组织、器官的过程。药物在动物体内的分布是不均匀的、有选择性的,而且经常处于动态平衡。

影响药物在体内分布的因素较多,如药物的理化性质(脂溶性、相对分子质量、pK_a)、血药浓度、组织的血流量、药物对组织的亲和力等。概括起来,影响药物在体内分布的主要因素有以下4点。

1. 药物与血浆蛋白的结合力

药物在血液中常以两种形式存在,即以药物原形存在的游离态和与血浆蛋白结合的结合态。结合态的药物暂时失去活性,只有游离态的药物才能发挥药效。药物与血浆蛋白的结合是可逆的,在一定条件下能游离出来产生药效,具有非特异性、饱和性和竞争性。

2. 体内屏障

组织屏障,或称细胞膜屏障,是机体对各种外界因素的防御性结构,也是体内器官的一种选择性转运功能。血脑屏障是由毛细血管壁和神经胶质细胞形成的血液与脑细胞之间的屏障和由脉络丛形成的血液与脑脊液之间的屏障,它能阻止大分子、极性较高的药物通过,与血浆蛋白结合的药物也不能穿过。当脑发生炎症时,血脑屏障的通透性增高,药物进入脑脊液增多。胎盘屏障是指胎盘绒毛组织与子宫血窦间的屏障。其通透性与一般毛细血管没有明显差异。大多数母体所用药物均可进入胎儿,但进入胎儿的药物需要较长时间才能和母体达到平衡,这样便限制了进入胎儿的药物浓度。

3. 药物与组织亲和力

有的药物因对某些组织细胞有特殊的亲和力,而使药物在该组织中的浓度高于血浆游离药物的浓度。如碘在甲状腺的浓度比在血浆和其他组织的浓度高约1万倍。

4. 药物的理化特性和局部组织的血流量

脂溶性高的药物,如硫喷妥钠,易为富含类脂质的神经组织所摄取。血管丰富、血流量大的器官,如肝、肾和肺等,药物分布较快,浓度较高。

三、生物转化(药物代谢)

药物在体内经酶的作用发生化学变化,生成代谢产物的过程称为生物转化,又称药物代谢。药物经转化后,药理活性发生改变,由活性药物转化为无活性的代谢物,称灭活,多数药物属此类;亦有少数药物经转化后活性由较低变为较强,这一过程称为活化。某些水溶性药物在体内不转化,以原形从肾脏排泄,大多数脂溶性药物转化成水溶性的代谢物从肾脏排出。

药物在体内的转化方式有氧化、还原、水解和结合。按代谢的步骤可分为两步,第一步包括氧化、还原和水解反应,第二步为结合反应。

1. 氧化

氧化是体内生物转化的重要反应。药物氧化的形式是多种多样的,如醇基氧化、氨基氧化、烷基氧化及去烷基化等。

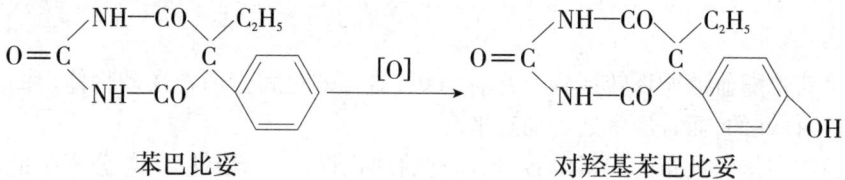

苯巴比妥 → 对羟基苯巴比妥

2. 还原

还原为体内药物转化的重要反应,如醛基还原和硝基还原等。

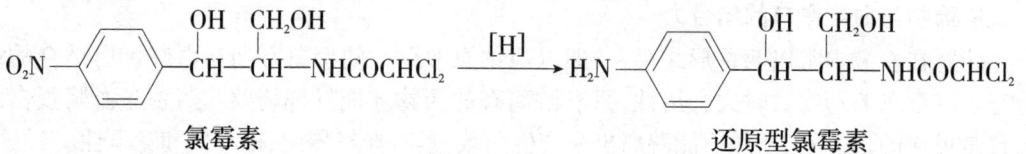

氯霉素 → 还原型氯霉素

3. 水解

水解多见于酯类药物在体内的转化。如普鲁卡因水解为对氨基苯甲酸和二乙氨基乙醇。

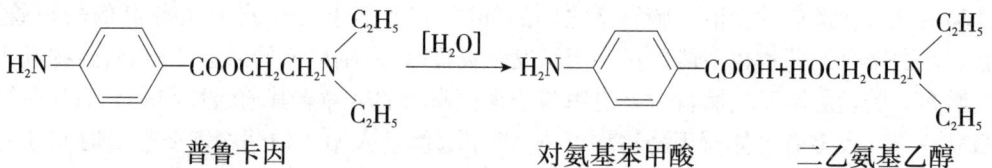

普鲁卡因 → 对氨基苯甲酸 + 二乙氨基乙醇

4. 结合

结合反应在动物体内普遍存在,主要的方式是与葡萄糖醛酸结合、乙酰化、形成硫酸酯和甘氨酸等。如磺胺在乙酰辅酶 A 的作用下,合成乙酰化磺胺。

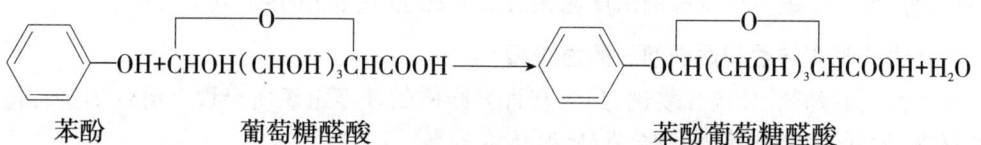

苯酚　葡萄糖醛酸 → 苯酚葡萄糖醛酸

药物在体内的转化主要依靠酶的催化作用,这些酶可分为微粒体酶和非微粒体酶,其中肝脏微粒体酶系最为重要。在肝细胞内质网上有许多专门催化药物的微粒体酶,称为药酶,它们是参与生物转化的主要酶系。能兴奋肝微粒体酶系,使酶的合成增加或酶的活性增强的作用,称为酶的诱导作用。酶的诱导作用可使药物本身或其他药物代谢速率提高,使药理效应减弱,结果使某些药物产生耐药性。具有酶诱导作用的常用药物有苯巴比妥、安定、水合氯醛、氨基比林、保泰松等。相反,可使酶的合成减少或酶的活性降低的作用,称为酶的抑制作用。酶的抑制作用能使本身或其他药物的药理效应增强。具有酶抑制作用的药物主要有有机磷杀虫剂、氯霉素、对氨基水杨酸等。

酶的诱导和抑制作用均可影响药物的代谢速率,使药物的效应减弱或增强,在临床用药时应注意药物对酶的影响。

四、排泄

排泄是指药物经过转化生成的代谢产物或原形通过各种途径从体内排出的过程。大多数药物从肾、胆道、肠道及呼吸道排出,汗腺、乳腺也可排出少数药物,肾脏排泄是最重要的途径。

药物经肾脏排泄的方式有两种,一是肾小球滤过作用,二是肾小管分泌与重吸收。肾小球的通透性较大,在血浆中游离型和非结合型药物都极易从肾小球滤过。肾小管的分泌排泄是一个主动转运过程,参与转运的载体既能转运有机酸也能转运有机碱。如果同时给予两种利用同一载体转运的药物,则会出现竞争性抑制,亲和力较强的药物就会抑制另一药物的排泄。如青霉素和丙磺舒合用时,丙磺舒可抑制青霉素的排泄,使其半衰期延长,作用时间也延长。

从肾小球滤过的药物进入肾小管后,若为脂溶性或非解离的弱有机电解质,可在远曲小管被重吸收。尿液的 pH 值影响药物的重吸收,从而影响排泄速率。弱碱性药物在酸性尿中解离度高,重吸收少,排泄快;在弱碱性尿中解离度低,重吸收多,排泄慢。而弱酸性药物则相反。通常食肉动物的尿液呈酸性,食草动物的尿液呈碱性。同一药物对不同种属的动物而言排泄率往往有很大差别,临床上可通过调节尿液的 pH 值来加速或延缓药物的排泄,用于解毒或增强药效。

从肾脏排出的药物,由于肾小管对水分的重吸收,其在尿液中的药物浓度往往高于其血浆药物浓度,因此有的可产生治疗作用。如青霉素、链霉素大部分以原形从尿中排出,可用于治疗泌尿道感染;但有的可产生毒副作用,如磺胺代谢产生的乙酰化磺胺由于浓度较高而析出结晶,出现结晶尿或血尿。

药物从乳汁排泄的途径应引起重视,因大部分药物均可从乳汁排泄,对用作商品奶的泌乳奶牛,在用药时除必须考虑幼畜的中毒问题外,最主要的是其产品乳关系到消费者的健康。在泌乳期使用抗生素药物、毒性较强的药物时要确定乳废弃期,在乳废弃期分泌的乳及乳制品不能作为商品出售。

五、药物动力学基本概念

药物动力学,简称药动学,是一门研究药物在体内的浓度随时间变化的规律的学科,常用血药浓度和生物半衰期来描述。

1. 血药浓度

血药浓度一般指血浆中的药物浓度,是体内药物浓度的重要指标。虽然它不等于作用部位的浓度,但作用部位的浓度与血药浓度以及药物效应一般成正相关作用。血药浓度随时间发生变化,不仅能反映作用部位的浓度变化,而且能反映药物在体内过程的变化规律。

2.生物半衰期

生物半衰期指血液中药物浓度下降一半所需的时间,又称血浆半衰期,常用 $t_{1/2}$ 表示。它能反映药物在体内消除的速度,药物是按恒比消除规律消除的,因此,半衰期是固定的数值,不因血浆药物浓度的高低而改变,也不受剂量和给药方法的影响。生物半衰期是制订给药时间的重要依据,为了保持比较稳定的有效血药浓度,常连续给药,给药间隔时间一般不超过该药的生物半衰期。

✳课后笔记

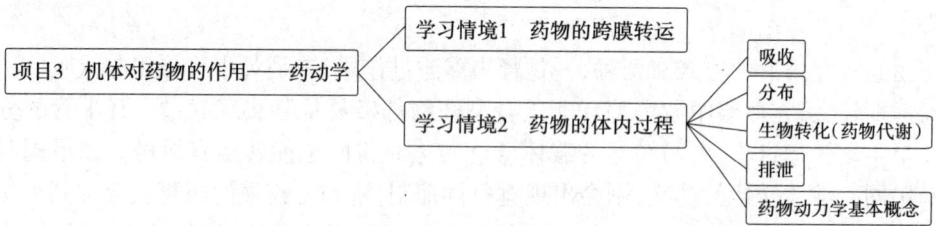

项目 4 影响药物作用的因素

影响药物作用的因素较多,概括起来主要是药物方面、动物方面及饲养管理和环境因素。

学习情境 1 药物方面的因素

一、药物的剂量与剂型

药物的作用随着剂量的增加而增强,但也有少数药物随着剂量的加大,作用和性质发生变化。如人工盐,小剂量时健胃,大剂量时则表现为泻下。临床用药时,除要规范用药外,还要根据病情发展调整剂量,尽可能做到剂量个体化。剂型对药物作用的影响,主要表现在吸收快慢、多少。一般说来,气体剂型吸收最快,液体剂型次之,固体剂型最慢。

二、给药途径

给药途径不同主要影响生物利用度和药效出现的快慢,但个别药物会因给药途径不同而出现不同的药物作用和性质。如硫酸镁内服产生泻下作用,肌内注射则产生中枢抑制、抗惊厥作用。

临床上应根据病情的需要、药物的性质及动物种类来确定给药途径。

1.内服

内服是常用的给药途径。药物经胃肠吸收时易受胃内容物充盈度、酸碱度、胃肠机能及剂型影响;加之吸收又受第一关卡效应的影响,因而药物在胃肠的吸收缓慢,且不规则、不完全,药效出现慢。内服给药时,要考虑药物的性质和动物不同的生理特点,使药物发挥最大的疗效。如青霉素易被消化液破坏,氨基糖苷类抗生素内服很难吸收,均不适宜内服;成年反刍动物内服抗生素时,可能引起二重感染。为避免家禽的应激反应,家禽养殖场最好选择混饲或混饮的给药方法。

2. 注射

将药物通过皮下、肌内或静脉注射进入体内的一种给药方法。利用注射法,药物吸收快而完全,药效出现较快,并不受消化液的影响;但注射时,注射用具、注射部位均需严格消毒,对注射液要求严格,必须澄明无异物。

(1)静脉注射或静脉滴注

静脉注射或静脉滴注是把药液直接注入或滴入静脉内的给药方法。其优点是药物作用快,剂量易控制,适用于急性病用药和不易从胃肠道或组织中吸收的药物,以及一些有刺激性的药物。静脉注射速度过快易引起循环或呼吸系统的不良反应,使血压下降、心律失常,严重时心跳停止、呼吸骤停。注射有刺激性的药物时,千万不要将药物漏出血管外;油剂、混悬剂不可静脉注射。注射时不能有气泡进入静脉。大量液体宜采用静滴法。多种药物混合静注时,应注意药物的配伍禁忌。

(2)肌内注射

肌内注射为兽医临床常用的给药方法。肌内注射,药物的吸收不如静脉注射快,但油溶液、混悬液、乳浊液和有轻微刺激性的药物都可采用。轻微刺激性药物宜采用深层肌内注射。

(3)皮下注射

将药物注入皮下疏松结缔组织中的方法称为皮下注射,其产生药效比肌内注射慢,有刺激性的药物不宜采用,以免引起局部组织发炎或坏死。

(4)腹腔注射

腹腔注射多用于不能内服或静脉注射,又必须大量补充体液时,因腹腔具有较大的吸收面积,故吸收速度较快,效果较好。刺激性药物不能腹腔注射。

3. 直肠、阴道及乳管注入

该注射方法主要是利用药物在局部发挥作用,达到治疗局部器官疾病的目的。如阴道给药治疗阴道炎、滴虫病;乳管注入抗生素治疗乳腺炎;直肠给药既可治疗便秘,还可为不能内服和静脉注射的患畜补充营养或给予水合氯醛作基础麻醉。

4. 吸入

气体或挥发性药物及气雾剂可用此方法。如吸入麻醉、气雾免疫、输氧等。吸入给药方便,作用快而短暂。气雾免疫法在大型养殖场是值得重视的一种给药方法。

5. 皮肤、黏膜给药

皮肤、黏膜给药是将药物涂于皮肤、黏膜局部,起到保护、消炎、杀菌、杀虫等作用的一种方法。完整的皮肤吸收能力差,破损的皮肤能增加对药物的吸收。刺激性强的药不可用于黏膜,在驱体表寄生虫涂搽药物时,要注意药物对皮肤的穿透能力和毒性,以免因吸收而中毒。

三、给药时间

适当的给药时间可以提高药效。如健胃药在饲喂前半小时内灌服疗效较好;一般的药物在空腹时投服,效果更佳。用药次数依病情需要而定,给药的时间间隔主要根据药物的半衰期和最低有效浓度而定,多数药物给予 3 ~ 4 次/d。根据病情,需要连续用药至一定次数或时间,这一过程称为疗程。多次反复给药后,机体对药物的反应性减弱,需逐渐增加剂量才能获得疗效,这种现象称为耐受性。耐受性在停药一段时间后会自行消失,机体又恢复对药物的敏感性。

四、联合用药与配伍禁忌

为了提高疗效,减少不良反应,临床上同时使用两种或两种以上的药物治疗疾病,称为联合用药。由于药物效应或作用机制不同,联合用药时,药物总效应可发生改变而出现下列情况:

①协同作用:临床上利用药物的协同作用来提高疗效。

②相加作用。

③拮抗作用:利用拮抗作用减轻、消除不良反应,或解救药物中毒。

两种以上药物混合使用时,可能发生体外的相互作用,使药物的理化性质或药理性质发生改变,致使药效减弱或消失,甚至产生毒性的现象,称为配伍禁忌。药物的配伍禁忌可分为物理性配伍禁忌、化学性配伍禁忌和药理性配伍禁忌 3 种。

①物理性配伍禁忌:这种变化给调配用药带来一定的困难,并影响药效。

②化学性配伍禁忌:这种配伍禁忌最多,而且危害性也较大,可使疗效减弱或消失,甚至产生毒性物质。

③药理性配伍禁忌:如中枢兴奋药和中枢抑制药配伍,其作用相互抵消;钙离子与洋地黄制剂配伍,使洋地黄毒性增强。

学习情境 2　动物方面的因素

动物方面的因素包括种属差异、生理差异、个体差异及动物的机能状态差异。

1. 种属差异

由于动物种属不同,其解剖结构、生理特点各异,不同种属的动物对同一药物的敏感性存在一定的差异。催吐药对猪可引起呕吐,而对牛、羊则促进反刍或有祛痰作用;麻醉药水合氯醛,牛、羊最敏感,猪却耐受。有些动物对某些药物特别敏感,如牛对汞剂、猫对石炭酸、家禽对有机磷酸酯及呋喃类药物极为敏感。同种动物的不同品种对药物的敏感性也不相同,如北京鸭就比其他品种的鸭对硫双二氯酚敏感。用药时必须考虑这些因素。

2. 生理差异

不同年龄、性别的动物对药物的反应差别较大。一般说来,幼龄、老年家畜及母畜对药物较敏感。因为幼畜的肝、肾功能发育不全;老龄动物则因机能衰退,对药物的转化能力减弱,因此临床用药剂量应适当减少。怀孕母畜对拟胆碱药、泻药及能引起子宫收缩加强的药比较敏感,易引起流产。泌乳期动物用药后则因大多数药物可从乳汁排泄,而造成乳汁药物残留,按乳废弃期规定,其所产乳汁及制品不得作为商品出售。

3.个体差异

同种动物在基本条件相同的情况下,对药物的敏感性存在差异,称为个体差异。对药物特别敏感,给予较小剂量就能引起强烈反应或中毒的个体,称为高敏性个体;对药物特别不敏感,必须给予大剂量才能产生药物效应的个体,称为耐受性个体。有的个体对某药物的敏感性高于一般个体,而且呈现的药物反应是质的差异,称为变态反应,有时也称过敏反应。这种变态反应在大多数动物身上都不发生,只在极少数具有特殊体质的个体身上才发生的现象称为特异质反应。

4.动物的机能状态差异

一般说来,当机体处于病理状态时,药物作用显著,而在机能正常时,药物作用不明显或无效。如解热药对正常体温无影响,对发热家畜有降低体温的作用;呼吸处于抑制状态的动物对呼吸中枢兴奋药敏感。有肝功能障碍时,药物的转化能力降低,半衰期延长,药物的作用延长或加强;肾功能不全时,药物排泄发生障碍。这些都会使药物在体内蓄积而发生中毒。

学习情境3 饲养管理和环境因素

动物的机能状态与药物的作用有着密切的关系,而饲养管理水平又对动物的健康起着决定作用。饲养管理中既要注重动物饲料营养的全面,又要注意圈舍的通风、采光和动物活动的空间,这样才能提高动物预防疾病的能力。只有对患病的动物细心护理,才能使药物发挥更好的作用。如对施用全身麻醉药的动物,要注意保温,给予易消化的饲料以促进健康,对破伤风患畜,要特别强调环境的安静。

环境的温度和湿度都会影响药物的作用。如防腐消毒药、抗寄生虫药的疗效会受季节、温度、湿度的影响。通风不良、空气污染会增加动物的应激反应,加重疾病过程,影响药效。

✳课后笔记

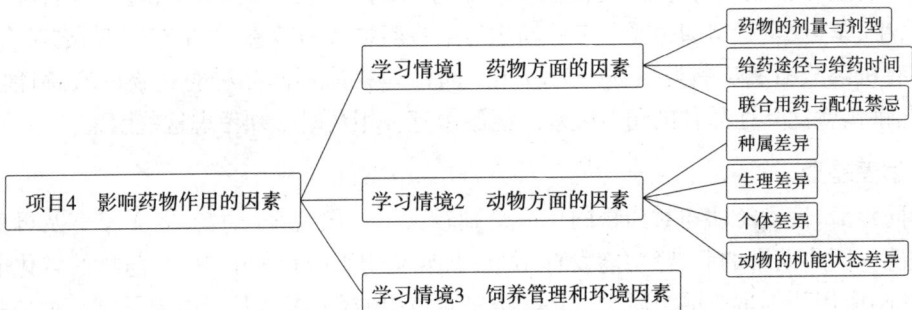

项目5 处 方

处方是执业兽医师对病畜防治疾病开药,药房配药、发药、指导用药的药单。要正确开写处方,除应有较好的临床医学知识外,还需全面掌握药物的药理作用、临床应用等知识。

处方是兽医治疗及药剂配制的重要依据,由取得执业资格的兽医师开写。执业兽医师对处方负有法律责任,一定要严肃认真对待。处方正确与否对医疗效果及生命安全起着重要的作用。处方的技术意义在于写明药物的名称、数量、制成何种剂型及用量用法等,以保证药剂的规格和安全有效。处方应保存一定时间,以备查考。

一、处方的内容与格式

处方应书写在印制好的处方笺上,书写时一律用钢笔清楚填写,其内容包括3个部分,即登记部分、处方部分和兽医师及调剂师签名。

1.登记部分

在××兽医院处方笺全名下按要求填入:处方编号、时间、动物种类、性别、年龄、畜主姓名、地址等。

2.处方部分

在空白的处方部分,常以 Rp 或 R 起头,它是拉丁文 Recipe 的缩写,意即"请取";亦可用中文"处方"作为开头。

在"Rp"或"处方"下面写药物的名称和剂量。西药处方要每药一行,逐行书写对齐。药名应按《中华人民共和国兽药典》或《中华人民共和国兽药规范》的规定书写。数量采用公制,一律用阿拉伯数字,并且小数点要对齐以防错误。固体药物以克为单位,液体以毫升为单位,单位一般不必书写。但剂量为毫克或用国际单位表示时,则应写明。

同一处方中,各药应按它们的作用性质依次排列。一般分为:

①主药:起主要作用的药物。

②佐药:起辅助或加强主药作用的药物。

③矫正药:矫正主药的副作用或毒性作用的药物。

④赋形药:能使制成适当的剂型的药物,便于给药。

处方内药物书写完毕,执业兽医师应为调剂师指出剂型的配制,对病畜的给药方法、给药次数及各次剂量。如处方笺内开写几个处方时,每一处方前用(1)、(2)、(3)标出序号。

3.兽医师及调剂师签名

执业兽医师在处方开写完毕及调剂师在处方配制完毕时,均应仔细检查核对,并先后在处方笺最后部分签名。

二、处方的种类

处方可分为法定处方、医疗处方和协定处方3种,也可分为普通处方和临时调配处方两种。

1.普通处方

普通处方(图1-2)所开药均为《中华人民共和国兽药典》或《中华人民共和国兽药规范》上收载的制剂处方,即法定处方。它对制剂的组成、浓度、配制方法等都有明文规定,开方时,只需写出制剂名称即可配制或买到成品药。

No			×××动物医院处方笺		年　月　日	
畜主姓名		地址		联系电话		
动物种类		性别	年龄	特征		
体重		诊断结果				

Rp:

①硫酸链霉素100万IU×6支

注射用水适量

用法:肌内注射,每次100万IU,每天2次,连用3天。

②大黄苏打片0.3×60片

用法:每次15片,每天3次,连用3天。

药价

执业兽医师(签名):×××　　　　　执业兽医注册号:×××　　　　　调剂师(签名):×××

图1-2　普通处方

2.临时调配处方(图1-3)

临时调配处方(图1-3)是执业兽医师根据病畜具体的病情需要开写的《中华人民共和国兽药典》或《中华人民共和国兽药规范》没有规定的处方。这种处方必须将各药名称、剂量、配制的剂型及用法书写清楚。

3.开写处方的注意事项

开写处方的注意事项如下:

①不能用铅笔,字迹要清楚,不能涂改,不能用简化字或繁体字。

②处方中毒剧药品不能超过极量。如情况特殊需要超过极量时,执业兽医师应在剂量前标明,以示负责。

③一个处方开多种药物时,应将药物按一定顺序上下排列,排列顺序为主药、辅药、矫正药、赋形药。

④如在同一张处方笺中开写多个处方时,每个处方部分均应完整填写,并在每个处方第

一格药名的左上方写出序号,如(1)、(2)等。

No		×××动物医院临时调配处方笺			年　月　日	
畜主姓名		地址			联系电话	
动物种类		性别		年龄	特征	
Rp: 　磺胺嘧啶　　　2.0 　非那西汀　　　0.6 g 　碳酸氢钠　　　4.0 g 　甘草粉　　　　6.0 g 　常水　　　　　适量 配制方法:调制成糊状 用法:一次投服						
					药　价	

执业兽医师(签名):×××　　　　　　　执业兽医注册号:×××　　　　　　　调剂师(签名):×××

图1-3 临时调配处方

✳ 课后笔记

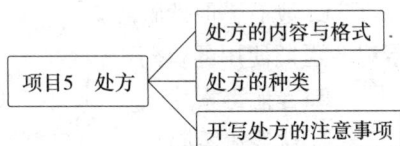

🔍 思考题

1. 药物有哪几大类?

2. 植物药的有效成分有哪几类?

3. 药物制剂及药物剂型的概念是什么?

4. 药品、血清、疫苗应如何保存?

5. 什么人有权开写处方?

6. 处方有哪几种?

📷 模块病例导入

1. 某猪场为了预防疾病,在饲料中长期添加乙酰甲喹,引起肝、肾损害,此作用属于(　　　)。

　　A. 副作用　　　　　　B. 毒性作用　　　　　　C. 过敏反应

　　D. 二重感染　　　　　E. 后遗效应

2. 猪,3月龄,患链球菌病继发肺炎支原体感染,兽医采用注射青霉素钠治疗,并同时肌内注射盐酸土霉素的治疗方案,该联合用药最有可能发生的相互作用是(　　　)。

A. 配伍禁忌　　　　　　B. 协同作用　　　　　　C. 相加作用

D. 拮抗作用　　　　　　E. 无关

3. 某猪场,在饲料中添加抗微生物药物,因连续添加使病原体产生耐药性,这是因为( )。

A. 病原体对药物的敏感性降低　　　B. 患病畜禽对药物的敏感性降低

C. 病原体对药物产生依赖性　　　　D. 病原体对药物的敏感性提高

E. 患病畜禽对药物的敏感性提高

直击执业兽医师

1. 2009 年真题　兽药外包装标签必须注明的内容可以不包括( )。

A. 适应证　　　　　　　B. 主要成分　　　　　　C. 兽药名称

D. 生产批号　　　　　　E. 销售企业信息

2. 2009 年真题　下列行为中违反兽药使用规定的是( )。

A. 不使用禁用的药品　　B. 建立完整的用药记录　　C. 将原料药直接用于动物

D. 按停药期的规定使用兽药　E. 将饲喂了禁用药物的动物进行无害化处理

3. 2009 年真题　禁止在动物饮水中使用的兽药不包括( )。

A. 巴比妥　　　　　　　B. 盐酸异丙嗪　　　　　　C. 苯巴比妥钠

D. 盐酸沙拉沙星　　　　E. 绒毛膜促性腺激素

4. 2009 年真题　禁止在蛋鸡产蛋期使用的兽药不包括( )。

A. 四环素片　　　　　　B. 吉他霉素片　　　　　　C. 恩诺沙星片

D. 维生素 B_1 片　　　　E. 盐酸氯苯胍片

5. 2009 年真题　用治疗剂量时,出现与用药目的无关的不适反应是指药物的( )。

A. 副作用　　　　　　　B. 变态反应　　　　　　C. 毒性作用

D. 继发性反应　　　　　E. 特异质反应

6. 2009 年真题　所有食品动物禁用的药物是( )。

A. 赛拉唑　　　　　　　B. 巴胺磷　　　　　　　　C. 氯羟吡啶

D. 呋喃唑酮　　　　　　E. 氯硝柳胺

7. 2010 年真题　属于劣兽药的是( )。

A. 以非兽药冒充兽药的

B. 以他种兽药冒充此种兽药的

C. 所含成分名称与兽药国家标准不符合的

D. 所含成分种类与兽药国家标准不符合的

E. 所含成分含量与兽药国家标准不符合的

8. 2010 年真题　《兽药经营质量管理规范》规定的兽药质量管理档案不包括( )。

A. 人员档案　　　　　　B. 设备设施档案　　　　　C. 进货及销售凭证

D. 动物诊疗病历档案　　E. 供应商质量评估档案

9. 2010 年真题　兽用生物制品不包括( )。

A. 抗生素　　　　　　　B. 灭活疫苗　　　　　　　C. 弱毒疫苗

D. 高免血清　　　　　　　　E. 高免卵黄

10. 2010 年真题　兽药内包装标签应注明的事项不包括(　　)。

A. 有效期　　　　　　　B. 兽药名称　　　　　　　C. 生产批号

D. 含量/规格　　　　　　E. 销售企业信息

11. 2010 年真题　禁止在饲料中使用的药物为(　　)。

A. 那西肽　　　　　　　B. 杆菌肽锌　　　　　　　C. 二硝托胺

D. 莱克多巴胺　　　　　E. 马杜霉素胺

12. 2010 年真题　一般情况下,作用选择性低的药物,在治疗量时对畜禽的(　　)。

A. 毒性较小　　　　　　B. 副作用较多　　　　　　C. 副作用较少

D. 不良反应较少

13. 2010 年真题　猪长期使用乙酰甲喹后,可引起肝、肾损害,此作用属于(　　)。

A. 毒性作用　　　　　　B. 副作用　　　　　　　　C. 治疗作用

D. 无关作用

14. 2010 年真题　吸收是指药物进入(　　)。

A. 胃肠道的过程　　　　B. 靶器官的过程　　　　　C. 血液循环的过程

D. 细胞内液的过程　　　E. 细胞外液的过程

15. 2010 年真题　因连续用药而产生的耐药性是指(　　)。

A. 病原体对药物的敏感性降低　　　B. 患病畜禽对药物的敏感性降低

C. 病原体对药物产生了依赖性　　　D. 病原体对药物的敏感性提高

E. 患病畜禽对药物的敏感性提高

16. 2010 年真题　猎犬,10 岁,常规驱虫免疫,打猎后突发呼吸困难,肺部叩诊呈广泛过清音,叩诊界后移。治疗该病首选药物的最佳给药途径是(　　)。

A. 雾化吸入　　　　　　B. 皮下注射　　　　　　　C. 肌内注射

D. 静脉注射　　　　　　E. 腹腔注射

17. 2010 年真题　反映药物进入全身循环的速度和程度的药动学参数是(　　)。

A. 血药浓度—时间曲线下面积　　　　　B. 表观分布容积

C. 生物利用度　　　　　D. 峰浓度　　　　　　　　E. 达峰时间

模块 2

作用于内脏系统的药物

【学习目标】

1. 了解作用于内脏系统的药物的基本概念、分类及临床意义。
2. 了解各类药物的作用机理。
3. 掌握消化系统药物、血液循环系统药物、子宫收缩药物的作用特点。
4. 了解呼吸系统药物、利尿药与脱水药的作用特点。
5. 能够合理配用内脏系统药物,综合治疗疾病,开出正确处方。

【学习要求】

1. 了解作用于各个内脏系统药物所包含的内容。
2. 了解作用于各个内脏系统药物的作用机理及临床注意事项。
3. 掌握内脏系统疾病的给药方法。

【资讯问题】

1. 作用于内脏系统药物的分类?
2. 阐述各个内脏系统合理选择药物的原则。
3. 阐述止血药和抗凝血药的用途。
4. 阐述母畜不发情的治疗方法。

项目 1　作用于消化系统的药物

畜禽消化系统疾病是比较常见的疾病。由于畜禽种类不同,消化系统解剖结构和生理机能各有特点,因而发病类型和发病率也有差异。如马属动物常发便秘疝,反刍动物常发前胃疾病。用于消化器的药物很多,根据其作用及临床应用可分为健胃药、助消化药、瘤胃兴奋药、制酵药、消沫药。

学习情境 1　健胃药

健胃药是指能提高食欲,促进唾液、胃液的分泌和胃的蠕动,加强消化机能的药物。根据其作用机理,健胃药可分为苦味健胃药、芳香性健胃药及盐类健胃药三类。

子学习情境 1　苦味健胃药

苦味健胃药主要来源于植物,因其味苦,经口给药时刺激味觉感受器,能反射性地引起胃液分泌增多,提高食欲。此类药物必须经口投服才能有效,不能通过胃管,应在饲前用药。

龙胆

[理化性质]本品为龙胆科植物龙胆、条叶龙胆、坚龙胆或三花龙胆的干燥根、茎。粉末为淡棕黄色。味苦。根及根茎含龙胆苦苷约 2%、龙胆糖 4%、龙胆碱约 0.15%、黄色龙胆根素等。在干燥处密封保存。

[作用与应用]本品经口服,因其味苦有健胃作用,能促进消化,改善食欲,主要用于消化不良、食欲减退、前胃弛缓等。

[制剂与用法用量]

(1)龙胆末,内服,1 次量:牛 15 ~ 45 g;羊、猪 6 ~ 15 g;犬 1.5 ~ 5 g;兔、禽 1.0 ~ 2 g;骆驼

30~60 g;水貂0.2~0.3 g。

（2）龙胆酊，由龙胆末1份,10份40%酒精浸制而成。内服,1次量:牛、马50~100 mL;羊5~15 mL;猪3~8 mL;犬1~3 mL;猫0.5~1 mL。

（3）复方龙胆酊(苦味酊),由龙胆末100 g,陈艾40 g,豆蔻10 g,加70%酒精至1 000 mL制成。内服,1次量:牛、马20~60 mL;羊4~6 mL;猪3~8 mL;犬1~4 mL。

大黄

[理化性质]又名川军。本品为蓼科植物掌叶大黄、唐古特大黄或药用大黄的干燥根或根茎。味苦。主要含蒽醌类化合物约3%,其泻下成分为结合状态的大黄酸蒽酮番泻苷。如尚含大黄鞣酸,则为止泻成分。

[作用与应用]大黄的作用与用量有密切关系。内服小剂量时,具有苦味健胃作用;中等剂量时,以收敛止泻作用为主;大剂量时则有致泻作用。大黄因其味苦,主要用于健胃,大黄素、大黄酸等有一定的抗菌作用,也可与硫酸钠(芒硝)合用治疗便秘。大黄末与石灰配合(2:1),作创伤撒布剂,能抗菌消炎,促进伤口愈合;与地榆末配合(1:2),外敷可治疗烫伤。

[制剂与用法用量]

（1）大黄末,健胃,内服,1次量:牛20~40 g;马10~25 g;羊~4 g;猪1~5 g;犬0.5~2 g。止泻,内服,1次量:牛50~100 g;马25~50 g;猪5~10 g;犬3~7 g。泻下,内服,1次量:牛100~150 g;马50~100 g;犊、驹10~30 g;仔猪2~5 g;犬2~7 g;兔、禽0.6~1.5 g。

（2）大黄酊,内服,1次量:牛40~100 mL;马25~50 mL;羊10~20 mL;猪10~20 mL;犬1~4 mL。

（3）大黄流浸膏(1 mL与1 g原药相当)、大黄苏打片(每片含大黄和小苏打各0.15 g),内服,1次量:猪5~10 g;羔羊1~2 g。

马钱子酊

[理化性质]又名番木鳖酊。本品是马钱科植物番木鳖成熟种子的乙醇制剂,为棕色液体。有效成分为番木鳖碱,亦称士的宁。味苦,有毒。

[作用与应用]番木鳖碱被小肠吸收后,可增强中枢神经系统的兴奋性,先是加强脊髓的反射兴奋性,随后兴奋延髓和大脑。剂量过大易致中毒。故临床应用时,必须严格控制剂量,连续用药不能超过一周,以免发生蓄积中毒。孕畜禁用,以免发生流产。口服后,主要发挥其苦味健胃作用。临床上常用于消化不良、食欲不振、前胃弛缓、瘤胃积食等。

[制剂与用法用量]马钱子酊,内服,1次量:马10~20 mL;牛10~30 mL;猪、羊1~2.5 mL;犬0.1~0.6 mL。

子学习情境2　芳香性健胃药

芳香性健胃药是一类含挥发油、具有辛辣性能或苦味的中草药。本类药气味芳香,能反射性地促进唾液、胃液的分泌,增进食欲;内服后,刺激消化道黏膜,引起消化液增加,促进胃肠蠕动。另外,本类药有助于气体排出,减轻胃内气胀;同时还有轻微的防腐制酵作用。挥发油有轻微祛痰作用。

陈皮

[**理化性质**]又名橙皮。本品为芸香科植物橘及其栽培变种的干燥成熟果皮。含挥发油1.9%~3.5%,陈皮苷3%以上,并含黄酮类化合物。

[**作用与应用**]陈皮所含挥发油有健胃、祛风、祛痰等作用。陈皮味苦,具有苦味健胃作用。常与健胃类药物配合,用于消化不良、食欲不振、积食气胀、咳嗽多痰等。

[**制剂与用法用量**]

(1)陈皮酊,由20%陈皮末制成的酊剂。内服,1次量:牛、马30~100 mL;羊、猪10~20 mL;犬、猫1~5 mL。

(2)粉碎混饲或煎水自饮,1次量:牛、马15~45 g;羊、猪6~12 g;犬3~5 g;兔、禽1.5~3 g;鱼125 g/667 m² 水面,煮沸后全池泼洒。

桂皮

[**理化性质**]又名肉桂。本品为樟科植物肉桂的干燥树皮。含挥发性桂皮油1%~2%,油中主要成分为桂皮醛。

[**作用与应用**]本品对胃肠黏膜有温和刺激作用,可增强消化机能,排除积气,缓解胃肠痉挛性疼痛,能使血管扩张,调整和改善血液循环,因此具有健胃、祛风、解除肠管痉挛的作用。本品主要用于消化不良、风寒感冒、产后虚弱等,孕畜慎用。

[**制剂与用法用量**]

(1)桂皮粉,内服,1次量:牛、马15~45 g;骆驼30~70 g;羊、猪3~9 g;犬2~5 g;兔禽0.6~1.5 g。

(2)桂皮酊,内服,1次量:牛、马30~100 mL;羊、猪10~20 mL。

姜

[**理化性质**]本品为姜科植物姜的干燥根茎。含姜辣素、姜烯酮、姜酮、挥发油(0.25%~3%)。挥发油含龙脑、桉油精、姜醇、姜烯等成分。

[**作用与应用**]本品温中逐寒,健胃祛风。内服后,能明显刺激消化道黏膜,促进消化液分泌,增加食欲,并具有抑制胃肠道异常发酵及促进气体排出的祛风、止酵、镇吐的作用。用于消化不良、食欲不振、胃肠道胀气、风湿麻痹、风寒感冒等。孕畜禁用。

[**制剂与用法用量**]姜酊、姜流浸膏,内服,粉碎混饲,临用时应加5~10倍水稀释,以减轻对黏膜的刺激,1次量:牛15~30 g;羊、猪3~10 g;犬、猫1~2 g;兔、禽0.3~1 g;鱼750 g/667 m² 水面,煮沸后全池泼洒。

大蒜酊

[**理化性质**]本品为大蒜去皮、捣烂加入酒精过滤制成(大蒜400 g捣烂加入70%酒精

1 000 mL,密封浸泡 12～14 d 过滤制成),主要成分为大蒜素。

[作用与应用]内服大蒜酊能刺激胃肠黏膜,增强胃肠蠕动和胃液分泌,有健胃作用。本品还有明显的抑菌、制酵作用。临床常用于治疗瘤胃臌胀、前胃弛缓、胃扩张、肠臌气和慢性胃肠卡他等。

[制剂与用法用量]大蒜酊,内服,1 次量:马、牛 50～100 mL;猪、羊 10～20 mL;用前加 4 倍水稀释。

子学习情境 3 盐类健胃药

盐类健胃药主要有氯化钠及人工盐等。内服少量盐类,可通过渗透压作用,轻微地刺激消化道黏膜,反射性地引起消化液分泌,增进食欲;又可补充离子,调节体内离子平衡。

氯化钠

[理化性质]又名食盐。本品为无色透明结晶或白色结晶粉末。味咸,易溶于水,水溶液呈中性。

[作用与应用]①健胃作用:经口内服小剂量氯化钠,其咸味刺激味觉感受器,同时也轻微地刺激口腔黏膜,反射性地增加唾液和胃液分泌,促进食欲。氯化钠到达胃肠时,还继续刺激胃肠黏膜,增加消化液分泌,加强胃肠蠕动,以利营养物质的吸收,常用于食欲不振、消化不良。氯化钠还参与胃液的形成,促进消化过程。②消炎作用:本品 1%～3% 溶液洗涤创伤,有轻度刺激和防腐作用,并有引流和促进肉芽生长的功效。另外,等渗及高渗氯化钠溶液静脉注射时,能补充体液、促进胃肠蠕动(详见第七章和瘤胃兴奋药)。

[制剂与用法用量]

(1) 0.9% 氯化钠溶液用作多种药物的溶媒,并可冲洗子宫和眼。

(2) 1%～3% 氯化钠溶液洗涤创伤。

(3) 10% 氯化钠溶液冲洗化脓创和引流。内服(健胃),1 次量:马 10～25 g;牛 20～50 g;猪 2～5 g;羊 5～10 g。

[注意事项]猪和家禽对氯化钠比较敏感,应慎用。一旦发生中毒,可给予溴化物、脱水药或利尿药进行解救,并作对症治疗。

碳酸氢钠

[理化性质]又名小苏打。本品为白色结晶性粉末。无臭,味咸,易溶于水,水溶液呈弱碱性。在潮湿空气中可缓慢分解放出 CO_2 变为碳酸钠,碱性增强,应密闭保存。

[作用与应用]本品是一种弱碱,内服后能迅速中和胃酸,缓解幽门括约肌的紧张度,对胃黏膜卡他性炎症,能溶解黏液和改善消化,进入肠道后,能促进已被消化的食物吸收;是体液酸碱平衡的缓冲物质,内服或注射吸收后能增加血液中的碱储,降低血中 H^+ 浓度,临床上常用于防治酸中毒。内服碳酸氢钠时,有一部分从支气管腺体排泄,能增加腺体分泌,兴奋纤毛上皮,溶解黏液和稀释痰液而呈现祛痰作用。

本品由尿中排泄,使尿液的碱性增高,可增加磺胺类药物或水杨酸在尿中的溶解度,减少其在泌尿道析出结晶的副作用。

本品具有健胃作用,与大黄、氧化镁等伍用,治疗慢性消化不良,对于胃酸偏高性消化不良,应饲前给药。除此之外,本品还具有以下作用:

①缓解酸中毒:重症肠炎、大面积烧伤、败血症或麻痹性肌红蛋白尿病等疾病过程中都能引起酸中毒,可静脉注射5%碳酸氢钠注射液进行治疗。

②碱化尿液:为了预防磺胺类、水杨酸类药物的副作用或加强链霉素治疗泌尿道疾病的疗效,可配合适量的碳酸氢钠,使尿液的碱性增高。

③祛痰:内服祛痰药时,可配合少量碳酸氢钠,使痰液易于排出。

④外用:治疗子宫、阴道等黏膜的各种炎症。用2%～4%溶液冲洗清除污物,溶解炎性分泌物,疏松上皮,达到减轻炎症的目的。

[制剂与用法用量]碳酸氢钠片,0.3 g/片、0.5 g/片。内服,一次量:牛 30～100 g;马 15～60 g;猪 2～5 g;羊 5～10 g;犬 0.5～2 g。

[注意事项]碳酸氢钠在中和胃酸时,能迅速产生大量的二氧化碳,刺激胃壁,促进胃酸分泌,出现继发性胃酸增多。另外,二氧化碳能增加胃内压,故禁用于马胃扩张,以免引起胃破裂。碳酸氢钠水溶液放置过久,强烈振摇或加热能分解出二氧化碳,使之变为碳酸钠,碱性增强。水溶液需要长时间保存时,瓶口一定要密封。使用碳酸氢钠注射液时,宜稀释成 1.4%溶液缓慢静注,勿漏出血管外(见调节酸碱平衡药物)。

人工盐

[理化性质]又名人工矿泉盐、卡尔斯泉盐。本品由44%干燥硫酸钠、6%碳酸氢钠、18%氯化钠、2%硫酸钾混合制成。为白色粉末,易溶于水,水溶液呈弱碱性,pH 值为8～8.5。应密封保存。

[作用与应用]内服少量能促进胃肠分泌及胃肠蠕动,中和胃酸,促进消化,用于消化不良、胃肠弛缓等;大量内服有缓泻作用,配合制酵药可用于初期便秘,并应大量饮水。此外,还有利胆、轻微祛痰作用。禁与酸性物质或酸类健胃药、胃蛋白酶等药物配合应用。

[制剂与用法用量]内服(健胃),1 次量:马 50～100 g;牛 50～150 g;羊、猪 10～30 g;兔 1～2 g。内服(缓泻),1 次量:牛、马 200～400 g;羊、猪 50～100 g;兔 4～6 g。

学习情境2　助消化药

助消化药是指能增强动物消化机能,促进食欲增加的药物。家畜消化功能障碍、食欲不振主要是体内消化液分泌不足所致。本类药物主要作促进消化液的分泌、治疗消化不良用,临床上常与健胃药配合使用。

子学习情境1　酸类助消化药

稀盐酸

[**理化性质**]本品为10%盐酸的澄清液体,味酸,无臭,呈强酸反应。

[**作用与应用**]内服稀盐酸能补充胃液中盐酸的不足,促进胃蛋白酶原转变为胃蛋白酶,并保证胃蛋白酶发挥作用时所需的酸性环境。胃内容物达到一定的酸度后,可促进幽门括约肌松弛,有利于胃的排空。当稀酸进入十二指肠时,可反射性地增强胰液和胆汁的分泌,有利于蛋白质、脂肪等进一步消化。稀酸还有利于矿物质、微量元素的溶解与吸收;有轻度杀菌作用,可抑制细菌繁殖,有制酵和减轻胀气的作用。常用于因胃酸缺乏引起的消化不良、胃内发酵、反刍动物前胃弛缓、食欲不振、碱中毒,马和骡急性胃扩张、慢性萎缩性胃炎等。

[**制剂与用法用量**]内服,1次量:马10～20 mL;牛15～40 mL;羊2～5 mL;猪1～2 mL;犬、禽0.1～0.5 mL。

[**注意事项**]应用时,应以50倍净水稀释成0.1%～0.2%浓度,以减少对胃的局部刺激,否则会影响胃排空,并产生腹痛。常与胃蛋白酶合用,忌与碱类、有机酸类等药配合。

子学习情境2　酶类助消化药

胃蛋白酶

[**理化性质**]又名胃蛋白酵素、胃液素。本品从动物(牛、羊、猪等)的胃黏膜中提取而得,每克中含蛋白酶活力不得少于3 800单位,为白色或淡黄色粉末,易吸湿。

[**作用与应用**]内服本品可使蛋白质分解成蛋白胨、蛋白肽,能促进蛋白质的消化。常用于治疗胃蛋白酶缺乏症和胃液分泌不足引起的消化不良及病后消化机能减退。

[**制剂与用法用量**]内服,1次量:牛、马5～10 g;驹、犊2～5 g;羊、猪1～2 g;犬、猫0.2～0.5 g。饲前给药,与适量的稀盐酸合用,能提高疗效。不能与碱性药物、鞣酸、金属盐等合用,遇碱失效。

胰酶

[**理化性质**]胰酶是从猪、牛、羊等动物胰脏中提取制成的,为淡黄色粉末,能溶于水。主要含胰脂肪酶、胰蛋白酶及胰淀粉酶等。有肉臭,有吸湿性,遇酸、碱、重金属及加热均失效。

[**作用与应用**]本品在中性或弱碱性环境中活性最强,能消化脂肪、蛋白质及淀粉等。主要用于消化不良、食欲不振及胰液分泌不足、胰腺炎等引起的消化障碍。胰酶易在酸性液中被破坏,故常与碳酸氢钠同服。

[制剂与用法用量]内服,1 次量:牛、马 5 ~ 10 g;羊、猪 1 ~ 2 g;犬 0.2 ~ 0.5 g。

乳酶生

[理化性质]又名表飞鸣。本品是一种活的乳酸杆菌的干燥制剂,呈白色,无臭无味,难溶于水,受热后效力下降,过期失效。每克中含活乳酸杆菌 1 000 万个以上。

[作用与应用]乳酶生内服后在肠内分解糖类产生乳酸,降低肠道内的 pH,抑制腐败菌的繁殖及防止蛋白质发酵,减少产气。常用于幼畜下痢,消化不良,肠臌气。乳酶生不宜与抗生素、磺胺类、防腐消毒药、酊剂、吸附剂、鞣酸等合用,并禁用热水调药,以免降低药效。

[制剂与用法用量]内服,1 次量:驹、犊 10 ~ 30 g;羊、猪 2 ~ 10 g;犬 0.3 ~ 0.5 g;禽 0.5 ~ 1 g;水貂 1 ~ 1.5 g;貂 0.3 ~ 1 g。饲前给药。

注:促菌生制剂、乳康生、调痢生也有同样功效。

干酵母

[理化性质]又名食母生。本品为几种酵母菌的干燥菌体,黄色粉末,有特异气味,味微苦。

[作用与应用]干酵母含多种 B 族维生素等生物活性物质,每克酵母内约含维生素 B_1 0.1 ~ 0.2 mg、维生素 B_2 0.04 ~ 0.06 mg、维生素 PP 0.03 ~ 0.06 mg 以及维生素 B_6、维生素 B_{12}、叶酸、肌酸和转化酶、麦芽糖酶等。这些成分多为体内酶系统的重要组成物质,故能参与体内糖、脂肪、蛋白质的代谢和生物氧化过程,因而能促进消化。常用于食欲不振、消化不良及维生素 B 族缺乏引起的疾病的辅助治疗。内服剂量过大会腹泻。

[制剂与用法用量]片剂:0.3 g/片、0.5 g/片。内服,1 次量:牛、马 30 ~ 100 g;羊、猪 5 ~ 12 g;犬 2 ~ 4 g;兔 0.2 ~ 0.4 g;鸡 0.1 g。

子学习情境 3　中药类助消化药

山楂

[理化性质]本品为蔷薇科植物山楂、野山楂的干燥成熟果实。味酸。含有多种有机酸(如酒石酸、柠檬酸、山楂酸)、黄酮类、苷类、鞣质等。保存于通风干燥处,防蛀。

[作用与应用]本品为常用的消食药之一,内服能增强食欲,促进消化。用于消化不良、积食等。在体外具有抑菌作用,能抑制痢疾杆菌、绿脓杆菌等。孕畜慎用。

[制剂与用法用量]内服,粉碎混饲或煎水自饮,1 次量:牛、马 18 ~ 60 g;羊、猪 9 ~ 15 g;犬 9 ~ 15 g;猫 3 ~ 6 g;兔、禽 0.9 ~ 24 g。

麦芽

[理化性质]本品为禾本科植物大麦成熟籽实经发芽后,在 60 ℃以下干燥制成。谷芽可作代用品。含淀粉分解酶、转化糖酶、蛋白质分解酶、脂化酶、麦芽糖、维生素 B、卵磷脂、磷

酸等。味带咸。

[作用与应用] 主要参与淀粉分解,稍能加强胃肠机能活动,用作消化不良的辅助治疗药,哺乳期母畜大量内服可回乳,不宜大剂量。

[制剂与用法用量] 内服,1 次量:牛、马 20 ~ 60 g;羊、猪 10 ~ 15 g;兔、禽 1.5 ~ 6 g。或按饲料的 3% ~ 5% 混饲。

神曲

[理化性质] 又名建曲。本品由青蒿、苍耳、辣蓼的汁液,配合杏仁泥、赤小豆末、面粉等经发酵制成,做成小块。过去以福建产品质量较好,故名建曲。含挥发油、苷类、淀粉酶、脂肪酶、酵母菌、维生素 B_1、维生素 B_2、维生素 B_6 等。

[作用与应用] 内服能加强消化机能,用于积食、消化不良、胃肠胀气等。据报道,用药曲治疗马骡大肠秘结或阻塞,安全可靠,疗效高,无继发症。方法:药曲 0.5 kg,加温水 6 000 mL 混合灌服,通常 1 次见效,必要时连用两次。醋曲也有类似的作用和效果。多用能下胎回乳,故泌乳母畜及孕畜慎用。

[制剂与用法用量] 内服,1 次量:牛、马 30 ~ 60 g;羊、猪 10 ~ 15 g。治疗结症,马、骡 500 g,或按饲料的 2% ~ 5% 混饲。

学习情境3　瘤胃兴奋药

凡能加强瘤胃平滑肌收缩,促进瘤胃蠕动,兴奋反刍,从而消除积食和气胀的药物称瘤胃兴奋药。

反刍动物的瘤胃容积庞大,食物停留时间较长,因此,瘤胃的正常活动是确保饲料的消化、营养物质合成的前提。当饲养管理不善,饲料质量低劣,某些全身性疾病如高热、低血钙等,都可继发前胃弛缓、反刍减弱或停止,从而产生瘤胃积食、瘤胃臌胀等一系列疾病。治疗时除消除病因、加强饲养管理外,还必须应用瘤胃兴奋药,以促进瘤胃机能的恢复。

可促进瘤胃兴奋的药物有浓氯化钠注射液、甲氧氯普胺、拟胆碱药和抗胆碱酯酶药。

浓氯化钠注射液

[理化性质] 本品为 10% 氯化钠的灭菌水溶液,无色透明,pH 值为 4.5 ~ 7.5,专供静脉注射用。

[作用与应用] 本品静注可提高血液渗透压,增加血容量,改善血液循环,有利于组织的新陈代谢,同时又能刺激血管壁的化学感受器、反射性的兴奋迷走神经,加强胃肠的蠕动和分泌。当胃肠机能减弱时,这种作用更加显著。临床上常用于前胃弛缓、瘤胃积食、马属动物的便秘疝等。本品作用缓和,疗效良好,一般用药后 2 ~ 4 h 作用最强。

[制剂与用法用量]浓氯化钠注射液 50 mL∶5 g,250 mL∶25 g。静脉注射,1 次量,每千克体重:家畜 0.1 g。

[注意事项]静注时速度宜慢,不可漏出血管外。不宜反复使用,不宜稀释。心脏衰弱的病畜,应慎用。

甲氧氯普胺

[理化性质]又名灭吐灵、胃复安。本品为白色至淡黄色结晶或结晶性粉末。能溶于水及醋酸等。

[作用与应用]本品内服或注射均能增加反刍次数,增强瘤胃收缩和肠管蠕动,增加排粪次数,并能使反刍持续期延长,嗳气次数增加。对消化不良及牛的结肠臌胀疗效良好。还可抑制延髓催吐化学感受区而有强的止吐作用,临床上常用于狗、猫的止吐。

[制剂与用法用量]

(1)胃复安片,5 mg/片、10 mg/片、20 mg/片。内服,1 次量,每千克体重:犊牛 0.1~0.3 mg;牛 0.1 mg,2~3 次/d。

(2)胃复安注射液,1 mL∶10 mg、1 mL∶20 mg。肌内注射、静注注射,用量同片剂。

拟胆碱药氨甲酰胆碱、毛果芸香碱,抗胆碱酯酶药新斯的明等对胃肠平滑肌有较强的兴奋作用,可视病情选用(详见模块 3)。

学习情境4　制酵药与消沫药

子学习情境1　制酵药

制酵药是指能抑制胃肠内细菌的活力,防止胃肠内产生过量气体的药物。一般情况下,家畜采食大量发酵或腐败变质的饲料后,因细菌的作用而产生大量气体,当这些气体不能通过肠道或嗳气排出时,则引起臌胀。治疗时,除危急病例可穿刺放气外,一般可使用制酵药,如鱼石脂、甲醛溶液、煤酚皂溶液、酒精、大蒜酊等,制止胃肠道内微生物发酵产气,并刺激胃肠黏膜,加强胃肠蠕动,以排出气体。临床上主要用于治疗反刍动物的瘤胃臌胀,也用于马属动物的胃扩张及肠臌气。常用的制酵药有鱼石脂、甲醛溶液、大蒜酊等。

鱼石脂

[理化性质]又名依克度。本品为棕黑色的黏稠液体,特臭。易溶于酒精,在热水中溶解呈弱酸性反应。

[作用与应用]具有轻度防腐、制酵、祛风作用,能促进胃肠蠕动。常用于瘤胃臌胀、前胃弛缓、急性胃扩张,治疗马便秘疝时常与泻药配合。外用有温和刺激作用,能消除炎性肿胀,促进肉芽组织的生长。临床上常用10%～30%软膏治疗慢性皮炎、蜂窝组织炎、腱鞘炎、冻疮、湿疹等。

[制剂与用法用量]内服时先用倍量的酒精溶解,然后加水稀释成2%～5%溶液,1次量:牛、马10～30 g;羊、猪1～5 g;兔0.5～0.8 g。

甲醛溶液

[理化性质]本品为含40%甲醛的水溶液。

[作用与应用]本品能与蛋白质的氨基结合,使蛋白质凝固,有强大的杀菌作用。内服后可杀灭细菌、纤毛虫等,迅速制止瘤胃内发酵。本品刺激性强,为减轻对胃肠黏膜的刺激,以20～30倍稀释液内服,用于急性瘤胃臌胀。应用后可能继发消化不良,不宜反复应用。

[制剂与用法用量]内服,1次量:牛8～25 mL;羊1～3 mL,用水稀释20～30倍。

子学习情境2　消沫药

消沫药是指能降低液体表面张力或减少泡沫稳定性,使泡沫迅速破裂的药物。本类药物用于反刍兽瘤胃泡沫性臌胀的治疗。

牛、羊采食大量含皂甙的饲料,如紫云英、紫苜蓿等豆科植物后,经瘤胃发酵会产生许多不易破裂的黏稠性小气泡,这些小气泡夹杂在瘤胃内容物中无法排出,便引起泡沫性臌胀病。消沫药由于呈疏水性,其表面张力低于起泡液(泡沫性臌胀瘤胃内的液体)的表面张力,与起泡液接触后,其微粒黏附于泡沫膜上,造成泡沫膜局部表面张力下降,使泡沫膜面受力不均,产生不均匀收缩,致使膜局部被"拉薄"而破裂,气体逸出。此时,消沫药微粒再进行下一个消沫过程,如此循环,相邻的小气泡融合,逐渐汇集成大气泡或游离的气体通过嗳气排出。常用的消沫药有二甲硅油、松节油、各种植物油(如花生油、菜籽油、麻油、棉籽油等)。

二甲硅油

[理化性质]又名聚甲基硅。本品为无色透明油状液体,无臭,无味。不溶于水及酒精,能与氯代烃类、乙醚、苯、甲苯等混溶,具有很低的表面张力。

[作用与应用]能消除胃肠道内的泡沫,使泡沫破裂。发挥消沫药作用,使贮留的气体得以排除,缓解气胀。本品作用迅速,用药后约5 min起效,15～30 min作用最强,能使大量泡沫破裂融合,有利于排出。临床上常用于治疗瘤胃泡沫性臌胀。

[制剂与用法用量]二甲硅油片,内服,1次量:牛3～5 g;羊1～2 g。

松节油

[作用与应用]松节油为常用的皮肤刺激药之一,也用于消化道疾病。本品内服后能刺

激消化道黏膜,促进胃肠蠕动,并有制酵、祛风、消沫作用。临床上主要治疗瘤胃臌胀、泡沫性臌胀、肠臌气、胃肠弛缓等。应用时加3~4倍植物油混合后内服,以减少刺激性。本品禁用于屠宰家畜、泌乳母畜及有胃肠炎、肾炎的家畜。

[制剂与用法用量]内服,1次量:马15~40 mL;牛20~60 mL;猪、羊3~10 mL。

植物油

[作用与应用]食用植物油如豆油、菜油、棉籽油、花生油等都能降低泡沫的稳定性,使泡沫破裂而发挥消沫作用。这些油类来源广、疗效可靠、应用方便。严重的泡沫性臌胀与松节油并用效果好。

[制剂与用法用量]内服,1次量:马、牛500~1 000 mL;羊100~300 mL;猪50~100 mL;犬10~30 mL;鸡5~10 mL。

学习情境5　泻药

泻药是能促进肠管蠕动,增加肠内容积或润滑肠腔,软化粪便,从而促进粪便顺利排出的药物。按作用特点不同,泻药可分为容积性泻药、刺激性泻药、润滑性泻药三类。

子学习情境1　容积性泻药

容积性泻药是指能扩张肠腔容积,产生机械性刺激而引起泻下的药物。这类药物多数是盐类,所以又称为盐类泻药。本类药与大黄等植物性泻药配伍使用,可产生协同作用,显著提高导泻效果。

硫酸钠

[理化性质]又名芒硝。本品为无色透明的大块结晶或颗粒状粉末,味苦而咸。易溶于水,易风化。

[作用与应用]内服小剂量硫酸钠可发挥盐类健胃作用;内服大剂量时,因不易被肠壁吸收而提高肠内渗透压,保持大量水分,增加肠内容积,并稀释肠内容物,软化粪块,促进排粪。与其他盐类配伍有健胃作用(人工矿泉盐)。主要用于马属动物大肠便秘,反刍动物瓣胃阻塞、皱胃阻塞,也可用于排出消化道内毒物或异物,配合驱虫药排出虫体等。本品能清洁创面,促进愈合,如10%~20%硫酸钠溶液外用治疗化脓创、瘘管等,在治疗大肠便秘时,浓度以6%~8%为宜,小肠便秘一般不使用,易继发胃扩张,禁止与钙盐配合使用。

[制剂与用法用量]

（1）健胃，内服，1 次量：牛、马 15 ~ 50 g；羊、猪 3 ~ 10 g；犬 0.2 ~ 0.5 g；兔 1.5 ~ 2.5 g；貂 1 ~ 2 g。

（2）导泻，内服，1 次量：马 200 ~ 500 g；牛 400 ~ 800 g；羊 40 ~ 100 g；猪 25 ~ 50 g；犬 10 ~ 25 g；猫 2 ~ 5 g；鸡 2 ~ 4 g；鸭 10 ~ 15 g；貂 5 ~ 8 g。

硫酸镁

[理化性质]又名泻盐。本品为无色细小针状结晶或斜方形柱状结晶，味苦而咸，易溶于水。有风化性。

[作用与应用]本品内服、外用的作用和应用与硫酸钠基本相同。因其在单位体积内解离的离子数较硫酸钠少，所以泻下作用较硫酸钠弱。此外，内服尚可刺激十二指肠黏膜，反射性地使总胆管括约肌松弛和胆囊排空，有利胆作用；静注硫酸镁溶液有抑制中枢神经作用，缓解骨骼肌痉挛。

[制剂与用法用量]内服，1 次量：马 100 ~ 300 g；牛 200 ~ 500 g；羊 20 ~ 50 g；猪 10 ~ 25 g。

子学习情境2　刺激性泻药

刺激性泻药是指能对肠壁产生化学性刺激而导致泻下的药物。本类药物内服后，在胃内一般无变化，到达肠内后，分解出有效成分，对肠黏膜感受器产生化学性刺激，反射性促进肠管蠕动和增加肠液分泌，产生泻下作用。本类药物亦能加强子宫平滑肌收缩，可导致母畜流产。本类药物种类繁多，临床常用的有大黄、芦荟、番泻叶、蓖麻油、巴豆油、牵牛子、酚酞等。

蓖麻油

[理化性质]本品为蓖麻的成熟种子经压榨而得的一种脂肪油。为淡黄色澄清的黏稠液体，不溶于水，易溶于酒精。

[作用与应用]本品无刺激性，只有润滑作用，但内服后在肠内受胰脂肪酶作用，分解生成甘油与蓖麻油酸，蓖麻油酸又转成蓖麻油酸钠，刺激小肠黏膜，增强肠蠕动而引起泻下。临床上主要用于幼畜及小动物小肠便秘。

[制剂与用法用量]内服，1 次量：牛、马 200 ~ 300 mL；驹、犊 30 ~ 80 mL；羊、猪 20 ~ 60 mL；犬 5 ~ 25 mL；猫 4 ~ 10 mL；兔 5 ~ 10 mL。

[注意事项]不宜做排除毒物及驱虫药，以免中毒；孕畜、肠炎病畜不得用本品作泻剂，以免发生流产，加重病情；不能长期反复应用，以免引起消化功能障碍。

酚酞

[理化性质]本品为白色或类白色结晶性粉末，无臭无味，不溶于水，能溶于醇。

[作用与应用]本品内服后在胃内不溶解,故无刺激性。到达肠内遇胆汁及碱性肠液时,则缓慢分解为水溶性盐,刺激肠黏膜,促进蠕动,并阻止水分被肠壁吸收,引起泻下。临床可用于猪、犬等小动物便秘。本品对草食动物作用不可靠。

[制剂与用法用量]酚酞片,内服,1 次量:马 0.5 ~ 5 g;猪 0.1 ~ 0.3 g;犬 0.1 ~ 0.5 g。

子学习情境3　润滑性泻药

润滑性泻药是指能润滑肠壁,软化粪便,使粪便易于排出的药物。本类药物来源于动物、植物和矿物,属中性油,无刺激性。常用的矿物油中有液体石蜡,植物油中有豆油、花生油、菜籽油、棉籽油等;动物油有豚脂、酥脂、獾油等,故又称油类泻药。

液体石蜡

[理化性质]又名石蜡油。本品为无色透明状液体,无臭,无味。呈中性反应,不溶于水和酒精,可在氯仿、乙醚或挥发油中溶解。能与多种油任意配合。

[作用与应用]本品作用温和,无刺激性,内服后在肠道内不起变化,也不被吸收,而且能阻止肠内水分的吸收,对肠黏膜有润滑和保护作用。用于大、小肠阻塞,便秘,瘤胃积食等,患肠炎病畜、孕畜便秘也可应用。本品不宜多次反复使用,因有碍脂溶性维生素和钙、磷的吸收,会减弱肠蠕动及降低消化功能。

[制剂与用法用量]内服,1 次量:牛、马 500 ~ 1 500 mL;驹、犊 60 ~ 120 mL;羊 100 ~ 300 mL;猪 50 ~ 100 mL;犬 10 ~ 30 mL;猫 5 ~ 10 mL;兔 5 ~ 15 mL;鸡 5 ~ 10 mL。

植物油

[理化性质]本品为微黄色透明液体,不溶于水。

[作用与应用]本品内服大部分以原形通过肠管,起润滑肠腔、软化粪便、促进排粪的作用。适用于家畜小肠阻塞、大肠便秘、瘤胃积食等。本品不用于排出脂溶性毒物,患肠炎病畜、孕畜慎用。因有一小部分植物油可被皂化,具有刺激性。

[制剂与用法用量]内服,1 次量:牛、马 500 ~ 1 000 mL;羊 100 ~ 300 mL;猪 50 ~ 100 mL;犬 10 ~ 30 mL;猫、鸡 5 ~ 10 mL。

学习情境6　止泻药

止泻药是一类能制止腹泻的药物。腹泻是多种疾病的一种症状,在有的时候,腹泻也是动物机体自身保护机能的表现,可将毒物排出体外,但会影响营养成分的吸收,久泻和剧烈腹泻,可导致脱水和钾、钠、氯等电解质紊乱和酸中毒,治疗时应根据病因和病情采取综合措施治疗。根据药理作用特点,止泻药可分为四类:①保护性止泻药;②吸附性泻药;③抑制肠道平滑肌的药物;④抗菌止泻药。

子学习情境1 保护性止泻药

保护性止泻药,具有收敛作用,能形成蛋白膜而保护肠黏膜,如鞣酸、鞣酸蛋白、碱式硝酸铋、碱式碳酸铋等。

鞣酸

[理化性质]本品为淡黄色粉末,不溶于水和酒精。

[作用与应用]鞣酸内服后与胃黏膜蛋白结合生成鞣酸蛋白薄膜,覆盖于胃黏膜表面,起保护作用,免受各种因素刺激,对局部起到消炎、止血、镇痛及抑制分泌的作用。形成的鞣酸蛋白到小肠后再被分解,释放出鞣酸,呈现收敛止泻作用。5%~10%溶液、20%软膏外用治疗湿疹、褥疮等。士的宁、洋地黄等生物碱和重金属铅、银、铜、锌等物质中毒时,可用1%~2%鞣酸溶液洗胃或灌服解毒,但需及时用盐类泻药排除。本品对肝有损害,宜少用。

[制剂与用法用量]内服,1次量:牛、马10~20 g;羊2~5 g;猪1~2 g;犬0.2~2 g;猫0.15~2 g。

鞣酸蛋白

[理化性质]本品为淡黄色粉末,由鞣酸和蛋白质相互作用制成,含50%鞣酸,不溶于水和酒精。

[作用与应用]鞣酸蛋白本身无活性,无刺激性,其蛋白成分被消化而释放出鞣酸,使肠黏膜表层蛋白质凝固,起收敛止泻作用。这种作用能达到肠道后部。常用于急性肠炎和非细菌性腹泻。

[制剂与用法用量]片剂,0.25 g/片,0.5 g/片。内服,1次量:牛、马10~20 g;羊、猪2~5 g;水貂0.1~0.15 g;兔1~3 g;犬0.2~2 g;猫0.15~2 g;禽0.15~0.3 g。

碱式碳酸铋

[理化性质]又名次碳酸铋。本品为白色或黄色粉末,无臭,无味。不溶于水和醇,能溶于酸。

[作用与应用]本品内服难吸收,故大部分覆盖在胃肠黏膜表面,形成保护膜。同时在肠道中还可以与硫化氢结合,形成不溶性硫化铋,覆盖在肠黏膜表面,对肠黏膜起保护作用,且减少了硫化氢对肠道的刺激作用。发挥收敛止泻作用,用于胃肠炎和腹泻。对由细菌引起

的腹泻,须先用抗菌素后再用本品。次碳酸铋在炎性组织中能缓慢地解离出铋离子,其离子能同组织的蛋白质和细菌蛋白质结合,产生抑菌消炎和收敛作用。故对烧伤、湿疹的治疗可用粉撒剂或10%软膏。

[制剂与用法用量]片剂:0.3 g/片。内服,1次量:牛、马15～30 g;羊、猪、驹、犊2～4 g;禽0.1～0.3 g;犬0.3～2 g;猫、兔0.4～0.8 g;水貂0.1～0.5 g。

碱式硝酸铋

碱式硝酸铋又名次硝酸铋。其作用与应用、用法与用量同碱式碳酸铋。次硝酸铋在肠内溶解后,可产生亚硝酸盐,量大时能引起中毒,应用时需特别注意剂量。

子学习情境2　吸附性止泻药

吸附性止泻药,通过表面吸附作用,能吸附水、气、细菌、病毒、毒素及毒物等,从而减少对肠黏膜的刺激,如药用炭、高岭土等。

药用炭

[理化性质]又名活性炭。本品为黑色粉末,无臭,无味,无砂性。不溶于水,表面积很大(1 g药用炭总面积500～800 m²)。

[作用与应用]本品性质稳定,颗粒细小,具有很多疏孔,吸附作用很强。用于肠炎、腹泻、药物中毒或毒物中毒(如阿片及马钱子等)的解救药。外用作浅部创伤撒布剂,有干燥、抑菌、止血、消炎作用。锅底灰(百草霜)、木炭末可代替药用炭应用,但吸附力差。

[制剂与用法用量]片剂:0.15 g/片,0.3 g/片,0.5 g/片。内服,1次量:牛、马100～300 g;羊、猪10～25 g;禽0.2～1 g;犬0.3～5 g;猫0.15～2.5 g;兔0.5～2 g。

[注意事项]

①药用炭附着于消化道黏膜,保护肠黏膜的同时,可影响营养物质的消化和吸收;在吸附有害物质的同时也能吸附营养物质,但不宜反复使用。

②药用炭的吸附作用是可逆的。用于吸附毒物时,必须随后给予盐类泻药促进排出。

③一般不与抗生素合用,以免降低抗生素的药效。

高岭土

[理化性质]又名白陶土。本品为白色粉末,有脂肪感,不溶于水。

[作用与应用]白陶土主要含有硅酸铝($Al_2O_3 \cdot 3SiO_2$),内服吸附能力比药用炭弱,呈吸附止泻作用,可用于家畜肠道中毒物及原因不明的胃肠炎、幼畜腹泻等。本品外用以撒布剂形式治疗溃疡、糜烂性湿疹和烧伤。与食醋配伍治疗急性关节炎及风湿性蹄叶炎等,用作冷却剂湿敷于局部。

[制剂用法用量]内服,1次量:牛、马100~300 g;羊、猪10~30 g。

子学习情境3　肠道平滑肌抑制药

当腹泻不止或有剧烈腹痛时,为了防止脱水,消除腹痛,可选用肠道平滑肌抑制药,如阿托品、颠茄等,松弛胃肠平滑肌,减少肠管蠕动而止泻(详见模块3)。

子学习情境4　抗菌止泻药

家畜腹泻多是微生物感染引起,故临床上往往首先考虑使用抗菌药物进行对因治疗,使肠道炎症消退而止泻。如选用磺胺咪、氟苯尼考、喹诺酮类、黄连素、呋喃唑酮和庆大霉素等,均有较强的抗菌止泻作用(详见模块5)。

学习情境7　抗酸药、催吐药、止吐药

子学习情境1　抗酸药

抗酸药是一类能降低胃内容物酸度的弱碱性无机物,如氧化镁、氢氧化镁、氢氧化铝等,可直接中和胃酸但不被胃肠吸收。

氧化镁

[理化性质]本品为白色粉末,无臭,无味。不溶于水或酒精,易溶于稀酸。在空气中可缓慢吸收二氧化碳。

[作用与应用]本品抗酸作用强而持久,但缓慢,不产生 CO_2 气体,与胃酸作用生成氯化镁,释放镁离子,刺激肠道蠕动引起腹泻。氧化镁又具吸附作用,故能吸附二氧化碳等气体,主要用于治疗胃酸过多、胃肠臌气及急性瘤胃臌气。

[制剂与用法用量]氧化镁合剂,复方氧化镁合剂。内服,1次量:牛、马50~100 g;羊、猪2~10 g。

氢氧化镁

[**理化性质**]本品为白色粉末,无臭,无味。不溶于水或酒精,溶于稀酸。

[**作用与应用**]本品为抗酸作用强而快的难吸收性抗酸药,可快速使 pH 调节至 3.5,应用时不产生二氧化碳,主要用于胃酸过多与胃炎等病症。

[**制剂与用法用量**]镁乳,即氢氧化镁悬液。内服,1 次量:犬 5 ~ 30 mL;猫 5 ~ 15 mL。

氢氧化铝

[**理化性质**]本品为无味、无臭、白色无晶形粉末,不溶于水或酒精,在稀矿酸或氢氧化碱溶液中溶解。

[**作用与应用**]本品为弱碱性化合物,抗酸作用较强,缓慢而持久。中和胃酸时产生的氧化铝有收敛及保护溃疡面等作用,能局部止血及引起便秘,主要用于治疗胃酸过多和胃溃疡等疾病。

[**制剂与用法用量**]复方氢氧化铝片,氢氧化铝凝胶。内服,1 次量:马 15 ~ 30 g;猪 3 ~ 5 g。

溴丙胺太林

[**理化性质**]又名普鲁本辛。本品为白色或黄白色结晶性粉末,无臭,味极苦。微有引湿性。极易溶于水、酒精或氯仿,不溶于乙醚和苯。水溶液呈酸性。

[**作用与应用**]本品为节后神经抗胆碱药,对胃肠道 M 受体选择性高,有类似阿托品样作用,治疗剂量对胃肠道平滑肌的抑制作用强且持久,能使唾液、胃液及汗液的分泌减少。此外,尚有神经节阻断作用。中毒量时,可阻断神经肌肉传导、呼吸麻痹。主要用于胃、十二指肠溃疡、胃炎、胆汁排出障碍、胃酸过多症及缓解胃肠痉挛等。本品可延缓呋喃妥因与地高辛在肠内的停留时间,增加上述药物的吸收。

[**制剂与用法用量**]溴丙胺太林片。内服,1 次量:小犬 5 ~ 7.5 mg;中犬 15 mg;大犬 30 mg;猫 5 ~ 7.5 mg。每 8 小时次。

甲吡戊痉平

[**理化性质**]又名格隆溴铵、胃长宁。本品为白色结晶性粉末,味微苦,无臭,能溶于水。

[**作用与应用**]本品为节后神经抗胆碱药,作用基本同阿托品,能抑制胃酸和唾液分泌及调节胃肠蠕动。对胃肠道解痉作用很差。一般用于治疗胃酸分泌过多、消化性溃疡、慢性胃炎等症。

[**制剂与用法用量**]胃长宁注射液。肌内或皮下注射,1 次量,每千克体重:犬 0.01 mg。

子学习情境2　止吐药

止吐药是通过不同环节抑制呕吐反应的一类药物。兽医临床主要用于犬、猫、猪及灵长类等动物制止呕吐反应,因为长期剧烈的呕吐易造成脱水与电解质失衡。

氯苯甲嗪

[**理化性质**]又名敏可静。本品为白色或淡黄色结晶粉末,无臭,无味。易溶于水。

[**作用与应用**]本品能抑制前庭神经、迷走神经兴奋传导,对中枢神经有一定的抑制作用,主要用于治疗过敏反应及晕动病所引起的犬、猫等动物的呕吐症。止吐作用可持续 20 h 左右。

[**制剂与用法用量**]盐酸氯苯甲嗪片。内服,1 次量:犬 25 mg;猫 12.5 mg。

甲氧氯普胺

[**理化性质**]又名胃复安、灭吐灵。本品为白色至淡黄色结晶或结晶性粉末,味苦。能溶于水及醋酸,水溶液无色澄明。遇光变成黄色,毒性增强,禁用。

[**作用与应用**]本品有较好的止吐功效,主要抑制延髓催吐化学感受区,反射性地抑制呕吐中枢所致的呕吐。本品有强大的镇吐作用,主要用于胃肠胀满,消化不良,急性胃肠炎、慢性胃肠炎,恶心呕吐及药物所致的呕吐等。犬、猫妊娠时禁用。忌与阿托品、颠茄制剂等配合,以免使药效降低。

[**制剂与用法用量**]甲氧氯普胺片,5 mg/片,10 mg/片,20 mg/片。内服,1 次量:犬、猫 10 ~ 20 mg。甲氧氯普胺注射液,20 mg/mL,肌内注射,1 次量:犬、猫 10 ~ 20 mg。

舒必利

[**理化性质**]又名止吐灵、硫苯酰胺。本品为白色结晶性粉末,无臭,味苦。易溶于冰醋酸或稀醋酸,微溶于酒精、丙酮,不溶于水、乙醚、氯仿与苯,易溶于碱性溶液。

[**作用与应用**]本品属中枢性止吐药,有很强的止吐作用,注射比氯丙嗪强 142 倍,比甲氧氯普胺强 5 倍。兽医临床上主要用作犬的止吐药。止吐效果比甲氧氯普胺好。

[**制剂与用法用量**]舒必利片,100 mg/片;舒必利注射液,50 mg∶1 mL、100 mg∶2 mL。内服,1 次量,5 ~ 10 kg 体重:犬 0.3 ~ 0.5 mg。

子学习情境3　催吐药

催吐药是引起呕吐的一类药物,可通过药物刺激神经中枢呕吐敏感区引起呕吐,如阿扑吗啡;也可通过刺激食道、胃等消化道黏膜引起呕吐,如硫酸铜。催吐药主要用于犬、猫等具有呕吐机能的动物,进行中毒急救,排除胃内未吸收的毒物,以减少有毒物质的吸收。

阿扑吗啡

[**理化性质**]又名去水吗啡。本品为白色或灰白色细小有光泽的结晶或结晶性粉末,无臭。能溶于水和酒精,水溶液呈中性。露置空气或日光中缓慢变为绿色,禁用。

[**作用与应用**]本品为中枢反射性催吐药,能直接兴奋呕吐中枢,引起呕吐。口服药效缓慢,作用很弱。皮下注射 5 ~ 15 min 后可产生剧烈呕吐。一般用于犬驱出胃内毒物。猫不能用。

[**制剂与用法用量**]皮下注射,1 次量:猪 10 ~ 20 mg;犬 2 ~ 3 mg;猫 1 ~ 2 mg。

✱ 课后笔记

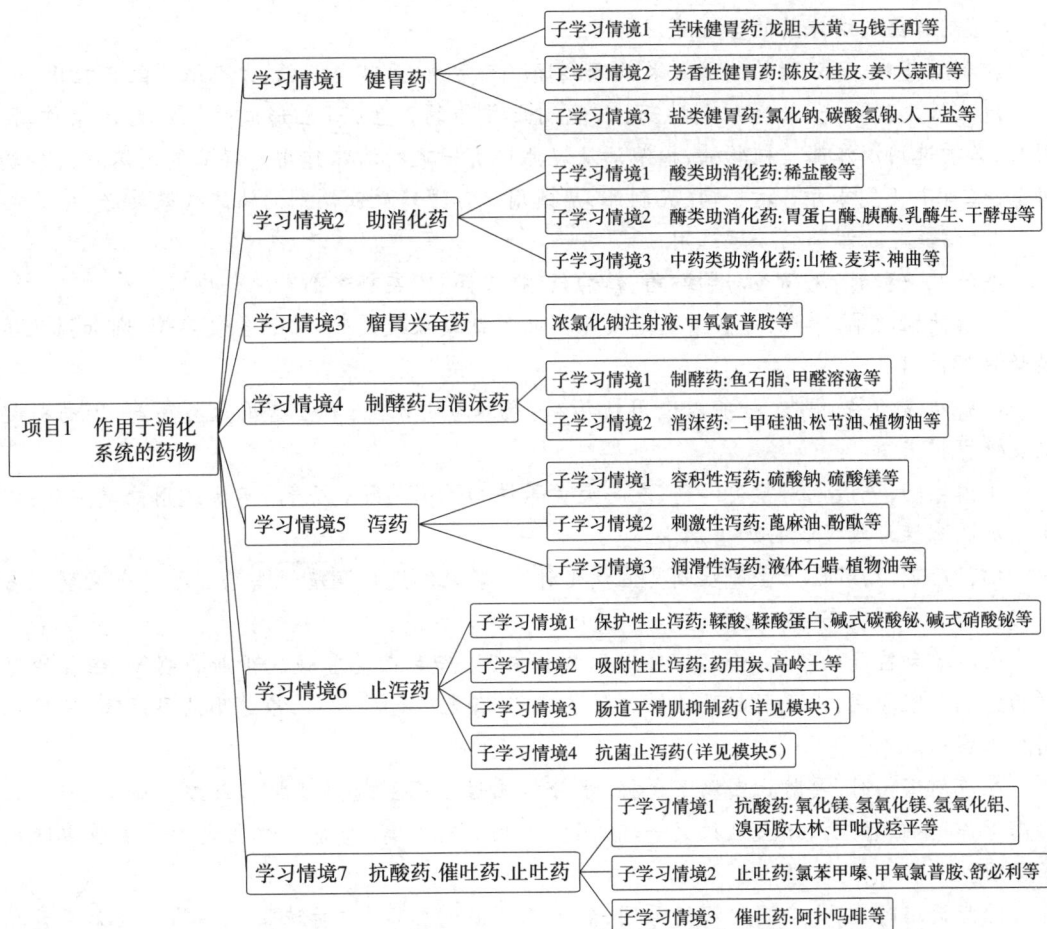

📖 小贴士

作用于消化系统药物的合理选用

一、健胃药与助消化药的合理选用

健胃药与助消化药可用于动物食欲不振、消化不良。

为了增强健胃药的作用，一般选用复方制剂或将数种不同的健胃药合并使用。

马属动物消化不良时，选用苦味健胃药龙胆、大黄、陈皮等；如果口腔湿润、粪便松软时，则选用人工盐配合大蒜酊等制酵药较好。

当消化不良兼有胃肠弛缓或胃肠内容物有异常发酵时，应选用芳香性健胃药，并配合鱼石脂、大蒜酊等制酵药。

猪的消化不良，一般选用少量大黄或人工盐。

哺乳幼畜的消化不良，主要选用胃蛋白酶、乳酶生、胰酶等。

草食动物饲喂时，选草不选料，宜选用胃蛋白酶，配合稀盐酸。

二、制酵药与消沫药的合理选用

在制酵药中，鱼石脂的制酵效果较好，刺激小，常用，且常与酒精、大蒜酊等配合应用。

泡沫性臌胀时，如果选用制酵药，只能制止气体的产生，对已形成的泡沫无消除作用。因此，必须选用消沫药。植物油、松节油及煤油均有一定的消沫作用。煤油的消沫作用确实可靠，但有不良气味并易污染肉、乳制品，应慎用。二甲基硅油制剂的消沫效果最好。

三、泻药与止泻药的合理选用

在治疗便秘时，泻药多与制酵药、镇静药、强心药、体液补充剂等配合应用。

大肠便秘的早、中期，一般首选盐类泻药硫酸钠或硫酸镁，如果配合大黄等，则加强硫酸钠的导泻作用。

小肠阻滞的早、中期，一般以选用植物油、液体石蜡为主，不宜选用盐类泻药，因易引起继发性胃扩张。

排出毒物，一般选用盐类泻药，或与大黄等植物性泻药配合更好，不宜选用油类泻药，以防增加脂溶性毒物吸收而加重病情。

便秘后期，局部已产生炎症或其他病变时，一般只能选用润滑性泻药。孕畜或衰弱病畜一般选用润滑性泻药较安全。

肠道蠕动较弱的不完全阻塞，可选用拟胆碱药，如毛果芸香碱或新斯的明等，但粪块坚硬的完全阻塞禁用，以免引起肠破裂。脱水病畜，在未进行补液前，应选用油类泻药，不宜选用拟胆碱药。

在应用泻药时，要防止因泻下太猛、水分排出过多而引起病畜脱水或继发肠炎。所以，对泻下作用剧烈泻药，一般只投药一次，不宜多用。对幼畜、孕畜及体弱患畜更要慎重选用或不用。

治疗腹泻时，应先查明腹泻的原因，然后根据病情需要，适时选用止泻药。因大量毒物引起的腹泻，不要急于使用止泻药，而应先用盐类泻药以促进毒物排出，待大部分毒物从消化道排出后，再使用碱式碳酸铋保护受损的胃肠黏膜，或用药用炭吸附残余的毒物，并随后再次给予盐类泻药以排出药用炭吸附物，避免药用炭吸附的可逆性。

　　一般的急性水泻,往往导致脱水、电解质紊乱,应采取综合治疗,首先补充水和电解质,然后用止泻药。

　　四、抗酸药、催吐药、止泻药的合理选用

　　家畜胃酸过多而引起的便秘、腹胀,用溴丙胺太林、甲吡戊痉平等较好。

　　犬、猫、猪及灵长类等动物剧烈呕吐,易造成脱水及电解质失衡,应立即采用止吐药如甲氧氯普胺等,并采取强心、输液、支持疗法等措施。

　　呕吐是犬、猫排出胃内未吸收毒物的主要途径,在临床中采用催吐药,以减少有毒物质的吸收,如阿扑吗啡注射液等。

项目2 作用于呼吸系统的药物

动物呼吸器官疾病主要表现咳嗽、气管和支气管分泌物增加、呼吸困难、气喘等症状,一般由理化因素刺激、过敏、病毒、细菌和蠕虫感染等引起,首先应在对因治疗的同时,及时使用相应药物,以防止病情加重,缓解症状,促进康复。

学习情境1　祛痰药

祛痰药是能增加呼吸道黏液分泌,使痰液变稀、黏性降低,并易于排出的药物。祛痰药能清除痰液,减少呼吸道黏膜的刺激和细菌的繁殖,间接起到镇咳、平喘、消炎的作用。

氯化铵

[理化性质]又名氯化垭、卤砂。本品为白色结晶或无色结晶性粉末,无臭,味咸、凉。易溶于水,略溶于酒精。有吸湿性。应密封保存于干燥处。

[作用与应用]本品内服后能刺激胃黏膜迷走神经末梢,反射性地引起支气管腺体分泌增加,同时,吸收后的氯化铵,有小部分经呼吸道排出,带出一些水分,而使痰液变稀,黏度下降,产生祛痰作用。氯化铵还是一个有效的体液酸化剂,有酸化体液和尿液及轻微利尿的作用。本品主要用于呼吸道炎症初期,痰液黏稠而不易咳出的病例;也可用以纠正碱中毒及预防或帮助溶解某些类型的结石。泌尿道感染时,可提高某些抗生素的疗效。

氯化铵禁与碱或重金属盐及磺胺类药并用,有胃、肝、肾机能障碍的患畜慎用。

[制剂与用法用量]

(1)氯化铵片,0.3 g/片,祛痰,内服,1次量:牛 10 ~ 25 g;马 8 ~ 15 g;羊 2 ~ 5 g;猪 1 ~ 2 g;犬、猫 0.2 ~ 1 g。

(2)氯化铵酸化剂,内服,1次量:牛 15 ~ 30 g;马 4 ~ 15 g;羊 1 ~ 2 g;犬 0.2 ~ 0.5 g;猫 0.8 g。

碘化钾

[理化性质]又名灰碘。本品为白色结晶或无色结晶性粉末,无臭,味咸,带苦味。微有引湿性。易溶于水,能溶于酒精。

[作用与应用]本品内服对胃黏膜有刺激作用,可反射性地增加支气管腺体分泌。同时,吸收后有一部分碘离子从呼吸道排出,能刺激支气管腺体分泌增加,使痰液变稀,易于排出,故有祛痰作用。因本品刺激性较强,故不适用于急性支气管炎,对亚急性和慢性支气管炎疗效较好。

临床常用于慢性或亚急性支气管炎及局部病灶注射,如牛放线菌病;也可作为助溶剂,用于配制碘酊和复方碘溶液,并可使制剂性质稳定。

长期服用本品易发生中毒现象(皮疹、脱毛、黏膜卡他性炎、消瘦和食欲不振等),应暂停用药5～6 d。与甘汞混合后能生成金属汞与碘化汞,增加毒性。其溶液遇生物碱盐能产生沉淀,有肝、肾疾病的患畜禁用。

[制剂与用法用量]碘化钾片。内服,1次量:牛、马5～10 g;羊、猪1～3 g;犬0.2～1 g。

乙酰半胱氨酸

[理化性质]又名痰易净、易咳净。本品为白色结晶性粉末,性质不稳定,有类似蒜的臭气,味酸。有引湿性。易溶于水和酒精。

[作用与应用]乙酰半胱氨酸结构中的巯基(—SH)能使痰液中的黏性成分糖蛋白多肽链中的二硫键(—S—S—)断裂,降低黏痰和脓痰的黏性,使之易于排出。

本品对脓性和非脓性痰液等有较好疗效,主要用于治疗急性支气管炎、慢性支气管炎、支气管扩张、喘息、肺炎、肺气肿、点状眼角膜炎、单纯疱疹性角膜炎。

[制剂与用法用量]常用10%～20%溶液喷雾至咽喉部。中等大小的动物2～5 mL,2～3次/d;气管滴入5%溶液,自气管插管或直接滴入气管内,牛、马3～5 mL,2～4次/d;喷雾用乙酰半胱氨酸,犬、猫50 mL/h,每12小时喷雾30～60 min。

学习情境2　镇咳药

凡能抑制咳嗽中枢或咳嗽反射弧中的其他环节,从而减轻或制止咳嗽的药物,称为镇咳药或止咳药。咳嗽是呼吸系统的一种防御性反射,主要是呼吸道受异物或炎症产物的刺激而引起的防御性反射,可清除进入呼吸道的异物或炎性产物。因此,轻微的咳嗽有助于祛痰和排出异物,清洁呼吸道,咳嗽自然缓解,无须应用镇咳药。但频繁而剧烈的咳嗽或胸膜炎等引起的频咳,易加重呼吸道损伤,造成肺气肿、心功能障碍等不良后果,此时除积极采取对因治疗外,还应配合使用镇咳药。

喷托维林

[**理化性质**]又名咳必清,维静宁。本品为白色结晶粉末,无臭,味苦,有吸湿性,易溶于水。

[**作用与应用**]本品对咳嗽中枢具有选择性抑制作用,但作用较弱,部分药物经呼吸道排出,对呼吸道黏膜产生轻度局部麻醉作用。大剂量有阿托品样作用,可松弛支气管痉挛。

本品常与祛痰药合用,治疗伴有剧烈干咳的急性呼吸道炎症。其不良反应轻,有时表现为腹胀与便秘(阿托品样作用)。

[**制剂与用法用量**]枸橼酸喷托维林片,25 mg/片,1 次量:内服,牛 0.5 ~ 1 g;羊、猪 50 ~ 100 mg,3 次/d。

复方甘草合剂

[**理化性质**]本品为棕色液体,由甘草流浸膏 12%、复方樟脑酊 12%、酒石酸锑钾 0.024%、亚硝酸乙酯醑 3%、甘油 12% 和蒸馏水适量制成,有香气,味甜,应避光密封保存。

[**作用与应用**]本品所含的甘草次酸有镇咳作用,甘草还有解毒、抗炎等效果。甘草制剂能使呼吸道黏液分泌增加,具有祛痰作用。复方樟脑酊能镇咳祛痰,甘油有保护作用,亚硝酸乙酯醑能使支气管平滑肌松弛,酒石酸锑钾能增加支气管黏液分泌。故本品有镇咳、祛痰、平喘作用,主要用于家畜呼吸道疾病所引起的咳嗽,作祛痰、镇咳药。

[**用法用量**]内服,1 次量:牛、马 50 ~ 100 mL;羊、猪 10 ~ 30 mL。

可待因

[**理化性质**]又名甲基吗啡。本品从阿片中提取,也可由吗啡甲基化而得。常用其磷酸盐,为无色细微的针状结晶性粉末,无臭,味苦,易溶于水。

[**作用与应用**]本品能抑制咳嗽中枢而产生较强的镇咳作用,多用于无痰、剧痛性咳嗽及胸膜炎等疾患引起的干咳,不适用于呼吸道有大量分泌物的患畜,以免造成呼吸道阻塞。本品有易成瘾性,抑制呼吸中枢,易引起便秘,慎用。

[**制剂与用法用量**]磷酸可待因片,15 mg/片,30 mg/片。内服,1 次量:牛、马 0.2 ~ 2 g;羊、猪 15 ~ 60 mg;犬 15 ~ 30 mg;猫 0.25 ~ 4 mg。

二氧丙嗪

[**理化性质**]又名克咳敏。

[**作用与应用**]本品有镇咳兼祛痰、平喘作用,并有抗组胺、抗炎、解除平滑肌痉挛和局麻作用,是一种无成瘾性、作用迅速持久、安全范围较大的新药。本品用于急慢性支气管炎引起的咳嗽、过敏性哮喘等病的治疗。

[**制剂与用法用量**]盐酸二氧丙嗪片,5 mg/片,内服,1 次量:犬 2 ~ 10 mg,3 次/d。

学习情境 3　平喘药

凡能缓解或消除呼吸道疾患所引起的气喘症状的药物,称为平喘药。

氨茶碱

[理化性质]氨茶碱为嘌呤类衍生物,是茶碱和乙二胺的复盐。呈白色或淡黄色颗粒或粉末,易结块。微有氨臭,味苦。易溶于水,微溶于酒精。

[作用与应用]本品内服易吸收,分布于细胞外液和组织,能穿过胎盘并进入乳汁。氨茶碱对呼吸道平滑肌有较强的直接松弛作用,具有兴奋中枢神经系统、心脏,舒张血管,松弛平滑肌和利尿等作用。但咖啡因对中枢神经兴奋作用较强,而氨茶碱松弛平滑肌和利尿的作用较突出。

本品主要用作支气管松弛药,常用于心力衰竭时的气喘、利尿及心性水肿的辅助治疗。

本品不宜与酸性药物配伍,皮下注射局部刺激性大,应深部肌内注射或静脉注射。但静脉注射太快或用量过大,易引起心悸、心律失常、血压骤降和惊厥等严重反应,甚至死亡。故静脉给药一定要限制用量,并用葡萄糖溶液稀释至 2.5% 以下浓度,缓慢注入。

[制剂与用法用量]

(1)氨茶碱注射液,1.25 g : 5 mL,0.5 g : 2 mL。深部肌内注射或静脉注射,1 次量,每千克体重:牛、马 1~2 g;羊、猪 0.25~0.5 g;犬 0.05~0.1 g。

(2)氨茶碱片,0.1 g/片,0.2 g/片,内服,1 次量:牛、马 1~2 g;羊、猪 0.25~0.5 g;犬、猫 0.01~0.15 g。

麻黄碱

[理化性质]本品为麻黄科植物麻黄中提取的一种生物碱,也可人工合成,为白色结晶,无臭,味苦,易溶于水,能溶于醇。应密封保存。

[作用与应用]麻黄碱的作用与肾上腺素相似,均能松弛平滑肌、扩张支气管,但作用比肾上腺素缓和而持久。另外,吸收后易透过血脑屏障,有明显的中枢兴奋作用。临床上用于轻度的支气管哮喘;也常配合祛痰药用于急、慢性支气管炎,以减轻支气管痉挛及咳嗽。[用法用量]见模块五。

[制剂与用法用量]

(1)盐酸麻黄素片,0.25 mg,1 次量:牛、马 50~500 mg;羊 20~100 mg;猪 20~50 mg;犬 10~30 mg;猫 2~5 mg。

(2)盐酸麻黄碱注射液,1 mL : 30 mg,5 mL : 150 mg。皮下注射,1 次量:马、牛 50~300 mg;猪、羊 20~50 mg;犬 10~30 mg;猫 2~5 mg。

[**注意事项**]本品中枢兴奋作用较强,用量过大,动物易躁动不安,甚至发生惊厥等中毒症状。严重时可用巴比妥类等缓解。

异丙阿托品

[**理化性质**]本品为人工合成的异丙阿托品的溴化物,为白色结晶,味苦,溶于水,略溶于乙醇,不溶于其他有机溶剂。

[**作用与应用**]作用优于阿托品,不能通过血脑屏障,应用气雾剂后也不吸收,故不良反应轻微。本品的支气管松弛作用是阿托品的两倍,但对唾液分泌影响较小,也不改变黏膜纤毛的运动速度,主要用于呼吸道炎症治疗。

[**制剂与用法用量**]溴化异丙阿托品气雾剂,含药0.025%喷雾吸入,2~3次/d,每次吸入40~80 μg。

＊课后笔记

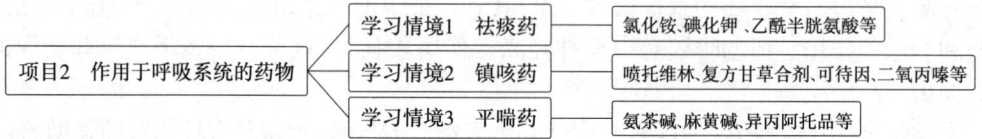

	学习情境1　祛痰药	氯化铵、碘化钾、乙酰半胱氨酸等
项目2　作用于呼吸系统的药物	学习情境2　镇咳药	喷托维林、复方甘草合剂、可待因、二氧丙嗪等
	学习情境3　平喘药	氨茶碱、麻黄碱、异丙阿托品等

小贴士

作用于呼吸系统的药物的合理选用

动物呼吸系统疾病的主要表现是咳嗽、气管和支气管分泌物增多、呼吸困难,有人归纳为咳、痰、喘。呼吸系统疾病的病因包括物理化学因素刺激、过敏反应、病毒、细菌(支原体、真菌)和蠕虫感染等。对动物来说,更多的是微生物引起的炎症性疾病,所以一般首先应该对因治疗。在对因治疗的同时,也应及时使用镇咳药、祛痰药和平喘药,以缓解症状,防止病情发展,促进病畜的康复。

祛痰、镇咳、平喘药均为对症治疗药,用药时必须考虑对因治疗,并有针对性地选药。

呼吸道炎症初期,痰液黏稠而不易排出时,可选用氯化铵祛痰。伴有发热等全身症状时,可用抗菌药物,同时配合氯化铵,不选用刺激性较强的碘化钾。

当痰液的黏度高,频繁而无痛地咳嗽又不利于痰液咳出时,可选用碘化钾蒸气吸入。

对轻度或多痰性咳嗽,不应选用镇咳药止咳,而应选用祛痰药将痰排出后,咳嗽就会逐渐减轻或停止。对长时间频繁而剧烈的疼痛性干咳,应选用镇咳药止咳,如复方甘草合剂等。对急性呼吸道炎症初期引起的干咳,可选用喷托维林。

治疗喘气,应注意对因治疗。一般轻度喘气,可选用氨茶碱平喘,辅以氯化铵、碘化钾等祛痰药进行治疗,以利于痰液快速咳出。但不宜应用可待因或喷托维林等镇咳药,因其阻止痰液的咳出,反而加重喘气。

项目3 作用于血液循环系统的药物

根据兽医临床应用实际,本章节主要介绍作用于心脏的药物和止血药。

学习情境1 强心药和抗心律失常药

作用于血液循环系统的药物包括强心苷,抗心律失常药、止血药与抗凝血药、抗贫血药与血容量扩充药。根据兽医临床应用实际,本学习情境主要介绍作用于心脏的药物和止血药。

子学习情境1 强心苷

强心苷是一类选择性加强心肌收缩力的药物。强心苷的作用有强弱、快慢、持续时间持久与短暂的区别。强心苷一般按作用的快慢分为两类:慢作用类和快作用类。慢作用类,如洋地黄和洋地黄毒苷,作用出现缓慢,维持时间较长,在体内代谢缓慢,蓄积性大,适用于慢性心功能不全。快作用类,如毒毛旋花子苷、毛花丙苷、黄夹苷等,作用出现快,维持时间很短,在体内代谢较快,蓄积量小,适用于心功能不全的危急情况,是常用的强心苷类药物。

洋地黄毒苷

[**理化性质**]又名地吉妥辛、地芰毒。本品为白色或类白色的结晶粉末,无臭,微溶于酒精或乙醚,略溶于氯仿,不溶于水。洋地黄毒苷为玄参科植物紫花洋地黄的干叶或叶粉经提炼而成,含多种强心苷,主要为洋地黄毒苷、吉妥辛等。洋地黄叶粉为绿色或灰绿色粉末,味极苦,有特殊臭。

[**体内过程**]本品内服后,能迅速在小肠吸收。酊剂吸收较好,可达75% ~ 90%,内服后45 ~ 60 min 达高峰浓度;片剂吸收慢,内服后90 min 左右达高峰浓度,且血药浓度低,蛋白结

合率高。

[作用与应用]本品可加强心肌收缩力,减慢心率,抑制心脏传导。主要用于慢性心功能不全(充血性心力衰竭),也用于某些心律失常,如马、犬心力衰竭的心房颤动或室性心动过速。

本品易发生蓄积性中毒。用药前应详细询问病史,对2周内未曾用过洋地黄者,才能按常规给药。用药期间,不宜使用肾上腺素、麻黄碱及钙剂,以免增强毒性。中毒时,皮下注射阿托品解救。对有急性心肌炎、牛创伤性心包炎的患畜禁用。

[制剂与用法用量]

(1)洋地黄毒苷片,0.1 g/片(1单位),内服,1次量,每千克体重:马0.03~0.06 mg;犬0.11 mg,1日2次,连用24~48 h;维持量,内服,1次量,每千克体重:马0.01 mg;犬0.011 mg,1日1次。

(2)洋地黄酊,1 mL效价相当于1个洋地黄毒苷单位,内服,1次量,每千克体重:马、犬0.3~0.4 mL;维持量,马、犬0.03~0.04 mL。

(3)洋地黄毒苷(地吉妥辛)注射液,1 mg/5 mL,2 mg/10 mL。静脉注射,1次量,每千克体重:牛、马、犬0.006~0.012 g;维持量,1次量,每千克体重:牛、马、犬0.000 6~0.001 2 g。

毒毛旋花子苷K

[理化性质]又名绿毒毛旋花子苷或康吡箭毒素。本品为白色或微黄色结晶粉末,能溶于水和酒精。在碱性溶液中易分解。

[体内过程]本品静脉注射后3~10 min起效,1~2 h达血药高峰浓度,维持时间为10~12 h。排泄快,蓄积少。

[作用与应用]本品与洋地黄相似,但比洋地黄作用快而强,维持时间较短,为快作用强心苷。内服与皮下注射吸收不良,只适宜于静脉注射。临床应用时以5%葡萄糖注射液稀释缓慢静脉注射。适用于急、慢性心力衰竭的危急病例。但对用过洋地黄的患畜,须经1~2周后才能使用。

[制剂与用法用量]毒毛旋花子苷K注射液,0.25 mg:1 mL、0.5 mg:2 mL。静脉注射,1次量,每千克体重:牛、马0.25~3.75 mg;犬0.25~0.5 mg。

地高辛

[理化性质]又名狄高辛。本品为白色结晶或结晶性粉末,无臭,味苦。不溶于水和乙醚,易溶于吡啶中,微溶于烯醇,在氯仿中极微溶解。

[体内过程]本品内服吸收不良,血浆蛋白结合率较低,约为25%。在体内分布广泛,最高浓度分布于肾、心、肠、胃、肝和骨骼肌,浓度最低是脑和血浆,脂肪为最少,主要从肾排泄消除,可通过肾小球滤过和肾小管分泌,有少量在肝代谢。

[作用与应用]本品可加强心肌收缩,减缓心率,抑制心脏传导,主要用于急性心力衰竭、慢性心力衰竭和室上性、快速性心律失常的治疗。

[制剂与用法用量]地高辛片,地高辛注射液。内服,1次量,每千克体重:马0.06~0.08 mg,每8小时1次,连续5~6次;犬0.025 mg,每12小时1次,连续3次。

静脉注射,1次量,每千克体重:猫0.005 mg,分为3次剂量(首次为1/2,第2、第3次为1/4,每小时给药1次),快速静注。

维持剂量,内服,1次量,每千克体重:马0.01~0.02 mg,犬0.011 mg,每12小时1次;猫0.007~0.015 mg,1~2次/d。

子学习情境2 抗心律失常药物

抗心律失常药可降低异位起搏活动而不影响窦房结功能,降低去极化组织的传导性、兴奋性,延长不应期,而不影响正常极化状态的组织。兽医临床常用药物有奎尼丁、普鲁卡因胺、异丙吡胺。

奎尼丁

[理化性质]奎尼丁为白色有丝绸光泽的细小结晶,无臭,味苦,在光线中颜色渐变暗,难溶于水。来源于金鸡纳树皮所含的生物碱,是抗疟药奎宁的右旋体,常用其硫酸盐。

[体内过程]本品内服、肌内注射均能迅速有效吸收,在体内分布广,血浆蛋白的结合率高。

[作用与应用]奎尼丁对心脏节律有直接和间接的作用,能降低心肌兴奋性、传导性和收缩性,使心肌不应期延长,从而防止折返移动现象的发生和增加传导次数。奎尼丁还具有抗胆碱能神经的活性,使迷走神经的张力变弱,并促进房室结的传导。

本品主要用于小动物或马的室性心律失常的治疗,阵发性心动过速、室上性心律失常伴有异常传导的综合征和急性心房纤维性颤动和早搏等。

[不良反应]犬主要表现为厌食、呕吐、腹泻、衰弱、低血压等。马静脉注射时可能出现消化紊乱,伴有呼吸困难的鼻黏膜肿胀、蹄叶炎、荨麻疹、房室阻滞、循环性虚脱,甚至突然死亡。

[制剂与用法用量]硫酸奎尼丁片,0.2 g/片,内服,1次量,每千克体重:犬6~16 mg;猫4~8 mg,3~4次/d;马第1天服5 g(试验剂量,如无不良反应可继续治疗),第2、第3天服10 g(2次/d),第4、第5天服10 g(3次/d),第6、第7天服10 g(4次/d),第8、第9天服10 g(1次/5 h),第10天以后服15 g(4次/d)。

普鲁卡因胺

[理化性质]又名普鲁卡因酰胺。本品是普鲁卡因的衍生物,以酰胺键取代酯键的产物。本品盐酸盐为白色或淡黄白色结晶性粉末,无臭,有引湿性。$pK_a=9.23$,盐酸盐易溶于水或酒精,略溶于氯仿、醚等。

[体内过程]本品内服给药为肠吸收,在脑脊髓液、肝、脾、肾、肺、心和肌肉浓度很高,食物或降低胃内pH均可延缓吸收。

[作用与应用]本品对心脏的作用与奎尼丁相似,但很弱,能延长心房和心室的不应期,降低心肌的兴奋性、自律性,使传导速度减慢,抗胆碱作用弱于奎尼丁。

本品主要用于室性早搏综合征、室性或室上性心动过速,常与奎尼丁交替使用。

[不良反应]与奎尼丁相似。静脉注射速度过快可引起血压明显下降,故宜缓慢注入,注意监测血压。肾衰患畜应适当减少剂量。

[制剂与用法用量]

(1)盐酸普鲁卡因胺片,0.125 g/片,0.25 g/片。内服,1 次量,每千克体重:犬 8～20 mg,4 次/d。

(2)普鲁卡因注射液,0.1 g/mL。静脉注射,1 次量,每千克体重:犬 6～8 mg(在 5 min 内完成),然后改为肌内注射,1 次量,每千克体重:6～20 mg,每 4～6 小时 1 次。肌内注射,每千克体重:马 0.5 mg,每 10 分钟 1 次,直至总剂量为 2～4 mg。

异丙吡胺

[理化性质]又名丙吡胺、达舒平。本品为白色结晶性粉末,易溶于水,常用磷酸盐。

[体内过程]本品内服吸收良好,很快达到血药高峰浓度;静脉注射后 5～10 min 起效。犬的半衰期为 2～3 h。

[作用与应用]本品的作用与应用同奎尼丁,属广谱抗心律失常药,不良反应很小,为奎尼丁和普鲁卡因胺的替代用品,主要用于室性、房性早搏,阵发性心动过速,房颤等。

[制剂与用法用量]异丙吡胺片,100 mg/片。异丙吡胺注射液,50 mg/5 mL。内服,1 次量,每千克体重:犬 6～15 mg,4 次/d。

学习情境 2　止血药

止血药是能够促进血液凝固和抑制出血的药物。

凝血过程是一个复杂的生化反应过程,它的重要环节首先是形成凝血酶原激活物——凝血活素,促使凝血酶原转变为凝血酶。在凝血酶的催化下,纤维蛋白原转变为密集的纤维蛋白丝网,网住血小板和血细胞,形成血凝块。凝血过程可分以下三个步骤。

1. 凝血活素的形成

凝血活素的形成有两个途径:①血液系统机制:当血管损伤,血液内原来无活性的接触因子XII,与创面或异物接触被激活,并与血小板因子、Ca^{2+} 及血液中的一些凝血因子(XI、IX、VIII、X、V)起反应,形成凝血活素;②组织系统机制:各种组织中含有一种能促进凝血的脂蛋白,叫作组织因子。当组织受损伤,组织因子被释放而同血液相混合,并与 Ca^{2+} 及一些凝血因子(VII、X、V)起反应,形成凝血活素。

2. 凝血酶的形成

在凝血活素和 Ca^{2+} 的参与下,血浆中无活性的凝血酶原转变为有活性的凝血酶。

3.纤维蛋白的形成

血浆中处于溶解状态的纤维蛋白原,在凝血酶的作用下转变为纤维蛋白单体。然后发生多分子聚合作用,形成纤维蛋白多聚体,即不溶性纤维蛋白细丝,将血细胞包藏其中,形成血凝块,堵住创口,制止出血。

正常血液中还存在着纤维蛋白溶解系统,简称纤溶系统。其主要包括纤维蛋白溶酶原(纤溶酶原)及其激活因子,能使血液中形成的少量纤维蛋白再溶解。机体内的凝血和抗凝相互作用,保持着动态平衡(图2-1)。临床上将止血药分为局部止血药和全身止血药两类。

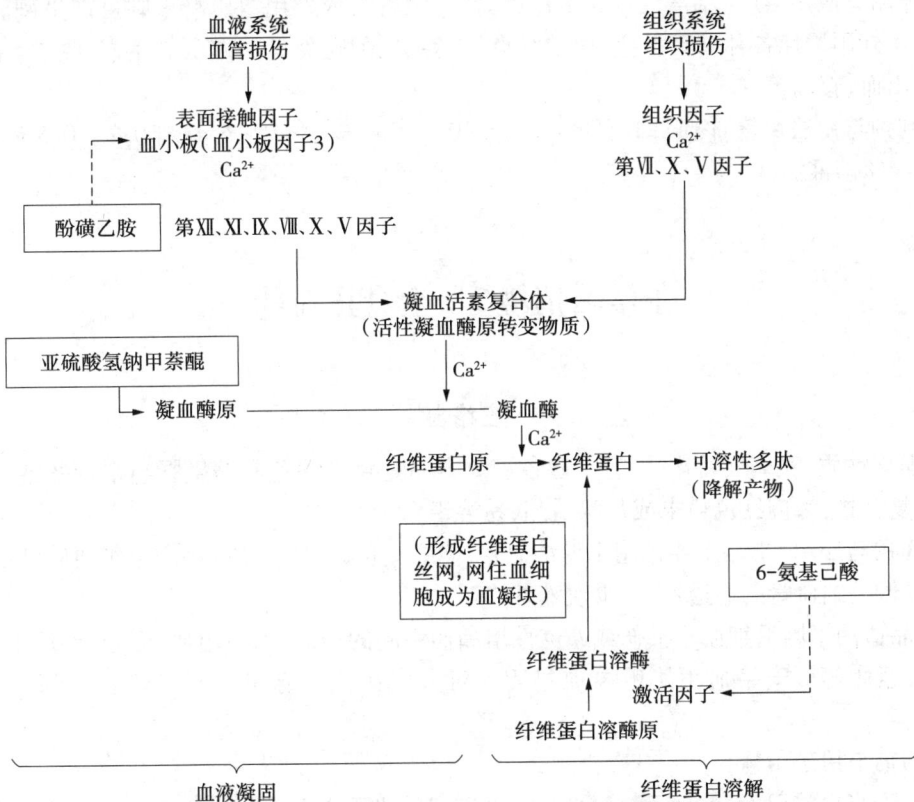

图 2-1 血液凝固、纤维蛋白溶解及止血药作用的环节图解

子学习情境 1 局部止血药

明胶海绵

[理化性质]本品为白色或微黄色,质轻、软而多孔的海绵状物,具有吸水性,在水中不溶,经搓揉后不致崩碎。

[作用与应用]明胶海绵表面粗糙,柔软多孔,敷于出血部位,能使血浆凝血因子被激活,形成纤维蛋白凝块,堵住伤口,产生止血作用。明胶海绵适用于小出血和创面渗出性出血。

如创伤出血及外科手术时的止血。在止血部位经4~6周即完全液化,被组织吸收。

[**用法用量**]可按出血创面的形状,将其切成所需大小,将渗血拭净,立即用干燥本品贴敷于创伤处,再用纱布加以压迫即可止血。

明矾

[**理化性质**]又名硫酸铝钾、白矾。本品为无色透明结晶或白色结晶粉末,易溶于水,不溶于酒精。

[**作用与应用**]明矾稀溶液以收敛作用为主,浓溶液或外用白矾粉末则可产生刺激与腐蚀作用。外用治疗各种黏膜炎症,如结膜炎、口腔炎、咽喉炎等。内服能止血、收敛,主要用于胃肠出血、腹泻等。

[**制剂与用法用量**]内服,1次量:牛、马10~25 g;羊、猪2~5 g;鸡0.2~0.5 g。外用0.5%~4%溶液涂抹。

子学习情境2 全身止血药

安络血

[**理化性质**]又名安特诺新、肾上腺色腙。本品是肾上腺色素缩氨脲与水杨酸钠生成的水溶液复合物,为橙红色粉末或片状结晶,易溶于水。

[**作用与应用**]本品主要作用于毛细血管,能缩短止血时间,增强断裂毛细血管断端回缩作用,降低毛细血管的通透性,减少血液外渗。

本品适用于因毛细血管损伤或通透性增高而引起的出血,如鼻出血、血尿、产后出血、手术出血、紫癜等。安络血不影响凝血过程。对大出血或动脉出血同其他止血药一样,疗效差。

[**制剂与用法用量**]

(1)安络血注射液,5 mg∶1 mL,10 mg∶2 mL。肌内注射,1次量:牛、马5~20 mL;羊、猪2~4 mL,2~3次/d。

(2)安络血片,2.5 mg/片,5 mg/片。内服,1次量:牛、马25~50 mg;羊、猪5~10 mg。2~3次/d。

酚磺乙胺

[**理化性质**]又名止血敏。本品呈白色结晶或结晶性粉末,无臭,味苦,有引湿性,能溶于水,怕热怕光。

[**作用与应用**]本品能促进血小板凝集和黏附力,促进凝活性物质的释放,缩短凝血时间;还能增强毛细血管的抵抗力,降低毛细血管壁的通透性,防止血液外渗。本品作用迅速,静脉注射后1 h作用最强,一般可维持4~6 h,适用于各种出血,如消化道出血、子宫出血及手术前后的止血等,也可与其他止血药合用。

［**制剂与用法用量**］止血敏注射液，0.25 g：2 mL、1.25 g：10 mL。肌内或静脉注射，1次量：牛、马、骆驼1.25～2.5 g；羊、猪、犬0.25～0.5 g；猫、貂、兔0.125～0.25 g，用于一般出血性疾病，2～3次/d。为了减少手术出血，可于手术前15～30 min注射。

维生素 K

［**理化性质**］维生素 K_3 为白色结晶性粉末，无臭或微有特殊臭味，有吸湿性，易溶于水，微溶于酒精，不溶于乙醚、苯，遇光分解。

［**作用与应用**］维生素 K_1、维生素 K_2 为脂溶性物质，胆汁有利于维生素 K 的吸收和利用；维生素 K_3、维生素 K_4 为水溶性物质，在低脂日粮中能被机体很好地吸收和利用。本品在体内贮存量有限，需要经常供给，但一次过多补充，就会有一部分通过粪便和尿液排出体外。肝脏是合成凝血酶原的场所，而合成凝血酶原必须要有维生素 K 参与。故维生素 K 不足或肝脏功能障碍，都会使血液中凝血酶原减少而致出血。严重的肝脏疾病、胆汁排泄障碍及肠道吸收机能减弱等疾病，也会发生维生素 K 缺乏而致低凝血酶原性出血倾向或出血。

临床常用于毛细血管性及实质性出血（胃肠、子宫、鼻及肺出血等），阻塞性黄疸及急性肝炎；用于维生素 K 缺乏症及因缺乏维生素 K 所引起的出血性疾患。

［**制剂与用法用量**］维生素 K_3（亚硫酸氢钠甲萘醌）注射液，4 mg：1 mL、40 mg：10 mL。肌内或静脉注射，1次量，每千克体重：家畜0.5～2.5 mg；犊1 mg；犬、猫、兔0.2～2 mg；貂0.5～1 mg，2～3次/d。内服，混饲，雏鸡可在8周龄以前每1 000 kg饲料添加400 mg，产蛋鸡、种鸡每1 000 kg饲料添加2 000 mg。

6-氨基己酸

［**理化性质**］本品为白色或黄色结晶性粉末，能溶于水，其3.52%水溶液为等渗溶液，密封保存。

［**作用与应用**］6-氨基己酸是抗纤维蛋白溶解药，能抑制血液中纤维蛋白溶酶原的活性因子，阻碍纤维蛋白溶酶原转变为纤维蛋白溶酶，从而抑制纤维蛋白的溶解，达到止血作用。高浓度时，有直接抑制纤维蛋白溶酶的作用，临床上适用于纤维蛋白溶解症所致的出血，如大型外科手术出血，淋巴结、肺、脾、上呼吸道、子宫及卵巢出血等。

［**制剂与用法用量**］6-氨基己酸注射液，10 mL：1 g，10 mL：2 g，静脉滴注，首次量：马、牛20～30 g，加于500 mL生理盐水或5%葡萄糖溶液中；猪、羊4～6 g，加入100 mL 5%葡萄糖溶液或生理盐水中。维持量：马、牛3～6 g；猪、羊1～1.5 g，1次/d。

［**注意事项**］本品主要由肾脏排泄，在尿中浓度高，容易形成凝块，造成尿路阻塞，故泌尿系统手术后，血尿时慎用或不用。本品不能阻止小动脉出血，在手术时如有活动性动脉出血，须结扎止血。对一般出血不要滥用。

氨甲苯酸与氨甲环酸

［**理化性质**］氨甲苯酸又名止血芳酸、对羧基苄胺，氨甲环酸又称凝血酸、止血环酸。氨甲苯酸为白色或类白色的鳞片状结晶或结晶性粉末，无臭，味微苦，易溶于沸水，在水中略溶。氨甲环酸为白色结晶性粉末，无臭，味微苦，易溶于水。

[**作用与应用**]氨甲苯酸和氨甲环酸都是纤维蛋白溶解抑制剂,能抑制血液中的纤溶酶原激活因子,阻碍纤溶酶原转变为纤溶酶,减弱纤维蛋白的溶解性,呈现止血作用。氨甲环酸的药理作用比氨甲苯酸略强。

氨甲苯酸和氨甲环酸主要用于纤维蛋白溶酶活性升高引起的出血和手术时异常出血等,如外科手术出血;产科出血,肝、肺、脾及消化道出血,因子宫、卵巢等器官、组织中有较高含量的纤溶酶原激活因子,对纤维蛋白溶解活性不增高的出血则无效,故一般出血不要滥用。

本类药物副作用较小,但过量能引起血栓形成。

[**制剂与用法用量**]氨甲苯酸注射液,0.1 g∶10 mL;氨甲环酸注射液,0.25 g∶5 mL;氨甲环酸片,0.25 g/片。静脉注射,1 次量,每千克体重:牛、马0.5 ~ 1 g;羊、猪0.2 ~ 0.5 g。以1 ~ 2 倍量的葡萄糖注射液稀释后,缓慢静注。

学习情境3　抗凝血药

抗凝血药是能够延缓或阻止血液凝固的药物。抗凝血药简称抗凝剂,通过抑制凝血过程中的凝血因子,使血液凝固时间延长或防止血栓形成。在输血或血样检验时,为了防止血液在体外凝固,需加抗凝剂,称为体外抗凝;当手术后或患有形成血栓倾向的疾病时,为防止血栓形成和扩大,向体内注射抗凝剂,称为体内抗凝。

肝素

[**理化性质**]肝素为白色粉末,因首先从肝脏发现而得名,天然存在于肥大细胞,现主要从牛肺或猪小肠黏膜提取,易溶于水,1 mg 的效价相当于100 ~ 130 IU。

[**体内过程**]内服不易吸收,只能注射给药,皮下注射时缓慢释放吸收,静脉注射则有很高的初始浓度。在体内通过肝的肝素酶进行代谢,部分以尿肝素形式从尿排出。

[**作用与应用**]肝素是作用于内源性和外源性凝血途径的凝血因子,所以在体内和体外均有抗凝血作用,对凝血过程每一步几乎都有抑制作用。本品常用于马和小动物的弥散性血管内凝血、血栓栓塞性或潜在的血栓性疾病,如肾综合征、心肌疾病等的治疗。小剂量给药可用于降低心丝虫病用杀虫药治疗的并发病和预防性治疗马的蹄叶炎,也可用于体外血液样本的抗凝血。

[**制剂与用法用量**]肝素钠注射液,125 000 IU/1 mL。高剂量方案(治疗血栓性栓塞症):静脉或皮下注射,1 次量,每千克体重:犬 150 ~ 250 IU;猫 250 ~ 375 IU,3 次/d。低剂量方案(治疗弥散性血管内凝血):马 25 ~ 100 IU;小动物 75 IU。

[**注意事项**]动物对肝素的不良反应主要是长期使用可引起出血,不宜作肌内注射。肝素轻微超量的,停药即可,不必作特殊处理;如因过量发生严重出血,除停药外,还需注射肝素特效解毒剂鱼精蛋白。

枸橼酸钠

[**理化性质**]又名柠檬酸钠。本品为无色结晶或白色结晶性粉末,味咸,露置潮湿空气中能被潮解,在干燥空气中又能风化,易溶于水,其3%溶液为等渗液,不溶于酒精。

[**作用与应用**]钙离子参与凝血过程的每一个步骤,缺乏时血液便不会凝固。枸橼酸钠能与钙离子形成难解离的可溶性复合物柠檬酸钠钙,因而迅速降低了血液中的钙离子浓度,从而产生抗凝血作用。

本品适用于体外抗凝血,输血或检验血样的抗凝。每100 mL 全血中加入枸橼酸钠10 mL,即可避免血液凝固。采用静脉滴注输血时,其中所含枸橼酸钠并不引起血钙过低反应。

[**制剂与用法用量**]枸橼酸钠注射液为含枸橼酸钠2.5%与氯化钠0.5%的灭菌水溶液,0.25 g∶10 mL,一般配成2% ~4%溶液使用。

[**注意事项**]输血时不宜过快,静脉注射浓溶液时用量不宜过大,否则会使血钙急剧下降而中毒。患畜表现颤抖,严重时可抑制心肌而引起死亡。枸橼酸钠呈强碱性,不适于血液生化检查。

华法林

[**理化性质**]又名苄丙酮香豆素。本品钠盐为白色结晶性粉末,无臭,味微苦,易溶于水或酒精。

[**作用与应用**]华法林通过干扰维生素K_1合成凝血因子而起间接的抗凝血作用,能阻碍血中凝血酶原的形成,使凝血酶原的含量降低,在体外没有抗凝血作用。华法林与血浆蛋白结合率高,主要在肝羟基化而失去活性,从尿和胆汁中排出。其抗凝血作用缓慢,用药后1 ~2 d 才显现药效,效应维持4 ~ 14 d。足量的维生素K_1能逆转华法林的作用。

保泰松、肝素、水杨酸盐、广谱抗菌素和同化激素能使华法林的抗凝血作用增强;巴比妥类、水合氯醛、灰黄霉素等能使华法林的抗凝血作用减弱。

本品适用于长期治疗(或预防)血栓性疾病,主要用于犬、猫和马,副作用是可能引起出血。

[**制剂与用法用量**]华法林钠片,2 mg/片,5 mg/片,10 mg/片。内服,1 次量:马450 kg 体重30 ~75 mg;犬、猫每千克体重0.1 ~0.2 mg,1 次/d。

学习情境 4　抗贫血药

抗贫血药是指能增强机体造血机能、补充造血必需物质、改善贫血状态的药物。引起贫血的原因很多,临床上可分为四类:缺铁性贫血、失血性贫血、溶血性贫血和再生障碍性贫血。治疗时应先查明原因,首先进行对因治疗,抗贫血药只是一种补充疗法。根据兽医临床的特点,这里只介绍缺铁性贫血的治疗药物。

铁制剂

内服的有硫酸亚铁、三氯化铁、氯化亚铁、三氧化二铁、碳酸铁、乳酸铁、氧化亚铁、富马酸亚铁(富血铁)和枸橼酸铁铵等;注射的有右旋糖酐铁。

[理化性质]硫酸亚铁为透明蓝绿色柱状结晶或颗粒,无臭,味咸,易溶于水。枸橼酸铁铵为半透明赤褐色小叶片,无臭,味先咸而后呈铁味,易吸湿,能溶于水,呈弱碱性,含铁16% ~8%。右旋糖肝铁为深褐色至黑色无定性粉末,溶于水。

[体内过程]铁制剂内服后,主要在十二指肠和空肠上段被吸收,进入血液后分布于机体各组织,肠道黏膜和皮肤细胞脱落是铁的主要排泄途径。

[作用与应用]铁是构成血红蛋白的必需物质,红细胞的携氧能力决定于血红蛋白含量。进入机体内的铁约60%用于构成血红蛋白,同时也是肌红蛋白、细胞色素、血红素酶和金属黄素蛋白酶(如黄嘌呤氧化酶等)的重要成分。因此,铁缺乏不仅引起贫血,还会影响其他生理功能。

铁制剂主要应用于缺铁性贫血的预防和治疗。临床上常见的缺铁性贫血有两种:一是哺乳仔猪贫血,二是慢性失血性贫血(如吸血寄生虫的严重感染)。

哺乳仔猪贫血是临床常见疾病。仔猪出生时铁贮存量较低(每头含铁45 ~50 mg),猪母乳能供应日需要量约1 mg,而仔猪日需要量约7 mg。如果不及时给予额外的补充,则2 ~3周内就会发生贫血,并且因贫血而使仔猪对腹泻的易感性提高。哺乳仔猪贫血多注射右旋糖酐铁,成年家畜贫血多内服铁剂治疗,如硫酸亚铁。过量易引起中毒和不良反应。

[制剂与用法用量]

(1)右旋糖酐铁注射液,肌内注射,1 次量:仔猪100 ~200 mg;猫50 mg;犬10 ~20 mg。

(2)硫酸亚铁片,0.1 g/片,内服,1 次量:牛、马、骆驼2 ~10 g;羊、猪、鹿0.5 ~3 g;犬、兔、猫0.05 ~0.5 g(配成0.2% ~1%溶液使用);鸡按每1 千克饲料混合130 ~200 mg。

维生素 B_{12}

[理化性质]又名钴胺素。维生素 B_{12} 是含金属元素钴的维生素,为深红色结晶或结晶性粉末,无臭、无味,吸湿性强,在水或乙醇中略溶,应遮光、密封保存。

[作用与应用]维生素 B_{12} 具有广泛的生理作用。参与机体的蛋白质、脂肪和糖类代谢,帮助叶酸循环利用,促进核酸的合成,为动物的生长发育、造血、上皮细胞生长及维持神经髓鞘完整性所必需。缺少维生素 B_{12} 时,常导致猪的巨幼红细胞性贫血,犊牛发育停滞,猪、犬、鸡等生长发育障碍,鸡蛋孵化率降低,猪运动失调等。成年反刍兽瘤胃内能合成维生素 B_{12},其他草食动物也可在肠内合成。

[作用与应用]本品主要用于治疗维生素 B_{12} 缺乏所致的巨幼红细胞性贫血,也可用于神经炎、神经萎缩、再生障碍性贫血、放射病、肝炎等的辅助治疗。

在畜牧业中,常用维生素 B_{12} 或含维生素 B_{12} 的抗生素残渣喂猪、鸡,以促进生长,增加鸡的产蛋率及孵化率。

[制剂与用法用量]维生素 B_{12} 注射液,1 mL:0.1 mg、1 mL:0.5 mg、1 mL:1 mg。肌内注

射,1 次量:马、牛 1 ~ 2 mg,猪、羊 0.3 ~ 0.4 mg,犬、猫 0.1 mg。每日或隔日一次,持续 7 ~ 10 次。

[**注意事项**]维生素 B$_{12}$ 在体内经血浆蛋白转运,分布至全身各组织,主要贮存在肝脏。大量注射,超越血浆蛋白的结合与运转能力,都从尿液排泄,剂量越大排泄越多。因此,盲目大剂量应用,不但对治疗无益,而且造成浪费。

<h2 style="text-align:center">叶酸</h2>

[**理化性质**]本品为黄橙色结晶粉,极难溶于水,遇光失效,应遮光贮存,广泛存在于酵母、绿叶蔬菜、豆饼、苜蓿粉、麸皮、籽实类中,动物内脏、肌肉、蛋类含量很多。药用叶酸多为人工合成品。

[**作用与应用**]叶酸是核酸和某些氨基酸合成所必需的物质。当叶酸缺乏时,红细胞的成熟和分裂停滞,造成巨幼红细胞性贫血和白细胞减少;病猪表现出生长迟缓、贫血;雏鸡发育停滞,羽毛稀疏,有色羽毛褪色;母鸡产蛋率和孵化率下降,食欲不振、腹泻等。家畜消化道内微生物能合成叶酸,一般不易发生缺乏症。但长期使用磺胺类等肠道抗菌药时,家畜也可能发生叶酸缺乏症。雏鸡、猪、狐、水貂等必须从饲料中摄取补充叶酸。

临床上,叶酸主要用于叶酸缺乏所引起的巨幼红细胞性贫血、再生障碍性贫血和母畜妊娠期等以补充需要,亦常作为饲料添加剂,用于鸡和皮毛动物狐、水貂的饲养。叶酸与维生素 B$_{12}$、维生素 B$_6$ 等联用可提高疗效。

[**制剂与用法用量**]

(1)叶酸片,5 mg/片,内服,1 次量:犬、猫 2.5 ~ 5 mg。

(2)叶酸注射液,1 mL∶15 mg,肌内注射,1 次量:雏鸡 0.05 ~ 0.1 mg,育成鸡 0.1 ~ 0.2 mg。

❋课后笔记

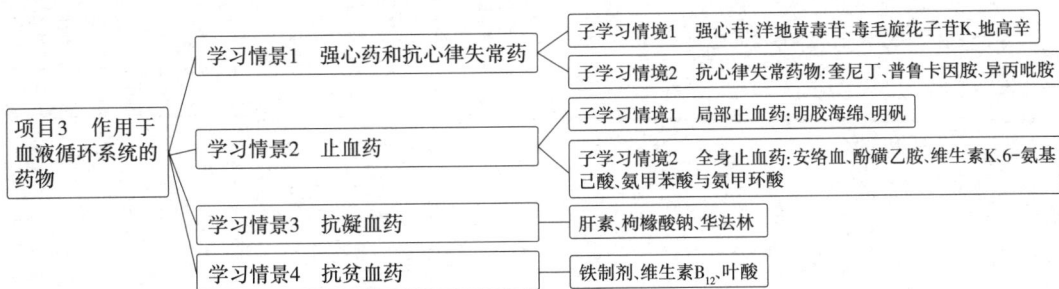

📠小贴士

<h3 style="text-align:center">作用于心血管系药物的合理选用</h3>

1.强心苷类药及抗心律失常药的合理选用

选择性作用于心肌,使心肌收缩力增强,缩短收缩期,延长舒张期,减慢心率,对心脏的休息和功能的恢复有利。主要用于慢性心功能不全,即充血性心力衰竭等,也用于传染病、高热、中毒、中暑、过劳、溺水及麻醉药过量等引起的急性心脏衰竭等。病症的急救可选用咖啡因、洋地黄毒苷等,心律不齐、心动过速等可选用地高辛、奎尼丁等。

2.止血药的合理选用

出血的原因很多,在应用止血药时,要根据出血原因、性质并结合各种药物的功能和特点选用。

大血管和动脉血管出血必须用结扎等机械方法或烧烙止血,应用止血药几乎无效。体表小血管、毛细血管的出血,可用明胶海绵等局部止血药;鼻出血、出血性紫癜等毛细血管性出血,可采用安特诺新,以增强毛细血管对损伤的抵抗力;手术前后预防出血和止血,可用酚磺乙胺,以增加血小板生成并促使释放凝血活性物质;幼雏的出血性疾患,使用维生素 K 较为适宜。

项目4 作用于泌尿生殖器药物

学习情境1 利尿药

利尿药是作用于肾脏,影响电解质及水的排出,使尿量增多的药物。利尿药主要用于治疗各种水肿或腹水,也用于促进体内毒物和尿道上部结石的排出。

尿液的生成过程包括肾小球的滤过、肾小管和集合管的重吸收及分泌三个环节。利尿药通过影响这三个环节而产生作用,按其作用强度和作用部位一般分为三类:高效利尿药(呋塞米、利尿酸等)、中效利尿药(氢氯噻嗪、氯噻酮等)和低效利尿药(螺内酯、氨苯蝶啶等)。

呋塞米

[**理化性质**]又名速尿、利尿磺胺、尿灵、呋喃苯胺酸、腹安酸。本品是具有邻氯磺胺结构的化合物,白色粉末,无臭,无味,不溶于水,溶于酒精,易溶于碱性氢氧化物。

[**体内过程**]本品内服易吸收,静脉注射后数分钟有明显效果,$0.5 \sim 1.5$ h达血药高峰浓度,持续 $4 \sim 6$ h,小部分经肝从胆汁排出,大部分从肾排出。

[**作用与应用**]本品可减弱髓袢升支粗段 Cl^- 的主动重吸收和 Na^+ 的被动重吸收,使肾小管液中 Na^+ 和 Cl^- 含量增高,影响肾的稀释功能;同时,由于髓质间液高渗状态下降,影响了肾的利尿功能,促其排尿。本品适用于充血性心力衰竭、肺充血、腹水、胸膜积水、尿毒症、高血钾症及各种原因引起的水肿,如全身水肿、乳房水肿、喉部水肿等,尤其对肺水肿疗效较好,并能促进尿道上部结石的排出。本品禁用于无尿症,易出现代谢性碱中毒、脱水、电解质紊乱及耳神经损伤等。

[**制剂与用法用量**]

(1)呋塞米片,20 mg/片,40 mg/片。内服,1次量,每千克体重:牛、马、羊、猪2 mg;犬、猫 $2.5 \sim 5$ mg,2次/d。连服 $3 \sim 5$ d,停药 $2 \sim 4$ d再用。

（2）呋塞米注射液，20 mg：2 mL，50 mg：5 mL，100 mg：10 mL。肌内注射或静脉注射，1 次量，每千克体重：牛、马、羊、猪 0.5～1 mg，犬、猫 1～5 mg，1 次/d，必要时 6～12 h 1 次。

[注意事项]由于本品利尿作用较强，反复应用时应注意掌握剂量，以免过度利尿造成机体脱水。故长期重复给药，会出现低血氯症和低血钾症性碱血症，应与氯化钾合用。

噻嗪类

[理化性质]噻嗪类利尿药的基本结构由苯并噻二嗪与磺酰胺基组成。按等效剂量相比，本类药物利尿的效价强度相差很大，有的相差近千倍，从弱到强的顺序依次为：氯噻嗪<氢氯噻嗪<苄氟噻嗪<环戊氯噻嗪。本类药物作用基本相似，只是作用强度和作用时间不同。目前兽医临床上常用的是氢氯噻嗪。氢氯噻嗪又名双氢克尿噻、双氢氯消疾、双氢氯散疾，为白色结晶性粉末，无臭，味微苦，溶于丙酮，微溶于酒精，在氢氧化钠溶液中溶解，极易水解，不溶于乙醚和氯仿。

[体内过程]内服后吸收快而完全，2 h 左右呈现作用，4～6 h 达血药高峰浓度，可维持在 12 h 以上，以肾脏分布最多，肝脏次之，最后经肾排出。

[作用与应用]氢氯噻嗪主要作用于髓袢升支皮质部（远曲小管开始部位），抑制 NaCl 的重吸收，使尿量增加。促进镁、磷、碘和溴的排泄，减少肾小球滤过率，呈明显的利尿作用。此外，对碳酸酶也有轻度抑制作用。本品大量或长期使用可引起低血钾症及糖尿病患者易引起高血糖症。

本品适用于各种类型水肿，对心性水肿效果较好，是中、轻度心性水肿的首选药，对肾性水肿的效果与肾功能有关，轻者效果好，严重肾功能不全者效果差。本品还是牛的产后乳房水肿和胸腹部炎性肿胀及创伤性肿胀的辅助治疗药。

[制剂与用法用量]

（1）氢氯噻嗪片，25 mg/片、50 mg/片。内服，1 次量，每千克体重：牛、马 1～2 mg；羊、猪 2～3 mg；犬、猫 3～4 mg。

（2）氢氯噻嗪注射液，125 mg：5 mL，250 mg：10 mL。肌内或静脉注射，1 次量，每千克体重：牛 100～250 mg；马 50～150 mg；羊、猪 50～75 mg；犬 10～25 mg。

[注意事项]最常见的是低血钾症，也可能发生低血氯性碱中毒、胃肠道反应等，故用药期间应注意补钾。本品不能与洋地黄合用，以防由于低血钾而增加洋地黄的毒性。

螺内酯

[理化性质]又名螺旋内酯固醇、安体舒通。本品是人工合成的醛固酮拮抗剂，为白色或类白色的细微结晶性粉末，无臭或略有硫醇臭，味微苦，不溶于水，可溶于酒精，易溶于苯、氯仿、醋酸、乙酯。

[作用与应用]本品化学结构与醛固酮相似，利尿作用较弱，缓慢而持久，有保钾作用，可与其竞争远曲小管和集合管细胞浆内的醛固酮受体，从而干扰醛固酮的留钠排钾作用，使尿中 Na^+、Cl^- 增多而利尿。兽医临床应用较少，可用于因使用其他利尿药发生低血钾症的患畜。常与中、强效利尿药合用治疗各种水肿。

[制剂与用法用量]螺内酯片，20 mg/片。内服，1 次量，每千克体重：犬、猫 2～4 mg。

学习情境2 脱水药

脱水药是指能消除组织水肿的药物,因其兼有利尿作用,故又称为渗透性利尿药。本类药物包括甘露醇、山梨醇、尿素和高渗葡萄糖等。尿素不良反应多,葡萄糖可被代谢并部分转运到组织,持续时间短,疗效很差,故临床上甘露醇、山梨醇用得较多。

甘露醇

[理化性质]本品为白色结晶性粉末,无臭,味微甜,能溶于水,微溶于酒精。等渗液为5.07%,临床多用20%高渗液。

[体内过程]本品内服不能吸收,静脉注射后20 min即可见效,能维持6~8 h。

[作用与应用]本品以其高渗液静脉注射后,能升高血浆渗透压,使组织间液水分转入血浆,引起组织脱水,导致循环血量增加,提高肾小球滤过率。甘露醇使排出水量增加的同时,也使电解质、尿酸和尿素的排出增加。

本品用于治疗脑瘤、颅脑外伤、脑部感染、脑组织缺氧、食盐中毒等引起的脑水肿,降低颅内压,缓解神经症状;用于急性少尿症肾衰竭,以促进利尿作用,还用于加快阿司匹林、巴比妥类和溴化物等毒物的排泄。

本品宜缓慢静脉注射,不能漏出血管外,心功能不全或心性水肿的患畜不宜使用。

[制剂与用法用量]甘露醇注射液,20 g:100 mL,50 g:250 mL,可用热水(80 ℃)加温振摇溶解后再用。静脉注射,1次量:牛、马1 000~2 000 mL;羊、猪100~250 mL,2~3次/d。每千克体重:犬、猫0.25~0.5 mg,一般稀释成5%~10%溶液(缓慢静脉注射,4 mL/min)。

山梨醇

[理化性质]本品是甘露醇的同分异构体,为白色结晶粉末,无臭,味略甜,易溶于水,5.4%溶液为等渗溶液。

[作用与应用]山梨醇的作用与甘露醇相似。山梨醇进入体内后,部分在肝脏转化为果糖,因而其高渗性减弱,药效也减弱,但其价格便宜,水溶性较大,不良反应较轻,临床上也常使用,常配成25%注射液静脉注射。

[制剂与用法用量]山梨醇注射液,25 g:100 mL、62.5 g:250 mL、125 g:500 mL。静脉注射,1次量:牛、马100~200 mL;羊、猪100~250 mL。

学习情境3 性激素与促性腺激素

子学习情境1 性激素

性激素是由动物性腺分泌的类固醇激素,包括雌激素、孕激素与雄激素。其分泌主要受下丘脑垂体前叶的调节。下丘脑分泌促性腺激素释放激素(GnRH),GnRH 促进垂体前叶分泌促性腺激素,即卵泡刺激素(FSH)和黄体生成素(LH)。在 FSH 和 LH 的相互作用下,促进性腺分泌雌激素、孕激素及雄激素。当性激素增加到一定水平时,又可通过负反馈作用,使下丘脑促性腺激素释放激素和垂体前叶促性腺激素的分泌减少。目前兽医临床及畜牧业生产中,性激素主要用于补充体内不足,防治产科疾病,诱导同期发情及提高畜禽繁殖力等。生殖激素调节示意图如图 2-2 所示。

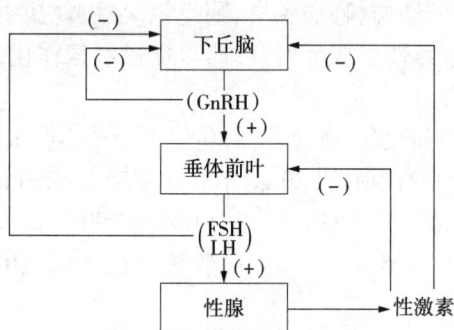

图 2-2　生殖激素调节示意图

1. 雌激素

雌激素又称动情激素,由卵巢的成熟卵泡上皮细胞所分泌。常用天然激素雌二醇,人工合成品己烯雌酚和己烷雌酚等已禁用。

雌二醇

[**理化性质**]又名求偶二醇。本品为白色结晶性粉末,无臭,难溶于水,略溶于丙酮,易溶于油。

本品内服无效,必须肌内注射,临床用其灭菌油溶液。

[**作用与应用**]本品对生长期母畜有促进性器官形成及第二性征发育作用,对成年母畜具有维持第二性征和增强输卵管、子宫的肌肉及黏膜生长发育作用。公畜应用雌二醇后,能

使第二性征发育受到抑制,使性欲减弱。雌二醇能维持生殖道的正常功能和形态结构,还能使子宫、输卵管、阴道等器官血管增生和腺体分泌,出现发情征象。雌二醇能使处女母牛和母羊乳房发育和泌乳,也可促进食欲,促进蛋白质合成。但由于肉品中残留的雌二醇对人体有致癌作用,并危害儿童及未成年人的生长发育,所以禁用雌激素类药物作各类动物的饲料添加剂和皮下埋植剂。

雌二醇临床常用于胎衣不下、排出死胎及子宫炎和子宫蓄脓,排出子宫内的炎性物质,配合催产素治疗分娩时子宫无力等。小剂量可用于牛发情征象较弱或无发情征象时催情。对前列腺肥大,老年犬或犬阉割后的尿失禁、母畜性器官发育不全、雌犬过度发情、假孕、犬乳房胀痛诱导泌乳等均可采用本药物进行治疗。

大剂量、长期或不恰当使用,可引起牛发生卵巢囊肿或慕雄狂、流产、母畜卵巢萎缩、性周期停止等不良反应。

[制剂与用法用量]苯甲酸雌二醇注射液,1 mg/mL、2 mg/mL。肌内注射,1 次量:牛 5～20 mg;马 10～20 mg;羊 1～3 mg;猪 3～10 mg;犬、猫 0.2～0.5 mg。

2. 孕激素

孕激素又称孕酮,由卵巢的颗粒黄体细胞分泌。在肝脏中灭活成雌二醇后与葡萄糖醛酸结构随尿排出体外。孕激素往往在雌激素作用基础上产生效用。

孕酮

[理化性质]又名黄体酮、助孕素。本品为白色或微黄色结晶性粉末,无臭,无味,不溶于水,溶于酒精、植物油、氯仿等。

[体内过程]本品内服吸收后,在肝脏迅速被灭活,故口服疗效差,多以肌内注射给药。肌内注射后,药效维持时间可达 1 周。

[作用与应用]在雌激素作用的基础上,孕酮促使子宫黏膜内腺体生长与分支,子宫内膜充血、增厚,由增生期转入分泌期,为受精卵着床及胚胎发育做好准备,同时减少妊娠子宫的兴奋性,抑制其活动,使子宫安静,起保胎作用;也可使子宫颈口闭合,分泌黏稠液体,阻止精子或病原体进入子宫;还可抑制发情及排卵。大剂量的孕酮,可抑制黄体生成素和促性腺激素释放激素,孕激素的这一作用与雌激素协同,用于母畜同期发情,还能刺激乳腺腺泡发育,为泌乳作准备。

孕酮临床常用于预防或治疗先兆性或习惯性流产,与维生素 E 同用效果更好。卵巢囊肿所引起的慕雄狂,可皮下埋植黄体酮以对抗发情。母畜的同期发情,用药后,在数日内即可发情排卵,但第一次发情受胎率低(一般只有30%左右),故在第二次发情时配种,受胎率可达90%～100%,以促进品种改良和便于人工授精,提高家畜繁殖率等。泌乳奶牛不用于抑制发情,孕畜应用本品后,预产期可能推迟。动物屠宰前3周应停药。

[制剂与用法用量]孕酮注射液,10 mg/mL、20 mg/mL、50 mg/mL。肌内注射(间隔48 h注射 1 次),1 次量:牛、马 50～100 mg;羊、猪 15～25 mg;犬 2～5 mg;骆驼 1～2 g;貂 1～2 mg;母鸡醒抱 2～5 mg。

3. 雄激素

天然品称睾丸酮,也称睾丸素或睾酮,由睾丸间质细胞分泌,肾上腺皮质及卵巢也能分泌少量。临床应用多为人工合成睾酮及其衍生物,如甲睾酮、丙酸睾酮、苯丙酸诺龙、去氢甲基睾丸素等。雄激素既有雄性样作用,又有蛋白质同化作用。雄性样作用减弱而蛋白同化作用增强的雄激素称同化激素,如苯丙酸诺龙等。对于雄激素,以抗应激、提高饲料报酬、促进动物生长为目的在食品动物饲养过程中使用,已被禁止。

丙酸睾丸素

[**理化性质**]又名丙酸睾丸酮。本品为人工合成品,呈白色或黄色结晶性粉末状,不溶于水,能溶于油。

[**体内过程**]本品内服效力差,肌内注射效力较持久。

[**作用与应用**]丙酸睾丸素能促进雄性器官的发育,维持第二性征,保证精子正常发育成熟,维持精囊腺和前列腺的分泌功能,促进性欲。大剂量能抑制垂体前叶分泌促性腺激素,对抗雌激素抑制母畜发情作用。有明显的促进蛋白质合成的作用,并可使体内蛋白质分解减少,增加氮、钙和磷在体内潴留,促进肌肉发育和骨骼致密、体重增加。当骨髓功能低下时,直接刺激骨髓的造血机能,促进红细胞和白细胞的生成。

本品主要用于公畜睾丸发育不全和机能不足所致的性欲缺乏,诱导发情,去势牛、马役力早衰,骨折愈合缓慢,抑制母畜发情,再生障碍性或其他原因的贫血,母鸡抱窝时的醒巢等。

本品长期大量使用易导致雌性畜禽雄性化,能使精子生成减少,故应及时检查精液,一旦发现异常,立即停药;还具有一定程度的肝脏毒性,会损害雌性胎儿及乳腺发育。孕畜、前列腺肿患犬和泌乳母畜禁用,并禁用于所有食品动物的促生长及饲料添加剂。

[**制剂与用法用量**]丙酸睾丸酮注射液,5 mg/mL、10 mg/mL、25 mg/mL。肌内和皮下注射,1次量:牛、马100～300 mg;羊、猪100 mg;犬20～50 mg;家禽10 mg。每2～3 d注射1次。

甲基睾丸素

[**理化性质**]又名甲基睾丸酮、甲睾酮。本品为白色结晶性粉末,不溶于水。

[**作用与应用**]与丙酸睾丸酮相同。只适用于猪和肉食动物内服使用,但内服吸收后仍有大部分为肝脏所破坏,故药效与作用时间均不如肌内注射丙酸睾丸酮。本品禁用于所有食用动物的促生长及饲料添加剂。

[**制剂与用法用量**]甲基睾丸素片、甲基睾丸素胶囊,5 mg/片、10 mg/片。内服,1次量,家畜10～40 mg;犬10 mg;猫5 mg。

苯丙酸诺龙

[**理化性质**]又名苯丙酸去甲睾酮,多乐宝灵。本品为人工合成的蛋白质同化剂,呈白色或乳白色结晶性粉末,有异臭,不溶于水,易溶于酒精、脂肪油。

[**作用与应用**]苯丙酸诺龙能促进蛋白质合成代谢,使肌肉发达,体重增加,促进生长,但雄性激素作用小。本品主要用于严重热性病及各种消耗性疾病引起的体质衰弱、营养不良、贫血和发育迟缓的恢复及老年动物的衰老症,如严重的寄生虫病、犬瘟热等;还可用于手术

后、骨折及创伤。在畜牧业生产中禁用于食用动物的促生长及饲料添加剂。

[制剂与用法用量]苯丙酸诺龙注射液,10 mg/mL、25 mg/mL。肌内或皮下注射,1次量:牛、马200～400 mg;犊、驹50～100 mg;羊、猪50～100 mg;犬25～50 mg;猫10～20 mg;2周1次。

子学习情境2　促性腺激素

促性腺激素分为两类,一类是垂体前叶分泌的促卵泡素(FSH,又称精子生成素)和黄体生成素(LH,又名间质细胞生成素)。另一类是非垂体促性腺激素,主要有绒毛膜促性腺激素及马促性腺激素等。

马促性腺激素

[理化性质]本品是一种从怀孕40～120 d的马的血清中分离制得的糖蛋白,为白色或灰白色无定形粉末,溶于水,水溶液不太稳定。

[作用与应用]对母畜有卵泡刺激素样作用,能加快卵泡的发育和成熟,使母畜发情;也表现轻微的黄体生成素样作用,能增强成熟卵泡排卵甚至超数排卵。对公畜,能提高雄激素分泌,使性兴奋。

本品临床常用于诱导母畜发情和排卵,提高母畜同期发情受胎率;也可使母牛超数排卵,用于胚胎移植及绵羊促进多胎。本品不宜重复使用,以免降低效力而产生过敏性休克。

[制剂与用法用量]马促性腺激素粉注射剂,500 IU/支、1 000 IU/支,孕马血清。皮下或静脉注射,1次量:牛、马1 000～2 000 IU;羊、猪200～1 000 IU;犬、猫25～200 IU。

卵泡刺激素

[理化性质]又名垂体促卵泡素、促卵泡素。本品是从羊、猪的垂体前叶提取的,为白色或类白色的冻干状物或粉末,易溶于水。

[作用与应用]本品能刺激卵泡的生长发育,引起多发性排卵。与促黄体生成素合用,能促进卵泡成熟和排卵,使卵泡分泌雌激素促进母畜发情;对公畜,能促进精原细胞增生,促进精子的生成和成熟。

本品主要用于卵巢发育不良、卵泡发育停止、多卵泡症及持久黄体等疾病的治疗,也可用于增强发情同期化的超数排卵和增加公畜精子密度,提高产仔率。

本品的不良反应是引起单胎动物多发性排卵。

[制剂与用法用量]卵泡刺激素注射液。静脉、肌内、皮下注射,1次量:牛、马10～50 mg;羊、猪5～25 mg;犬5～15 mg;兔3～6 mg。临用时以5 mL灭菌生理盐水稀释后注射。

黄体生成素

[理化性质]又名促黄体素、垂体促黄体素。本品是从羊、猪垂体前叶提取的,为白色或类白色的冻干块状物,易溶于水。

[作用与应用]本品可促进母畜卵泡成熟和排卵,形成黄体,分泌黄体酮,产生雌激素,具

有早期安胎作用;还可作用于公畜睾丸间质细胞,分泌睾酮,提高性欲,促进精子的形成,增加精液量。

本品主要用于治疗成熟卵泡排卵障碍、卵巢囊肿、早期胚胎死亡、习惯性流产、不孕、产后泌乳不足或缺乏及公畜性欲减退、精子生成障碍、精液少及隐睾等。

[制剂与用法用量]黄体生成素注射液。静脉或皮下注射,1次量:牛、马25 mg;羊5 mg;猪5 mg;犬1 mg。可在1~4周内重复使用。

学习情境4 子宫兴奋药

子宫兴奋药是一类能兴奋子宫平滑肌的药物,主要有缩宫素、麦角新碱、垂体后叶素和益母草等。临床上用于催产、排除胎衣和死胎,或治疗产后子宫出血。

缩宫素

[理化性质]又名催产素。本品是从牛或猪的垂体后叶中提取的,现已人工合成,为白色无定形粉末或结晶性粉末,能溶于水,水溶液显酸性,为无色透明或接近透明的液体。

[体内过程]本品内服效果差,易被消化液破坏,故不宜内服。肌内注射吸收良好,约3~5 min产生作用,持续20~30 min,大部分在肝、肾被迅速破坏,少量经尿排出。

[作用与应用]本品能选择性兴奋子宫,加强子宫平滑肌收缩。对于非妊娠子宫,小剂量能加强子宫的节律性收缩,大剂量可引起子宫的强直性收缩。对妊娠早期不敏感,妊娠后期敏感性逐渐增强,临产时达到高峰,产后对子宫的作用又逐渐减弱。本品对子宫的收缩作用强,而对子宫颈的收缩作用较小,有利于胎儿娩出。此外,缩宫素还能使乳腺平滑肌收缩加强,促进排乳,使乳汁的分泌增加。

本品临床常用于产前子宫收缩无力的母畜引产,治疗产后出血、胎盘滞留或子宫复原不全、排除死胎等,在分娩后24 h内使用。胎位不正、产道狭窄、宫颈口未开放时禁用。

[制剂与用法用量]催产素注射液,10 IU:1 mL、50 IU:1 mL。子宫收缩:皮下、肌内或静脉注射,1次量:牛75~100 IU;马75~150 IU,羊、猪10~50 IU;犬2~25 IU;猫5~10 IU,需要时可间隔15 min重复使用;排乳:牛、马10~20 IU;羊、猪2~10 IU;犬2~10 IU;治疗子宫出血时,用生理盐水或5%葡萄糖注射液500 mL稀释后,缓慢静脉滴注。

垂体后叶素

[理化性质]又名脑垂体后叶素。本品是从牛或猪垂体后叶中提取的水溶性成分,含催产素和加压素(抗利尿素),为近白色粉末,微臭,能溶于水,不稳定。

[作用与应用]本品的作用与应用同缩宫素,但有抗利尿、收缩小血管引起血压升高的副作用。

[制剂与用法用量]垂体后叶注射液,5 IU:1 mL、10 IU:1 mL。静脉、肌内或皮下注射,

1次量:牛、马50~100 IU;羊、猪10~50 IU;犬5~30 IU;猫5~10 IU。静脉注射时用5%葡萄糖稀释。

麦角新碱

[理化性质]本品是从麦角中提取出来的生物碱,主要含麦角碱类,包括麦角胺、麦角毒碱和麦角新碱。麦角新碱常用马来酸盐,为白色或微黄色细微结晶性粉末,无臭,略有吸湿性,能溶于水和酒精,遇光易变质。

[作用与应用]本品对子宫平滑肌有很强的选择性兴奋作用,持续时间可达2~4 h。与缩宫素不同的是,本品能引起子宫体和子宫颈同时兴奋,小剂量加强其节律性收缩,剂量稍大即引起强直性收缩。故不宜用于催产或引产,否则会压迫胎儿不易娩出、使胎儿窒息及子宫破裂。常用于子宫需要长时间的强烈收缩的情况,如产后出血、产后子宫复旧和胎衣不下。治疗产后子宫出血时,胎衣未排出前禁用。

[制剂与用法用量]马来酸麦角新碱注射液,5 mg∶10 mL、0.5 mg∶2 mL、0.5 mg∶1 mL、0.2 mg∶1 mL。静脉或肌内注射,1次量:牛、马5~15 mg;羊、猪0.5~1 mg;犬0.2~0.5 mg;猫0.07~0.2 mg。

益母草流浸膏

[理化性质]本品为唇形科植物益母草的全草,含益母草碱、水苏碱等多种生物碱,以及芸香苷、谷甾醇、有机酸、维生素A。

[作用与应用]益母草碱能增强子宫的收缩力,增加收缩频率,加强子宫张力,作用同麦角新碱,但弱而副作用少。

本品主要用于产后子宫出血、产后子宫复旧不全和胎衣不下。

[制剂与用法用量]

(1)益母草片,0.5 g/片,相当于益母草1.67 g。

(2)益母草流浸膏内服,1次量:牛、马10~50 mL;羊、猪4~8 mL,2次/d。

✳课后笔记

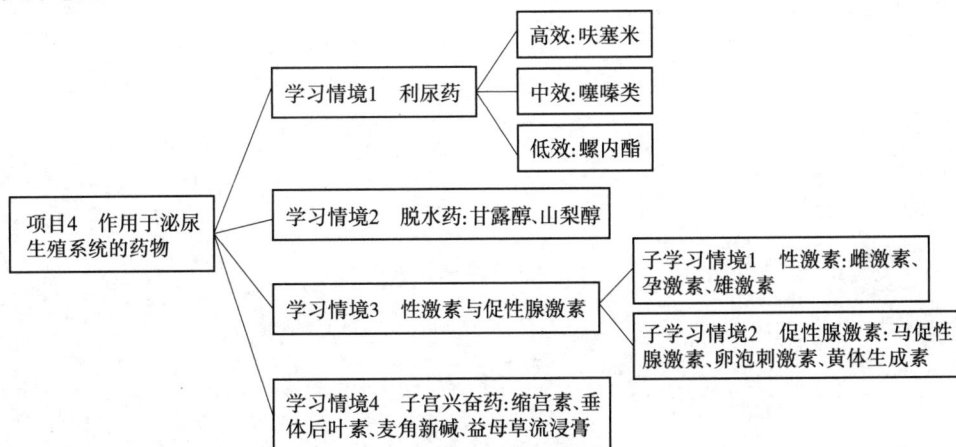

📖小贴士

作用于泌尿生殖器药物的合理选用

1. 利尿药与脱水药的合理选用

中、轻度心性水肿首选氢氯噻嗪。重度心性水肿宜选呋塞米,结合使用强心药物,并按常规补钾。

急性肾功能衰竭时,一般首选大剂量呋塞米。急性肾炎所致的水肿,宜用高渗葡萄糖,一般不用利尿药。对慢性肾炎所致的水肿,可选用螺内酯,并按常规补钾。

脑水肿时首选甘露醇等脱水药,次选呋塞米。

肺充血所致的肺水肿,可选用甘露醇。

食盐、巴比妥类、溴化物等中毒时,一般配合强心输液,选用呋塞米。

2. 性激素与促性腺激素的合理选用

一般母畜不发情或发情不明显及同期发情,可选用雌二醇;母畜有流产倾向或流产初期保胎,可选用孕酮;公畜性机能减退,精液品质低劣等可选用雄激素;诱导母畜发情,增加排卵量,提高受胎率,可用促性腺激素。

3. 子宫兴奋药的合理选用

难产:一般只能选用缩宫素。

产后出血:应首选麦角新碱,次选缩宫素。

产后子宫复旧不全:应首选益母草流浸膏。

死胎:促进死胎的排出以选用缩宫素为宜,也可应用小剂量的麦角新碱、新斯的明等。

胎衣不下:可选用大剂量缩宫素或小剂量麦角新碱或拟胆碱药。大家畜需进行手术剥离。

子宫内膜炎:冲洗子宫及宫内投入抗菌消炎药后,配合使用麦角新碱或拟胆碱药,能促进炎性产物的排出。

项目5 实 训

学习情境1 泻药的导泻作用机理

[**目的**]观察硫酸镁、硫酸钠改变肠内渗透压,了解盐类泻药的作用机理。

[**材料**]兔子1只、0.5%普鲁卡因注射液、10%硫酸镁溶液、10%硫酸钠溶液、生理盐水、液体石蜡、酒精棉球、毛剪、虹膜剪、手术刀、注射器。

[**方法**]取兔仰卧固定于兔板上,腹部剪毛消毒,用0.5%普鲁卡因注射液作腹部皮下浸润麻醉后,切开腹腔,暴露肠管,取出一段小肠(空肠),用缝线结扎分成四小段,每段长约2 cm,然后分别注入10%硫酸镁、10%硫酸钠、液体石蜡和生理盐水(用量视肠管粗细而定,但必须等量,一般注入0.5~1 mL),记住各段所注射的药物,将肠管送回腹腔,腹壁作暂时闭合,覆盖生理盐水浸渍的纱布,1 h后,打开腹腔,抽出肠管内液体,观察各段肠管容积有何变化(如无变化,应继续实验)。

[**记录**]

肠段号	1	2	3	4
药 物	10%硫酸镁	生理盐水	10%硫酸钠	液体石蜡
容积变化 (以 mL 为单位)				

[**讨论**]硫酸镁、硫酸钠的导泻强度、原理及其临床应用特点。

学习情境2 强心苷对离体蛙心的作用观察

[**目的**]学习离体蛙心灌注法,观察强心苷对离体蛙心收缩强度、频率和节律的影响以及强心苷和钙离子的协同作用。

[**材料**]蛙或蟾蜍。剪子、蛙板、探针、斯氏蛙心插管、蛙心夹、张力换能器、记录仪、记录装置、任氏液、低钙任氏液(所含 $CaCl_2$ 量为一般任氏液的 1/4,其他成分不变)、5% 洋地黄溶液、1% 氯化钙溶液。

[**方法**]

1. 取蛙 1 只,用探针破坏脑及脊髓,背位置于蛙板上。先剪开胸部皮肤,再剪除胸部肌肉及胸骨,打开胸腔,剪破心包膜,暴露心脏。

2. 在主动脉干分支处之下空一线,打好松结,备结扎插管之用。于左动脉上剪一 V 形切口,插入盛有任氏液的蛙心插管,通过主动脉球转向左后方,同时用镊子轻提动脉球,向插管移动的反方向拉,即可使插管尖端顺利进入心室。见到插管内的液面随着心搏而上下波动后,将松结扎紧、固定,然后剪断两根动脉。持插管提起心脏,用线自静脉窦以下把其余血管一起结扎,在结扎处下剪断血管,使心脏离体。用滴管吸去插管内血液,并用任氏液连续换洗,至无血色,使插管内保留 1.5 mL 左右的任氏液。

3. 用带有长线的蛙心夹夹住心脏,将长线连于张力换能器,在记录仪上记录心脏搏动。

4. 记录一段正常心搏曲线后,依次加入下列药液。每加一种药液后,密切注意心缩强度、心率、房室收缩的一致性等方面的变化。

(1)加入低钙任氏液。

(2)当心脏收缩显著减弱时,向插管内加入5% 洋地黄溶液 0.1 ~ 0.2 mL(或 0.1% 毒毛花苷 K 溶液 0.2 mL)。

(3)当作用明显时,再向插管内加入1% 氯化钙溶液 2 ~ 3 滴。

[**记录**]剪贴或复制心脏的收缩曲线,图下注明加药、换药、心率、房室收缩的一致性、心室体积变化等。

[**讨论**]在本实验中可以看到强心苷的哪几种药理作用?

🔧 思考题

1. 如何理解健胃药对食欲不振的作用?

2. 苦味健胃药为什么必须经口投服,而不能用胃管投服?

3. 大黄的作用与用量有何关系,大黄致泻后为何会继发便秘?

4. 胃蛋白酶为什么要与稀盐酸合用? 胰酶为什么常与碳酸氢钠同服?

5. 硫酸钠和液体石蜡是如何产生泻下作用的? 其适应证如何?

6. 为什么腹泻可用鞣酸蛋白或药用炭止泻?

7. 什么叫祛痰药、镇咳药、平喘药?

8. 如何合理有效地选用祛痰药、镇咳药、平喘药?

9. 在临床上,氯化铵为什么不能与磺胺类药物合并使用?

10. 根据强心苷的作用特点,临床上应如何有效地选用强心药?

11. 临床上应如何合理选用止血药和抗凝血药?

12. 在临床中,怎样合理使用铁制剂?

13. 常用利尿药和脱水药的主要用途是什么? 使用时应注意什么问题?

14. 简答对家畜繁殖影响较大的性激素的分类及用途。

15. 在实践中应用缩宫素与麦角新碱时应注意哪些事项?

模块病例导入

重庆市万州区刘某家的 15 月龄青年母牛,体重 380 kg。主诉:该牛一直未表现出发情的症状,无法进行人工授精。直肠检查发现子宫发育良好,卵巢发育较差且无卵泡。应该选择什么药物来促进卵巢的发育?　　　　　　　　　　　　　　　　　　　(　　　)

A. 雌二醇　　　　　　　B. 卵泡刺激激素　　　　　　C. 孕酮

D. 黄体生成素　　　　　E. 前列腺素

直击执业兽医师

1. 2009 年真题　肾上腺素适用于治疗动物的(　　　)。

A. 心律失常　　　　　　B. 心脏骤停　　　　　　　　C. 急性心力衰竭

D. 慢性心力衰竭　　　　E. 充血性心力衰竭

2. 2009 年真题　通过松弛支气管平滑肌产生平喘作用的药物是(　　　)。

A 氨茶碱　　　　　　　B. 氯化铵　　　　　　　　　C. 碘化钾

D. 可待因　　　　　　　E. 喷托维林

3. 2009 年真题　松节油内服可用于(　　　)。

A. 止泻　　　　　　　　B. 镇吐　　　　　　　　　　C. 中和胃酸

D. 止酵健胃　　　　　　E. 解胃肠痉挛

4. 2009 年真题　催产素可治疗的动物产科疾病是(　　　)。

A. 产后缺钙　　　　　　B. 胎衣不下　　　　　　　　C. 产后瘫痪

D. 隐性乳腺炎　　　　　E. 雄性动物不育

5. 2010 年真题　具有增加肠内容积、软化粪便、加速粪便排泄作用的药物是(　　　)。

A. 稀盐酸　　　　　　　B. 硫酸钠　　　　　　　　　C. 鱼石脂

D. 铋制剂　　　　　　　E. 鞣酸蛋白

6. 2010 年真题　用于治疗动物充血性心力衰竭的药物是(　　　)。

A. 樟脑　　　　　　　　B. 咖啡因　　　　　　　　　C. 氨茶碱

D. 肾上腺素　　　　　　E. 洋地黄毒苷

7. 2010年真题 奶牛离分娩尚有1月余。近日出现烦躁不安,乳房胀大,临床检查心率90次/min,呼吸30次/min,阴门内有少量清亮黏液。最适合选用的治疗药物是(   )。

　　A.雌激素　　　　　　　　B.黄体酮　　　　　　　　C.前列腺素

　　D.垂体后叶素　　　　　　E.马绒毛膜促性腺激素

8. 2010年真题 内服硫酸钠可用于治疗犬(   )。

　　A.胃炎　　　　　　　　　B.肠炎　　　　　　　　　C.胃溃疡

　　D.胃肠臌气　　　　　　　E.大肠便秘

9. 2010年真题 用于治疗动物充血性心力衰竭的药物是(   )。

　　A.樟脑　　　　　　　　　B.咖啡因　　　　　　　　C.氨茶碱

　　D.肾上腺素　　　　　　　E.洋地黄毒苷

10. 2010年真题 能增强心肌收缩力,并使心率减慢的药物是(   )。

　　A.肾上腺素　　　　　　　B.去甲肾上腺素　　　　　C.咖啡因

　　D.氨茶碱　　　　　　　　E.洋地黄毒苷

(11—12题共用备选答案)

　　A.缩宫素　　　　　　　　B.丙酸睾酮　　　　　　　C.垂体后叶素

　　D.呋塞米　　　　　　　　E.雌二醇

11. 2010年真题 后备母猪,10月龄,未见发情,应选用的催情药物是(   )。

12. 2010年真题 成年公犬,因雄性激素缺乏出现隐睾症,应选用的治疗药物是(   )。

13. 2010年真题 母猪,产后2 d体温升高,食欲下降,流出的灰褐色液体内含胎衣碎片,治疗应选择的药物组合是(   )。

　　A.抗生素、雌激素与催产素　　B.人工盐与前列腺素　　C.抗生素与孕酮

　　D.孕酮与催产素　　　　　　　E.雌二醇与孕酮

14. 2010年真题 猪内服硫酸钠可产生(   )。

　　A.消沫　　　　　　　　　B.制酵　　　　　　　　　C.泄下

　　D.催吐　　　　　　　　　E.抗惊厥

15. 2010年真题 兽医临床上氨茶碱主要用于(   )。

　　A.平喘　　　　　　　　　B.抗过敏　　　　　　　　C.倒泻

　　D.镇痛　　　　　　　　　E.抗炎

16. 2010年真题 强心苷类药物不具有的药理作用是(   )。

　　A.正性肌力　　　　　　　B.负性心率　　　　　　　C.收缩血管

　　D.继发性利尿　　　　　　E.心肌耗氧减少

17. 2010年真题 奶牛4岁,配种后35 d被确诊已妊娠,临床未见明显异常,配种后65 d,该牛再次发情,直肠检查发现原先的怀孕特征消失。再次配种前,对该牛常用的处理措施是(   )。

　　A.生理盐水冲洗子宫　　　B.注射催产素　　　　　　C.注射孕酮

　　D.注射氯前列烯醇　　　　E.注射人绒毛膜促性腺激素

18. 2010年真题 猎犬,10岁,常规驱虫免疫,打猎后突发呼吸困难,肺部叩诊呈广泛过

清音,叩诊边界后移。治疗该病首选的药物是(   )。

A. 阿托品   B. 抗生素   C. 肾上腺素

D. 皮质醇   E. 安钠咖

19. 2010年真题 动物支气管感染初期,对症治疗应选择具有祛痰作用的(   )。

A. 麻黄碱   B. 可待因   C. 氨茶碱

D. 氯化铵   E. 异丙肾上腺素

20. 2010年真题 用于治疗动物慢性心功能不全的慢作用强心苷类药物是(   )。

A. 洋地黄毒干   B. 咖啡因   C. 地高辛

D. 氨茶碱   E. 毒毛花苷K

21. 2010年真题 山羊,7岁,产后6h,出现拱背、努责,随努责流出少量污红色液体和组织碎片,治疗该病适宜的药物是(   )。

A. 雌二醇、土霉素   B. 雌二醇、催产素   C. 孕酮、土霉素

D. 孕酮、雌二醇   E. 前列腺素、孕酮

22. 2010年真题 母猪,3.5岁,体格偏瘦。怀孕114d时分娩,产出8个胎儿后努责微弱,40分钟后仍不见胎儿产出,B超检查可见子宫后部有多头活胎。该猪难产最可能的原因是(   )。

A. 继发性子宫迟缓   B. 原发性子宫迟缓   C. 子宫痉挛

D. 胎儿过大   E. 阴道狭窄

23. 2010年真题 首选的助产药物是(   )。

A. 前列腺素   B. 雌激素   C. 催产素

D. 麦角新碱   E. 葡萄糖酸钙

模块3

作用于神经系统的药物

【学习目标】

1.了解中枢兴奋药、中枢抑制药、局麻药的概念、分类及作用机理。

2.了解作用于传出神经系统的药物的作用原理及分类。

3.理解全麻药的麻醉分期及麻醉方式。

4.掌握常用药物的作用、应用及用法。

5.掌握局麻药的麻醉方式,常用药物的作用特点及应用。

6.掌握常用拟胆碱药、抗胆碱药、拟肾上腺素药的作用及应用。

【学习要求】

1.理解中枢神经药物的分类和作用机制。

2.掌握中枢兴奋药与抑制药的作用与用途,合理使用该类药物。

3.正确选用镇痛药、镇静药与麻醉药。

【资讯问题】

1.中枢神经兴奋药分为哪几类?

2.镇静药、全身麻醉药、化学保定药的作用机理有何不同?

3.巴比妥类药物、水合氯醛、氯胺酮、速眠新、舒泰等全麻药有什么优缺点?

4.吸入麻醉与非吸入麻醉有什么优缺点?临床上如何选用?

项目1 作用于中枢神经系统的药物

学习情境1 全身麻醉药

全身麻醉药简称全麻药,能对中枢神经系统产生可逆、广泛的抑制,使动物的意识、感觉、反射机能减弱或消失及骨骼肌松弛等,但仍保持延髓生命中枢的功能。全麻药主要用于外科手术前的麻醉。

根据全麻药的理化性质和使用方法不同可将其分为吸入性麻醉药和非吸入性麻醉药两类。吸入性麻醉药包括挥发性液体(如乙醚、氟烷、甲氧氟烷、恩氟烷等)和气体(氧化亚氮、环丙烷等),优点是由肺部吸入、呼出,体内代谢破坏极少,麻醉深度、停药易于控制;缺点是麻醉从始至终必须有专人控制,需要特殊的麻醉装置,且这些药物易燃烧,对支气管黏膜有一定的刺激性。吸入性麻醉药在兽医临床上很少用于大动物麻醉。非吸入性麻醉药包括巴比妥类、水合氯醛、乙醇、氯胺酮、羟丁酸钠等,优点是易于诱导,快速进入外科麻醉期,不出现兴奋期,操作简便,给药途径多(如静脉注射、肌内注射、腹腔注射、口服及直肠灌注等);缺点是麻醉深度、用药剂量与麻醉时间难以控制,排泄慢、苏醒期长。临床上多采用复合麻醉方式,亦可配用安定药与肌松药,使动物安定、镇痛、肌松,以便进行手术。

一、麻醉分期

中枢神经系统各部位对麻醉药的敏感程度不同,随着血药浓度的变化,中枢的各个部位出现不同程度的抑制,最先麻醉的是大脑皮质,然后依次是间脑、中脑、脑桥、脊髓、延髓,因而出现不同的麻醉时期。为了取得满意的麻醉效果,避免意外事故,一般将全身麻醉分为四期,主要以意识、感觉、呼吸次数与深浅、脉搏次数与性质、瞳孔大小、骨骼肌张力变化、各种反射有无等指标,作为判断各期的指征(表3-1)。

表 3-1　麻醉各期的主要体征

麻醉分期		呼吸	脉搏	瞳孔	骨骼肌	反射				
						眼睑	角膜	皮肤	吞咽	咳嗽
镇痛期		稍快而不规律	脉加速	缩小	肌张力正常	有	有	有	有	有
兴奋期		快而极不规律	脉增速	扩大	紧张有力	有	有	有	有	有
麻醉期	浅麻期	慢而规律	稍慢均匀	逐渐缩小	松弛	消失	有	消失	消失	有至消失
	深麻期	慢而浅,腹式为主	慢而弱	缩小至散大	极度松弛	消失	微弱至消失	消失	消失	消失
麻痹期		慢而浅,有时停止	微弱,有间歇	散大	极度松弛	消失	消失	消失	消失	消失

1. 第一期:麻醉诱导期

醉诱导期是麻醉的最初期,动物表现不随意运动性兴奋、挣扎、嘶鸣、呼吸不规则、脉搏频数、血压升高、瞳孔扩大、肌肉紧张、各种反应都存在。不适合手术。

2. 第二期:外科麻醉期

外科麻醉期是指从兴奋转为安静、呼吸由不规律转为规律开始,麻醉进一步加深,间脑、中脑和脑桥受到不同程度的抑制,脊髓机能由后向前逐渐被抑制,但延髓中枢机能仍保持。根据麻醉深度分为浅麻醉期和深麻醉期。兽医临床一般宜在浅麻醉期进行手术。

3. 第三期:麻痹期(中毒期)

麻痹期(中毒期)是指从呼吸肌完全麻痹至循环完全衰竭为止。外科麻醉禁止达到此期。

麻醉的苏醒按麻醉相反的顺序进行,在完成手术后,应使苏醒过程尽量缩短,以减少在苏醒过程中动物挣扎所造成的意外损伤。

二、麻醉方式

为了克服全麻药的不足,减少麻醉药用量,增强麻醉效果,减少毒副反应,增加麻醉安全性,扩大麻醉药应用范围,常采用以下几种联合用药的方式进行复合麻醉。

1. 麻醉前给药

在使用全麻药前,先给一种或几种药物,以减少麻醉药的副作用或增强麻醉药的效果。如麻醉前给予阿托品,能减少呼吸道黏膜腺体和唾液腺的分泌,避免干扰呼吸机能;给予琥珀胆碱,在获得满意的肌肉松弛效果后,便于手术操作。

2. 混合麻醉

将几种麻醉药混合在一起使用,以减少每种药的使用剂量,增强麻醉强度和降低毒性。

如水合氯醛硫酸镁注射液、水合氯醛酒精注射液。

3.配合麻醉

以全身麻醉药为主,局部麻醉药为辅的相互配合麻醉。如先用水合氯醛达到浅麻醉,再用盐酸普鲁卡因在术野进行局部麻醉,可减少水合氯醛的用量及毒性,从而顺利地进行手术。

4.基础麻醉

先用一种麻醉药造成浅麻醉,作为基础,再用其他药物维持麻醉深度,可减轻麻醉药不良反应及增强麻醉效果。

三、注意事项

1.麻醉前检查

麻醉前要检查动物的体况,对于极度衰弱,患有严重呼吸器官、肝脏和心血管系统疾病的动物以及妊娠母畜,不宜作全身麻醉。

2.麻醉过程中的观察

在麻醉过程中,要不断地观察动物呼吸、心跳及瞳孔的变化,并经常观察角膜反射和肛门反射。如发现瞳孔突然散大、呼吸困难、脉搏微弱、心律失常时,应立即停止麻醉,注射中枢兴奋药,并进行对症治疗。

3.正确选用麻醉药

要根据动物种类和手术需要,选择适宜的全麻药和麻醉方式。一般来说,马属动物和猪对全麻药比较耐受,但巴比妥类药物有时可引起明显的兴奋;反刍动物在麻醉前,宜停饲12 h以上,不宜单用水合氯醛作全身麻醉,多以水合氯醛与普鲁卡因作配合麻醉。

子学习情境1　吸入性麻醉药

吸入性麻醉药(包括挥发性液体和气体)经呼吸由肺吸收,并主要以原形经肺排出。吸入性麻醉药的可控性比非吸入性麻醉药好,吸收速度与肺血流量、通气量及吸入气中药物浓度有关,但在使用时需要一定的麻醉设备、训练有素的麻醉师与严格的监护,并且有些麻醉药具有引燃引爆性及刺激呼吸道等副作用。

氟烷

[**理化性质**]又名三氟氯溴乙烷、氟罗生。本品为无色透明的流动性液体,挥发性强,质重,无引燃性,性质不稳定,遇光、热和潮湿空气会缓慢分解。

[**作用与应用**]本品进入体内后只少量被转化,大部分以原形由呼气排出。其余可多次反复分布,经尿、汗、粪排出。本品麻醉作用比乙醚强,对黏膜无刺激性,诱导期短,麻醉起效时间短,苏醒快,但肌肉松弛及镇痛作用很弱。本品可使支气管平滑肌松弛,能减小呼吸道阻力,但当呼吸中枢逐渐抑制时,呼吸浅而快,潮气量与通气量下降,二氧化碳蓄积,易发生

呼吸性酸中毒。本品价格较贵,一般用于封闭式吸入麻醉,适用于马、犬、猴等大、小动物全身麻醉。麻醉前应给予肌松药做辅助麻醉及基础麻醉,以促进肌松效果,使动物平稳地进入麻醉期。本品可与乙醚混合使用,能减轻两药的毒副作用,增强麻醉协同效果。

[制剂与用法用量]封闭式或半封闭式给药。1次量:牛用硫喷妥钠诱导麻醉后再用,每千克体重,0.55～0.66 mL(可持续麻醉1 h);马每千克体重,0.045～0.18 mL(可持续麻醉1 h);犬、猫先吸入不含氟烷的70%氧化亚氮和30%氧,经1 min后,再加氟烷于上述合剂中,其体积分数为0.5%,经30 min后逐渐增至1%,约经4 min达5%为止,此时氧化亚氮体积分数减至60%,氧的体积分数为40%。犬、猫预先须肌内注射阿托品。

麻醉乙醚

[理化性质]本品为无色透明的易挥发性液体;易引火,遇火能爆炸;有特臭,味灼烈微甜;沸点35 ℃,遇光与空气氧化生成过氧化醚及乙醛等,毒性增强,需遮光密封保存。

[作用与应用]用药后,本品首先分布到脑组织,然后分布到血流量很丰富的肝、肾等,90%经肺排出,安全,但麻醉作用较弱。乙醚麻醉浓度对呼吸、血压、心脏、肝脏、肾脏毒性弱,安全范围很广,对骨骼肌松弛作用强。因乙醚诱导期与苏醒期均长,现已少用,主要用于犬、猫等中、小动物或实验动物的全身麻醉。吸入麻醉法可采用开放式、半封闭式或封闭式。

[制剂与用法用量]犬吸入乙醚前注射硫喷妥钠、硫酸阿托品,然后用麻醉口罩吸入乙醚,直至出现麻醉体征。猫、兔、大鼠、小鼠、蛙类、鸡、鸽等可直接吸入乙醚,至达到麻醉体征为止。

氧化亚氮

[理化性质]又名笑气。本品为无色气体,无显著臭,味微甜,较空气重,在20 ℃与101.3 kPa(760 mmHg)下,易溶于水或乙醇中,在乙醚中亦溶。

[作用与应用]本品为气体麻醉剂,对呼吸道及机体各重要器官均无明显刺激性。麻醉强度约为乙醚的1/7,毒性小,作用快,无兴奋期,镇痛作用强,但肌肉松弛度差。本品主要用于诱导麻醉或配合其他全麻药使用,但本身麻醉效能较弱,如氧化亚氮与氟烷混合应用,以减少麻醉剂用量,可减轻氟烷对心、肺系统的抑制作用。应用氧化亚氮的主要危险是缺氧,故吸入麻醉很少使用全封闭形式,且在停止麻醉后,应给予吸入纯氧3～5 min。

[制剂与用法用量]麻醉:小动物用75%氧化亚氮与25%氧混合,并通过面罩吸入2～3 min,然后再加入氟烷,使其在氧化亚氮与氧混合气体中达3%,至出现下颌松弛等麻醉体征为止。

恩氟烷

[理化性质]又名安氟醚、易使宁。本品为无色液体,有果香,难燃难爆,性质稳定,无须加入稳定剂,微溶于橡胶内,对金属略有腐蚀性。

[作用与应用]本品是新的卤族强效吸入麻醉药,对黏膜无刺激性,易通过肺泡进入血液循环,吸收量达85%,其中83%以呼气排出,仅2.5%～10%随尿排出。本品对神经肌肉的阻断比氟烷强;对循环系统和呼吸系统有抑制作用,对肝、肾损害性较轻,易于恢复;对胃肠

蠕动及子宫平滑肌有抑制作用;麻醉诱导与苏醒皆迅速,马停止给药后,8~15 min 即可站立,可用作马、犬等动物手术和全麻药。

[制剂与用法用量]溶液剂,250 mL/瓶。诱导期吸入从 0.5% 逐渐增至 4.5%,维持期采用 3%。

子学习情境2　非吸入性麻醉药

非吸入性麻醉药是一类主要由静脉注射产生麻醉效应的药物。给药途径多,如静脉注射、肌内注射、皮下注射等。其优点是操作简单、麻醉快、兴奋期短等;缺点是不易控制药量、麻醉深度与麻醉时间。常用的非吸入性麻醉药有巴比妥类药物(如戊巴比妥、硫喷妥钠)、水合氯醛、酒精、氯胺酮等。

巴比妥类药物系巴比妥酸的衍生物,能抑制脑干网状结构上行激活系统,具有镇静、催眠、抗惊厥和麻醉作用。根据作用时间的长短,巴比妥类药物可分为长效(苯巴比妥钠)、中效(异戊巴比妥钠)、短效(戊巴比妥钠)和超短效(硫喷妥钠)四种类型。

苯巴比妥

[理化性质]其钠盐为白色结晶性颗粒或粉末,无臭,味微苦,有引湿性,易溶于水,可溶于乙醇。

[作用与应用]本品属长效巴比妥类药物。具有抑制中枢神经系统的作用,随剂量由小到大可产生镇静、催眠、抗惊厥和麻醉作用,其中抗惊厥作用最为明显,甚至在低于催眠剂量时即可产生抗惊厥作用,这是因为本品对大脑皮质运动区有较强的抑制作用。临床上可用于减轻脑炎、破伤风等疾病引起的兴奋、惊厥以及缓解中枢神经过度兴奋引起的中毒症状,也可用于实验动物的麻醉。本品内服、肌内注射均易吸收,分布各组织及体液中,但以肝、脑浓度最高。由于本品脂溶性低,透过血脑屏障速率也很低,故见效慢。内服后 1~2 h,肌内注射后 20~30 min 见效。一次静注半衰期犬 92.6 h,马 28 h,驹 12.8 h,反刍兽体内代谢快。因在肾小管内可部分重吸收,故消除慢。

[制剂与用法用量]

(1)苯巴比妥片 15、30、100 mg。内服,1 次量,每千克体重:用于治疗轻微癫痫,犬、猫 6~12 mg,2 次/d。

(2)注射用苯巴比妥钠 0.1、0.5 g。肌内注射,用于镇静、抗惊厥,1 次量,每千克体重:羊、猪 0.25~1 mg;马、牛 10~15 mg;犬、猫 6~12 mg。用于治疗癫痫状态,每千克体重:犬、猫 6 mg,隔 6~12 h 一次。

[注意事项]用量过大抑制呼吸中枢时,可用安钠咖、尼可刹米等中枢兴奋药解救;肾功能障碍的患畜禁用;苯巴比妥钠盐药液呈碱性,禁与酸性药液配伍,以免发生沉淀。

戊巴比妥

[理化性质]本品为白色、结晶性的颗粒或白色粉末,无臭,味微苦,有引潮性;极易溶于

水和醇,不溶于乙醚。水溶液呈碱性反应,久置易分解,加热分解更快。常用其钠盐。

[作用与应用]戊巴比妥属中效类巴比妥类药物,口服易吸收,会迅速分布全身各组织与体液中,易通过胎盘屏障,也易通过血脑屏障,作用可持续 3 h。

巴比妥类药物对抑制脑干网状结构上行系统具有高度选择性,对丘脑新皮层通路无抑制作用,常用于中、小动物的全身麻醉,成年牛、马的复合麻醉(即戊巴比妥与水合氯醛或硫喷妥钠配合,也可与氯丙嗪、盐酸普鲁卡因等进行复合麻醉),还可用作各种动物的镇静药、基础麻醉药、抗惊厥药,以及中枢神经兴奋药中毒的解救。

[制剂与用法用量]戊巴比妥钠注射剂,0.1 g/瓶、0.5 g/瓶。麻醉:静脉注射,1 次量,每千克体重:牛、马 15～20 mg;羊 30 mg;猪 10～25 mg;犬 25～30 mg。腹腔注射,1 次量,每千克体重:猪 10～25 mg。肌内注射,1 次量,每千克体重:犬 25～30 mg,临用前配成 3%～6%溶液。基础麻醉或镇静:肌内或静脉注射,每千克体重,牛、马、羊、猪 15 mg,临用前配成 5%的溶液。

硫喷妥钠

[理化性质]又名戊硫巴比妥钠。本品为乳白色或淡黄色粉末,有引爆性,有蒜臭,味苦;有潮解性;易溶于水和酒精,水溶液不稳定,放置后逐渐分解;煮沸时产生沉淀。常用其钠盐。

[作用与应用]本品具有高亲脂性,容易透过血脑屏障,属超短时作用的巴比妥类药。本品静脉注射后 15～20 min 迅速抑制大脑皮质,表现麻醉状态,无兴奋期,但肌肉松弛及镇痛作用很差,对呼吸中枢呈明显抑制作用,抑制程度与用量、注射速度有关。本品能直接抑制心脏和血管运动中枢,使血压下降,还可通过胎盘屏障影响胎儿血液循环及呼吸。本品适用于静脉麻醉、诱导麻醉、基础麻醉、抗惊厥及复合麻醉等,可用于牛、猪、犬、马属动物的基础麻醉和全身麻醉,用于治疗中枢神经兴奋中毒、脑炎及破伤风等,抗惊厥作用强于戊巴比妥。

[制剂与用法用量]硫喷妥钠注射液,0.5 g/瓶、1 g/瓶。麻醉:静脉注射,1 次量,每千克体重:牛 10～15 mg;犊 15～20 mg;马 7.5～11 mg;羊 10～25 mg;大猪 10 mg;小猪 25 mg;犬 20～30 mg;猫 9～11 mg;兔 25～50 mg;大鼠 50～100 mg;鸟类 50 mg。腹腔注射,1 次量,每千克体重:猪 20 mg;猫 60 mg。临用时用注射用水或生理盐水配制成 2.5%～10%溶液:用于犬、猫、兔时,配成 2%溶液:用于大鼠与鸟类时,配成 1%溶液。

[注意事项]反刍动物在麻醉前需注射阿托品,以减少腺体分泌。本品不能用于肝、肾功能不全的家畜。因本品引起的呼吸与血液循环抑制时,可用戊四氮等解救。

氯胺酮

[理化性质]又名开他敏。本品为白色结晶粉末,无臭;能溶于水,水溶液呈酸性(pH=3.5～5.5),微溶于酒精,不溶于乙醚和苯;应遮光、密闭保存。

[作用与应用]本品是一种新型镇痛性麻醉药,吸收快而广,脑组织、肝和脂肪内的浓度很高,其脂溶性强,强于硫喷妥钠5～6倍。静脉注射后 1 min 或肌内注射后 3～5 min 即可产生作用,其主要作用部位在丘脑,而不是抑制整个中枢神经系统。本品作用时间较短,在肝脏内迅速代谢为苯环乙酮随尿排出,代谢产物也有轻度的麻醉作用,麻醉期间主要表现为:意识模糊而不完全丧失,眼睛睁开,骨骼张力增强,但痛觉完全消失,使感觉与意识分离,故

又称"分离麻醉"。麻醉临床表现区别于传统麻醉药,动物意识模糊而不完全丧失,睁眼凝视或眼球转动。咳嗽与吞咽反射仍然存在,麻醉过程中无肌松作用,表现肌张力增强,呈木僵状态。但痛觉完全消失,因此,不能用反射反应与肌肉松弛度来判定麻醉深度。氯胺酮,易通过胎盘屏障。本品毒性较小,常用剂量对心血管系统无明显抑制作用,对呼吸影响轻微,常用作牛、马、羊、猪及野生动物的基础麻醉药、麻醉药及化学保定药。

[制剂与用法用量]盐酸氯胺酮注射液,10 mg/mL、50 mg/mL。静脉注射,1 次量,每千克体重:牛、马 2 ~ 3 mg;羊、猪 2 ~ 4 mg。肌内注射,1 次量,每千克体重:羊、猪 10 ~ 15 mg;犬 10 ~ 20 mg;猫 20 ~ 30 mg;灵长类动物 5 ~ 10 mg;熊 8 ~ 10 mg;鹿 10 mg;水貂 6 ~ 14 mg。

[注意事项]本品对驴、骡不敏感,用大于马 3 倍的剂量也不显现麻醉效果,甚至表现出兴奋症状;禽类用氯胺酮可致惊厥,故对驴、骡及禽类不适宜用氯胺酮。本品静脉注射宜缓慢,以免心动过速引起不良反应。

水合氯醛

[理化性质]又名水化氯醛、含水氯醛。本品为无色透明的棱柱形或白色结晶,有刺激性特臭气味,味微苦;在空气中逐渐挥发,易潮解,易溶于水或酒精;水溶液呈中性;遇热、碱和日光能分解产生三氯醋酸和盐酸,因此,配制注射剂时不可煮沸灭菌,应密封于阴凉暗处保存。

[药动学]本品口服或直肠给药均易吸收,大部分在肝内发生还原作用后,经胃迅速代谢,少部分以原形排出。

[作用与应用]本品能较强地抑制中枢神经系统,小剂量镇静,中等剂量催眠,大剂量可产生抗惊厥和麻醉作用。其优点是吸收快、兴奋期短、麻醉期长(1 ~ 2 h)、无蓄积作用等,临床中多用作基础麻醉,也可与酒精或硫酸镁合用,或用水合氯醛进行浅麻醉,同时配合使用盐酸普鲁卡因。本品较小剂量能抑制大脑皮质,但感觉和意识不受影响,能使患畜安静,促进平滑肌和骨骼肌的痉挛得以解除,减轻疼痛,呈现镇静、镇痛和解痉作用,临床常用于马、骡、驴、骆驼、犬、禽类作麻醉药和基础麻醉药,可内服、灌肠或静脉注射,广泛用于各种外科手术中,牛、羊敏感,一般不用。本品对动物过度兴奋、痉挛性疝痛、痉挛性咳嗽、母猪异嗜癖、子宫脱出或直肠脱出的整复、肠阻塞、胃扩张、消化道和膀胱括约肌痉挛以及破伤风、土的宁中毒等,有良好的镇静、解痉和抗惊厥作用。

[制剂与用法用量]水合氯醛,水合氯醛硫酸镁注射液,水合氯醛酒精注射液。内服、灌肠(镇静),1 次量,每千克体重:牛、马 10 ~ 25 g;羊、猪 2 ~ 4 g;犬 0.3 ~ 1 g。内服、灌肠(催眠),1 次量:马 30 ~ 60 g;羊、猪 5 ~ 10 g。静脉注射,1 次量,每千克体重:牛、马 0.08 ~ 0.12 g;水牛 0.13 ~ 0.18 g;猪 0.15 ~ 0.17 g;骆驼 0.1 ~ 0.12 g。

[注意事项]

①本品对局部组织有强烈刺激性,不能皮下或肌内注射。静脉注射时,先注入 2/3 的剂量,余下 1/3 剂量缓慢注入,待动物出现后躯摇摆、站立不稳时,即停止注射,因为经 10 ~ 15 min 后麻醉深度能继续加深。注射时注意不能漏出血管,以免引起局部组织的炎症和坏死。内服或灌肠时应配成 1% ~ 5% 的水溶液或加入适量淀粉。

②水合氯醛能抑制体温调节中枢,使体温下降 1 ~ 3 ℃,故在寒冷季节要注意保温。本品刺激性强,易引起恶心、呕吐,对肝、肾有一定损害,有心、肝、肾脏疾病的患畜禁用。

③牛、羊用药前应注射阿托品。

④水合氯醛高温灭菌分解失效,必须临用时无菌制备,一般用生理盐水或等渗葡萄糖溶液为溶剂,配成5%～10%的溶液。

速眠新Ⅱ注射液合剂

[理化性质]速眠新Ⅱ注射液是由氟哌啶醇、保定宁、双氢埃托啡等药物制成的复方制剂,具有广泛的镇痛、制动确实、诱导和苏醒平稳等特点,是一种良好的手术麻醉药。本品为无色透明液体,性质稳定,耐贮藏,使用方便。

[作用与应用]本品具有中枢性镇痛、镇静和肌肉松弛作用,常用于马、牛、羊、虎、狮、熊、犬、猫、兔、鼠等动物的手术麻醉和药物制动。

[制剂与用法用量]速眠新Ⅱ注射液每支1.5 mL,可肌内注射或静脉给药,但静脉给药剂量应为肌内注射量的1/2～1/3。肌内注射每千克体重,杂种犬0.08～0.1 mL;纯种犬0.04～0.08 mL;猫0.2～0.3 mL。

[注意事项]本品过量时动物一般表现为张嘴呼吸,呼吸间隔变长,心律不齐,甚至呼吸停止,此时应立即注射苏醒灵4号,与本品用量按1∶1静脉注射或2∶1肌内注射,同时静脉注射或肌内注射异丙肾上腺素0.1～0.5 mL,呼吸停止时并辅以人工呼吸。对氯胺酮过量引起的肌肉强直性痉挛,每千克体重可肌注安定1～2 mg或苯巴比妥3～5 mL。

舒泰

[理化性质]舒泰是一种复合麻醉剂,由替来他明与唑拉西泮1∶1混合而成。替来他明是一种分离麻醉剂,作用持久,具有良好的止痛作用;唑拉西泮是苯二氮卓类的镇静剂,具有良好的肌松作用和抗惊厥作用。这两种药物在药物动力学上有互补作用。

[作用与应用]本品安全范围较大,对肌肉和静脉的刺激性小,可进行肌内注射或静脉注射。本品由替来他明与唑拉西泮等量混合而成,替来他明是一种分离麻醉剂,作用持久,具有良好的止痛作用;唑拉西泮是苯二氮䓬类镇静剂,具有良好的肌松作用和抗惊厥作用,这两种药物在药物动力学上有互补作用。故本品麻醉诱导期迅速而平稳,肌肉松弛作用好,止痛效果强,苏醒快,在国外被广泛应用于大小动物及野生动物的麻醉,在国内的应用也逐渐增加,多用于犬、猫及野生动物的保定和麻醉。

[制剂与用法用量]肌内注射,1次量,每千克体重:犬,7～25 mg;猫5～15 mg;静脉注射,1次量,每千克体重:犬,5～10 mg;猫5～7.5 mg。

学习情境2 化学保定药(制动药)

化学保定药是指在不影响动物意识和感觉的情况下,使动物安静、嗜眠与肌肉松弛,停止抗拒与挣扎,以达到类似保定的药物。此类药物近年发展迅速,在动物园、经济饲养场中野生动物的锯茸、繁殖配种、诊治疾病、捕捉以及马、牛等大家畜的运输、人工授精、诊疗检查等工作中都有重要的实用价值,也可作为麻醉的辅助药用于全身麻醉。目前,兽医临床上常用的化学保定药有赛拉唑、赛拉嗪及其制剂。

赛拉唑

[**理化性质**]又名二甲苯胺噻唑、静松灵。本品为白色结晶性粉末,味微苦;难溶于水,可与盐酸结合制成易溶于水的盐酸赛拉唑。

[**作用与应用**]本品为我国合成的中枢性制动药,具有镇静、镇痛和肌肉松弛作用。

①镇静作用。本品能与中枢神经元细胞膜上的 α_2 受体结合,使该受体兴奋,反馈性抑制去甲肾上腺素的释放,去甲肾上腺素在动物觉醒方面起重要调节作用,故发挥镇静作用。镇静有明显的种属和个体差异,牛最敏感,其次是马、犬、猫,猪敏感性差,兔、鼠反应不一。

②镇痛作用。α_2 受体兴奋时,有明显的抗损伤作用,故产生一定的镇痛作用,对胃肠痉挛引起的疼痛效果较好,对皮肤创伤性疼痛效果较差。

③肌松作用。全身肌肉松弛作用与镇痛作用同步出现。用蟾蜍神经肌肉标本所做的实验表明:赛拉唑对神经肌肉接头处无阻断作用,同硫酸镁有明显区别,这种肌松作用是中枢性的。肌内注射后约 20 min,动物出现精神沉郁、活动减少、头颈下垂、两眼半闭、站立不稳以至倒卧。此外,动物全身肌肉松弛,针刺反应迟钝。对反刍动物,除可引起心律减慢及轻度流涎外,其他副作用少。

本品用于各种动物的化学保定,控制烈性动物及捕捉野生动物,马、犬、猫、反刍兽的麻醉前给药。常与氯胺酮配合用于全身麻醉,马疝痛、犬腹痛时的镇痛及犬、猫中毒时的催吐。

[**制剂与用法用量**]盐酸赛拉唑注射液,5 mL:0.1 g、10 mL:0.2 g。肌内注射,1 次量,每千克体重:马、骡 0.5~1.2 mg;驴 1~3 mg;黄牛、牦牛 0.2~0.6 mg;水牛 0.4~1 mg;羊 1~3 mg;鹿 2~5 mg。

[**注意事项**]

①为避免本品对心、肺的抑制和减少腺体分泌,在用药前给予小剂量阿托品。

②牛大剂量应用时,应先停饲数小时,卧倒后宜将头放低,以免唾液和瘤胃液进入肺内,并应防止瘤胃臌胀。

③猪对本品有抵抗,不宜用于猪。

④妊娠后期禁用。

学习情境3 镇静药、安定药与抗惊厥药

镇静药、安定药与抗惊厥药是作用于中枢神经系统的不同部位、产生不同程度抑制作用的药物。

子学习情境 1　镇静药

镇静药是一类对中枢神经系统产生轻度抑制作用,主要作用于大脑皮质,使动物机能活动减弱,从而缓解烦躁不安,恢复安静的药物。其特点是对中枢神经系统的抑制作用有明显的剂量依赖关系,小剂量镇静,较大剂量催眠,大剂量还可呈现抗惊厥和麻醉作用。

溴化物

[**理化性质**]溴化物是镇静药的典型代表,包括溴化钠、溴化钾、溴化铵、溴化钙。在兽医临床上较少单独使用。

[**药动学**]本品内服后吸收迅速,溴离子在体内的分布与氯离子相同,多分布于细胞外液,主要经肾脏排出。排泄速度与体内氯离子含量成正相关,即当氯离子排泄增加时,溴离子的排泄也增加,反之亦然。单胃动物一次内服后,在 24 h 内仅排出 10%,半衰期为 12 d,2个月后仍能在尿中检出,故重复用药要注意蓄积的可能性。

[**作用与应用**]溴化物在体内释放出的溴离子,可加强大脑皮质的抑制过程,并能使抑制过程集中,对大脑皮质的感觉区和运动区也有一定的抑制作用,故有镇静和抗惊厥作用。本品与咖啡因配用,可促进恢复被破坏的兴奋与抑制过程,使之由不平衡转为平衡状态,从而有助于调节内脏神经,在一定程度上缓解胃肠痉挛,减轻腹痛。

本品用于治疗中枢神经过度兴奋的病畜,如破伤风引起的惊厥、脑炎引起的兴奋、猪因食盐中毒引起的神经症状以及马、骡疝痛引起的疼痛不安等。

[**制剂与用法用量**]

(1)三溴片,含溴化钾 0.12 g、溴化钠 0.12 g、溴化铵 0.06 g。内服,1 次量:马 15～50 g,牛 15～60 g,猪 5～10 g,羊 5～15 g,犬 0.5～2 g,家禽 0.1～0.5 g。

(2)溴化钠注射液,10 mL：1 g。静脉注射,1 次量:牛、马 5～10 g。

(3)安溴注射液,100 mL：溴化钠 10 g 与安钠咖 2.5 g。静脉注射,1 次量:牛、马 80～100 mL,猪、羊 10～20 mL。

[**注意事项**]

①本品排泄很慢,连续用药可引起蓄积中毒,中毒时立即停药,并给予氯化钠制剂,加速溴离子排出。

②本品对局部组织和胃肠道黏膜有刺激性,内服应配成 1%～3% 的水溶液,静注不可漏出血管外。

子学习情境 2　安定药

安定药是指能在不影响意识清醒的情况下,使精神异常兴奋的动物转为安定的药物。与镇静药、催眠药不同,安定药对不安和紧张等异常具有选择性抑制作用,剂量加大可引起睡眠,但易被唤醒,大剂量也不引起麻醉。安定药分为强、弱两类,强安定药有吩噻嗪类(氯丙嗪)和利血平类,弱安定药有苯二氮䓬类(安定)和安宁(眠尔通)类。由于安定药严重地污染动物源食品,对人体产生多方面的毒性作用,我国已禁止本类药物在食品动物饲养过程中使用。

盐酸氯丙嗪

[理化性质]又名氯普马嗪、冬眠灵。本品为白色或乳白色结晶性粉末;有微臭,味极苦;有引湿性;遇光渐变色,应遮光、密封保存;易溶于水、乙醇和氯仿,水溶液呈酸性反应。

[药动学]本品内服、注射均易吸收。呈高度亲脂性,易通过血脑屏障,脑内浓度较血浆浓度高4~10倍,肺、肝、脾、肾和肾上腺等组织内浓度也较高,能通过胎盘屏障,并能分泌到乳汁中。本品主要在肝内经羟基化、硫氧化等代谢,其产物与葡萄糖醛酸或硫酸结合,经尿或粪排出,有的代谢产物仍有药理活性。本品排泄很慢,动物体内氯丙嗪残留时间可达数月之久。

[作用与应用]本品的药理作用广泛而复杂,对中枢神经、植物性神经及内分泌系统都有一定的作用。

①对中枢神经系统的抑制作用。对实验动物或家畜用药后,能明显减少自发性活动,易诱导入睡,但动物对刺激有良好的醒觉反应。与巴比妥的催眠不同,加大剂量也不引起麻醉,但能减少动物的攻击行为,使之驯服和易于接近,呈现安定作用。其发生机制是通过阻断中脑边缘系统和中脑皮层系统的D2受体(多巴胺D2亚型受体)而发挥疗效;同时还明显地抑制网状结构的外侧区(感觉区),阻断冲动经侧支传入网状结构,对网状结构的内侧区(效应区)抑制轻微;对网状结构上行激活系统中的α受体也有阻断作用,使动物安静和嗜睡。

②止吐作用。小剂量时能抑制延髓第四脑室底部的催吐化学感受区,大剂量直接抑制呕吐中枢,但对刺激消化道或前庭器官反射性兴奋呕吐中枢引起的呕吐无效。

③降温作用。抑制丘脑下部体温调节中枢,降低基础代谢,使体温下降1~2 ℃,与一般解热药不同,本品能使正常体温下降。

④对植物性神经系统的作用。盐酸氯丙嗪能阻断肾上腺素α受体,可致血管扩张,血压下降。同时能抑制血管运动中枢,并可直接舒张血管平滑肌,抑制心脏。盐酸氯丙嗪也可阻断M胆碱受体,但作用较弱。

⑤对内分泌的影响。因盐酸氯丙嗪阻断D2亚型受体,所以干扰下丘脑某些激素的分泌,从而抑制促性腺激素和促肾上腺皮质激素的分泌与释放。若大量使用,可引起性功能紊乱,出现性周期抑制和排卵障碍等。

⑥抗休克作用。因盐酸氯丙嗪阻断外周α受体,直接扩张血管,解除小动脉与小静脉痉挛,可改善微循环。同时其扩张大静脉的作用大于动脉系统的作用,从而降低心脏前负荷,在左心衰竭时可改善心功能。

临床应用:

①镇静安定。用于有攻击行为的猫、犬和野生动物,使其安定、驯服。缓解大家畜因脑炎、破伤风引起的过度兴奋以及作为食道梗塞、痉挛疝的辅助治疗药。

②麻醉前给药。麻醉前20~30 min肌肉或静脉注射氯丙嗪,能显著增强麻醉药的作用,延长麻醉时间并减少毒性,又可使麻醉药用量减少1/3~1/2。

③抗应激反应。猫、犬等在高温季节长途运输时,应用本品可减轻因炎热等不利因素产生的应激反应,降低死亡率,但不能用于屠宰动物,因其排泄缓慢易产生药物残留。

④抗休克。对于严重外伤、烧伤、骨折等,应用本品可防止休克。

[制剂与用法用量]盐酸氯丙嗪注射液2 mL:0.05 g。肌内注射,1次量,每千克体重,牛、马0.5~1 mg;猪、羊1~2 mg;犬、猫1~3 mg;虎4 mg;熊2.5 mg;单峰骆驼1.5~2.5 mg;野牛2.5 mg。静脉注射,剂量同肌内注射,宜用10%葡萄糖溶液稀释成0.5%使用。

[注意事项]本品治疗量时安全范围大,较少发生不良反应。但对马不宜使用,因马用氯丙嗪往往表现不安,常易摔倒,发生意外。若应用过量引起心率加快、呼吸浅表、肌肉震颤、血压降低时,禁用肾上腺素解救,可选用强心药。对年老体弱动物应慎用。

地西泮

[理化性质]又名安定、苯甲二氮䓬。本品为白色或类白色结晶性粉末;无臭,味微苦;在丙酮或氯仿中易溶,乙醇中溶解,水中几乎不溶;密封保存。

[作用与应用]本品能抑制大脑皮质、大脑边缘系统、中脑、脑干和脊髓,具有安定、镇静、催眠、松弛骨骼肌、抗惊厥、抗癫痫和增强麻醉药效果的作用。根据电生理研究证明,本品机理是通过加强γ-氨基丁酸(GABA)的效应而实现的,主要用于各种动物的镇静、安定、癫痫发作、基础麻醉及麻醉前给药。

[制剂与用法用量]

(1)地西泮片,2.5 mg、5 mg。内服,1次量,每千克体重:犬5~10 mg;猪2~5 mg;水貂0.5~1 mg。

(2)地西泮注射液,2 mL:10 mg。肌内注射、静脉注射,1次量,每千克体重:马0.1~0.15 mg;牛、羊、猪0.5~1 mg;犬、猫0.6~1.2 mg;水貂0.5~1 mg。

[注意事项]静脉注射宜缓,以防造成呼吸抑制。

子学习情境3 抗惊厥药

抗惊厥药是能对抗或缓解中枢神经系统病理性的过度兴奋状态,消除或缓解全身骨骼肌不自主强烈收缩的药物。常用的抗惊厥药有硫酸镁注射液、巴比妥类药物、水合氯醛等。

硫酸镁注射液

[理化性质]本品为无色透明液体,无臭,味咸苦。本品为硫酸镁灭菌水溶液。

[作用与应用]注射硫酸镁溶液,吸收后的镁离子可抑制中枢神经系统,随着剂量的增加产生镇静、抗惊厥与全身麻醉作用,但产生麻醉作用的剂量却能麻痹呼吸中枢,故不宜单独作全身麻醉药,应与水合氯醛合用。镁离子对神经肌肉的运动终板部位的传导有抑制作用,使骨骼肌松弛,其原因是阻断运动神经末梢释放乙酰胆碱,并减弱运动终板对乙酰胆碱的敏感性。常用于破伤风、脑炎、士的宁等中枢兴奋药中毒所致的惊厥,治疗膈肌痉挛及分娩时子宫颈痉挛等。

[**制剂与用法用量**]硫酸镁注射液,10 mL：1 g。肌内注射、静脉注射,1 次量：牛、马10 ~ 25 g,猪、羊 2.5 ~ 7.5 g,犬、猫 1 ~ 2 g。

[**注意事项**]本品剂量过大或静脉注射过快时,可使血压下降,呼吸中枢麻痹,心肌传导阻滞。由于镁离子与钙离子在化学性质上相似,两者可作用于同一受体,发生竞争性对抗,故一旦中毒,可迅速静脉注射5%氯化钙溶液进行抢救。

学习情境4 中枢神经兴奋药

中枢神经兴奋药是一类能提高中枢神经系机能活动的药物,在常用治疗剂量时对中枢神经具有一定的选择性。根据药物的主要作用部位,本类药物可分为三类：①大脑兴奋药,能提高大脑皮质神经兴奋性,改善大脑功能,如咖啡因。②延髓兴奋药,能兴奋延髓中枢,直接或间接提高脊髓兴奋作用,如尼可刹米、回苏灵等。③脊髓兴奋药,能提高脊髓兴奋作用,如士的宁。

咖啡因

[**理化性质**]又名咖啡碱。本品为白色或带极微黄绿色有丝光的针状结晶或结晶性粉末,质轻,柔软;无臭;有风化性,略溶于水,难溶于醇;应密封保存。

[**药动学**]咖啡因内服或注射给药,均易吸收,在各组织中分布均匀,易通过血脑屏障。

[**作用与应用**]本品的作用主要表现为①对中枢神经系的作用。咖啡因对中枢神经系统各主要部位均有兴奋作用,特别是对大脑皮质有选择性兴奋作用：小剂量能增强对外界的感应性,精神表现兴奋症状;治疗量时,兴奋大脑皮质,能消除疲劳,加强肌肉收缩力;大剂量时,直接兴奋脊髓,易引起呼吸中枢麻痹,甚至死亡。②对心血管系统的作用。具有对中枢神经和外周神经的双重作用,且两方面作用表现相反：小剂量兴奋延髓的迷走神经中枢;中等剂量时,直接兴奋心肌,使心率加快;大剂量时,直接兴奋血管平滑肌,促使血管舒张。③利尿作用。咖啡因能增强肾血流量,提高肾小球滤过作用,抑制肾小管对钠离子的重吸收,具有利尿作用,并能直接兴奋骨骼肌,使其作用加强,还能影响糖和脂肪代谢等。本品主要应用于高热、中毒或中暑(日射病、热射病)等引起的急性心力衰竭,作强心药,可调整病畜机能,使心脏收缩力加强,增加心排血量;亦可用于中枢神经抑制药物中毒、危重传染病和过度劳役引起的呼吸循环障碍等。本品与溴化物合用,可调节大脑皮质的活动,恢复大脑皮质的兴奋与抑制过程的平衡,还可用于心、肝、肾病引起的水肿等。

[**制剂与用法用量**]咖啡因粉,内服,1 次量：牛 3 ~ 8 g;马 2 ~ 6 g;羊、猪 0.5 ~ 2 g;犬 0.2 ~ 0.5 g;猫 0.05 ~ 1 g;鸡 0.05 ~ 0.1 g。一般给药 1 ~ 2 次/d,严重的病畜给药间隔 4 ~ 6 h。

[**注意事项**]咖啡因用量过大、用药过频时,易引起中毒。中毒时,可用溴化物、水合氯醛、戊巴比妥等对抗兴奋症状,禁与鞣酸、苛性碱、碘银盐及酸性药物配伍,以免发生沉淀。

尼可刹米

[理化性质]又名可拉明、二乙酰胺。本品为人工合成品,为无色澄明或淡黄色油状液,置冷处即成结晶性团状块,有轻微的特臭,味苦;有引湿性;能与水、酒精、乙醚或氯仿任意混合。

[药动学]本品内服或注射均易吸收,通常以注射法给药。作用时间短,一次静脉注射仅持续 5~10 min。

[作用与应用]本品能直接兴奋延髓呼吸中枢,也可通过刺激颈动脉和主动脉反射性兴奋呼吸中枢,使呼吸加深加快,并提高呼吸中枢对二氧化碳的敏感性,呼吸中枢受到抑制时作用更显著。对大脑皮质、血管运动中枢和脊髓兴奋作用弱,对其他器官无直接兴奋作用。本品作用温和,持续时间短,安全范围广,常用于各种原因及某些疾病引起的呼吸抑制,如中枢神经抑制药中毒、因疾病引起的中枢性呼吸抑制、一氧化碳中毒、溺水、新生仔畜窒息等。经验证明,本品在解救中枢抑制药中毒方面,对吗啡中毒效果比对巴比妥类中毒效果好。本品以静脉注射间歇给药方法为佳,注射速度不宜过快,剂量不宜过大,以免引起不良反应。

[制剂与用法用量]尼可刹米注射液,0.25 g : 1 mL、0.375 g : 1.5 mL、0.5 g : 2 mL、2.5 g : 10 mL。静脉、肌内或皮下注射,1 次量:牛、马2.5~5 g;羊、猪0.25~1 g;犬0.125~0.5 g。

樟脑

[理化性质]本品为白色结晶性粉末或无色半透明硬块;有挥发性和刺激性臭味;难溶于水,易溶于酒精;密封凉暗处保存。

[药动学]樟脑可从各种给药部位吸收,吸收后大部分在肝脏氧化为樟脑醇,再与葡萄糖醛酸结合从尿排出,小部分以原形由肾脏、支气管、汗腺、乳汁等排泄,对乳、肉品的质量有明显影响。

[作用与应用]樟脑吸收后,可兴奋延髓的呼吸中枢和血管运动中枢,使呼吸增强、血压回升。对正常状态的动物作用较弱,而对这些中枢处于抑制状态时作用较为明显。本品可用于中枢抑制、肺炎等感染性疾病和中枢抑制药中毒引起的呼吸抑制;对心脏有强心作用,尤其对衰弱的心脏,如某些传染病或中毒病引起的心脏衰弱、心房颤动效果较好。临床使用较多的是氧化樟脑,尤其当机体缺氧时效果更佳;内服有防腐制酵作用,用于消化不良、胃肠臌气等;外用对皮肤黏膜有温和的刺激作用,能使皮肤血管扩张,血液循环旺盛。将本品制成樟脑醋或四三一擦剂,可用于挫伤、肌肉风湿症、蜂窝组织炎、腱鞘炎等的治疗。

[制剂与用法用量]

(1)樟脑磺酸钠注射液,1 mL : 0.1 g、5 mL : 0.5 g、10 mL : 1 g。皮下、肌内或静脉注射,1 次量:牛、马1~2 g,猪、羊0.2~1 g;犬0.05~0.1 g。

(2)氧化樟脑注射液(强尔心)10 mL : 0.05 g。皮下、肌内或静脉注射,1 次量:牛、马0.05~0.1 g,猪、羊0.02~0.05 g。

[注意事项]宰前动物或泌乳动物禁用樟脑,以免影响肉、乳的质量;动物处于严重缺氧时忌用;幼畜对樟脑敏感应慎用。

多沙普仑

[理化性质]又名多普兰、吗啉吡咯酮、吗乙苯吡酮。本品为白色结晶性粉末,无味;可溶于水及氯仿,对光及在空气中性质稳定。

[作用与应用]本品为人工合成的新型呼吸兴奋药。兴奋呼吸的作用机理与尼可刹米相同,但比尼可刹米强,可取代戊四氮及尼可刹米,专用于兴奋吸入性麻醉药与巴比妥类药物引起的呼吸中枢抑制;也用于刺激难产或剖腹产后新生仔畜呼吸窒息;具有增强马、犬、猫等动物麻醉中或麻醉后的呼吸机能,加快苏醒及恢复反射等作用。本品主要用于镇静催眠药、急性中毒及慢性肺部疾患引发的急性呼吸衰竭等。

[制剂与用法用量]盐酸多沙普仑注射液,20 mg/mL、400 mg/20 mL。静脉注射或静脉滴注,1次量,每千克体重:马0.5~1 mg(每5 min 1次);驹(复苏时)0.02~0.05 mg(每分钟1次);牛、猪5~10 mg;犬1~5 mg;猫5~10 mg。

士的宁

[理化性质]又名番木鳖碱,是从植物番木鳖或马钱子的种子中提取的一种生物碱。硝酸士的宁为无色针状结晶或白色结晶性粉末;无臭,味极苦;溶于水,微溶于酒精,不溶于乙醚;应遮光密闭保存。

[药动学]本品内服或注射均能迅速吸收,并较均匀地分布,排泄缓慢,易在体内蓄积。

[作用与应用]士的宁能高度选择性地增强脊髓兴奋性。治疗量的士的宁能提高脊髓反射兴奋性,缩短脊髓反射时间,易传导神经冲动,使骨骼肌紧张度增强;中毒剂量可使全身肌肉强烈收缩,动物呈现强直性惊厥。士的宁能兴奋延髓的呼吸中枢、血管运动中枢、大脑皮质和视分析器、听分析器等;小剂量可治疗因挫伤或跌打损伤等引起的脊髓性不全麻痹,如后躯麻痹、四肢不全麻痹、颜面神经不全麻痹、阴茎下垂等。

[制剂与用法用量]硝酸士的宁注射液:2 mg∶mL、20 mg∶10 mL。皮下注射,1次量,每千克体重:牛、马15~30 mg;羊、猪2~4 mg;犬0.5~0.8 mg。

[注意事项]士的宁的毒性大,安全范围窄,若剂量过大或反复使用,易造成蓄积中毒。中毒时可用水合氯醛或巴比妥类药物解救,并应保持环境安宁,避免光、声音等各种刺激。

回苏灵

[理化性质]又名二甲弗林。本品为人工合成的黄酮衍生物。用其盐酸盐,为白色结晶性粉末,味微苦;不溶于乙醚和氯仿,溶于水和酒精;应于阴凉处遮光保存。

[作用与应用]本品可直接兴奋呼吸中枢,其作用强于尼可刹米100倍,药效优于戊四氮,但毒性偏大,可增加肺换气量,使动脉血CO_2分压下降,血氧饱和度增高。回苏灵见效快,维持时间短,疗效显著,并有苏醒作用,主要用于中枢抑制药过量及各种危重病症和一些传染病及药物中毒所致的中枢性呼吸抑制。本品过量易引起惊厥,可用短时作用的巴比妥类解救。

[制剂与用法用量]回苏灵注射液。肌内、静脉注射,1次量,每千克体重:牛、马40~80 mg;羊、猪8~16 mg。静脉注射时用葡萄糖注射液稀释后缓慢注入。

[注意事项]

孕畜禁用。

✳课后笔记

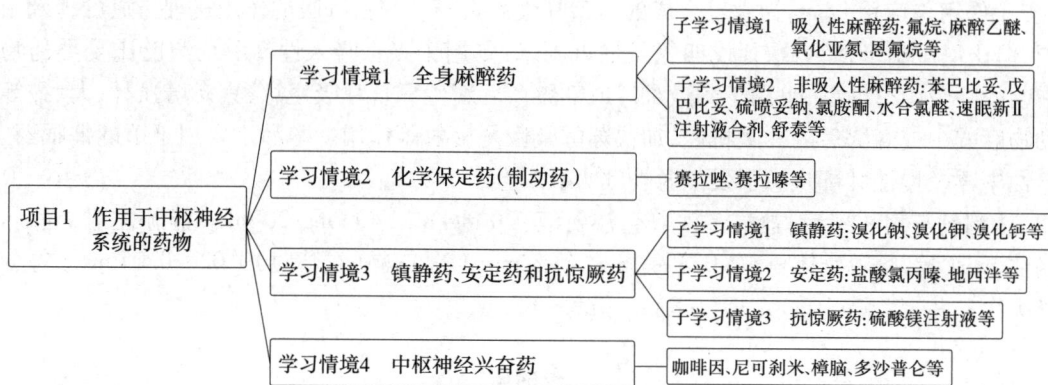

项目1 作用于中枢神经系统的药物

- 学习情境1 全身麻醉药
  - 子学习情境1 吸入性麻醉药:氟烷、麻醉乙醚、氧化亚氮、恩氟烷等
  - 子学习情境2 非吸入性麻醉药:苯巴比妥、戊巴比妥、硫喷妥钠、氯胺酮、水合氯醛、速眠新Ⅱ注射液合剂、舒泰等
- 学习情境2 化学保定药(制动药)
  - 赛拉唑、赛拉嗪等
- 学习情境3 镇静药、安定药和抗惊厥药
  - 子学习情境1 镇静药:溴化钠、溴化钾、溴化钙等
  - 子学习情境2 安定药:盐酸氯丙嗪、地西泮等
  - 子学习情境3 抗惊厥药:硫酸镁注射液等
- 学习情境4 中枢神经兴奋药
  - 咖啡因、尼可刹米、樟脑、多沙普仑等

项目2 作用于外周神经系统的药物

学习情境1 作用于传入神经末梢部位的药物
（局部麻醉药物）

作用于传入神经末梢部位的药物包括三类：局部麻醉药、保护药和刺激性药。这里重点介绍局部麻醉药。局部麻醉药简称为局麻药，是指能在用药局部可逆性地暂时阻断感觉神经发出的冲动传导，并使局部组织感觉消失的药物。常用的局麻药分为酯类和酰胺类两大类，前者包括普鲁卡因、丁卡因等；后者包括利多卡因、布比卡因等。

根据手术及用药目的，局部麻醉药常采用以下方式（图3-1）给药：①表面麻醉。将穿透性较强的局部麻醉药液用于皮肤或黏膜的表面，使黏膜下的感觉神经末梢被麻醉，可采用滴入、涂布或喷雾等方法用于眼、鼻、咽喉、气管及尿道等黏膜部位的浅表手术麻醉。②浸润麻醉。将药液注入手术部位的皮下、肌肉组织中，使用药部位的神经纤维和神经末梢被麻醉，适用于脓肿的切开、肿瘤的切除、局部封闭疗法等各种小手术。③传导麻醉，又称区域麻醉

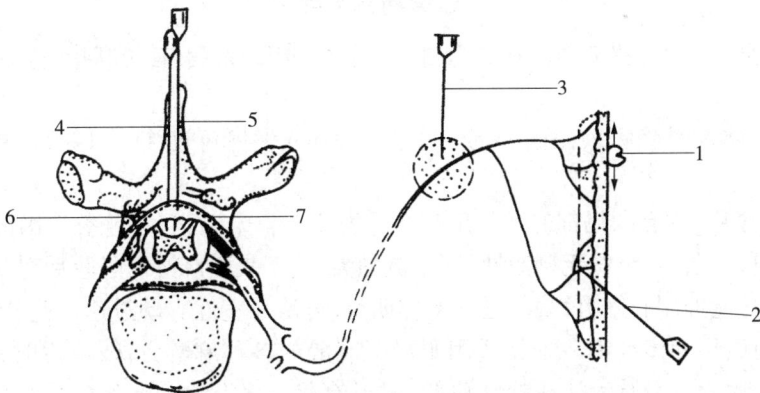

图3-1 局部麻醉方式

1—表面麻醉；2—浸润麻醉；3—传导麻醉；4,5—硬脊膜外腔麻醉；6,7—硬脊膜下腔麻醉

或神经干麻醉。将药液注入神经干周围,使神经干支配的区域产生麻醉。此法用药量少,麻醉范围广,与全身麻醉药配合而被广泛使用,适用于四肢手术、剖腹术或跛行诊断等。④硬脊膜外腔麻醉。将药液注入硬脊膜外腔(常在腰椎与荐椎之间、荐椎与尾椎之间的凹陷处),使附近的脊髓神经所支配的区域产生麻醉,适用于难产、剖腹产、阴茎及后躯其他大手术。⑤封闭麻醉。将药液注入患部周围或神经干,以阻断病灶的不良刺激向中枢的传导,可减轻疼痛,改善神经营养,主要用于治疗疝痛、烧伤、蜂窝织炎、久不愈合的创伤、风湿病等。此外,还可进行四肢环状封闭和穴位封闭。

盐酸普鲁卡因

[理化性质]又名奴佛卡因。本品为白色、细微的针状结晶性粉末,无臭,味微苦,继而有麻醉感;易溶于水,水溶液呈中性反应,不稳定,略溶于酒精;遇光、久贮、受热后效力下降,应遮光、密闭保存。

[药动学]本品吸收快,注射给药后 1~3 min 呈现局部麻醉反应,持续 45~60 min,能透过血脑屏障和胎盘。

[作用与应用]普鲁卡因毒性小,应用广泛,除不适宜作表面麻醉外,可适用于其他各种麻醉方式。加入肾上腺素,可延长麻醉时间。小剂量表现轻微中枢抑制,出现镇静、镇痛作用;大剂量时出现中枢神经兴奋,能降低心脏兴奋性和传导性;对平滑肌有抑制作用,使血管扩张,解除平滑肌痉挛。一般用作局部麻醉药和创伤、炎症等的封闭疗法,应用时常加入 1:10 万的盐酸肾上腺素溶液。局部封闭时,可与青霉素配伍使用;也用于解除痉挛与镇痛,如治疗马痉挛疝,用5%溶液,缓慢静滴,一般 5~10 min 后可止痛。本品不宜与磺胺类药、洋地黄、拟胆碱药(如新斯的明)、肌松药(如琥珀酰胆碱)、碳酸氢钠、氨茶碱、巴比妥类、硫酸镁等合并应用。高浓度盐酸普鲁卡因不能静脉注射,在使用中若出现中毒症状,可用巴比妥类药物解救。

[制剂与用法用量]盐酸普鲁卡因注射液,0.15 g:5 mL、0.3 g:10 mL、1.25 g:50 mL、2.5 g:50 mL。浸润麻醉、封闭疗法,0.25%~0.5%;传导麻醉,2%~5%溶液,大动物 10~20 mL,小动物 2~5 mL;硬脊膜外麻醉,2%~5%溶液,牛、马 20~30 mL。

盐酸利多卡因

[理化性质]又名昔罗卡因。本品为白色结晶性粉末,无臭,有苦麻味;易溶于水和酒精;应密封保存。

[药动学]本品易吸收,表面给药或注射给药 3 min 发挥药效,维持 1~2 h,能透过血脑屏障和胎盘。

[作用与应用]本品的局部麻醉作用和穿透力比普鲁卡因强,是普鲁卡因的 1~3 倍,作用快、扩散广且持久,对组织无刺激性,安全范围大,用于表面麻醉。吸收后对中枢神经系统有抑制作用,并能抑制心室自律性,延长不应期,故可治疗室性心动过速。此外,对普鲁卡因过敏的动物可改用利多卡因。本品适用于局部麻醉的各种麻醉方法,应用时常加入 1:10 万的盐酸肾上腺素。静脉滴注或静脉注射,用于治疗心律失常。患畜有严重心传导阻滞的禁用,肝、肾功能不全及充血性心衰的慎用。

[**制剂与用法用量**]盐酸利多卡因注射液,0.2 g∶10 mL、0.4 g∶20 mL。浸润麻醉, 0.25% ~0.5%溶液;表面麻醉,2% ~5%溶液;传导麻醉,2%溶液,每个注射点,牛、马8 ~ 12 mL;羊3 ~4 mL;硬脊膜外麻醉,2%溶液,牛、马8 ~ 12 mL,犬1 ~ 10 mL,猫2 mL。均可加入适量盐酸肾上腺素。

丁卡因

[**理化性质**]又名的卡因、四卡因、潘托卡因。本品为白色或近白色结晶性粉末;无臭,味微苦,带麻木感;有吸湿性;易溶于水。

[**药动学**]本品用药后,作用迅速,5 ~15 min 产生作用,持续时间为1 ~3 h。

[**作用与应用**]本品对组织穿透力强,脂溶性高,麻醉效果好,适用于表面麻醉。局部麻醉作用和毒性比普鲁卡因强10 ~ 12 倍。表面麻醉0.5% ~1.0%溶液用于眼科,1% ~2%溶液用于鼻、喉黏膜,0.5% ~1.0%溶液用于泌尿道黏膜。丁卡因毒性大,作用出现缓慢,不宜单独作浸润或传导麻醉,需在药液中加0.1%盐酸肾上腺素(1∶10 万),用0.2% ~0.3%等渗溶液用于硬脊膜外麻醉。

[**制剂与用法用量**]丁卡因注射液,50 mg∶5 mL,适用于各种动物表面麻醉。

学习情境2 作用于传出神经末梢部位的药物

作用于传出神经末梢部位的药物种类颇多,临床运用较广,但都是通过作用于神经末梢的突触部位,影响突触传递的生理生化过程而产生拟似或拮抗传出神经功能的效应。传出神经包括支配内脏器官的植物性神经和支配骨骼肌的运动神经。植物性神经又分为交感神经和副交感神经。植物性神经需要在神经节内的突触更换神经元,才能达到所支配的效应器。因此,所有的植物性神经都具有节前纤维和节后纤维。传出神经末梢与效应器的接头或与一级神经元的接头称为突触。神经冲动达到传出神经末梢时,由突触外膜释放一种化学物质,这种化学物质称为递质或介质。传出神经末梢释放的递质有乙酰胆碱和去甲肾上腺素。释放乙酰胆碱的神经称胆碱能神经。能与乙酰胆碱递质结合的受体称胆碱受体。胆碱受体又分为毒蕈碱型胆碱受体(M 受体、M 胆碱受体)和烟碱型胆碱受体(N 受体)。毒蕈碱型胆碱受体为副交感神经节后纤维所支配的效应器细胞膜上的胆碱受体,因对毒蕈碱敏感而得名。阿托品类药物能选择性地阻断 M 受体兴奋。烟碱型胆碱受体为植物性神经节细胞膜和骨骼肌细胞膜上的胆碱受体,因对烟碱敏感而得名。释放去甲肾上腺素的神经称肾上腺素能神经。凡能与去甲肾上腺素结合的受体称肾上腺素受体。肾上腺素受体又称为 α 受体与 β 受体。β 受体又分为 $β_1$ 受体与 $β_2$ 受体。腹腔内脏的血管平滑肌以 α 受体为主,并分布有 $β_2$ 受体。心脏主要以 $β_1$ 受体为主,支气管和血管平滑肌以 $β_2$ 受体为主。传出神经的分类及递质、受体分布示意图如图 3-2 所示。作用于传出神经末梢的药物根据对受体或递质的作用不同,分为拟胆碱药、抗胆碱药、拟肾上腺素药和抗肾上腺素药。

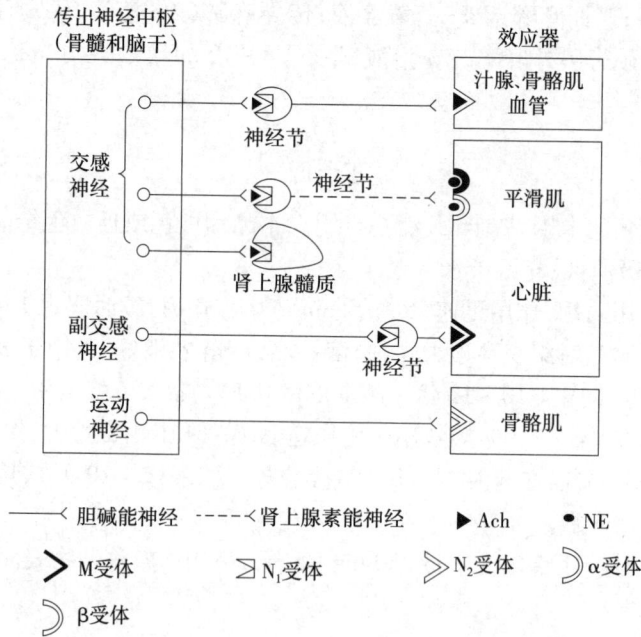

图 3-2　传出神经的分类及递质、受体分布示意图

子学习情境 1　拟胆碱药

拟胆碱药是指能呈现同胆碱能神经兴奋时相似作用的药物。

氨甲酰胆碱

[**理化性质**]又名碳酰胆碱、卡巴胆碱。本品为人工合成的胆碱酯类,为无色或淡黄色小棱柱形结晶或结晶性粉末;有潮解性;极易溶于水,难溶于酒精,在丙酮或醚中不溶;耐高温,煮沸亦不被破坏。

[**作用与应用**]本品直接兴奋 M 受体和 N 受体,并促进胆碱能神经末梢释放乙酰胆碱发挥作用。本品是胆碱酯类中作用最强的一种,性质稳定(因其酸性部分不是乙酸而是氨甲酸,氨甲酸酯不易被胆碱酯酶水解),作用强而持久,尤其对腺体及胃肠、膀胱、子宫等平滑肌器官作用强,小剂量即可促使消化液分泌,加强胃肠蠕动,促进内容物迅速排出,增强反刍兽的反刍机能,对心血管系统作用较弱,一般剂量时对骨骼肌无明显影响,但大剂量可引起肌束震颤、麻痹。本品临床可用于治疗胃肠蠕动减弱的疾病如胃肠弛缓、肠便秘、胃肠积食及子宫弛缓、胎衣不下、子宫蓄脓等。

[**制剂与用法用量**]氯化氨甲酰胆碱注射液,1 mL∶0.25 mg、5 mL∶1.25 mg。皮下注射,1 次量:马、牛 1~2 mg;猪、羊 0.25~0.5 mg;犬 0.025~0.1 mg。治疗前胃弛缓用量,牛 0.4~0.6 mg;羊 0.2~0.3 mg。

[注意事项]

①禁用于年老、瘦弱、妊娠、心肺疾患及机械性肠梗阻等患畜。

②禁止肌内注射和静脉注射。

③中毒时可用阿托品进行解毒,但效果不理想。

④为避免不良反应,可将一次剂量分作2~3次注射,每次间隔30 min左右。

氯化氨甲酰甲胆碱

[理化性质]又名比赛可灵、乌拉胆碱。本品为白色结晶性粉末;易潮解;易溶于水和酒精,1%水溶液pH值为5.5~6.5;应遮光、密封保存。

[药动学]注射吸收迅速,在体内不易被胆碱酯酶水解,作用可维持3~4 h。

[作用与应用]氯化氨甲酰甲胆碱为人工合成的胆碱酯类药物,对心血管系统和骨骼肌作用较弱,对胃肠道、膀胱和虹膜等平滑肌器官有很强的选择性。用药后能迅速加强胃肠蠕动,兴奋瘤胃,使粪便及时排出。临床上可用于治疗胃肠弛缓、肠便秘、胃肠积食、便秘疝、术后肠道麻痹、牛前胃弛缓以及产后子宫复旧不全、胎衣不下、子宫蓄脓等。本品禁用于孕畜,体弱的家畜,心肺功能不全、机械性肠梗阻及肠道吻合术(未治愈前)的患畜。本品不能作静脉注射,也不适宜作肌内注射,为避免不良反应,可将1次剂量分作2~3次注射,每次间隔10 min,中毒时可用阿托品进行解毒。

[制剂与用法用量]氯化氨甲酰甲胆碱注射液(比赛可灵),2.5 mg∶1 mL,5 mg∶2 mL,10 mg∶4 mL,12.5 mg∶5 mL,25 mg∶10 mL。皮下注射,1次量,每千克体重:牛、马0.05 mg~0.1 mg;犬、猫0.25 mg~0.5 mg。

毛果芸香碱

[理化性质]又名匹鲁卡品。本品为白色有光泽的结晶性粉末;无臭,味略苦;易溶于水,遇光易变质。

[药动学]本品皮下注射吸收迅速,10 min后作用最明显,持续1~3 h。

[作用与应用]毛果芸香碱能直接选择性兴奋M胆碱受体,引起类似节后胆碱能神经兴奋的效应,表现为体内副交感神经兴奋样作用。本品对各种腺体和胃肠道平滑肌有强烈的兴奋作用:作用最强的是唾液腺、泪腺、支气管腺,其次是胃肠腺体和胰腺,再次是汗腺;对心血管系统及其他器官影响较小,一般不引起心率、血压变化;对眼部作用明显,无论注射或点眼,都能使虹膜括约肌收缩而使瞳孔缩小,致使虹膜括约肌收缩,眼前房角间隙扩大,房水容易通过巩膜静脉窦进入循环,从而使眼内压降低。本品临床常用于治疗大动物不完全阻塞的便秘、前胃弛缓、瘤胃不全麻痹、手术后肠麻痹、猪食道梗塞等;用1%~3%溶液滴眼作为缩瞳剂,与阿托品交替使用,治疗虹膜炎或周期性眼炎,以防止虹膜与晶状体粘连。

[制剂与用法用量]硝酸毛果芸香碱注射液,10 mg∶1 mL,20 mg∶2 mL。皮下注射,1次量:马30~300 mg;羊、猪5~50 mg;犬3~20 mg。兴奋瘤胃:牛40~60 mg。

[注意事项]

①治疗肠便秘时,用药前应大量灌水、补液,并注射强心剂,以缓解循环障碍。

②应用本品后如出现呼吸困难或肺水肿,应保持患畜安静,积极采取对症治疗,可注射

氨茶碱扩张支气管,注射氯化钙以制止渗出。

③禁用于年老、体弱、妊娠、心肺疾患及完全阻塞、便秘的患畜。本品中毒时可用阿托品解救。

新斯的明

[理化性质]又名普洛色林、普洛斯的明。本品为白色结晶性粉末,无臭,味苦;易潮解;极易溶于水,在酒精中易溶;遇光易变成粉红色,应遮光、密封保存。

[药动学]本品口服不易吸收,且吸收不规则,很难通过血脑屏障,滴眼也不易通过角膜,血浆蛋白结合率低。

[作用与应用]本品为人工合成的毒扁豆碱的代用品,通过可逆性地抑制胆碱酯酶的活性,使体内乙酰胆碱的浓度增高,呈现完全拟胆碱作用。本品对胃肠道和膀胱平滑肌作用较强,对骨骼肌的兴奋作用最强,对心血管系统、各种腺体和虹膜等作用较弱,对中枢神经作用不明显。临床主要用于治疗重症肌无力、反刍动物前胃弛缓或马肠道弛缓、子宫收缩无力和胎衣不下、便秘疝、肠弛缓、前胃迟缓、术后腹部气胀、尿潴留、箭毒中毒和大剂量氨基苷类抗生素引起的呼吸衰竭等。机械性肠梗阻、胃肠完全阻塞或麻痹、痉挛疝及孕畜等禁用。本品中毒可用阿托品解毒。

[制剂与用法用量]甲基硫酸新斯的明注射液,0.5 mg∶1 mL、1 mg∶1 mL、10 mg∶10 mL。皮下注射或肌内注射,1次量:牛4~20 mg;马4~10 mg;羊、猪2~5 mg;犬0.25~1 mg。

吡啶斯的明

[理化性质]本品为白色或类白色结晶性粉末;味苦;有引湿性。在水、乙醇或三氯甲烷中极易溶解,在石油醚或乙醚中极微溶解。

[作用与应用]本品作用同新斯的明,但抗胆碱酯酶作用强度为新斯的明的1/20,抗箭毒作用及兴奋平滑肌作用强度为新斯的明的1/4,副作用很小,持续作用时间较长。本品主要用于重症肌无力等。

[制剂与用法用量]溴化吡啶斯的明片,60 mg/片。内服,1次量,每千克体重:猪、犬1.2 mg。

子学习情境2 抗胆碱药

抗胆碱药又称胆碱受体阻断药,是指能减弱或阻断乙酰胆碱或拟胆碱药作用的药物。

阿托品

[理化性质]硫酸阿托品为无色结晶或白色结晶性粉末,无臭,味苦;易溶于酒精,极易溶于水;有风化性;遇光易变质,应密封保存。

[药动学]本品经消化道易吸收,能迅速分布于全身组织,能透过胎盘和血脑屏障,大部分经尿排出。

[作用与应用]

①松弛平滑肌。阿托品对内脏平滑肌具有松弛作用,对正常活动的平滑肌影响很小,而

当平滑肌处于过度收缩和痉挛时,松弛作用极明显,可缓解或消除胃肠绞痛。较大剂量时可引起胃肠道括约肌的强烈收缩,使消化液的分泌剧减。对子宫平滑肌一般无效。

②抑制腺体分泌。对多种腺体有抑制作用,小剂量能显著地抑制唾液腺、支气管腺、汗腺等的分泌;较大剂量可减少胃液分泌,但对胃酸、胰腺、肠液的影响很小;对马、羊的汗腺影响很小;对乳汁的分泌一般没有影响。

③对心血管作用。阿托品对正常心血管系无显著影响,但可引起心率加快,大剂量阿托品能松弛血管平滑肌,解除小血管痉挛;使微循环系血流通畅,增加组织血液供应量,改善微循环。

④兴奋中枢神经。大剂量阿托品有明显的中枢兴奋作用,如兴奋迷走神经中枢、呼吸中枢,兴奋大脑皮质运动区和感觉区,对治疗感染性休克和有机磷中毒有一定疗效。

⑤散瞳和解毒作用。阿托品无论滴眼或注射,均可使虹膜括约肌松弛,使瞳孔散大。由于瞳孔散大使虹膜向外缘扩展,压迫眼前房角间隙,阻碍房水流入巩膜静脉窦,引起房水蓄积,眼内压升高。家畜发生有机磷农药中毒时,由于体内乙酰胆碱的大量堆积,出现强烈的M样和N样作用。此时应用阿托品治疗,能迅速有效地解除M样作用的中毒症状,但对N样作用的中毒症状无效。

本品主要用于调节肠蠕动,缓解平滑肌痉挛(如肠痉挛、肠套叠、急性肠炎和毛粪石等病例),也可用于有机磷酸化合物类中毒和拟胆碱药中毒或呈现胆碱能神经兴奋症状的中毒解救,对锑中毒引起的心律失常、硫酸喹脲等抗原虫药引起的严重不良反应都有一定的防治作用,常与胆碱酯酶复活剂——解磷啶、双复磷等配合应用。本品在麻醉前15~20 min小剂量皮下注射,能防止呼吸道阻塞和吸入性肺炎及反射性心跳停止;大剂量可用于中毒性菌痢、中毒性肺炎等并发引起的感染中毒性休克;也常以0.4%~1%溶液点眼,与毛果芸香碱交替使用,可防止急性炎症时晶状体、睫状体和虹膜粘连,用于治疗虹膜炎、周期性眼炎及做眼底检查用。

[制剂与用法用量]片剂。0.3 mg/片。内服,1次量,每千克体重:犬、猫0.02~0.04 mg。硫酸阿托品注射液,0.5 mg∶1 mL、1 mg∶2 mL、5 mg∶10 mL。皮下注射:1次量:牛、马15~30 mg;羊、猪2~4 mg;犬0.3~1 mg;猫0.05 mg。麻醉前给药,牛、马、羊、猪、犬、猫0.02~0.05 mg。用于中毒性休克或解救有机磷化合物中毒时,可皮下、肌内或静脉注射,1次量:牛、马、羊、猪0.5~1 mg;犬、猫0.1~0.15 mg;禽0.1~0.2 mg。

[注意事项]阿托品在治疗剂量时常见的副作用有口干、便秘、肠臌胀、皮肤干燥等。一般停药后可逐渐消失;剂量过大,除出现一系列中枢兴奋症状,如狂躁不安、惊厥、瞳孔扩大、脉搏与呼吸数增加、兴奋不安、肌肉震颤等外,严重时表现出体温下降、昏迷、呼吸运动麻痹等中枢中毒症状。阿托品过量中毒时,可用毛芸果香碱、新斯的明或毒扁豆碱对抗其周围作用和部分中枢症状,还应加强护理,注意导尿、强心输液等对症治疗。

氢溴酸东莨菪碱

[理化性质]东莨菪碱是从茄科植物唐古特莨菪中提取的生物碱,为白色结晶或颗粒性粉末;无臭,味苦,辛;略有风化性;在水中极易溶解。

[作用与应用]东莨菪碱的作用与阿托品相似,但稍弱,大剂量也能引起一些动物兴奋。

与阿托品相比,本品解痉作用是阿托品的 10~20 倍,副作用少,毒性低。本品主要应用于有机磷化合物中毒的解救,也可用于麻醉前给药及感染性休克的治疗,作用好于阿托品。

[制剂与用法用量]氢溴酸东莨菪碱注射液,0.3 mg∶1 mL、0.5 mg∶1 mL。皮下注射,1 次量,每千克体重:牛 1~3 mg;羊、猪 0.2~0.5 mg。

琥珀胆碱

[理化性质]又名司可林。本品由琥珀酸与两分子胆碱组成,为白色或近白色结晶性粉末;无臭,味苦;易溶于水,水溶液呈酸性;见光易分解;碱性溶液快速分解失效;微溶于酒精和氯仿,不溶于乙醚;需放在阴凉处遮光密封贮存。

[药动学]本品内服易吸收,静脉注射后 15 s 即呈现作用,马持续 5~8 min,猪持续 2~4 min,牛可持续 15~20 min。大部分迅速被血浆中的胆碱酯酶水解而失去活性,不易通过胎盘屏障,少量以原形随尿排出。

[作用与应用]本品为除极化型肌松药,肌肉松弛作用快,持续时间短,易于控制。肌肉松弛具一定顺序,首先是头部的眼肌、耳肌等小肌肉,继而是头部、颈部肌肉,再次为四肢和躯干肌肉,最后是膈肌。本品临床用作肌松性保定药,如用于梅花鹿、马鹿等在锯茸或运输时的保定。作保定药常采用肌内或皮下注射给药,作用出现缓慢,持续时间较长,也适用于外科手术,可使气管插管更容易进行。大剂量可引起呼吸麻痹。

[制剂与用法用量]氯化琥珀胆碱注射液,50 mg∶1 mL、100 mg∶2 mL。肌内注射,1 次量,每千克体重:牛 0.01~0.016 mg;马 0.07~0.2 mg;猪 2 mg;犬、猫 0.06~0.11 mg;鹿 0.08~0.12 mg。

[注意事项]

①本品禁用于年老体弱、营养差及妊娠动物。

②反刍兽用药前可注射阿托品制止分泌及停食半日,用药过程中如发现呼吸困难或停止时,应立即拉出舌头,同时进行人工呼吸、输氧;心脏衰竭时,可立即注射强心药,采取综合治疗措施。

泮库溴铵

[理化性质]又名溴化双哌雄酯、巴夫龙。本品属双季铵化合物,为白色结晶性粉末;无臭,味苦;易溶于水,极易溶于氯仿。

[作用与应用]本品为近年合成的非除极化型肌松药,内服难吸收,故静脉注射为主要给药途径,给药后即刻产生肌松作用。药效稳定,肌松效果是筒箭毒碱的 3~10 倍,作用时间比筒箭毒碱短,能引起骨骼肌弛缓性瘫痪,大剂量引起血压下降,心率减慢,支气管痉挛和唾液分泌增加等。治疗剂量连用无蓄积性,对心血管系统几乎无影响,也不释放组胺,易为新斯的明所对抗,对胎儿无影响。也可用于犬、猪、羔羊、犊牛等作肌肉松弛药,可配合全身麻醉药,使肌肉松弛,利于手术。麻醉前宜先用阿托品制止腺体分泌。本品中毒或手术后造成神经肌肉麻痹时可用新斯的明解救。

[制剂与用法用量]泮库溴铵注射液,4 mg∶2 mL。静脉注射,1 次量,每千克体重:猪 0.11 mg;犬、猫 0.044~0.11 mg。

子学习情境 3　拟肾上腺素药

拟肾上腺素药又称肾上腺素受体激动药,这类药物能与肾上腺素受体结合,并兴奋受体,产生与递质去甲肾上腺素相似的药理作用。拟肾上腺素药的作用与结构有密切关系。肾上腺素、去甲肾上腺素、异丙肾上腺素、多巴胺等苯环的 C_3、C_4 位上都有羟基形成儿茶酚,故又称为儿茶酚胺类。

拟肾上腺素药根据其选择作用的受体不同,可分为 α 受体激动药、β 受体激动药与 α、β 受体激动药三类。

肾上腺素

[**理化性质**]又名副肾素。本品是肾上腺髓质嗜铬细胞分泌的激素。药用肾上腺素由动物肾上腺提取或人工合成。天然品为左旋异构体,合成品为消旋体。药用盐酸盐为白色或类白色结晶性粉末,无臭,味苦;微溶解于水,不溶于酒精;遇阳光及空气易氧化变质,在中性或碱性水溶液中不稳定,注射液为无色澄明液体,变色后则不可使用;应遮光,减压严封,在阴暗处保存。

[**药动学**]本品内服达不到有效血液浓度,注射吸收快,但作用持续时间短,静脉注射维持作用 5 ~ 10 min,肌内注射维持作用 20 ~ 30 min,皮下注射维持作用 1 h 左右。

[**作用与应用**]本品能激动 α 受体与 β 受体,兼有 α 作用和 β 作用。

①对心脏的作用。由于本品能兴奋心脏的 β 受体而使心脏兴奋性加强,使心脏收缩力、心率及传导增强,心排血量与搏出量增加,扩张冠状血管,改善心肌的血液供应,呈现快速强心作用。但心肌的代谢增强,耗氧增加;若此时剂量过大或静脉注射速度过快,可导致心律失常,甚至心室颤动。

②对血管的作用。本品对血管有收缩和扩张两种作用,对以 α 受体占优势的血管可导致皮肤、黏膜及内脏(如肾脏)的血管强烈收缩;对以 β 受体占优势的血管(如冠状血管和骨骼肌血管)则呈扩张状态。本品对肺和脑血管的收缩作用很微弱,但有时因血压升高反而被动扩张。本品对小动脉和毛细血管作用强,对静脉和大动脉的作用较弱。

③对平滑肌的作用。通过兴奋 β 受体可松弛支气管平滑肌,特别是在支气管痉挛时这种作用更显著,也能降低肥大细胞释放组胺等能使支气管平滑肌紧张的过敏物质,利于消除黏膜表面充血和水肿,对胃肠道和膀胱平滑肌松弛作用弱,对其括约肌收缩作用强,对猪、牛子宫平滑肌有兴奋作用,对马不明显。

④其他作用。肾上腺素能兴奋呼吸中枢,使马、羊等动物发汗,兴奋竖毛肌,使瞳孔散大;活化代谢,增加细胞耗氧量,促进肝糖原、肌糖原分解,升高血糖,使血中乳酸含量增多,并能加速脂肪分解,使血中游离脂肪酸增加,加快糖和脂肪的代谢,增加细胞耗氧量等。

本品临床用作心脏骤停的急救药,如过敏性休克、溺水、CO 中毒、药物中毒、手术麻醉过度等;外用局部止血,如鼻黏膜、子宫或手术部位出血时,可用纱布浸以 0.15% 盐酸肾上腺素溶液填充出血处,制止出血;用于过敏性疾病,如严重荨麻疹、湿疹、支气管痉挛、蹄叶炎等,对免疫血清和疫苗引起的过敏反应也有效;与普鲁卡因等局部麻醉药配伍,能使局部麻醉药作用延长,减少局部麻醉药的吸收。

[制剂与用法用量]盐酸肾上腺素注射液,0.5 mg：0.5 mL,1 mg：1 mL,5 mg：5 mL。皮下或肌内注射,1 次量,每千克体重:牛、马 2~5 mL;羊、猪 0.2~1 mL;犬 0.1~0.5 mL;猫 0.1~0.2 mL。静脉注射,1 次量,每千克体重:牛、马 1~3 mL;羊、猪 0.2~0.6 mL;犬 0.1~0.3 mL;猫 0.1~0.2 mL。

[注意事项]本品不宜与强心苷、氯化钙等具有强心作用的药物并用。急救时,可根据病情将 0.1% 肾上腺素注射液作 10 倍稀释后静脉输入。必要时可作心室内注射,并配合有效的人工呼吸、心脏按压和纠正酸中毒等综合治疗措施。

麻黄碱

[理化性质]又名麻黄素。本品是从中药麻黄中提取的生物碱,现已可人工合成。本品化学性质稳定,其盐酸盐为白色针状结晶性粉末,无臭,味苦;遇光易变质,易溶于水和酒精;应遮光、密闭保存。

[药动学]本品内服易吸收且安全,注射吸收迅速,可通过血脑屏障,大量以原形从尿中排出,少量在肝内代谢。

[作用与应用]本品的作用与肾上腺素相似,除能直接兴奋 α 和 β 受体外,还可促进神经末梢释放递质,间接发挥拟肾上腺素作用。本品能兴奋心脏,增强心肌收缩力和增加心脏血液输出量;对支气管平滑肌的松弛作用强而持久,能解除支气管痉挛;较大剂量能兴奋大脑皮质和皮质下中枢,引起精神兴奋、不安等。本品对呼吸中枢和血管运动中枢也有兴奋作用,可作麻醉药中毒时的苏醒药,反复使用易产生快速耐药性。本品临床主要用作平喘药,治疗支气管哮喘、荨麻疹及过敏性疾病等;0.5%~1% 的麻黄碱溶液滴鼻,外用治疗鼻炎,以消除黏膜充血、肿胀。

[制剂与用法用量]

(1)麻黄素片剂,25 mg/片,内服,1 次量:牛、马 50~500 mg;羊 20~100 mg;猪 20~50 mg;犬 10~30 mg;猫 2~5 mg。

(2)盐酸麻黄素注射液,30 mg：1 mL,150 mg：5 mL。皮下注射,1 次量:牛、马 50~300 mg;羊、猪 20~50 mg;犬 10~30 mg。

去甲肾上腺素

[理化性质]又名正肾素。药用其酒石酸盐,为白色或近白色的结晶性粉末,无臭,味苦;易溶于水,微溶于酒精,不溶于氯仿及乙醚;化学性质不稳定,遇光或空气易变质,其制剂变为红色后不能使用;应遮光、密闭保存。

[药动学]本品内服无效,皮下或肌内注射也很少吸收,一般采用静脉注射给药。

[作用与应用]去甲肾上腺素有强烈的血管收缩作用,对皮肤、黏膜血管收缩作用最明显,其次为肾、脑、肝、肠系膜及骨骼肌血管,可使冠状血管扩张,能兴奋心脏,升高血压,使心肌收缩力加强,心率加快,传导加速,心搏出量增加。本品主要用于抗休克,如神经源性休克、中毒性休克、心源性休克等。

[制剂与用法用量]重酒石酸去甲肾上腺素注射液,2 mg : 1 mL,10 mg : 2 mL。静脉滴注,1 次量:牛、马 8 ~ 12 mg;羊、猪 2 ~ 4 mg。临用时在 100 mL 5% 葡萄糖液中加入本品 0.8 ~ 1 mg,即成每毫升含 8 ~ 10 μg 的溶液。羊、猪按每分钟 2 mL 速度滴注,大动物可酌情加快。静脉注射时,严防药液外漏。

[注意事项]本品不能长期或大剂量使用,否则易引起血管持续强烈收缩,加重组织缺氧及微循环障碍。

异丙肾上腺素

[理化性质]又名喘息定、治喘灵。本品为人工合成品,用其盐酸盐或硫酸盐,为白色或类白色结晶性粉末,无臭,味微苦;遇光渐变色;水溶液因在空气中逐渐分解而呈粉红色,在碱性溶液中变化更快;应遮光、密闭保存。

[药动学]本品口服无效,因易被胃酸等消化液分解,故临床多以静脉滴注给药。

[作用与应用]本品能兴奋 β 受体,使心肌收缩力加强,心率加快,传导加速;能兴奋房室结与窦房结,加快房室传导,可拮抗房室传导阻滞;能使外周血管扩张,冠状血管扩张;能够扩张支气管平滑肌,缓解支气管平滑肌痉挛的作用比肾上腺素略强;也能抑制组胺等过敏物质的释放作用。本品临床常用作平喘药,以缓解急性支气管痉挛所引起的呼吸困难;也可用于抢救心脏骤停及抗休克,如溺水、麻醉意外等原因引起的心脏骤停。由于异丙肾上腺素的血管舒张作用可使有效血容量进一步降低,故本品应在血容量充足的情况下使用,用药前必须及时补液,否则反而会导致血压下降。

[制剂与用法用量]异丙肾上腺素气雾剂,为含 0.25% 异丙肾上腺素的气溶胶剂,供喷雾吸入,用于支气管喘息、慢性肺气肿等。硫酸异丙肾上腺素注射液,1 mg : 2 mL,用时加入 5% 葡萄糖注射液 500 mL 中缓缓静脉注射或静脉滴注,1 次量,每千克体重:牛、马 1 ~ 4 mg;羊、猪 0.2 ~ 0.4 mg;犬、猫 0.05 ~ 0.1 mg。肌内或皮下注射,1 次量,每千克体重:犬、猫 0.1 ~ 0.2 mg,每 6 h 1 次。

子学习情境 4　抗肾上腺素药

抗肾上腺素药又称肾上腺素受体阻断药,能与肾上腺素受体结合,但对受体无兴奋作用,阻碍去肾上腺素能神经递质或外源性拟肾上腺素与受体结合,从而产生抗肾上腺素作用。

酚妥拉明

[理化性质]本品为白色或类白色结晶性粉末,无臭,味苦;易溶于水和酒精。

[作用与应用]本品能舒张血管,使血压及肺动脉压与外周阻力降低,同时能使心脏收缩力加强,心率增加,心排血量增加,也能加强胃肠平滑肌张力。本品主要用于犬休克治疗,但使用时必须补充血容量,最好与去甲肾上腺素配合使用。

[制剂与用法用量]甲基磺酸酚妥拉明注射液,静脉滴注,1 次量:犬、猫 5 mg,以 5% 葡

萄糖注射液 100 mL 稀释滴注。

普萘洛尔

[**理化性质**]又名心得安。本品为白色或类白色结晶性粉末;无臭,味微甜后苦;易溶于水。

[**作用与应用**]普萘洛尔有很强的阻断 β 受体作用,但对 $β_1$、$β_2$ 受体的选择性较低,且无内在拟交感活性,可阻断心脏的 $β_1$ 受体和平滑肌 $β_2$ 受体,使心率减慢、血压下降、支气管收缩等。本品主要用于多种原因所致的心律失常。

[**制剂与用法用量**]盐酸普萘洛尔片、盐酸普萘洛尔注射液。内服,1 次量:马每 450 kg 体重 150~350 mg;犬 5~40 mg;猫 25 mg,每日 3 次。静脉注射,1 次量:马每 100 kg 体重 5.6~17 mg;2 次/d;犬 1~3 mg(以 1 mg/min 的速度注入);猫 0.25 mg(稀释于 1 mL 生理盐水中注入)。

情境分析

作用于神经系统的药物

①家畜选用吸入性麻醉药时,一定要有麻醉设备、训练有素的麻醉师与严格的监护,根据情况采用麻醉方式。在选用非吸入性麻醉药时,在麻醉前可与镇静药联合使用(如氯丙嗪),能增强麻醉药的麻醉强度,延长麻醉时间,增加镇痛效果。

②诊疗中为控制狂躁动物、野生动物保定或去角、锯茸、去势、乳房切开、胆囊引流术等外科手术,麻醉前给药,首选镇静药,如盐酸氯丙嗪、乙酰丙嗪等。在治疗破伤风、脑炎、中枢神经兴奋药中毒等引起的狂躁和惊厥时,选用苯巴比妥类。

③治疗家畜关节炎、风湿病,首选水杨酸制剂;对中、小动物感冒,各种炎症感染引起的发热,伴有疼痛性的疾病,宜选用扑热息痛、安乃近等解热镇痛药。

④治疗家畜因高热、中毒、中暑、使役过度等引起的急性心力衰竭、药物中毒、CO 中毒、溺水和新生仔畜窒息等引起的呼吸抑制,应首选尼可刹米、回苏灵等。

⑤治疗脊髓性不全麻痹和肌肉无力等疾病,应选用小剂量士的宁。

⑥对家畜不完全阻塞的肠便秘、前胃弛缓、瘤胃不全麻痹、猪食道梗塞、膀胱麻痹引起的尿潴留等,可选氯化氨甲酰胆碱或毛果芸香碱。对重症肌无力、手术后腹部气胀、尿潴留等宜选择新斯的明。治疗周期性眼炎、虹膜炎时可用硫酸阿托品交替点眼,其药效强而持续时间长。

⑦家畜有机磷中毒时,应立即给予较大剂量的阿托品,同时还应配合使用碘解磷定和氯磷啶等胆碱酯酶复活剂;抢救家畜早期中毒性休克(中毒性疾病、中毒性肺炎)时,宜首选阿托品;抢救因麻醉引起的血管扩张所致的休克、心源性休克、过敏性休克等,主要应用拟肾上腺素类药物,如肾上腺素、去甲肾上腺素,但对出血性休克、外伤性休克不宜选用肾上腺素;肠痉挛、胃痉挛时可给予阿托品、氢溴酸东莨菪碱等,以解除平滑肌器官痉挛及由此引起的疼痛。

⑧当麻醉和手术中发生意外,药物中毒,过敏性休克,溺水、触电引起的窒息或心脏传导阻滞等引起的心脏骤停时,首选肾上腺素作为急救药用,也可给予异丙肾上腺素。局部止血

时,可将0.1%盐酸肾上腺素注射液作5~10倍稀释后应用,用浸润纱布压迫止血或将药液滴入鼻腔治疗鼻出血等。

❋ 课后笔记

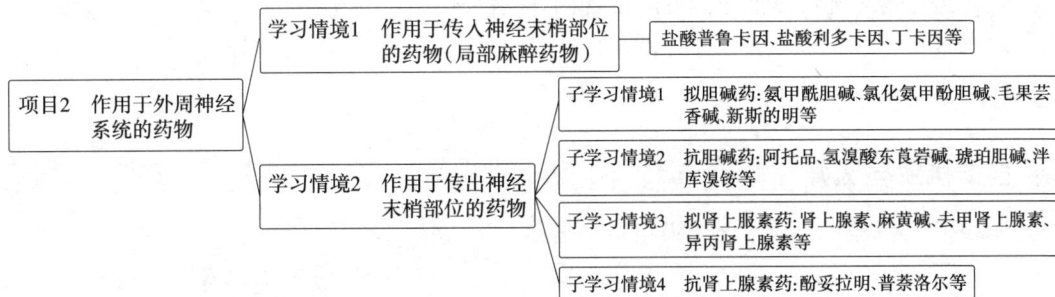

思考题

1. 简述全身麻醉药的概念、麻醉分期及麻醉方式。

2. 为克服全身麻醉药的不足,增强其安全范围和作用强度,应采取哪些有效措施?

3. 氯胺酮和赛拉唑各有哪些临床用途?

4. 简述镇静药和抗惊厥药的概念。

5. 根据肾上腺素的作用机理,简述其对机体机能的影响和在临床中的应用。

6. 简述局部麻醉药的概念及麻醉方式。

7. 简述盐酸普鲁卡因的作用、应用及常用的适宜浓度。

8. 比较盐酸普鲁卡因和利多卡因在应用的注意事项。

9. 什么是拟胆碱药、抗胆碱药及拟肾上腺素药?举出常用的代表药物。

10. 比较毛果芸香碱和新斯的明的作用和应用有何不同。

11. 试述阿托品在兽医临床中的应用。

模块病例导入

2018年9月19日上午9点左右,王姓主人带一只8个月大的博美犬到重庆三峡职业学院动物医院做绝育手术,该犬体重5 kg。主治医师需要制订一个手术方案,请你帮助他完成手术麻醉方案的制订。

1. 该犬麻醉前给药应选择什么药物?(　　　)

A. 丁卡因　　　　　　　　　B. 咖啡因　　　　　　　　　C. 戊巴比妥

D. 普鲁卡因　　　　　　　　E. 阿托品

2. 该犬诱导麻醉应选择什么药物?(　　　)

A. 丙泊酚　　　　　　　　　B. 普鲁卡因　　　　　　　　C. 尼可刹米

D. 咖啡因　　　　　　　　　E. 毛果芸香碱

3. 该犬采用非吸入性麻醉可选用什么药物?(　　　)

A. 尼可刹米　　　　　　　　B. 利多卡因　　　　　　　　C. 舒泰

D. 尼可刹米   E. 东莨菪碱

4. 该犬采用吸入性麻醉可选用什么药物?（　　）

A. 氯胺酮   B. 硫喷妥钠   C. 水合氯醛

D. 戊巴比妥钠   E. 异氟烷

5. 若该犬需要进行局部浸润麻醉可选用什么药物?（　　）

A. 氯胺酮   B. 咖啡因   C. 戊巴比妥

D. 普鲁卡因   E. 硫喷妥钠

直击执业兽医师

1. 2020 年真题　适用于表面麻醉的药物是（　　）。

A. 丁卡因   B. 咖啡因   C. 戊巴比妥

D. 普鲁卡因   E. 硫喷妥钠

2. 2018 年真题　临床上常用的吸入性麻醉药是（　　）。

A. 丙泊酚   B. 异氟醚   C. 水合氯醛

D. 硫喷妥钠   E. 普鲁卡因

3. 2015 年真题　牛邹胃左方变位整复术最常选用的镇静、镇痛、肌松剂为（　　）。

A. 氯胺酮   B. 硫喷妥钠   C. 水合氯醛

D. 戊巴比妥钠   E. 静松灵（赛拉唑）

4. 2016 年真题　能被阿托品阻断的受体是（　　）。

A. α 受体   B. β 受体   C. M 受体

D. N_1 受体   E. N_2 受体

5. 2015 年真题　毛果芸香碱的药理作用是（　　）。

A. 镇静   B. 镇痛   C. 缩小瞳孔

D. 抑制腺体分泌   E. 抑制胃肠平滑肌收缩

6. 2019 年真题　咖啡因的药理作用不包括（　　）。

A. 扩张血管   B. 抑制呼吸   C. 松弛平滑肌

D. 增强心肌收缩力   E. 兴奋中枢神经系统

7. 2012 年真题　眼角膜手术时,全身麻醉应配合实施（　　）。

A. 表面麻醉   B. 脊髓麻醉   C. 局部浸润麻醉

D. 面神经传导麻醉   E. 三叉神经传导麻醉

8. 2020 年真题　犬腹腔手术最理想的麻醉深度是（　　）。

A. 第 Ⅰ 期   B. 第 Ⅱ 期   C. 第 Ⅲ 期 2 级

D. 第 Ⅲ 期 3 级   E. 第 Ⅲ 期 4 级

9. 2009 年真题　奶牛,出现瘤胃迟缓,用氨甲酰胆碱 200 mg 皮下注射,10 min 后出现不安,唾液分泌过多,诊断为氨甲酰胆碱中毒,有效的解毒药是（　　）。

A. 阿托品   B. 亚甲蓝   C. 解磷定

D. 新斯的明   E. 毛果芸香碱

10. 2020 年真题　动物手术麻醉前用药的种类不包括（　　）。

A. 抗生素　　　　　　　　　B. 镇痛药　　　　　　　　　C. 镇静药

D. 肌松药　　　　　　　　　E. 抗胆碱药

11. 2016 年真题　阿托品不适用于(　　　)。

A. 麻醉前给药　　　　　　　B. 有机磷农药中毒的解救　C. 治疗虹膜炎

D. 治疗瘤胃弛缓　　　　　　E. 治疗马疝痛

12. 2013 年真题　犬,结膜粉红色,角膜透明,瞳孔反射尚好,但视力减退。眼底检查视网膜水肿,视神经乳头充血、增粗,边界模糊。控制该病进一步发展的药物是(　　　)。

A. 阿托品　　　　　　　　　B. 肾上腺素　　　　　　　　C. 地塞米松

D. 维生素 A　　　　　　　　E. 毛果芸香碱

13. 2020 年真题　犬,10 岁,因胸部食道阻塞,需施胸部食道手术,用吸入麻醉维持,就麻醉安全性而言,宜选用的麻醉剂是(　　　)。

A. 氧化亚氮　　　　　　　　B. 异氟醚　　　　　　　　　C. 安氟烷

D. 甲氧氟烷　　　　　　　　E. 氟烷

14. 2014 年真题　临床上常将肾上腺素用作强心剂,其作用途径是(　　　)。

A. 肾上腺素与 α 受体结合　B. 肾上腺素与 β 受体结合

C. 肾上腺素与 M 受体结合　D. 肾上腺素与 N_2 受体结合

15. 2018 年真题　去甲肾上腺素的药理作用主要是(　　　)。

A. 激动 α 受体　　　　　　　B. 阻断 α 受体　　　　　　C. 激动 β 受体

D. 阻断 β 受体　　　　　　　E. 激动 M 受体

16. 2013 年真题　地西泮(安定)不具有的药理作用是(　　　)。

A. 镇静　　　　　　　　　　B. 催眠　　　　　　　　　　C. 收缩肌肉

D. 抗惊厥　　　　　　　　　E. 抗癫痫

2014 年真题　(17—19 题共用备选答案)

A. 异氟醚　　　　　　　　　B. 赛拉嗪　　　　　　　　　C. 氯胺酮

D. 丙泊酚　　　　　　　　　E. 赛拉唑

17. 母猫,1 岁,主人要求做绝育手术,适宜的麻醉药是(　　　)。

18. 犬,5 岁,因车祸造成左股骨粉碎性骨折,需实施股骨内固定,诱导麻醉,适宜的诱导麻醉药是(　　　)。

19. 母犬,8 岁,难产,体力消耗虚弱,全身麻痹做剖腹手术,适宜的麻醉药是(　　　)。

20. 2013 年真题　东莨菪碱的药理作用机制是(　　　)。

A. 阻断 M 受体　　　　　　　B. 兴奋 M 受体　　　　　　C. 阻断 N 受体

D. 兴奋 N 受体　　　　　　　E. 阻断 α 受体

21. 2017 年真题　对犬进行诱导麻醉时,首选的药物是(　　　)。

A. 硫喷妥钠　　　　　　　　B. 戊巴比妥钠　　　　　　　C. 氯胺酮

D. 异氟烷　　　　　　　　　E. 水合氯醛

22. 2017 年真题　用 2% 盐酸普鲁卡因对牛进行硬膜外麻醉的适宜剂量是(　　　)。

A. 10 ~ 15 mL　　　　　　　B. 25 ~ 30 mL　　　　　　　C. 35 ~ 40 mL

D. 45 ~ 50 mL　　　　　　　E. 55 ~ 60 mL

23. 2013 年真题　全身麻醉前使用阿托品的目的是(　　)。

A. 减轻疼痛　　　　　　　B. 消除恐惧　　　　　　　C. 松弛肌肉

D. 减少唾液分泌　　　　　E. 减少麻药用量

24. 2016 年真题　属于抗过敏的兽用处方药是(　　)。

A. 盐酸异丙嗪注射液　　　B. 盐酸异丙嗪片

C. 盐酸氯丙嗪注射液　　　D. 盐酸林可霉素注射液

25. 2016 年真题　阿托品的药理作用不包括(　　)。

A. 松弛平滑肌　　　　　　B. 抑制腺体分泌　　　　　C. 中枢兴奋

D. 扩张外周血管　　　　　E. 抑制胆碱酯酶活性

26. 2016 年真题　治疗牛的后躯麻痹时,应选用的中枢兴奋药是(　　)。

A. 咖啡因　　　　　　　　B. 戊四氮　　　　　　　　C. 士的宁

D. 尼可刹米　　　　　　　E. 安钠咖

模块 4

调节新陈代谢的药物

【学习目标】

1. 了解体液调节药、电解质调节药与酸碱平衡调节药的意义。
2. 了解维生素、钙、磷以及微量元素的作用、应用以及注意事项。
3. 掌握调节水盐代谢药物、调节酸碱平衡药物的作用、应用及注意事项。

【学习要求】

1. 了解动物脱水的原因和补液的意义。
2. 掌握调节新陈代谢药物的作用、用途和临床注意事项。
3. 掌握调节动物体内的酸碱平衡及电解质平衡的方法。

【资讯问题】

1. 简述临床上如何判断动物的脱水程度。
2. 简述右旋糖酐铁的药理作用及注意事项。
3. 简述酸中毒的解救方法。
4. 简述 10% 的葡萄糖和维生素 C 配伍的临床作用。
5. 简述维生素 K_1 的止血机理。
6. 简述葡萄糖、氯化钠和葡萄糖氯化钠在临床上的应用。

项目1 水盐代谢及酸碱平衡调节药物

体液是机体的重要组成部分,由水和溶于水的电解质、葡萄糖、蛋白质等成分组成。其含量的稳定可使体液保持一定的渗透压和酸碱平衡,保证机体的新陈代谢。体液分为细胞内液和细胞外液,细胞内液主要电解质为 K^+、Mg^{2+}、PO_4^{3-};细胞外液又名"内环境",主要电解质为 Na^+、Cl^-、HCO_3^-。维持体液平衡是维持正常生命活动的必要条件。

在正常情况下,体液占动物体重的 60% ~ 70%,但在病理情况下,如久病停食、停饮,以及瘤胃积食、肠阻塞、呕吐、腹泻、大汗等,使体液大量排出,加之摄入量不足,必将引起水盐代谢障碍和酸碱平衡紊乱,出现不同程度的脱水。损失体重 10% 的体液,可引起机体严重的物质代谢障碍;损失体重 20% ~25% 的体液就会引起死亡。因此,为了维持动物机体正常的新陈代谢,恢复体液平衡,必须根据脱水程度和脱水性质及时补液。

脱水程度有轻、中、重度之分;脱水性质有高渗、低渗、等渗脱水之分,临床上以等渗脱水较为常见。轻度脱水畜体通过代偿可以恢复;中、重度脱水必须补液。补液方法有多种,常采用内服补液、腹腔注射、静脉注射的方法。补液量依脱水程度而定,原则是缺多少补多少。目前,临床上常以皮肤的弹性为标准判断脱水程度和补液量。

学习情境1 水盐代谢调节药物

细胞的正常代谢需要在相对稳定的内环境中进行。水和电解质摄入过多或过少,或排泄过多或过少,均对机体的正常机能产生影响,使机体出现脱水或水肿、腹泻、呕吐、大面积烧伤、过度出汗、失血等,引起机体丢失水和电解质,因此,有疾病时应及时纠正体液,对促进机体康复有好处。

氯化钠

[**理化性质**]又名食盐。本品为无色立方形结晶或白色结晶性粉末,无臭,味极咸;置于空气中,有引湿性;易溶于水,难溶于醇,水溶液呈中性反应。

[作用与应用]本品对维持体液(特别是血浆)渗透压和酸碱平衡有重要作用。体液渗透压的65%~70%是由溶解在血液中的氯化钠所决定的。钠离子作为碳酸氢钠的组成成分,参与调节体液的酸碱平衡。血液缓冲系统中的主要缓冲碱 HCO_3^- 常常是随着钠离子的增减而变化的。氯离子能透过细胞膜,是维持酸碱平衡中酸的主要成分。氯化钠主要用于防治各种原因引起的低血钠综合征。无菌的等渗(0.9%)氯化钠溶液,能防治低钠综合征及缺钠性脱水(烧伤、腹泻、严重呕吐、大出汗、出血、休克等引起)。高渗氯化钠溶液能补充体液,促进瘤胃蠕动,增加胃肠液分泌,用于治疗胃肠弛缓、瘤胃积食及马属动物便秘疝等,也可临时用作体液扩充剂而用于失水兼失盐的脱水症。1%~3%溶液洗涤创伤,有轻度刺激和杀菌作用,并能促使肉芽组织生长,0.9%氯化钠溶液也常作外用,如冲洗眼、鼻、伤口和子宫等。5%~10%溶液洗涤化脓创口。氯化钠溶液能提高血液渗透压,补充血容量和钠离子,改善血液循环和组织新陈代谢,调节器官功能。

本品小剂量内服,能刺激舌上味觉感受器和消化道黏膜,反射性地引起唾液和胃液分泌增加,促进胃肠蠕动,激活唾液淀粉酶,增强食欲,常用于消化不良、食欲减退等,产生盐类健胃药作用;大剂量内服,能促进肠道的蠕动,产生盐类泻药的作用,但效果不如硫酸钠和硫酸镁。

[制剂与用量用法]

(1)氯化钠粉(食盐)。内服,1次量,每千克体重:牛20~50 g;马10~25 g;羊5~10 g;猪2~5 g。

(2)等渗氯化钠注射液,0.09 g∶10 mL、2.25 g∶250 mL、4.5 g∶500 mL、9 g∶1 000 mL;复方氯化钠注射液,500 mL/瓶、1 000 mL/瓶。静脉注射,1次量,每千克体重:牛、马1 000~3 000 mL;羊、猪250~500 mL;犬100~500 mL;猫40~50 mL。

(3)浓氯化钠10%注射液,5 g∶50 mL、25 g∶250 mL。1次量,每千克体重:家畜0.1 g。

(4)市售口服补液盐每包含葡萄糖50 g、氯化钠2.5 g、碳酸氢钠2.5 g,服用时加温开水1 000 mL,溶解后使用。

[注意事项]本品对心力衰竭、肺气肿、肾功能不全及血浆蛋白过低的患畜和禽慎用。饲喂含有大量氯化钠的饲料如酱渣、卤菜、咸鱼粉、肉汤等,易发生中毒,一旦发生中毒,可用溴化物、脱水药或利尿药进行对症治疗。

氯化钾

[理化性质]本品为无色长菱形或立方形结晶或白色结晶性粉末,无臭,味咸;易溶于水,不溶于酒精。

[作用与应用]钾离子是维持细胞新陈代谢、细胞内渗透压和酸碱平衡、神经冲动传导、肌肉收缩所必需的。缺钾时可引起神经肌肉传导障碍,心肌自律性增强。氯化钾主要用于钾摄入不足或排钾过量所引起的钾缺乏症,亦用于强心苷中毒的解救。

[制剂与用量用法]

(1)氯化钾片,内服,1次量:牛、马5~10 g;羊、猪1~2 g;犬0.1~1 g。

(2)氯化钾注射液,1 g∶10 mL,1次量,每千克体重:牛、马2~5 g;羊、猪0.5~1 g。

[注意事项]本品刺激性大,必须用0.5%葡萄糖注射液稀释成0.3%以下浓度缓慢静脉

滴注,以免引起血钾骤升而抑制心肌,使心搏骤停而致动物死亡。对肾功能障碍、尿闭、脱水和循环衰竭等患畜,禁用或慎用。

学习情境2 酸碱平衡调节药物

动物体液的 pH 在 7.3 和 4.5 之间,这对很多酶的活性极为重要,若 pH 降到 7.0 以下,就会引起动物死亡;体液 pH 高于 7.45 则发生碱中毒。机体的正常活动,要求保持相对稳定的体液酸碱度,体液 pH 的相对稳定性,称为酸碱平衡。调节酸碱平衡常用的药物有碳酸氢钠、乳酸钠等。

碳酸氢钠

[理化性质]又名重碳酸氢钠、小苏打。本品为白色结晶性粉末,无臭,味咸;易溶于水,呈弱碱性;固体在潮湿空气中缓慢分解,放出 CO_2,变为碳酸钠,碱性增强;应密封保存。

[作用与应用]本品是机体缓冲系统的重要组成成分,内服或静脉注射后,可以直接增加机体的碱储量,中和胃酸,其作用迅速、可靠,是缓解酸中毒的常用药,但作用维持时间短。

[制剂与用量用法]

(1)碳酸氢钠注射液,为 5% 浓度,临用时需以 5% ~10% 葡萄糖注射液稀释成 1.5% 的等渗溶液使用,忌与酸性药物混合注射。静脉注射,1 次量:牛、马 15 ~30 g;羊、猪 2 ~6 g;犬 0.5 ~15 g,宜缓慢注入。

(2)碳酸氢钠片,内服,1 次量:牛 30 ~100 g;马 15 ~60 g;猪 2 ~5 g;犬 0.5 ~2 g。

[注意事项]本品可碱化尿液,与弱酸性药物(磺胺类)合用,增加其溶解度,防止结晶析出,还能提高弱碱性药物(庆大霉素)对泌尿道感染的疗效。常用于严重的酸中毒和碱化尿液等。慎用于肾功能不全、水肿、缺钾的家畜。

乳酸钠

[理化性质]本品为无色或几乎无色的澄明黏稠液体;无臭或略有臭,稍有咸味;有吸湿性;易溶于水和酒精;应遮光、密封保存。

[作用与应用]本品为纠正酸血症的药物,进入体内后,一部分经肝转化为碳酸氢根离子,与钠离子结合成碳酸氢钠,起到纠正酸中毒的作用;另一部分则转化为肝糖原,可抑制酮体的产生,尚可补充少量能量。

[制剂与用量用法]乳酸钠注射液,2.24 g∶20 mL、5.6 g∶50 mL、11.2 g∶100 mL。静脉注射,1 次量:牛、马 200 ~400 mL;羊、猪 40 ~60 mL。临用时用注射用水或 5% 葡萄糖注射液稀释 5 倍后使用。

[注意事项]乳酸钠比碳酸氢钠作用慢,且疗效不稳定。主要用于治疗代谢性酸中毒和

高血钾症。休克、缺氧、水肿患畜慎用。肝功能障碍和乳酸血症患畜禁用。使用过量易发生碱中毒。乳酸钠注射液与红霉素、四环素注射液不宜混合使用,易出现混浊或沉淀。

✳课后笔记

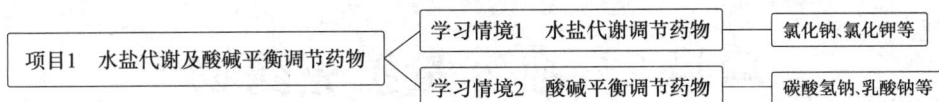

项目2 血容量扩充药物

严重创伤、大面积烧伤、高热、剧烈呕吐、腹泻等,往往使机体大量丢失血液(或血浆)、体液,造成血容量降低,导致休克,此时必须迅速补充和扩充血容量以挽救生命。最好的血容量扩充剂是全血、血浆等血液制品,但来源有限,其应用受到一定限制。葡萄糖溶液、生理盐水和右旋糖酐等也能维持或增加血容量,但作用时间短,只能补充部分能量和电解质,不能代替血液和血浆的全部功能,故只能作为应急替代品使用。目前临床上主要选用血浆代用品作血容量扩充药。

葡萄糖

[理化性质]又名右旋糖。本品为白色或无色结晶粉末,无臭,味甜;易溶于水,难溶于酒精;水溶液中性,有引湿性,应密封保存。

[体内过程]本品在小肠吸收,吸收由转运蛋白介导,进入细胞后,通过分解,转化成热能和 ATP。

[作用与应用]

①扩充血容量。5% 葡萄糖溶液与体液等渗,有补充水分、扩充血容量的作用。25% ~ 50% 葡萄糖溶液为高渗溶液,能提高血浆渗透压,使组织脱水,扩充血容量,起到暂时利尿和消除水肿的作用,吸收迅速,但作用较弱,维持时间短,且可引起颅内压回升。

②供给能量。葡萄糖是机体的重要能量来源之一,在体内氧化代谢放出能量,供给机体需要。

③强心利尿。葡萄糖可改善心肌营养,供给心肌能量,增强心脏功能,使心排血量增强,肾血流量增加,尿量也相应增多,因此产生渗透性利尿作用。

④增强肝脏解毒能力。肝脏的解毒能力与肝内糖原含量有关。肝内葡萄糖含量高,能量供应充足,肝细胞的解毒能力就能得到充分发挥。某些毒物可通过与葡萄糖的氧化产物葡萄糖醛酸结合,或依靠糖代谢的中间产物乙酰基的乙酰化作用而使毒物失效,故具有一定的解毒作用。

[制剂与用法用量]葡萄糖氯化钠注射液,葡萄糖注射液,5 g : 20 mL,10 g : 20 mL,12.5 g : 50 mL,12.5 g : 250 mL,25 g : 250 mL,25 g : 500 mL,50 g : 500 mL,50 g : 1 000 mL,100 g : 1 000 mL。静脉注射,1 次量:牛、马 50 ~ 250 g;骆驼 100 ~ 500 g;鹿 20 ~ 100 g;羊、猪 10 ~ 50 g;犬 5 ~ 25 g;貂 2 ~ 15 g;猫 2 ~ 10 g。

[注意事项]本品常用于动物重病、久病、过劳、体质虚弱等,以补充营养,供给能量,改善心脏功能;也可用作脱水、大失血后补充体液;亦可用于脑水肿,肺水肿,低血糖症,心力衰竭,酮血症,妊娠中毒症,化学药品及农药中毒、细菌毒素中毒等解救的辅助药物,并可促进毒物排泄。

右旋糖酐

[理化性质]又名葡聚糖。本品系葡萄糖的聚合物,为白色粉末,无臭,无味;易溶于水。

[药动学]高分子右旋糖酐的相对分子质量大,不易通过血管,维持时间约 12 h,由肾脏缓慢排泄;低分子右旋糖酐易通过血管,作用维持时间较短,约 3 h。

[作用与应用]临床常用的有相对分子质量不同的中分子、小分子和低分子右旋糖酐三种。中分子和小分子右旋糖酐称为右旋糖酐 70 和右旋糖酐 40,它们由于相对分子质量较大,能提高血浆渗透压,扩充血容量,经肾脏排出时可产生渗透性利尿作用。中分子右旋糖酐在血管内维持血浆胶体渗透压,吸收组织水分而发挥扩容作用,扩容作用持久,药效与血浆相似,主要用于低血容量性休克如大失血,失血浆性休克如大面积烧伤等,也可用于预防术后血栓和治疗血栓性静脉炎。低分子右旋糖酐能改善微循环和抗血栓作用,能防止弥散性血管内凝血。小分子右旋糖酐扩容作用弱,但改善微循环和利尿的作用好,主要用于救治中毒性休克、外伤性休克、弥散性血管内凝血和急性肾中毒等,也可用于血栓性静脉炎、脑干血栓形成疾病的治疗。

[制剂与用法用量]

(1)右旋糖酐氯化钠注射液,每瓶 500 mL,含中分子右旋糖酐 30 g、氯化钠 4.5 g。右旋糖酐葡萄糖注射液,每瓶 500 mL,含中分子右旋糖酐 30 g、葡萄糖 25 g。静脉注射,1 次量:牛、马 500 ~ 1 000 mL;骆驼 1 000 ~ 2 000 mL;羊、猪 250 ~ 500 mL;鹿 500 ~ 750 mL,犬、猫、貂 20 mL。

(2)低分子右旋糖酐注射液,为10% 低分子右旋糖酐的等渗氯化钠溶液,每瓶 500 mL;小分子右旋糖酐(409 代血浆)注射液,为 12% 小分子右旋糖酐的等渗氯化钠溶液,每瓶 500 mL。静脉注射,剂量视病情而定,一般牛、马每次用量 3 000 ~ 6 000 mL。

[注意事项]本品对肾功能不全、低蛋白血症和具有出血倾向的患畜慎用。充血性心衰患畜禁用。

✳ 课后笔记

项目2　血容量扩充药物 —— 葡萄糖、右旋糖酐等

项目 3 维生素

维生素是动物体维持正常代谢和机能所必需的一类有机化合物。与三大营养物质不同,维生素主要构成酶的辅酶(或辅基),参与机体物质和能量代谢,缺乏时,可引起特定的维生素缺乏症。

动物体内的维生素主要由饲料供给,少数维生素也能在体内合成,机体一般不会缺乏。但如果饲料中维生素不足、动物吸收或利用发生障碍以及需要量增加等,均会引起维生素缺乏症,这时,需要应用相应的维生素进行治疗,同时还应改善饲养管理条件,采取综合防治措施。

维生素分脂溶性和水溶性两大类。脂溶性维生素包括维生素 A、维生素 D、维生素 E 和维生素 K。水溶性维生素包括 B 族维生素和维生素 C。

学习情境 1 脂溶性维生素

脂溶性维生素包括维生素 A、维生素 D、维生素 E、维生素 K 等,能溶于油或脂而不溶于水。肠道内脂溶性维生素的吸收与脂肪吸收有密切关系。胆汁缺乏、腹泻或其他能够影响脂肪吸收的因素,会使脂溶性维生素的吸收大大减少;饲料中钙盐含量过高,也会影响脂肪及脂溶性维生素的吸收。

维生素A

[理化性质]又名维生素甲、甲种维生素。纯品维生素 A 为黄色片状结晶,不溶于水,易溶于脂肪及油中;不纯品一般为无色或淡黄色油状物,遇光、空气或氧化剂易分解失效。

[药动学]维生素 A 和类胡萝卜素都很容易从胃肠吸收。胆汁和脂溶性物质可以促进维生素 A 的吸收。在血液中,维生素 A 与 α 球蛋白结合成脂蛋白,转运至肝脏贮存。成年牛、羊肝脏贮备维生素 A 可供 280 d 所需。维生素 A 通常以原形从尿中排泄。

[作用与应用]维生素 A 参与视网膜内杆状细胞中视紫红质的合成。缺乏维生素 A 可

引起视觉障碍,在弱光中视物不清(夜盲症),甚至丧失视力。维生素 A 还参与维持皮肤、黏膜和上皮组织的完整,能促进黏多糖的合成。黏多糖对细胞起着黏合、保护作用,缺乏时,可引起皮肤、黏膜、腺体、气管、支气管的上皮组织过度角化,使皮肤干燥、被毛脱落。特别是生殖道黏膜上皮角化,会导致怀孕母畜流产或死胎,抑制种公畜精子形成等。此外,维生素 A 还促进幼畜的生长发育和齿、骨骼的成长。本品主要用于防治维生素 A 缺乏症,如干眼病、夜盲症、角膜软化症和皮肤粗糙等;也可用于增强机体抗感染的能力和皮肤、黏膜炎症及治疗局部创伤及烧伤等。

[制剂与用法用量]维生素 A 胶囊,每粒 2 500 IU。维生素 A、D 注射液,每毫升含维生素 A 50 000 IU,维生素 D 5 000 IU。内服或肌内注射,1 次量:牛、马 5~10 mL;羊、猪 2~4 mL;仔猪、羔羊 0.5~1 mL;犬、猫 0.5~1 mL;禽 0.05~0.1 mL。

维生素 D

[理化性质]又名维生素丁,来源于干草和其他植物中的维生素 D_2,动物皮肤中的维生素 D_3。本品为无色针状结晶或白色结晶性粉末,无臭,无味;在空气或日光下易变质;应遮光、密封保存。

[药动学]维生素 D_2、维生素 D_3 原均易从小肠吸收,进入血液后由载体 α 球蛋白转运,主要贮存于肝脏及脂肪组织中,一部分分布到脑、肾和皮肤。维生素 D 主要通过胆汁排泄。

[作用与应用]维生素 D 对骨骼有双重作用:促进钙盐沉积和溶解骨质,这两种作用随机体需要而变。当动物缺乏维生素 D 时,骨生长受阻,幼年动物出现佝偻病,成年动物出现骨软化症,特别是怀孕或泌乳母畜较严重,奶牛产乳量下降,母鸡产蛋率降低,且蛋壳易碎。维生素 D 一般添加于饲料中,以防治佝偻病和骨软化症。犊、猪、犬、禽易发生佝偻病,牛、马常发生骨软化症。应用时,连续数周给予大剂量维生素 D,为日需要量的 10~15 倍。本品也用于孕畜、幼畜、泌乳家畜及骨折病畜以补充对维生素 D 的需要。

[制剂与用法用量]

(1)维生素 A、D 注射液。每毫升含维生素 A 50 000 IU、维生素 D 50 000 IU,0.5 mL/支、1 mL/支、5 mL/支。肌内注射,1 次量:牛、马 5~10 mL;犊、驹、羊、猪 2~4 mL;羔羊、仔猪 0.5~1 mL。

(2)维生素 D_2 胶性钙注射液,呈乳白色。每毫升含钙 0.5 mg、维生素 D_2 5 000 IU。皮下或肌内注射,1 次量,每千克体重:牛、马 5~10 mL;羊、猪 2~4 mL;犬 0.5~1 mL。

(3)维生素 D_3 注射液。7.5 mg(30 万 IU):1 mL、15 mg(60 万 IU):1 mL。注射后需补充钙剂。肌内注射,1 次量,每千克体重:家畜 1 500~3 000 IU。

维生素 E

[理化性质]又名生育酚。本品为微黄色或黄色透明的黏稠液体,几乎无臭;不易被酸、碱或热所破坏,但易被氧化;遇光颜色变深,应遮光、密封保存。

[药动学]维生素 E 主要在小肠吸收,以脂蛋白为载体进行转运,大部分贮存于肝脏和脂肪组织中,也分布在心、肺、肾、脾和皮肤,主要通过粪便排泄。

[作用与应用]维生素 E 在体内外具有抗氧化作用,在脂肪酸代谢过程中维生素 E 本身

易被氧化,可保护其他物质,如不饱和脂肪酸、维生素 A、维生素 C 等不被氧化,还能保护细胞不被氧化破坏。维生素 E 与硒有密切关系,维生素 E 缺乏与动物缺硒的症状相似,饲料中补充硒可防治或减轻大多数维生素 E 缺乏症的症状,但硒只能代替维生素 E 的一部分作用。此外,维生素 E 可促进性激素分泌,调节性腺的发育,有利于受精和受精卵的植入,并能防止流产,提高繁殖能力。本品主要用于防治维生素 E 缺乏症。动物维生素 E 缺乏症的表现各有异同,但主要是不能生育、细胞通透性损害和肌肉病变三个方面。如猪的不孕和流产;动物的骨骼肌、心肌等发生萎缩、变性和坏死的营养性肌病变,如犊、羔、驹和猪的营养性肌萎缩(白肌病);猪的肝坏死、黄脂病、桑葚样心脏病;幼畜的溶血性贫血;雏鸡的脑软化和"渗出性素质"(皮下水肿)等。本品常与硒合用,也常与维生素 A、维生素 D 和 B 族维生素配合用于畜禽生长不良、营养不良等综合性缺乏症。

[**制剂与用法用量**]维生素 E 注射液(50 mg∶mL、500 mg∶10 mL)、亚硒酸钠维生素 E 注射液、亚硒酸钠维生素 E 预混剂。内服,1 次量:犊、驹 0.5 ~ 1.5 g;羔羊、仔猪 0.1 ~ 0.5 g;犬 0.03 ~ 0.1 g;禽 5 ~ 10 mg。皮下或肌内注射,1 次量,每千克体重:犊、驹 0.5 ~ 1.5 g;羔羊、仔猪 0.1 ~ 0.5 g;犬 0.03 ~ 0.1 g。

学习情境2 水溶性维生素

水溶性维生素包括 B 族维生素(维生素 B_1、维生素 B_2、维生素 B_6、烟酸、泛酸、生物素、叶酸和维生素 B_{12} 等)和维生素 C,都能溶于水而不溶于油。水溶性维生素一般不在体内贮存,在补充了机体需要和组织贮存量达到饱和后,多余的部分会较快地随尿排出体外。

维生素 B_1

[**理化性质**]又名硫胺素。本品为白色结晶或结晶性粉末,微臭,味苦;易溶于水,水溶液呈酸性;微溶于酒精,遇碱性物质易引起变质。

[**药动学**]维生素 B_1 内服后只有部分在小肠吸收,大部分从粪便排出;吸收后进入肝脏,在硫胺素激酶作用下发挥生物活性。

[**作用与应用**]维生素 B_1 对维持动物正常物质和能量代谢,维持神经、心肌和胃肠道的正常功能,加快生长发育,提高免疫机能及防止神经组织萎缩等方面都起着重要作用。维生素 B_1 还可促进胃肠道对糖的吸收,参与糖代谢过程,刺激乙酰胆碱形成,并使其活性增强等。维生素 B_1 缺乏时,体内丙酮酸和乳酸蓄积,动物表现食欲不振、生长缓慢,表现多发性神经炎、运动失调、惊厥、昏迷等症状。对维生素 B_1 缺乏最敏感的是家禽,家禽缺乏时可出现特有的"观星状"(角弓反张)症状;其次是猪。本品主要用于防治维生素 B_1 缺乏症引起的多发性神经炎及各种原因引起的疲劳和衰竭、感觉异常,肌肉酸痛,肌力下降等;还可作为治疗神经炎、心肌炎、肌肉收缩无力、食欲不振、胃肠功能障碍(如腹泻、便秘、消化不良等)、

高热、重度使役及牛酮血症等的辅助治疗药物。动物输入大量葡萄糖时,用本品促进糖代谢。

[制剂与用法用量]维生素 B_1 片,10 mg/片、50 mg/片;维生素 B_1 注射液,10 mg:1 mL、25 mg:1 mL、250 mg:10 mL。内服,1 次量:牛、马 100 ~ 500 mg;羊、猪 25 ~ 50 mg;犬 10 ~ 50 mg;猫 5 ~ 30 mg;兔 10 ~ 20 mg;鸡 2 ~ 5 mg。皮下或肌内注射,1 次量:牛、马 100 ~ 500 mg;羊、猪 25 ~ 50 mg;犬 10 ~ 25 mg;鸡 5 ~ 10 mg。混饲,每 1 000 kg 饲料,家畜 1 ~ 3 g;雏鸡 18 g。

[注意事项]本品对氨苄青霉素、邻氯青霉素、头孢菌素 Ⅰ 和 Ⅱ、多黏菌素和制菌霉素等都有不同程度的灭活作用,故不宜混合注射;也不宜与碱性药物配伍,易被破坏失效。

维生素 B_2

[理化性质]又名核黄素。本品为橙黄色结晶性粉末,微臭,味微苦;溶液易变质,在碱性环境下或遇光时,变质加快;在稀氢氧化钠溶液中溶解,在水、酒精或氯仿中几乎不溶。

[药动学]维生素 B_2 内服后易吸收,在肠黏膜细胞中发生磷化而被动物机体利用,在体内分布均匀,贮存很少,过量的维生素 B_2 从尿液及其他排泄途径排出。

[作用与应用]维生素 B_2 为体内黄酶类辅基的组成成分。黄酶类在机体生物氧化中起递氢作用,参与糖、蛋白质、脂肪和核酸的代谢,促进蛋白质在体内贮存,提高饲料利用率,调节生长和组织修复的作用。维生素 B_2 还有维持视网膜正常及保护皮肤和皮脂腺等功能。缺乏维生素 B_2 的动物表现生长受阻、眼炎、皮炎、脱毛、食欲不振、腹泻、口角溃烂、舌炎、角膜炎、晶状体混浊、母猪早产等症状;雏鸡出现典型的足趾麻痹、腿无力、腹泻、生长停滞或突然死亡;成年蛋鸡的产蛋率和孵化率降低;鱼类表现厌食、生长受阻等。本品主要用于维生素 B_2 缺乏症的防治。如角膜炎、口角溃烂、舌炎、阴囊皮炎、脂溢性皮炎和胃肠机能紊乱等。

[制剂与用法用量]

(1)维生素 B_2 片,5 mg/片,10 mg/片;10 mg:2 mL、25 mg:5 mL、50 mg:10 mL。内服,1 次量,每千克体重:牛、马 0.1 ~ 0.2 mg;羊、猪 0.1 ~ 0.2 mg;兔 1 ~ 1.5 mg;鸡 1 mg、混饲,每 1 000 kg 饲料,禽 2 ~ 5 mg。维生素 B_2 注射液(为黄绿色荧光的澄清液体,荧光消失则失效)。

(2)皮下、肌内注射,1 次量,每千克体重:牛、马 100 ~ 150 mg,羊、猪 20 ~ 30 mg,犬 10 ~ 20 mg,猫 5 ~ 10 mg。

[注意事项]本品对多种抗生素如青霉素类、头孢类、四环素类、氨基苷类等,均有不同程度的灭活作用,可使上述抗生素药效降低或失效,故不宜混合注射。

泛酸

[理化性质]又名遍多酸。本品呈淡黄色油状液体,可溶于水和乙醚;易吸湿,在中性溶液中较稳定;常用其钙盐、钾盐、钠盐;易被酸、碱和热破坏。

[药动学]本品内服能被胃肠道尤其是小肠吸收,随血液分布到全身,在肝脏中最多。过多时从肾脏排出体外。

[作用与应用]泛酸参与糖类、脂肪和蛋白质代谢,为辅酶 A 的组成成分。辅酶 A 在物质代谢中极为重要,能帮助合成肾上腺皮质激素、某些氨基酸(谷氨酸、脯氨酸)和乙酰胆碱,

能提高各种营养物质的吸收利用和抗体生成。泛酸用于防治猪、禽的泛酸缺乏症,如猪的食欲减退、皮肤病、掉毛、腹泻,雏鸡喙角和趾部形成痂皮、生长受阻、羽毛生长不良、皮炎,以及蛋鸡孵化率下降等。对防治其他维生素缺乏症有协同作用。

[制剂与用法用量]泛酸钙片。混饲,每1 000 kg饲料,猪10~13 g;禽6~15 g。

烟酸

[理化性质]又称尼克酸、维生素PP、维生素B_3。烟酸包括尼克酸和烟酰胺,为白色结晶针状粉末;味苦;易溶于水、酒精,稳定性好。

[药动学]烟酸内服易吸收,反刍动物多以原形从尿中排出。

[作用与应用]烟酰胺是烟酸在体内的活性形式。烟酸主要在体内易转化成烟酰胺。烟酰胺为辅酶Ⅰ及辅酶Ⅱ的组成部分,参与糖类、脂类、蛋白质代谢。烟酸具有使血管扩张、降低血脂及胆固醇等功能。烟酸缺乏时,犬的口腔黏膜呈黑色,称为"黑舌病";其他家畜表现为生长缓慢、食欲下降、皮炎、舌炎等;鸡表现为口炎、生长缓慢、羽毛生长不良和坏死性肠炎等非特异性症状。家畜体内的色氨酸可转化成烟酸,一般很少发生烟酸缺乏症,家畜在色氨酸缺乏时,才会引起烟酸缺乏症。本品主要用于防治烟酸缺乏症。

[制剂与用法用量]

(1)尼克酸片,烟酰胺片。内服,1次量,每千克体重:家畜3~5 mg;混饲,每1 000 kg饲料,雏鸡15~30 mg。

(2)烟酰胺注射液,肌内注射,1次量,每千克体重:家畜0.2~0.6 mg。幼畜不得超过0.3 mg。

维生素B_6

[理化性质]又名吡哆辛,包括吡哆醇、吡哆醛、吡哆胺。本品为白色或类白色的结晶或结晶性粉末,无臭,味酸苦,遇光渐变质;易溶于水。

[药动学]维生素B_6内服后主要分布和贮存在肝脏,少量从粪尿中排至体外。

[作用与应用]维生素B_6参与氨基酸及脂肪的代谢,维生素B_6不足时,体内生长激素、性激素、促性腺激素、甲状腺素的活性和含量易降低。猪表现增重缓慢、癫痫,蛋禽表现产蛋率低,雏鸡出现神经症状、腿软、皮肤脱毛、毛囊出血等。饲料中维生素B_6丰富,消化道中的微生物也能合成,均能满足畜禽的需要量,家畜很少缺乏维生素B_6。维生素B_6常与维生素B_1、维生素B_2和烟酸等合用,用于防治维生素B_6缺乏症及治疗氰乙酰肼、异烟肼、青霉胺、环丝氨酸等中毒引起的胃肠道反应和痉挛等兴奋症状,还有止吐作用。

[制剂与用法用量]

(1)维生素B_6片。内服,1次量:牛、马3~5 g;羊、猪0.5~1 g;犬0.02~0.08 g。

(2)维生素B_6注射液。皮下、肌内或静脉注射,1次量:牛、马3~5 g;羊、猪0.5~1 g;犬0.02~0.08 g。

生物素

[理化性质]又名维生素H。本品为针状结晶性粉末,无臭,无味;微溶于水,溶于稀碱

溶液。

[药动学]本品在小肠靠主动转运吸收,不易在体内蓄积贮存,过多的生物素可被代谢降解或随尿液排至体外。

[作用与应用]本品在动物体内以辅酶的形式广泛参与糖类、脂肪和蛋白质代谢,如丙酮酸的转化、氨基酸的脱氨基、嘌呤和必需脂肪酸的合成等。动物中禽和猪较易发生生物素缺乏,火鸡最常见。动物缺乏生物素的一般症状为脂肪肝肾综合征。禽表现脚、喙及眼周围发生皮炎,火鸡表现为骨和软骨发育不全,生长停滞,繁殖机能紊乱。成年蛋鸡主要表现为产蛋率下降,孵化率降低。猪的皮肤出现褐色分泌物及溃疡、干燥、粗糙等皮炎病变,后肢痉挛麻痹,蹄底和蹄冠开裂。

[制剂与用法用量]混食,每 1 000 kg 饲料:鸡 0.15 ~ 0.35 g;猪 0.2 g;犬、猫、貂 0.25 g。

叶酸

[理化性质]又名蝶酰谷氨酸、维生素 BC、维生素 M。本品为黄色或橙黄色结晶性粉末,无臭,无味,易溶于稀的碳酸钠、氢氧化钠溶液。

[药动学]本品内服后,在胃肠道内经小肠黏膜上皮细胞分泌的 γ-L 谷氨酸——羧基肽酶水解成谷氨酸和游离叶酸,从小肠吸收入血液,主要分布在肝脏、骨髓和肠壁中,部分在体内降解,部分以原形通过胆汁随粪便和尿排至体外。

[作用与应用]叶酸是核酸或某些氨基酸合成所必需的物质。如参与丝氨酸与甘氨酸相互转化,苯丙氨酸生成酪氨酸,丝氨酸生成谷氨酸,以及谷氨酸、嘌呤和胸苷酸合成等。叶酸对核酸合成极旺盛的造血组织、消化道黏膜和发育中的胎儿等十分重要。当叶酸缺乏时,氨基酸互变受阻,细胞的分裂与成熟不完全,造成巨幼红细胞性贫血和白细胞减少,主要表现为食欲不振、腹泻、皮肤功能受损、肝功能不全、生长发育受阻。蛋鸡表现为产蛋率和孵化率下降。本品与维生素 B_{12}、维生素 B_6 等联合应用,可提高疗效,主要用于防治叶酸缺乏症,再生障碍性贫血和母畜妊娠期等以补充需要,亦用作饲料添加剂。

[制剂与用法用量]叶酸片,5 mg/片。叶酸注射液,15 mg : 1 mL。内服或肌内注射,1 次量:犬、猫 2.5 ~ 5 mg;每千克体重,家禽 0.1 ~ 0.2 mg。混饲,每 1 000 kg 饲料,畜禽 10 ~ 20 g。

维生素 B_{12}

[理化性质]又名氰钴胺。本品为深红色结晶或结晶性粉末;无臭,无味;引湿性强;略溶于水和酒精,不溶于丙酮、氯仿、乙醚。

[药动学]维生素 B_{12} 与内因子(胃黏膜壁细胞分泌的一种糖蛋白)形成复合物,在钙离子存在下从回肠末端吸收,进入血液与血浆中的 α 球蛋白和 β 球蛋白结合运转至全身,肝中最多,主要通过尿和胆汁分泌排至体外。

[作用与应用]维生素 B_{12} 在肝内转变为腺苷钴胺和甲基钴胺。腺苷钴胺脱氧形成的脱氧腺苷钴胺是甲基丙二酰辅酶 A 变位酶的辅酶,甲基钴胺是甲硫氨酸合成酶的辅酶。维生素 B_{12} 参与机体的蛋白质、脂肪和糖类代谢,帮助叶酸循环,促进叶酸合成,为动物生长发育所必需。成年反刍动物在瘤胃经微生物合成的量多,可满足反刍动物的生理需要。在单胃动物中,经微生物合成的维生素 B_{12} 在吸收部位之后,故利用率低。维生素 B_{12} 缺乏时,常导

致猪巨幼红细胞贫血,家禽产蛋率和蛋的孵化率降低,犊、猪、犬、小鸡生长发育停滞,饲料利用率降低,抗病能力下降,皮肤粗糙,患皮炎。叶酸不足时,维生素 B_{12} 缺乏症的表现更为严重。在治疗和预防巨幼红细胞贫血症时,两者配合使用可取得较理想的效果。维生素 B_{12} 主要用于维生素 B_{12} 缺乏症,如巨幼红细胞贫血等,也可用于辅助治疗神经炎、神经萎缩、再生障碍性贫血、肝炎等。

[**制剂与用法用量**]维生素 B_{12} 粉剂、片剂,25 mg/片。维生素 B_{12} 注射液,0.05 mg:1 mL、0.1 mg:1 mL、0.25 mg:1 mL、0.5 mg:1 mL、1 mg:1 mL。肌内注射,1 次量,每千克体重:牛、马 1~2 mg;羊、猪 0.3~0.4 mg;犬、猫 0.1 mg;禽 0.002~0.004 mg。混饲:每千克体重,仔猪 0.05 mg;禽类 0.01 mg。

胆碱

[**理化性质**]又名维生素 B_4。本品为白色结晶性粉末,味苦;易溶于水、甲醇、酒精;呈强碱性反应;引湿性强。

[**药动学**]本品易从胃肠道吸收进入血液,在肝脏和其他组织细胞中发挥生理作用。

[**作用与应用**]胆碱是细胞的组成成分,形成卵磷脂和神经磷脂,在肝脏脂肪代谢中起重要作用,能防止脂肪肝的形成,是乙酰胆碱的重要组成成分,维护细胞膜正常结构和功能的关键物质。饲料中足量的胆碱可减少甲硫氨酸的添加量。叶酸和维生素 B_{12} 能提高胆碱的合成量,这两种维生素不足时会导致胆碱缺乏。体内胆碱不足,会引起脂肪代谢和转运障碍,呈现脂肪变性、脂肪浸润(如脂肪肝综合征)、脂肪肝,生长迟缓,关节变形,运动失调;家禽发生骨短粗症,跗关节肿胀变形,运动不协调,产蛋率明显下降;猪呈犬坐姿势,繁殖率下降,仔猪生长停滞,关节柔韧性差,贫血等。本品主要用于集约化养殖场,作饲料添加剂以防治胆碱缺乏症,如治疗家禽的急、慢性肝炎,马妊娠毒血症及脂肪肝等。

[**制剂与用法用量**]氯化胆碱,内服,1 次量:牛 1~8 g;马 3~4 g;犬 0.2~0.5 g;鸡0.1~0.2 g。混饲,每 1 000 kg 饲料:猪 700~800 g;禽 1 000 g;鱼 40 g。

维生素 C

[**理化性质**]又名抗坏血酸。本品为白色结晶或结晶性粉末,无臭,味酸;久置颜色变黄;易溶于水和醇,水溶液呈酸性反应,遇空气、碱性物质或加热易氧化失效;应遮光、密封保存。

[**药动学**]本品内服易从小肠吸收进入血液,然后分布到全身各组织器官中,以肾上腺、垂体、黄体、视网膜含量最高,其次是肝、肾、肌肉组织,过多则通过代谢降解而消除,在尿中只能检出少量的维生素 C 原形。

[**作用与应用**]维生素 C 的作用与应用具体如下:

①参与体内氧化还原反应。维生素 C 很容易氧化脱氢,具有很强的还原性,参与体内许多氧化还原反应,起到递氢作用。维生素 C 能促进叶酸转变为四氢叶酸,参与核酸形成过程。维生素 C 在肠道内促使三价铁还原为二价铁,有利于铁在肠道内被吸收,可作贫血的辅助治疗药。

②参与细胞间质的合成。维生素 C 是合成胶原蛋白所必需的物质。胶原蛋白是细胞间质的主要成分,起着黏合剂的作用。维生素 C 能促进胶原组织、骨、结缔组织、软骨、牙质和

皮肤等细胞间质形成。当缺乏维生素 C 时,创伤、溃疡不易愈合,骨、齿脆弱,毛细血管脆性或通透性增加,易出血。

③解毒。维生素 C 通过自身很强的还原性来保护疏基酶和其他活性物质不被毒物破坏,并促进抗体生成,中和细菌内毒素,增强粒细胞吞噬功能,提高机体的抵抗力和解毒能力。本品对铅、汞、砷、苯等中毒和高铁血红蛋白症(与亚甲蓝并用)有一定疗效,也可用于磺胺类或巴比妥类中毒的解救。

④能激活胃肠道各种消化酶(淀粉酶除外)的活性,有助于消化,还有抗炎、抗过敏作用。动物在正常情况下不易发生维生素 C 缺乏症,一般在发生感染性疾病、处于应激状态和饲料明显缺乏时,有必要在饲料中补充维生素 C。

⑤缺乏维生素 C,会使物质代谢障碍、心肌营养不良,并使机体对疾病的抵抗力降低。临床上除常用于防治缺乏症外,维生素 C 还常作为急性传染病、慢性传染病、热性心源性和感染性休克及慢性消耗性疾病,重金属中毒及各种贫血、烧伤的辅助治疗药物,也用于风湿症、关节炎、骨折与创伤愈合不良、慢性出血、过敏性皮炎、过敏性紫癜和湿疹等的辅助治疗。

[制剂与用法用量]

(1)维生素 C 片,0.1 g/片,内服,1 次量:马 1~3 g;猪 0.2~0.5 g;犬 0.1~0.5 g。

(2)维生素 C 注射液,无色或微黄色澄明液体,0.1 g:2 mL、0.25 g:2 mL、0.5 g:5 mL、1 g:10 mL、2.5 g:20 mL。肌内或静脉注射,1 次量:牛 2~4 g;马 1~3 g;羊、猪 0.2~0.5 g;犬 0.02~0.1 g;猫 0.1 g。

[注意事项]维生素 C 注射液对多种抗生素,如氨苄青霉素、邻氯青霉素、头孢菌素 I 和头孢菌素 II、四环素类、红霉素、新霉素、卡那霉素、庆大霉素、洁霉素和多黏菌素等,都有不同程度的灭活作用,故不宜混合注射,也不宜与磺胺类药物同用,易引起肉食动物泌尿道结石。

✳ 课后笔记

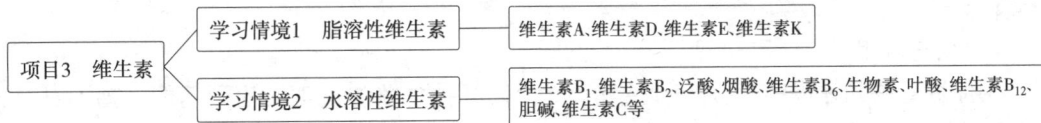

项目4 钙、磷及微量元素

钙、磷及微量元素是动物新陈代谢和生长发育所必需的重要元素,一般添加于饲料中或作为饲料添加剂给予。

学习情境1 钙盐

氯化钙、葡萄糖酸钙等钙盐制剂,是治疗钙缺乏症的主要药物;碳酸钙、贝壳粉等则主要添加于饲料中,以满足畜禽日常需要。

氯化钙

[**理化性质**]本品为白色坚硬的碎块或颗粒,无臭,味微苦;有引湿性;极易溶于水,易溶于酒精。

[**作用与应用**]

①促进骨骼和牙齿钙化,保证骨骼正常发育,维持骨骼的正常结构和功能。钙不足时,成年家畜表现骨软化症,幼畜表现佝偻病,奶牛产后瘫痪,母鸡所产蛋壳脆弱易破、产蛋少,均可用钙盐防治。本品常与维生素 D 合用,以促进钙的吸收与利用。

②钙离子能增强毛细血管的致密度,降低其通透性,减少炎症渗出和防止组织水肿;同时,能兴奋网状内皮系统,增强白细胞的吞噬能力,具有消炎、消肿和抗过敏作用。本品可用于过敏性疾病,如荨麻疹、渗出性水肿、皮肤瘙痒等;也可用于防治缺钙引起的抽搐和痉挛、牛的产前或产后瘫痪、马的泌乳搐搦、猪的产前截瘫等。

③钙离子是重要的凝血因子,为正常的凝血过程所必需。钙离子也是维持心脏正常节律性、紧张度和收缩力的重要因素,故有一定的强心作用。在中枢神经系中,钙和镁也是相互拮抗,镁中毒时可用钙解救,钙中毒时可用镁解救。

[**制剂与用法用量**]

(1)氯化钙注射液,0.3 g：10 mL、0.5 g：10 mL、0.6 g：10 mL、1 g：20 mL、2.5 g：

50 mL、5 g∶100 mL。

（2）氯化钙葡萄糖注射液,含氯化钙 5%、葡萄糖 10% ~25%。20 mL/支、50 mL/支、100 mL/支。静脉注射,1 次量(以氯化钙计):牛、马 5 ~15 g;羊、猪 1 ~5 g;犬 0.1 ~1 g。

[注意事项]氯化钙有强烈的刺激性,主要用于急、慢性钙缺乏症,静脉注射宜缓慢,不宜过快,剂量不宜过大,不可漏出血管,以免引起肿胀、坏死及心律失常等,一旦漏出,应立即以 0.5% 普鲁卡因作局部封闭,并于局部注射 25% 的硫酸钠溶液 10 ~25 mL。氯化钙一般不与强心苷及肾上腺素同用,以免增强对心脏的毒性,也不宜作皮下或肌内注射。

葡萄糖酸钙

[理化性质]本品为白色结晶或颗粒状粉末,无臭,无味;能溶于水,不溶于酒精。

[作用与应用]本品作用与应用同氯化钙,但刺激性很小,比氯化钙安全,用途很广泛,常用于钙质代谢障碍及缺乏症的治疗。

[制剂与用法用量]葡萄糖酸钙注射液,1 g∶20 mL、5 g∶50 mL、10 g∶100 mL、50 g∶500 mL。静脉注射,1 次量:牛、马 20 ~60 g;羊、猪 5 ~15 g;犬 0.5 ~2 g。

碳酸钙

[理化性质]本品为白色极微细的结晶性粉末,无臭,无味;不溶于水和酒精。

[作用与应用]本品为内服的钙补充药,主要用于骨软症、佝偻病和产后瘫痪症,可根据饲料的含钙量和钙磷比例添加本品。钙需求量大的动物,如妊娠动物、泌乳动物、产蛋禽和生长期的幼畜,可在饲料中与维生素 D 联合适量添加。此外,本品内服,也可作吸附性止泻药或制酸药。

[制剂与用法用量]碳酸钙。内服,1 次量:牛、马 30 ~120 g;羊、猪 3 ~10 g;犬 0.5 ~2 g。

学习情境 2　磷制剂

钙、磷在饲料中的比例不当时,能引起磷的代谢障碍而发生磷缺乏症。

磷酸二氢钠

[理化性质]本品无色结晶或白色结晶性粉末。无臭,味咸,酸。

[作用与应用]本品为磷补充剂,磷是骨和齿的组成成分,参与多种物质代谢过程,并作为血液中重要缓冲物质的成分,主要用于钙磷代谢障碍引起的疾病,如佝偻病、骨软症、骨质疏松症;也用于急性低磷血症或慢性缺磷症。牛和水牛常发生低磷血症,表现为卧地、食欲不振、溶血性贫血和血红蛋白尿。缺磷地区家畜的慢性缺磷症,表现出厌食,啃食毛、骨及破布等异物,消瘦,增重停止,发情异常,奶牛泌乳量下降,不孕和跛行等。

[**制剂与用法用量**]磷酸二氢钠片,磷酸二氢钠注射液。内服,1 次量:牛、马 90 g;静脉注射,1 次量,每千克体重:牛 30 ~ 60 g。

学习情境3 微量元素

动物机体所必需的微量元素有铁、铜、锰、锌、钴、钼、铬、镍、钒、锡、氟、碘、硒、硅、砷等 15 种,对机体可能是必需但尚未确定的有钡、镉、锶、溴等。另有 15 ~ 20 种元素存在于体内,但生理作用不明显,甚至对机体有害,如铝、铅、汞。微量元素虽在畜禽体内含量很少,但其生理功能却很重要,是构成动物体内一系列酶、激素和维生素等生物活性物质的重要成分,对机体的正常代谢和生存有着十分重要的意义。微量元素的缺乏、过剩或比例不当,都会引起动物发病,甚至死亡。

1. 铜

铜是机体必需的微量元素,其作用包括:①构成酶的辅基或活性成分;②参与色素沉着、毛和羽的角化,促进骨和胶原形成;③参与造血机能,促进铁在肠道内的吸收,促进铁合成血红蛋白与红细胞生成,促进无机铁变为有机铁。多数动物对铜的吸收能力较差。饲料中的铜和无机铜,在胃肠中的吸收程度没有差异。铜吸收的主要部位在小肠,犬是空肠,猪是小肠和结肠,雏鸡是十二指肠。对铜的吸收率成年动物为 5% ~ 15%,幼年动物为 15% ~ 30%,而断奶前的羔羊高达 40% ~ 65%。

硫酸铜

[**理化性质**]本品为深蓝色或蓝色结晶颗粒或粉末,无臭;有风化性;略溶于酒精,易溶于水;应密封保存。

[**作用与应用**]作用与铜相似,饲料中含铜不足,可致铜缺乏症,动物表现贫血、骨生长不良、新生幼畜生长迟缓、发育不良、被毛脱色或粗乱、心力衰竭、胃肠机能紊乱等,但各种动物缺铜症状的差异很大。本品用于防治铜缺乏症,也可用于驱虫及浸泡奶牛的腐蹄。

[**制剂与用法用量**]硫酸铜,内服,1 d 量:牛 2 g;犊 1 g;羊 20 mg;混饲,每 1 000 kg 饲料:猪 800 g;鸡 20 g。

2. 锌

锌的作用极其重要和复杂,概括起来有:①为动物体内多种酶的成分;②参与动物体内多种酶的激活;③参与蛋白质和核糖合成,维持 RNA 的结构与构形,影响体内蛋白质的生物合成和遗传信息的传递;④参与维持激素的正常功能;⑤与维生素和矿物元素产生相互拮抗和相互促进的作用;⑥维持正常的味觉功能;⑦参与维持上皮细胞和被毛的正常形态、生长和健康;⑧维持畜体正常结构和功能,参与免疫作用。非反刍动物锌的吸收主要在小肠,反刍动物胃、小肠都能吸收,其中皱胃吸收量约占1/3。

硫酸锌

[**理化性质**]本品为无色透明的棱柱状或细针状结晶或颗粒状结晶性粉末,无臭,味涩;有风化性;易溶于水、甘油,不溶于酒精。

[**作用与应用**]锌对蛋白质的合成、利用起显著作用,维持皮肤黏膜正常功能,参与受精或繁殖过程。动物缺锌时生长迟缓,伤口、溃疡和骨折不易愈合,精子的生成和活力变弱;猪的上皮细胞过度角化和变厚,绵羊的毛和角异常;家禽发生皮炎,羽毛少,蛋壳形成受阻;奶牛的乳房及四肢出现皲裂等。本品主要用于防治锌缺乏症,也可用作收敛药,治疗结膜炎等。

[**制剂与用法用量**]硫酸锌,内服,1 d 量:牛 0.05 ~ 0.1 g;驹 0.2 ~ 0.5 g;羊、猪 0.2 ~ 0.5 g;禽 0.05 ~ 0.1 g。滴眼,0.5% ~ 1%滴液。混饲,每 1 000 kg 饲料,鸡 286 g。

3. 锰

锰的作用概括起来有:①在糖、脂肪、蛋白质和胆固醇代谢中是多种酶的激活剂或组成部分,含锰元素的酶有三种,即精氨酸酶、含锰超氧化歧化酶和丙酮酸羧化酶;②促进骨骼的形成与发育;③维护繁殖功能。锰的吸收在十二指肠,动物对锰的吸收能力差,平均为2% ~ 5%,成年反刍动物可吸收 10% ~ 18%。锰在吸收过程中常与铁、钴竞争吸收位点。锰主要经胆汁和胰腺从消化道排泄。

硫酸锰

[**作用与应用**]动物缺锰时,生长慢,采食量下降,饲料利用率低,骨异常,繁殖功能异常等。幼畜骨骼变形,运动失调,跛行和关节肿大;雏禽发生骨短粗病,腿骨变形弯曲,膝关节肿大,生长停滞;母畜发情受阻,不易受孕,易流产、死胎,无乳或乳量下降;公畜性欲下降,精子形成困难;母鸡蛋壳变薄,产蛋率下降,蛋的孵化率降低。本品临床主要用于锰、铁缺乏症等。

[**制剂与用法用量**]硫酸锰,混饲,每 1 kg 饲料,鸡 0.1 ~ 0.2 g;牛 2 g/d;猪 45 kg 体重向饲料内添加 0.01 ~ 0.02 g。

4. 硒

硒的作用:①抗氧化,硒及其氧化物是一种抗氧化剂,硒是谷酰甘肽过氧化酶的组成成分;②维持畜禽正常生长;③维持精细胞的结构和机能,帮助提高繁殖能力和生产力。公猪缺硒,可致睾丸曲细精管发育不良,精子减少,明显影响繁殖性能;④促进辅酶 Q 合成,辅酶 Q 可预防猪因缺硒而引起的肝坏死;⑤降低汞、铅、镉、银、铊等重金属的毒性,明显地减少这些重金属对机体的毒害作用;⑥刺激免疫球蛋白及抗体生成,增强机体免疫力。含硒制剂使用过量,可引起动物急性中毒。经饲料长期添加饲喂动物,可引起慢性中毒。急性硒中毒一般不易解救。慢性硒中毒,应立即停止添加,可饲喂胱氨酸或皮下注射砷酸钠溶液进行解毒。

亚硒酸钠

[理化性质]本品为白色结晶,无臭;在空气中稳定,溶于水,宜密封保存。

[作用与应用]幼畜硒缺乏时,发生白肌样的严重肌肉损害。猪出现营养性肝坏死;雏鸡发生渗出性素质、水肿病、脑软化、胰损伤和肌萎缩;东北地区驴、驹、羔羊不明原因的腹泻等。本品主要用于防治白肌病及其他硒缺乏症。补硒时,与维生素 E 联合使用可显著提高疗效。本品的治疗量与中毒量很接近,确定剂量时要谨慎。猪的休药期为 60 d,牛 30 d,羊 14 d。

[制剂与用法用量]亚硒酸钠注射液,1 mg : 1 mL、2 mg : 1 mL、5 mg : 5 mL、10 mg : 5 mL。亚硒酸钠维生素 E 注射液,1 mL/支、5 mL/支、10 mL/支,每毫升含亚硒酸钠 1 mg,维生素 50 IU。肌内注射,1 次量:牛、马 30 ~ 50 mg;驹、犊 5 ~ 8 mg;羔羊、仔猪 1 ~ 2 mg。亚硒酸钠维生素 E 预混剂,混饲,每 1 000 kg 饲料,畜禽 500 ~ 1 000 g。

5. 碘

碘是动物体内甲状腺及其活性形式三碘甲腺原氨酸的组分,参与甲状腺激素的合成,在调节基础代谢率和促进骨的钙化方面起着重要作用。碘是动物体内所必需的元素之一,其主要吸收部位是小肠,反刍动物瘤胃是吸收碘化物的主要部位,皱胃是内源性碘分泌的主要部位。无机碘可直接被吸收,有机碘还原成碘后才能被吸收。

碘化钾和碘化钠

[作用与应用]本品作用与碘相同,动物缺乏时,甲状腺肿大,生长发育不良,生产能力降低;母畜不发情、流产、产死胎或弱胎;母鸡产蛋停止;公畜性欲减退、精液品质低劣。本品用于防治碘缺乏症。

[制剂与用法用量]混饲,猪 0.03 ~ 0.36 mg/d。

6. 钴

钴是维生素 B_{12} 的必要成分,参与维生素 B_{12} 的合成,能刺激骨髓的造血机能,有抗贫血作用;也参与一碳基团代谢,促进叶酸变为四氢叶酸,提高叶酸的生物利用率;参与甲烷、甲硫氨酸、琥珀酰辅酶 A 的合成和糖原异生。反刍动物瘤胃中微生物必须利用摄入的钴,才能合成机体内所必需的维生素 B_{12}。其他动物的大肠微生物合成维生素 B_{12} 也需要钴。内服的钴,一部分被胃肠道微生物用以合成维生素 B_{12},一部分经小肠吸收进入血液。钴在动物体内的含量极低,主要分布在肝、肾、脾和骨骼中,主要由肾脏排出。

氯化钴

[理化性质]本品为红色或紫红色结晶,在干燥空气中稍有风化性,易潮解;极易溶于水和醇;水溶液呈桃红色,醇溶液呈蓝色;宜密封保存。

[作用与应用]饲料中长期缺钴,影响维生素 B_{12} 的合成,引起血红蛋白和红细胞生成受阻。牛、羊表现为明显的低血色素性贫血,血液运输氧的能力变弱,食欲减退,消瘦,泌乳牛、羊乳量下降,怀孕牛、羊产出死胎,即使存活的胎儿也不健康。本品主要用于防治反刍动物

钴缺乏症,幼畜生长发育受阻等。

[制剂与用法用量]氯化钴片或氯化钴溶液,内服,1 次量,每千克体重,治疗:牛 500 mg;犊 200 mg;羊 100 mg;羔羊 50 mg。预防:牛 25 mg;犊 10 mg;羊 5 mg;羔羊 2.5 mg。1 次/d,10 ~ 15 d 为 1 疗程,停药 10 ~ 15 d,视病情可反复用药。

✱课后笔记

	学习情境1 钙盐	氯化钙、葡萄糖酸钙、碳酸钙等
项目4 钙、磷及微量元素	学习情境2 磷制剂	磷酸二氢钠等
	学习情境3 微量元素	硫酸铜、硫酸锌、硫酸锰、亚硒酸钠、碘化钾、碘化钠、氯化钴等

思考题

1. 如何才能使糖皮质激素既能充分发挥其药理作用,又不致发生不良反应?

2. 维生素 D 有哪些用途? 在什么情况下宜与钙剂配合?

3. 从维生素 B_1 与维生素 C 的作用,说明它们在临床上的应用。

4. 微量元素硒、锌、铜、钴可防治哪些畜禽疾病?

5. 碳酸氢钠与乳酸钠在治疗代谢性酸中毒时,应当注意哪些问题?

6. 铁制剂与维生素 B_{12} 在临床使用中应注意些什么?

7. 葡萄糖与右旋糖酐的作用与应用是什么?

8. 简述氯化钠、氯化钾的作用与应用及注意事项。

9. 碳酸氢钠为何是治疗代谢性酸中毒的首选药? 其作用原理是什么?

10. 简述维生素 B_1、维生素 C、维生素 D、维生素 E 的作用与应用。

11. 佝偻病、软骨病怎样治疗?

12. 糖皮质激素有哪些作用? 在临床上如何合理地应用才能避免不良反应的发生?

模块病例导入

1. 重庆市万州区某养鸡场发现雏鸡群体温正常,但是腿无力,喙与爪变软易弯曲,采食困难,步态不稳,常以跗关节着地,呈蹲伏状态,骨骼变软肿胀。

该病最可能的诊断是(　　　)。

A. 骨软症　　　　　　　　　B. 佝偻病　　　　　　　　　C. 维生素 B_1 缺乏症

D. 锰缺乏症　　　　　　　　E. 禽痛风

应该选择什么药物进行解救(　　　)。

A. 维生素 A　　　　　　　　B. 维生素 B_1　　　　　　　C. 维生素 C

D. 维生素 D　　　　　　　　E. 维生素 E

2. 妊娠母猪,精神沉郁,食欲未见异常,体温 38.5 ℃,生长缓慢,皮肤粗糙,呈脂溢性皮炎,唇发炎,继而共济失调,清瘦,鬃毛脱落,流产、早产,所产仔猪孱弱、秃毛,皮炎,结膜炎。该病可诊断为(　　　)。

A.维生素 K 缺乏症　　　　B.维生素 B_1 缺乏症　　　　C.维生素 B_2 缺乏症

D.维生素 B_6 缺乏症　　　　E.维生素 D 缺乏症

治疗该病首选药物是(　　)。

A.烟酸　　　　　　　　　B.硫胺素　　　　　　　　C.核黄素

D.生物素　　　　　　　　E.钴胺素

直击执业兽医师

1. 2020 年真题　不得用于皮下注射的药物是(　　)。

A.疫苗　　　　　　　　　B.血清　　　　　　　　　C.伊维菌素

D.0.9%氯化钠　　　　　　E.10%氯化钙

2. 2020 年真题　抢救母犬产后低钙血症最有效的药物是(　　)。

A.钙片　　　　　　　　　B.维生素 D　　　　　　　C.维丁胶性钙

D.葡萄糖酸钙注射液　　　E.甲状旁腺素注射液

3. 2010 年真题　对动物钙、磷代谢及幼畜骨骼生长有重要影响的药物是(　　)。

A.维生素 A　　　　　　　B.维生素 B_1　　　　　　C.维生素 C

D.维生素 D　　　　　　　E.维生素 E

4. 2016 年真题　治疗奶牛产后血红蛋白尿病的注射药物是(　　)。

A.磷酸钙　　　　　　　　B.磷酸二氢钾　　　　　　C.磷酸氢二钾

D.磷酸二氢钠　　　　　　E.磷酸氢二钠

5. 2010 年真题　维持动物视觉,特别是在维持暗适应能力方面起着极其重要作用的维生素是(　　)。

A.维生素 A　　　　　　　B.维生素 B_1　　　　　　C.维生素 B_2

D.维生素 E　　　　　　　E.维生素 K

6. 2015 年真题　临床上可用作一般解毒剂的维生素是(　　)。

A.维生素 A　　　　　　　B.维生素 B_1　　　　　　C.维生素 C

D.维生素 D　　　　　　　E.维生素 E

7. 2015 年真题　颈静脉注射时,漏注可引起较严重颈静脉周围炎的注射液是(　　)。

A.5%水合氯醛　　　　　　B.0.5%普鲁卡因　　　　　C.5%葡萄糖溶液

D.0.9%氯化钠溶液　　　　E.复方氯化钠注射液

8. 2013 年真题　能够缓解高铁血红蛋白症的维生素是(　　)。

A.维生素 D　　　　　　　B.维生素 K　　　　　　　C.维生素 B_2

D.维生素 C　　　　　　　E.维生素 A

9. 2017 年真题　治疗禽骨骼短粗和腓肠肌腱脱落的药物是(　　)。

A.硫酸锰　　　　　　　　B.硫酸钴　　　　　　　　C.硫酸锌

D.硫酸铜　　　　　　　　E.硫酸亚铁

10. 2014 年真题　矫正该犬水、电解质、酸碱平衡紊乱,静脉输液最适宜的液体组方是(　　)。

A.10%葡萄糖,5%葡萄糖　　B.5%葡萄糖,5%碳酸氢钠

C.10%葡萄糖,5%碳酸氢钠　D.5%葡萄糖,5%葡萄糖氯化钠

E.5%葡萄糖氯化钠,复方氯化钠

11. 2019 年真题　下列与禽痛风有关的维生素是(　　)。

A.维生素 A　　　　　　　　B.维生素 B_2　　　　　　C.维生素 B_1

D.维生素 E　　　　　　　　E.维生素 K

12. 2011 年真题　甘露醇的最佳适应症是(　　)。

A.肺水肿　　　　　　　　　B.脑水肿　　　　　　　　C.肝性水肿

D.乳房水肿　　　　　　　　E.肾性水肿

13. 2012 年真题　亚硒酸钠可用于防治仔猪的(　　)。

A.白肌病　　　　　　　　　B.贫血　　　　　　　　　C.佝偻病

D.骨软症　　　　　　　　　E.干眼病

14. 2015 年真题　在我国,目前可用作猪促生长的药物是(　　)。

A.雌二醇　　　　　　　　　B.沙丁胺醇　　　　　　　C.碘化酪蛋白

D.喹乙醇　　　　　　　　　E.地西泮

15. 2016 年真题　用于治疗犬干眼病的药物是(　　)。

A.维生素 A　　　　　　　　B.维生素 D　　　　　　　C.维生素 K

D.维生素 C　　　　　　　　E.维生素 E

16. 2018 年真题　为防止瘢痕形成和组织粘连可局部注射(　　)。

A.链激酶　　　　　　　　　B.尿激酶　　　　　　　　C.辅酶 A

D.ATP　　　　　　　　　　E.酯酶

17. 2019 年真题　禁止在畜禽饲料中使用的是(　　)。

A.盐酸克仑特罗　　　　　　B.土霉素钙　　　　　　　C.牛至油预混料

D.吉他霉素预混料　　　　　E.盐霉素钠预混料

18. 2016 年真题　用于防治动物骨软症的药物是(　　)。

A.维生素 A　　　　　　　　B.维生素 D　　　　　　　C.维生素 K

D.维生素 C　　　　　　　　E.维生素 E

19. 2017 年真题　高产奶牛,第 4 胎,分娩后 2 周食欲略有下降,可视黏膜苍白、黄染。排尿次数增加,但每次排尿量相对较少,尿液颜色逐渐由淡红、红色、暗红色变为棕褐色。治疗该病有效的药物是(　　)。

A.磷制剂　　　　　　　　　B.钙制剂　　　　　　　　C.硒制剂

D.镁制剂　　　　　　　　　E.锰制剂

模块 5

作用于病原体的药物

【学习目标】

1. 掌握防腐消毒药、抗生素、磺胺类、增效剂的作用机理及分类。
2. 明确抗生素、化学合成药物、防腐消毒药、抗寄生虫药的作用特点、不良反应、注意事项；明确抗寄生虫药的分类及应用注意事项。
3. 掌握防腐消毒药、抗生素、抗菌谱、抗菌活性、耐药性等概念；掌握抗寄生虫药的使用原则。
4. 掌握常用抗微生物药及抗寄生虫药的作用、应用及用法。
5. 在实践生产中能够合理应用抗微生物药、抗寄生虫药；针对临床病例能够准确选药、合理用药，开出正确的处方。

【学习要求】

1. 理解防腐消毒药、抗生素、磺胺类、增效剂的作用机理；理解防腐消毒药、抗生素、抗菌谱、抗菌活性、耐药性等概念及抗寄生虫药的使用原则。
2. 掌握常用抗微生物药及抗寄生虫药的作用、应用及用法，明确不良反应、注意事项。
3. 在实践生产中，能够针对临床病例准确选药、合理用药，开出正确的处方。

【资讯问题】

1. 常用防腐消毒药、抗生素、化学合成抗菌药物、抗寄生虫药有哪些？
2. 革兰氏阴性菌与革兰氏阳性菌的常用敏感药物有哪些？
3. 抗支原体的药物有哪些？
4. 抗真菌的药物有哪些？
5. 广谱抗生素对哪些病原有作用？

项目1 抗微生物药物

抗微生物药物是指能够抑制或杀灭细菌、支原体、真菌、病毒等病原微生物的药物,包括合成抗菌药物、抗病毒药、抗真菌药、抗菌中草药和防腐消毒药等。它们在控制畜禽感染性疾病、保证集约化养殖业的发展、提高经济效益方面,起到了极为重要的作用。感染性疾病不仅给畜牧业生产带来巨大损失,而且许多人畜共患病直接或间接地危害人类的健康和影响公共卫生。在与这些感染性疾病的斗争中,抗微生物药物发挥着巨大作用。

学习情境1 防腐消毒药

消毒药是指能杀灭病原微生物的药物,主要用于环境、厩舍、器械等非生物表面的消毒。防腐药是指能抑制病原微生物生长繁殖的药物,主要用于皮肤、黏膜等生物体表及食品、生物制品的防腐。消毒药与防腐药两者之间没有严格的界限,消毒药在低浓度时是防腐药,防腐药在高浓度时是消毒药。

防腐消毒药对防治疫病,保障人、畜健康及公共卫生都有重要作用。为防治各种传染病,对公共环境、动物厩舍、动物体表进行消毒,都可选用消毒防腐药。因此,这类药物具有非常实用的临床价值。

防腐消毒药与其他抗菌药不同,它们对病原体与机体组织并无明显的选择性,在防腐消毒的浓度下,往往也会损害动物机体,甚至产生毒性反应。因此它通常不作全身用药,主要用于杀灭或抑制动物体表、器械、排泄物及周围环境病原微生物。

一、防腐消毒药的作用机理

防腐消毒药的种类较多,其作用机理各不相同,目前认为主要有下列三种:

1. 使菌体蛋白质凝固、变性

大部分的防腐消毒药,如酚类、醛类、醇类、重金属盐类等都是通过这一机理起作用的,其作用无选择性,可损害一切生活物质,即属于"一般原浆毒"。由于其不仅能杀菌,也会损害动物的细胞组织,因此只适用于环境消毒。

2. 改变菌体细胞膜的通透性

有些防腐消毒药,如表面活性剂能降低菌体的表面张力,增加菌体细胞膜的通透性,引起重要的酶和营养物质的缺失,使菌体溶解或崩溃,从而起到抗菌作用。

3. 抑制细菌的重要酶系统

有些防腐消毒药,如重金属类、氧化剂类和卤化物类既可因其结构同菌体内的代谢物相似而与酶结合,从而抑制酶的活性,也可以通过氧化还原反应损害酶的活性基团起到抑菌作用。

二、防腐消毒药作用强度的影响因素

防腐消毒药作用的强弱,不仅取决于自身的理化性质,而且受许多其他因素的影响。

1. 药物的浓度与作用时间

一般说来,防腐消毒药的浓度越大、作用时间越长,则效果越好,但对组织的毒性也越大;而浓度太低,作用时间太短,则达不到效果。因此应按各种防腐消毒药的特性,选取合适的浓度,并达到规定的消毒时间。

2. 温度

外界环境温度与消毒药的抗菌效果成正比,即温度越高,杀菌力越强。一般规律是温度每升高 10 ℃时,消毒效果则增强 1～1.5 倍。

3. 有机物

粪便、尿液、脓液、血液及体液等有机物与防腐消毒药结合后,必然影响防腐消毒药与病原微生物的接触,而且有机物越多,对防腐消毒药抗菌效力影响越大。因此,在消毒前应将消毒场所打扫干净,把感染创中的脓血、坏死组织清洗干净。

4. 微生物的类型

不同菌种和处于不同状态的微生物,对药物的敏感性是不同的。病毒对碱类敏感,细菌、芽孢却对碱的耐受力极强,不易杀死。处于生长繁殖期的细菌对消毒液较为敏感,一般常用的消毒液都能收到较好的效果。

5. 配伍禁忌

当两种消毒药合用时,由于其物理性或化学性的配伍禁忌而产生相互拮抗作用,使消毒效果降低。如阳离子表面活性剂与阴离子表面活性剂共用,使消毒作用减弱至消失。

6. 其他

消毒液的表面张力、pH、剂型以及消毒物表面形状、结构等都能影响消毒作用。

子学习情境 1　环境、用具、器械的消毒药

一、酚类

酚类是一种表面活性物质,它能使蛋白质变性、凝固,故有杀菌作用。酚类在适当浓度下能杀灭繁殖型细菌和真菌,但对芽孢和病毒的作用不强,抗菌活性不受环境中有机物的影响,具有较强的穿透力,故用于环境、用具、器械、排泄物的消毒。常用的有苯酚、甲酚等。

苯酚

[理化性质]又名石炭酸。本品为白色或微红色针状结晶,有特臭;易溶于水和有机溶剂,水溶液呈弱酸性;遇光色渐变深。

[作用与应用]苯酚是一般消毒液,碱性环境、脂类、皂类等能减弱其杀菌作用。苯酚主要用于环境、器械等的消毒。2%～5%苯酚液用于器具、厩舍消毒及排泄物和污物的处理。5%苯酚液可在48 h内杀灭炭疽芽孢。苯酚被认为是一种致癌物质。

甲酚

[理化性质]又名煤酚。本品为近乎无色、淡紫色或淡棕黄色的澄明液体,特臭;难溶于水;在日光下色渐变深。

[作用与应用]抗菌作用较苯酚强3～10倍,因此药用浓度较低,故其毒性比苯酚小。对多数病原菌有杀灭作用,对病毒有一定的作用,对芽孢无效。5%～10%甲酚皂溶液(来苏水)用于厩舍、用具、排泄物等的消毒。甲酚对皮肤有刺激性。

二、醛类

醛类能使蛋白质变性,使酶和核酸功能发生改变而呈现强大的杀菌作用。这类消毒药有很强的化学活性,在常温下易挥发。常用的有甲醛、戊二醛等。

甲醛溶液

[理化性质]又名福尔马林。本品为无色的澄明液体,含甲醛40%;有特殊刺激性气味;能与水和酒精任意混合;在冷处久贮(9 ℃以下),可生成聚甲醛而沉淀,常加入10%～15%的甲醇,以防聚合。

[作用与应用]本品具有强大的广谱杀菌作用,能杀死各种细菌、病毒及芽孢等,主要用于厩舍、仓库、皮毛、衣物、用具等消毒。2%溶液用于器械消毒,5%～10%溶液用于固定和保存解剖标本,10%～20%甲醛溶液可治疗蹄叉腐烂。另外,可采用15～42 mL/m³的甲醛溶液对室内、孵化室等进行熏蒸消毒。

戊二醛

[理化性质]无色油状液体,味苦,有微弱的甲醛臭,但挥发性较低,可与水或醇以任何比

例混合,溶液呈弱酸性,在 pH 值高于 9 时可迅速聚合。

戊二醇的碱性水溶液具有较好的杀菌作用是近 10 年才发现的。在 pH 值为 7.5~8.5 时,作用最强,可杀灭繁殖型的细菌和芽孢、真菌、病毒,其作用强度是甲醛的 2~10 倍,有机物对其作用影响不大。戊二醇的一般使用浓度为 2%。

[注意事项]本品对组织刺激性弱,碱性溶液可腐蚀铝制品,不能用铝制品盛装。

三、碱类

碱类化合物在水中易解离出氢氧根离子,高浓度的氢氧根离子可使菌体蛋白质和核酸水解,使酶系和细胞结构受损而死亡。其抗菌强度取决于氢氧根离子的浓度,解离度越大,杀菌作用越强。碱对病毒和细菌有很强的杀灭作用,高浓度还可杀灭芽孢。常用的有氢氧化钠、石灰、氢氧化钾等。

氢氧化钠

[理化性质]又名苛性钠,消毒用氢氧化钠又称烧碱或火碱。本品为白色不透明固体,易潮解,易溶于水、乙醇、甘油,不溶于丙酮。

[作用与应用]烧碱能杀死细菌、病毒和芽孢。2% 溶液用于口蹄疫、猪瘟等病毒和猪丹毒、鸡白痢等细菌感染的消毒,亦用于食品厂、牛奶场、厩舍、饲槽、车船等的消毒。5% 溶液用于炭疽芽孢污染的消毒。氢氧化钠对组织有腐蚀性,对织物和铝制品有损坏作用,消毒时应注意防护。

石灰

[理化性质]又名生石灰,为粒状致密块体。本品为白色,或带灰白、灰黄等色调。其主要成分为氧化钙(CaO),是一种价廉易得的消毒药。

[作用与应用]本品对细菌有良好的杀灭作用,对芽孢无效。常于临用前配成 20% 的石灰乳涂刷厩舍墙壁、畜栏、地面,或对粪便进行消毒,或将石灰直接撒在潮湿地面、粪池周围及污水沟等进行消毒。在传染病流行期间,牧场、圈舍门口可放置浸透 20% 石灰乳的草垫进行鞋底消毒。

四、氧化剂类

氧化剂类消毒药通过氧化反应,直接与菌体或酶蛋白发生反应而损伤细胞导致其死亡;或通过氧化还原反应,损害细菌生长过程而致死。本类药物杀菌力强,但易分解,不稳定,具有漂白和腐蚀作用。

过氧乙酸

[理化性质]又名过醋酸。本品为强氧化剂;有刺激性酸味,易挥发,易溶于水,性质不稳定;浓度高于 45% 时遇热或剧烈碰撞易爆炸,20% 以下溶液则无此危险,故市售浓度为 20% 的过氧乙酸。

[作用与应用]本品是一种高效广谱杀菌剂,作用快而强,对细菌、真菌、病毒、芽孢均能

杀死,在低温下也有作用,主要用于厩舍、器具的消毒。0.02%~0.2%溶液用于皮肤、黏膜消毒;0.04%~0.2%用于玻璃、搪瓷、橡胶等器具浸泡消毒;0.5%溶液用于厩舍、场地、墙壁、车船等喷雾消毒;3%~5%溶液用于空间加热熏蒸消毒。

五、卤素类

卤素和易放出卤素的化合物有强大的杀菌作用。它们易渗入菌体细胞内,对菌体蛋白产生卤化或氧化作用而呈杀菌作用。卤素类抗菌谱广,杀菌作用强大,对细菌、病毒和芽孢都有效。

含氯石灰

[理化性质]又名漂白粉。本品为次氯酸钙与氢氧化钙的混合物,含有效氯25%~30%,为灰白色粉末,有氯臭;微溶于水,在空气中吸收水分和二氧化碳而缓慢分解失效;不能与易燃易爆物混放。

[作用与应用]本品的主要成分是次氯酸钙,加水生成次氯酸,次氯酸释放活性氯和初生氧而起杀菌作用,杀菌作用快而强,但不持久,并受有机物的影响。本品主要用于饮水、场地、厩舍、车辆、排泄物的消毒。饮水消毒可在每50 L水中加1 g漂白粉,30 min后即可饮用。1%~3%溶液用于餐具、玻璃器皿等器具消毒,10%~20%溶液用于场地、厩舍、车船等消毒。

二氯异氰尿酸钠

[理化性质]又名优氯净。本品为白色或微黄色粉末,具有氯臭,含有效氯60%~64%;性质稳定,室内保存半年仅降低有效氯含量0.16%;易溶于水,但水溶液稳定性差,宜现用现配。

[作用与应用]本品是新型高效消毒药,对细菌繁殖体、芽孢、病毒、真菌均有较强的杀灭作用,广泛用于鱼塘、饮水、食品、牛奶加工厂、车辆、厩舍、蚕室、用具的消毒。消毒浓度以有效氯计算,鱼塘0.3 mg/L水,饮水消毒0.5 mg/L水;食品、牛奶加工场所、厩舍、蚕室、用具、车辆50~100 mg/L水。

六、其他类

百毒杀

[理化性质]又名癸甲溴铵溶液,是一种双链季铵盐类高效表面活性剂。本品为无色无味液体,能溶于水,性质稳定;不受环境酸碱度、水质酸度、粪污、血液等有机物及光热的影响,可长期保存,适应范围广。

[作用与应用]本品低浓度能杀灭畜禽的主要病原菌、病毒和部分虫卵,有除臭和清洁作用。常用0.05%的溶液进行浸泡、洗涤、喷洒等消毒厩舍、孵化室、用具、环境。将本品1 mL加入10 000~20 000 mL水中,可消毒饮水槽和饮水。

复合酚

[理化性质]又名菌毒敌、畜禽灵,为酚剂酸类复合性消毒剂。本品含酚41%~49%、醋

酸22%~66%,为深红褐色黏稠液体,有特异臭味。

[作用与应用]本品为广谱、高效、新型消毒剂,可杀灭细菌、霉菌和病毒,对多种寄生虫卵也有杀灭作用,并能抑制蚊、蝉等昆虫和鼠害的滋生。常用0.35%~1%浓度的水溶液,喷洒消毒畜禽舍、笼具、饲养场地、运输工具及排泄物。稀释用水的温度应不低于8℃。通常用药后药效维持1周。在环境脏、污染较严重时,可适当增加药物浓度和用药次数。

[注意事项]本品忌与其他消毒药或碱性药物混合应用,以免降低消毒效果;严禁用喷洒过农药的喷雾器械喷洒本品,以免引起畜禽意外中毒。

子学习情境2　皮肤、黏膜及创面的防腐消毒药

本类药物具有对皮肤、黏膜无刺激性、无毒性、不引起过敏的特点,主要用于皮肤、黏膜和创面的感染预防或治疗,属于防腐药。临床中常将皮肤、黏膜防腐药称为皮肤黏膜消毒药,目前兽医临床主要用于外科清创和术者皮肤消毒。

一、醇类

醇类是使用较早的一类防腐消毒药。它能使菌体蛋白质凝固和脱水而呈现抗菌作用,性质稳定,作用迅速,但对细菌芽孢无杀灭作用。最常用的是酒精。

酒精

[理化性质]又名乙醇。本品为无色透明液体,易挥发,易燃烧,能与水以任意比例混合。无水酒精浓度为99.0%以上,医用酒精浓度不低于95.0%。处方上凡未注明浓度的酒精,均指95%的酒精。

[作用与应用]酒精是临床最常用的皮肤消毒药,它可使菌体蛋白脱水凝固而杀死细菌和病毒,对芽孢无效。以质量分数为70%(W/W)或体积分数为75%(V/V)的酒精杀菌力最强,过高浓度可使组织表面形成一层蛋白凝固膜,妨碍渗透而影响杀菌效果;浓度低于20%时,酒精的杀菌作用微弱。常用75%酒精用于皮肤消毒和器械浸泡消毒;用稀酒精(50%)涂擦久卧病畜的皮肤,可预防褥疮;用70%~90%酒精涂擦局部,可促进炎性产物吸收,减轻疼痛,用于治疗急性关节炎、腱鞘炎和肌炎等。

二、有机酸类

有机酸类杀菌作用不强,主要用作防腐药。本类药物较多,其中苯甲酸、山梨酸、戊酮酸、甲酸、乙酸、丙酸和丁酸等广泛用于药品、粮食和饲料的防腐,水杨酸、苯甲酸等具有抗真菌作用。

硼酸

[理化性质]本品为无色鳞片结晶或疏松的白色粉末,无臭;易溶于沸水和甘油。

[作用与应用]硼酸为一种弱酸,只有抑菌作用,对组织无刺激性。常用2%~4%溶液

洗眼,冲洗各种黏膜,清洁新鲜创面。

水杨酸

[理化性质]本品为白色细微针状结晶性粉末,无臭,味微苦;难溶于水,易溶于酒精。

[作用与应用]本品有抑菌和杀霉菌的作用,并有溶解角质的作用。2%～10%醇溶液治疗霉菌性皮肤病;50%醇溶液治疗腐蹄病(蹄叉腐烂)。

三、表面活性剂类

表面活性剂又称清洁剂,是一类能降低水溶液表面张力的物质,可分为阴离子表面活性剂和阳离子表面活性剂。阳离子表面活性剂抗菌力强,能吸附在细菌表面,使其张力降低,从而改变细胞膜的通透性而杀菌。其抗菌作用快,抗菌谱广,能杀灭多种细菌、真菌及部分病毒,但不能杀死芽孢、结核杆菌和绿脓杆菌。杀菌效果受有机物的影响,阳离子表面活性剂不能与阴离子表面活性剂同时使用。常用的有苯扎溴铵、醋酸氯己定等。

苯扎溴铵

[理化性质]又名新洁尔灭。本品为季铵盐类阳离子表面活性剂,为无色或淡黄色胶状体,芳香,味苦;易溶于水,水溶液呈碱性,性质稳定;无刺激性,无腐蚀性。

[作用与应用]本品具有去污和杀菌作用,用于创面、皮肤和手术器械消毒。0.01%～0.05%溶液用于子宫、膀胱、尿道黏膜及深部感染伤口的冲洗消毒;0.1%溶液用于手术前手部消毒(浸泡5 min)和皮肤、手术器械(浸泡30 min)及玻璃器具的消毒;1%用于术野消毒。对金属器械消毒时,需加0.5%亚硝酸钠以防生锈,不宜用于眼科器械和橡胶制品的消毒。禁与肥皂等阴离子活性剂、碘化物和过氧化物合用。

醋酸氯己定

[理化性质]又名洗必泰。本品为阳离子型双胍化合物,为白色结晶性粉末,无臭,味苦;在水中微溶,在酒精中溶解,在酸中解离,其溶液呈强碱性,无刺激性。

[作用与应用]抗菌作用强于新洁尔灭,作用快速持久,毒性小,与新洁尔灭合用对大肠杆菌有协同作用;两药混合液呈相加作用。本品常用于皮肤、术野、创面、器具等消毒。0.02%水溶液用于术前手部消毒(浸泡3 min);0.05%水溶液冲洗黏膜、创面;0.1%水溶液用于器具消毒(浸泡10 min);0.5%水溶液或醇(70%酒精配制)溶液用于皮肤消毒,其效力与碘酊相当。本品禁与肥皂等阴离子活性剂、碘化物和过氧化物合用。

[制剂]醋酸洗必泰外用片。

四、碘与碘化物

碘属卤素类,碘与碘化物的抗菌作用与卤素相同。常用药物有碘、碘仿及聚维酮碘。

碘

[理化性质]本品为灰黑色有金属光泽的片状结晶或块状物,有臭味,具挥发性;难溶于

水,易溶于酒精和碘化钾溶液。

[作用与应用]碘具有强大的杀菌作用,对芽孢、真菌、病毒及原虫亦能杀灭。其稀溶液(2%~5%)对组织刺激性小,浓溶液(10%)则有刺激和腐蚀性。因此,碘酊涂擦皮肤待稍干后,宜用75%酒精擦去(脱碘),以免引起皮肤发泡、脱皮和皮炎。2%碘酊用于一般皮肤消毒,5%碘酊用于大家畜皮肤及术野消毒,10%浓碘酊可用作局部皮肤刺激药,对慢性腱鞘炎、腱鞘炎、关节炎、骨膜炎等有消炎作用,也可用作化脓疮的消毒;碘甘油刺激性小,用于口腔炎症与溃疡及阴道炎的治疗。

[制剂]5%碘酊:碘5 g,碘化钾3 g,蒸馏水适量(溶解碘化钾),加酒精至100 mL即成。碘甘油:碘50 g,碘化钾100 g,甘油200 mL,加蒸馏水至1 000 mL即成。

聚维酮碘

[理化性质]本品为1-乙烯基-2-吡咯酮均聚物与碘的复合物,为黄棕至红棕色粉末。易溶于水、乙醇,不溶于乙醚、氯仿。

[作用与应用]本品为广谱的强力杀菌消毒剂,对病毒、细菌、真菌及霉菌孢子都有较强的杀灭作用。本品对皮肤刺激性小,毒性低,作用持久。使用安全、简便。对组织基本无刺激性,主要用于皮肤及黏膜消毒,如手术前清洗、手术部位及伤口消毒。

[制剂与用法]聚维酮碘溶液。皮肤消毒用5%溶液;乳房部消毒0.5%~1%溶液。

碘仿

[理化性质]本品为黄色有光泽的晶粉,易挥发;微溶于水,易溶于苯和丙酮。

[作用与应用]本品对组织刺激性小,能促进肉芽形成,具有防腐、防臭和防蝇作用。用于瘘管和深部创伤的消毒。

[制剂与用法]碘仿乙醚溶液。4%~6%碘仿纱布用于充填深而易污染的伤口;10%碘仿醚溶液用于治疗深部瘘管、蜂窝织炎和关节炎等。

五、氧化剂

本类药物与有机物相遇时,可释放出游离态氧,使细菌体活性基团氧化而起杀菌作用。

过氧化氢

[理化性质]又名双氧水。本品为无色、无臭的澄明液体。

[作用与应用]本品遇有机物迅速分解放出游离态氧而起杀菌作用。因其放氧时间短,故抗菌作用弱,但由于分解迅速,产生的大量气泡能机械松动脓块和坏死组织,有利于清洁创面。临床常用1%~3%的过氧化氢清洗深部化脓创、瘘管等。高浓度溶液对组织有刺激性。

高锰酸钾

[理化性质]本品为紫色的菱形结晶或颗粒,溶于水,水溶液呈深紫色,与某些有机物或易燃物混合时易发生爆炸。

[作用与应用]本品为强氧化剂,遇有机物或加热、加酸、加碱等均立即释放出氧(非游离态氧,不产生气泡)而呈现杀菌、除臭、解毒作用。高锰酸钾的抗菌作用较过氧化氢强,而且还原后的氧化锰能与蛋白质结合成蛋白盐类复合物,使高锰酸钾在低浓度时对组织有收敛作用,在高浓度时有刺激和腐蚀作用。在酸性环境中杀菌作用增强,遇有机物易被分解而作用减弱。高锰酸钾对士的宁、吗啡等生物碱、氰化物及苯酚、水合氯醛、氯丙嗪、磷等有氧化作用,使它们失去毒性。0.05% ~ 0.1%溶液用于腔道冲洗、生物碱、氰化物等中毒时抢救洗胃,0.1% ~ 0.2%溶液用于冲洗黏膜、创伤,1%溶液冲洗毒蛇咬伤的伤口。

六、染料类

染料分为两类,即碱性染料(阳离子)和酸性染料(阴离子)。两者仅能抑菌,作用慢,抗菌谱窄,阳离子染料的抑菌作用强于阴离子染料。兽医临床常用的为碱性染料。碱性染料在碱性环境中有杀菌作用,碱度越高,杀菌力越强,主要作用于革兰氏阳性菌。其作用机理是碱性染料的阳离子能与菌体蛋白结合,因抑制酶的活性和破坏细胞膜结构而抑菌。

乳酸依沙吖啶

[理化性质]又名雷佛奴尔、利凡诺。本品为黄色结晶性粉末,溶于水,难溶于酒精。

[作用与应用]本品对革兰氏阳性菌,特别对各种化脓菌有较强的抑制作用,最敏感的细菌是魏氏梭状芽孢杆菌和酿脓链球菌。对组织无刺激性。0.1% ~ 0.3%水溶液冲洗黏膜、创面,或以浸泡纱布湿敷,治疗皮肤、黏膜的创面感染。本品溶液宜新鲜配制使用,不宜用NaCl 溶液配制。

甲紫

[理化性质]本品和龙胆紫、结晶紫是同类性质的碱性染料,为深绿紫色颗粒粉末或碎片。能溶于水和酒精。

[作用与应用]本品对革兰氏阳性菌有强大的抗菌作用,对真菌也有作用。对组织无刺激性。0.1% ~ 1%水溶液用于烧伤,因有收敛作用能使创面干燥;也用于皮肤表面抗真菌感染。1% ~ 2%溶液用于皮肤黏膜的创面感染和溃疡。

学习情境 2 抗生素

抗生素是真菌、细菌、放线菌等微生物产生的代谢物质,有抑制或杀灭病原体的作用。抗生素除能从微生物培养液中提取外,已有不少品种能人工合成或半合成,这不仅增加了抗生素的来源和品种,还扩大了临床应用范围。有些抗生素具有抗病毒、抗肿瘤和抗寄生虫的作用。

1.抗菌谱及抗菌活性

（1）抗菌谱

抗菌谱是指药物抑制或杀灭病原微生物的范围。凡仅作用于单一菌种或某属细菌的药物称窄谱抗菌药,例如青霉素主要对革兰氏阳性细菌有作用,链霉素主要作用于革兰氏阴性细菌。凡能杀灭或抑制多种不同种类的细菌、抗菌谱范围广泛的药物称广谱抗菌药,如四环素类、氯霉素类、庆大霉素、广谱青霉素类、第三代头孢菌素、氟喹诺酮类等。

（2）抗菌活性

抗菌活性是指抗菌药抑制或杀灭病原微生物的能力,可用体外抑菌试验和体内实验治疗方法测定。体外抑菌试验对临床用药具有重要参考价值。在体外培养细菌18~24 h后能够抑制培养基内细菌生长的最低浓度称为最小抑菌浓度（MIC）;能够杀灭培养基内细菌或使细菌数减少99.9%的最低浓度称为最小杀菌浓度（MBC）。抗菌药的抑菌作用和杀菌作用是相对的,有些抗菌药在低浓度时呈抑菌作用,而高浓度呈杀菌作用。临床上所指的抑菌药是指仅能抑制病原菌的生长繁殖,而无杀灭细菌作用的药物,如磺胺类、四环素类等。杀菌药是指具有杀灭病原菌作用的药物,如青霉素类、氨基糖苷类、氟喹诺酮类等。

2.分类

抗生素根据抗菌谱和应用可分为以下六类。

（1）主要作用于革兰氏阳性菌的抗生素

此类抗生素主要有青霉素类、头孢菌素类、大环内酯类、林可胺类、新生霉素、杆菌肽等。

（2）主要作用于革兰氏阴性菌的抗生素

此类抗生素主要有氨基糖苷类、多黏菌素类等。

（3）广谱抗生素

广谱抗生素即对革兰氏阳性菌和革兰氏阴性菌等均有作用的抗生素,包括四环素类及氯霉素类等。

（4）抗真菌抗生素

此类抗生素主要有灰黄霉素、制霉菌素及两性霉素 B 等。

（5）抗寄生虫的抗生素

此类抗生素主要有莫能菌素、盐霉素、马杜霉素、拉沙里菌素、伊维菌素、潮霉素 B、越霉素 A 等。

（6）抗肿瘤的抗生素

此类抗生素主要有丝裂霉素 C、正定霉素、博来霉素、光辉霉素等。

3.作用机理

抗生素主要通过干扰病原微生物的代谢过程而起抗菌作用,其作用机理大致可分为 4 种类型。

（1）抑制细菌细胞壁的合成

与动物细胞不同,大多数细菌的细胞在细胞膜外还有一层保护细菌免受机械损伤和外界渗透压影响的坚韧组织——细胞壁。革兰氏阳性菌细胞壁的主要成分是黏肽——一种肽多糖聚合体。青霉素类、头孢菌素类等抗生素中含有和黏肽局部结构相似的 β-内酰胺环,它能结合到黏肽的肽链上,从而阻止黏肽的交叉链接,造成细胞壁缺损,使细胞外的水分渗入菌体内,导致菌体膨胀变形、破裂死亡。因此,青霉素类对生长旺盛的细菌作用强,而对静止状态下的细菌作用弱,因为前者需要不断地合成细胞壁,而后者已经合成细胞壁,不受青霉素影响,故这类抗生素称为繁殖期杀菌剂。革兰氏阴性菌因细胞壁的主要成分是磷脂,故受青霉素类影响小。

(2)增加细胞膜的通透性

细菌的细胞膜是紧贴细胞壁内、围绕在细胞浆外,由类脂和蛋白质分子构成的半透膜。它具有维持渗透屏障和运输营养物质的功能。当胞浆膜受损后,细胞膜的通透性增加,细胞的重要营养物质如核酸、氨基酸、酶等大量外漏而导致细胞破裂死亡。抗生素中的多肽类和多烯类具有损伤细菌胞浆膜,增加细胞膜通透性的作用。

(3)抑制细菌蛋白质的合成

细菌蛋白质的合成分 3 个阶段,即起始阶段、延长阶段和终止阶段。只要抑制其中任何一个阶段就能阻碍蛋白质的合成,使细菌不能生长繁殖。不同的抗生素对 3 个阶段的作用不完全相同,如氨基糖苷类对 3 个阶段都有作用,而林可胺类只作用于延长阶段。细菌细胞与哺乳动物细胞合成蛋白质的过程相同,最大的区别在于核糖体的结构不同。细菌核糖体的沉降系数为 70S,并可解离为 50S 及 30S 亚基;而哺乳动物的细胞核糖体沉降系数为 80S,并可解离为 60S 及 40S 亚基。这种差别使抗生素可以选择性地作用于细菌,表现抑菌或杀菌作用,而对动物机体毒性小。

(4)抑制细菌核酸的合成

核酸包括脱氧核糖核酸(DNA)和核糖核酸(RNA),具有调控蛋白质合成的功能。许多抗生素具有抑制细菌细胞合成核酸的能力,从而引起细菌的死亡而呈现抗菌作用。如灰黄霉素可阻碍 DNA 的合成,利福平可阻碍 RNA 的合成等。

4. 耐药性

耐药性又名抗药性,分为天然耐药性和获得耐药性两种。前者属细菌的遗传特征,不可改变,如绿脓杆菌对大多数抗生素不敏感,极少数金黄色葡萄球菌亦具有天然耐药性特征;后者即一般所指的耐药性,是指病原菌与抗菌药多次接触后对药物的敏感性逐渐降低甚至消失,致使抗菌药对耐药病原菌的作用降低或无效。某种病原菌对一种药物产生耐药性后,往往对同一类的其他药物也具有耐药性,这种现象称为交叉耐药性。交叉耐药性包括完全交叉耐药性及部分交叉耐药性。完全交叉耐药性是双向的,如多杀性巴氏杆菌对磺胺嘧啶产生耐药后,对其他磺胺类药均产生耐药;部分交叉耐药性是单向的,如氨基糖苷类之间,对链霉素耐药的细菌,对庆大霉素、卡那霉素、新霉素仍然敏感,而对庆大霉素、卡那霉素、新霉素耐药的细菌,对链霉素也耐药。耐药性的产生是抗菌药物在兽医临床应用中面临的一个严重问题。

细菌产生耐药性的机理有以下几种:

(1)产生酶使药物失活

产生的酶主要有水解酶和钝化酶两类。水解酶如 β-内酰胺酶类,它们能使青霉素或头孢菌素的 β-内酰胺环断裂而失效。钝化酶又名合成酶,常见的有乙酰转移酶、磷酸转移酶及核苷转移酶等。乙酰转移酶作用于氨基糖苷类的氨基及氯霉素的羟基,使其乙酰化而失效;

磷酸转移酶及核苷转移酶作用于羟基,使磷酰化及腺酰化而失去抗菌活性。

（2）改变膜的通透性

一些革兰氏阴性菌对四环素类及氨基糖苷类产生耐药性,系由于耐药菌所带的质粒诱导产生三种新的蛋白,阻塞了外膜亲水性通道,药物不能进入而形成耐药性。革兰氏阴性菌及绿脓杆菌细胞外膜亲水通道功能的改变,也会使细菌对某些广谱青霉素和第三代头孢菌素产生耐药性。

（3）作用靶位结构的改变

耐药菌药物作用点的结构或位置发生变化,使药物与细菌不能结合而丧失抗菌效能。如 β-内酰胺类抗生素的作用靶位是青霉素结合蛋白(PBPs),β-内酰胺类抗生素耐药菌株体内的 PBPs 质和量发生改变,导致与药物的结合能力下降;链霉素耐药菌株,主要是细菌核蛋白体 30S 亚基上的链霉素受体(P10 蛋白)发生构型改变,使药物不能与菌体结合而失效;红霉素耐药菌株的形成可能与 50S 亚基蛋白质的突变有关。

（4）改变代谢途径

磺胺药与对氨基苯甲酸(PABA)竞争二氢叶酸合成酶而产生抑菌作用。如金黄色葡萄球菌多次接触磺胺药后,其自身的 PABA 产量增加,可高达原敏感菌产量的 20～100 倍。后者与磺胺药竞争二氢叶酸合成酶,使磺胺药药效下降甚至消失。

此外,对四环素类耐药的细菌胞浆膜可产生"四环素泵",把菌体内的药物泵出细胞外;对喹诺酮类耐药的细菌细胞膜上亦存在外排系统,能将药物从菌体内排出。

5. 抗生素的效价

抗生素的效价通常以质量或国际单位(IU)来表示。效价是评价抗生素效能的标准,也是衡量抗生素活性成分含量的尺度。每种抗生素的效价与质量之间有特定的转换关系。如青霉素 G 钠,1 mg 等于 1 667 IU 或 1 IU 等于 0.6 μg;青霉素 G 钾,1 mg 等于 1 559 IU 或 1 IU 等于 0.625 μg;多黏菌素 B 游离碱,1 mg 为 10 000 IU;制霉菌素,1 mg 为 3 700 IU;其他抗生素多是 1 mg 为 1 000 IU,如 100 万 IU 的链霉素粉针,相当于 1 g 的纯链霉素碱;25 万 IU 的土霉素片,相当于 250 mg 的纯土霉素碱。

子学习情境1　主要作用于革兰氏阳性细菌的抗生素

一、β-内酰胺类抗生素

β-内酰胺类抗生素是指化学结构中含有 β-内酰胺环的抗生素,主要包括青霉素类和头孢菌素类,其抗菌机理都是抑制细菌细胞壁的合成,是兽医临床最常用的抗生素。

（一）青霉素类

青霉素类包括天然青霉素和半合成青霉素两大类。它们的基本化学结构由母核 6-氨基青霉烷酸(6-APA)和侧链(CO-R)组成。

天然青霉素从青霉菌的培养液中提取获得,主要含有青霉素 F、青霉素 G、青霉素 X、青霉素 K 和双 H 青霉素 F 5 种。其中青霉素 G 的抗菌力最强,性质较稳定,提取率最高,是应用最多的一种青霉素。

青霉素 G

[**理化性质**]又名苄青霉素、盘尼西林。本品为一种有机酸,水溶性差,其钾盐或钠盐易溶于水,结晶的钠盐、钾盐在干燥状态下性质相对稳定,为白色结晶性粉末,无臭或微有特异性臭,有引湿性,水溶液性质不稳定,在室温中放置易失效,因此临床上必须现用现配;遇酸、碱易分解失效。钾盐易溶于水,略溶于乙醇;钠盐极易溶于水,易溶于乙醇,均不溶于脂肪油或液体石蜡。抗菌效价以国际单位(IU)表示,1 单位的青霉素分别相当于钠盐 0.6 μg 或钾盐 0.625 μg。1 mg 青霉素钠盐或钾盐分别含 1 667 IU 或 1 595 IU 效价。

[**体内过程**]青霉素口服极易被胃酸和消化酶破坏,故不用于口服。肌内注射吸收迅速,半小时血浆浓度达最高值,常用量的有效血药浓度维持 3～8 h。吸收后青霉素与血浆蛋白结合率高达 50% 以上,其余分布在各组织及体液中。穿过血脑屏障、胎盘屏障和血乳的能力低。当中枢神经系统或其他组织有炎症时,青霉素则较易透入,可达到有效血药浓度。青霉素吸收快,在体内不易被破坏,排泄也迅速,主要(50%～70%)以原形排泄,在肾脏约 80%经肾小管分泌作用,20%经肾小球过滤作用排泄。由于在尿中浓度高,故可用于治疗泌尿道感染。另外,青霉素可在乳中排泄,因此,对泌乳期奶牛用药后,其乳汁禁止给人食用,因为在易感人群中可能引起过敏反应。

[**作用与应用**]青霉素 G 为窄谱抗生素,抗菌作用强而快,在细菌繁殖期低浓度抑菌,高浓度杀菌。青霉素对大多数革兰氏阳性菌和革兰氏阴性球菌、放线菌和螺旋体等有很强的抗菌作用,常作为首选药。对青霉素敏感的病原菌主要有:溶血性链球菌、敏感金黄色葡萄球菌、肺炎球菌、脑膜炎球菌、丹毒杆菌、化脓棒状杆菌、炭疽杆菌、李氏杆菌、破伤风梭菌、产气荚膜梭菌、魏氏梭菌、牛放线菌和钩端螺旋体等。对大多数革兰氏阴性杆菌如大肠杆菌、沙门氏杆菌、布氏杆菌、结核杆菌等不敏感。青霉素对处于繁殖期正大量合成细胞壁的细菌作用强,而对已合成细胞壁处于静止期的细菌作用弱,因此称繁殖期杀菌药。哺乳动物的细胞无细胞壁,故对动物的毒性极低。本品主要用于治疗猪丹毒、出血性败血症、肺炎、炭疽、气肿疽、恶性水肿、放线菌病、马腺疫、坏死杆菌病、钩端螺旋体病、乳房炎、子宫内膜炎、脓肿以及肾盂肾炎、膀胱炎等尿路感染;还可用于由鸡球虫病并发的肠道梭菌感染,治疗破伤风时,应与抗破伤风血清并用。在兽医临床上,青霉素 G 的给药方法多采用间歇性肌内注射,偶用作皮下注射和局部用药。局部用药是指乳管内、子宫内、关节腔及脓腔内注入。

[**耐药性**]除金黄色葡萄球菌外,一般细菌对青霉素不产生耐药性。耐药的金黄色葡萄球菌能产生破坏 β-内酰胺环的青霉素酶,使青霉素的 β-内酰胺环水解成青霉噻唑酸,失去抗菌活性。为克服金黄色葡萄球菌的耐药性,可采用耐青霉素酶的半合成青霉素类、头孢菌素类等药物治疗耐青霉素金黄色葡萄球菌所引起的各种感染。

[**不良反应**]青霉素对动物毒性较低,其不良反应主要是过敏反应,尤以过敏性休克最为严重,常于注射过程中或注射后数分钟内发生。临床主要表现为寒战、流汗、兴奋不安、呼吸困难、心跳加快、共济失调以致昏迷不醒等严重症状,抢救不及可导致迅速死亡。抢救的一般措施:立即肌内注射或静脉注射肾上腺素(牛、马 2～5 mg/次;羊、猪 0.2～1 mg/次;犬

0.1～0.5 mg/次;猫0.1～0.2 mg/次),必要时可加用糖皮质激素和抗组胺药以稳定疗效,同时注意输液、输氧及其他对症处理。

[制剂与用法用量]注射用青霉素钠,注射用青霉素钾。肌内注射,1次量,每千克体重:牛、马1万～2万IU;羊、猪、驹、犊2万～3万IU;犬、猫3万～5万IU;禽5万IU。2～3次/d乳管内注入,1次量,每1乳室,牛10万IU。1～2次/d。奶的废弃期为3 d。

长效青霉素

为了延长青霉素钾或钠在动物体内的有效血药浓度维持时间,制成了一些难溶于水的、肌内注射后吸收缓慢的、维持时间较长的长效青霉素制剂,如普鲁卡因青霉素、苄星青霉素,主要用于维持剂量、预防或需长期用药的家畜。普鲁卡因青霉素注射液。肌内或皮下注射,1次量:每千克体重,牛、马1万～2万IU;羊、猪2万～3万IU;猫、犬3万～4万IU。1次/d。半合成青霉素是从天然青霉素培养液中提取母核(6-APA)为原料,在R处更换不同的侧链,而获得具有耐酶、耐酸、广谱等多功效的新型青霉素。但对同一敏感菌而言,抗菌强度不如青霉素G,并有交叉过敏反应。耐酸青霉素如青霉素V、苯氧乙基青霉素等,具有耐胃酸而不耐β内酰胺酶的特点,可内服。耐酶青霉素具有既耐酶又耐酸的特点。它们的抗菌谱虽与青霉素相似,但对革兰氏阳性菌的效力不如青霉素G,主要对耐药金黄色葡萄球菌感染有特效,如新青霉素Ⅰ、新青霉素Ⅱ、新青霉素Ⅲ、邻氯青霉素、双氯青霉素钠等。广谱青霉素耐酸不耐酶,对革兰氏阳性菌和革兰氏阴性菌都有杀菌作用,可口服,对耐药金黄色葡萄球菌感染无效,如氨苄西林、阿莫西林、羧苄西林、海他西林等。

青霉素V

[理化性质]又名苯氧甲青霉素。本品钾盐为白色晶体,易溶于水,性质较苄星青霉素稳定。

[体内过程]本品内服吸收迅速而完全,一般内服后1 h左右达到血药高峰,不能透过血脑屏障,主要从尿中排出。

[作用与应用]本品的抗菌谱、抗菌作用、应用与青霉素G相似,但抗菌活性比青霉素G稍差,耐胃酸而不耐β-内酰胺酶,可内服,在动物体内的半衰期小于1 h,一般不用于严重感染。

[制剂与用法用量]青霉素V钾片。内服,1次量,每千克体重:马40～70 mg;犬、猫5.5～11 mg,3～4次/d。

苯唑西林

[理化性质]又名苯唑青霉素,新青霉素Ⅱ。本品钠盐为白色粉末或结晶性粉末,无臭或微臭;易溶于水,极微溶于丙酮或丁醇,几乎不溶于醋酸乙酯或石油醚。

[作用与应用]本品为耐酸、耐酶的半合成青霉素,对耐药性金黄色葡萄球菌有效,主要用于对青霉素耐药的金黄色葡萄球菌感染,如败血症、烧伤创面感染、肺炎、乳腺炎等。

[制剂与用法用量]

(1)苯唑西林钠胶囊,内服,1次量,每千克体重:家畜10～15 mg;犬、猫15～20 mg。2～3次/d。

（2）注射用苯唑西林钠,肌内注射,1 次量,每千克体重:家畜 10 ~ 15 mg;犬、猫 15 ~ 20 mg。2 ~ 3 次/d。

氨苄西林

[理化性质]又名氨苄青霉素。本品为白色或近白色的结晶性粉末,无臭,味微苦;在水中微溶,在酒精中不溶。其钠盐易溶于水,供注射用。其三水化合物供口服用。其100%的水溶液的 pH 值为 8 ~ 10。

[体内过程]本品内服或肌内注射均易吸收。吸收后分布到各组织,其中以胆汁、肾、子宫等器官的浓度较高。肌内注射较内服的血液和尿中浓度高,常用肌内注射。本品主要由尿和胆汁排泄,给药后 24 h 大部分从尿中排出。

[作用与应用]本品是耐酸不耐酶的广谱抗生素。对大多数革兰氏阳性菌的抗菌效力比青霉素稍弱。对多数革兰氏阴性菌,如大肠杆菌、沙门氏杆菌、变形杆菌、嗜血杆菌、布氏杆菌和巴氏杆菌均有较强的作用,其效力与四环素相仿或略强,但对绿脓杆菌、肺炎杆菌、耐药金黄色葡萄球菌无效。本品主要用于敏感菌引起的肺部、肠道、尿道感染。如牛巴氏杆菌病、肺炎、乳腺炎、驹、犊肺炎、猪胸膜炎、鸡白痢、禽伤寒等。与氨基糖苷类抗生素合用,可增强疗效。本品用于治疗鱼类结节症(鱼巴氏杆菌病)效果较好。

[制剂与用法用量]

（1）氨苄西林胶囊。内服,1 次量,每千克体重:家畜、禽 20 ~ 40 mg。2 ~ 3 次/d。

（2）注射用氨苄西林钠,肌内注射或静脉注射,1 次量,每千克体重:家畜、禽 10 ~ 20 mg。2 ~ 3 次/d(高剂量用于幼畜、禽和急性感染)。连用 2 ~ 3 d。鱼类 5 ~ 20 mg,添加于饲料中投喂,休药期为 5 d。乳管内注入,1 次量,每一乳室,奶牛 200 mg。1 次/d。

阿莫西林

[理化性质]又名羟氨苄青霉素。本品为类白色结晶粉末,味微苦;微溶于水,在酒精中难溶;对酸稳定,在碱性溶液中很快被破坏。0.5% 水溶液 pH 值为 3.5 ~ 5.5,耐酸性较氨苄西林强。

[体内过程]本品在胃酸中较稳定,吸收率较大,单胃动物内服后有 74% ~ 92% 被吸收。本品可进入脑脊液,乳中的药物浓度很低。

[作用与应用]本品的作用、应用和氨苄西林基本相似,对肠道球菌和沙门氏杆菌的作用较氨苄西林强 2 倍。细菌对本品和氨苄西林有完全的交叉耐药性。

[制剂与用法用量]

（1）阿莫西林片、阿莫西林胶囊,内服,1 次量,每千克体重:家畜、禽 10 ~ 15 mg。2 次/d。

（2）注射用阿莫西林钠,肌内注射,1 次量,每千克体重:家畜 4 ~ 7 mg。2 次/d。乳管内注入,1 次量,每一乳室,奶牛 200 mg。1 次/d。

羧苄西林

[理化性质]又名卡比西林、羧苄青霉素。本品为白色结晶性粉末,溶于水和酒精,对热、酸不稳定。

[体内过程]本品内服剂型为羧苄西林茚满酯。钠盐内服不吸收,肌内注射钠盐能迅速吸收。吸收后可进入胸腔、腹水、关节液、胆汁和淋巴液等。

[作用与应用]本品的作用、抗菌谱与氨苄西林相似,其特点是对绿脓杆菌和大肠杆菌有抗菌作用,主要用于绿脓杆菌引起的全身感染。通常注射给药,并与庆大霉素和多黏菌素配伍,可增强作用,但不能混合注射,应分别注射给药。此外,本品还可用于败血症、腹膜炎、呼吸道与泌尿道感染。

[制剂与用法用量]

(1)注射用羧苄西林钠。肌内注射,1 次量,每千克体重:家畜 10 ~ 20 mg。1 ~ 2 次/d。静脉注射,1 次量,每千克体重:家畜 50 ~ 100 mg。1 ~ 2 次/d。

(2)羧苄西林茚满酯,内服,1 次量,每千克体重:犬、猫 55 ~ 110 mg。3 次/d。

氯唑西林

[理化性质]又名邻氯青霉素。本品钠盐为白色粉末和结晶性粉末,微臭,味苦,有引湿性,易溶于水,溶于乙醇,几乎不溶于醋酸乙酯。

[体内过程]本品内服后吸收迅速,很快达到血药高峰,分布于全身,但以肝、肾中浓度最高。

[作用与应用]本品为耐酸、耐酶的半合成青霉素,对青霉素耐药菌株,特别是耐药金黄色葡萄球菌有很强的杀菌作用。内服、注射均有效。但内服其生物利用度较低。本品常用于骨、皮肤和软组织的葡萄球菌感染。

[制剂与用法用量]

(1)氯唑西林钠胶囊,内服,1 次量,每千克体重:家畜 10 ~ 20 mg;犬、猫 20 ~ 40 mg。3 次/d。

(2)注射用氯唑西林钠。肌内注射,1 次量,每千克体重:家畜 5 ~ 10 mg;犬、猫 20 ~ 40 mg。3 次/d。乳管内注入,1 次量,每一乳室,奶牛 200 mg。1 次/d。奶的废弃期 2 d。休药期,牛 10 d。

(二)头孢菌素类

头孢菌素类又名先锋霉素类,是一类半合成的广谱抗生素。它与青霉素类一样都具有 β-内酰胺环,不同的是头孢菌素类的母核是 7-氨基头孢烷酸(7-ACA)。天然品为头孢菌素 C,因其毒性大,抗菌活性低,不能用于临床。以头孢菌素 C 为原料获得母核 7-ACA,并在其侧链 R_1 和 R_2 处引入不同的基团,得到一系列的半合成头孢菌素。头孢菌素类具有抗菌谱广、杀菌力强、毒性小、过敏反应较少、对胃酸和 β-内酰胺酶较青霉素类稳定等优点,并且本类药物与青霉素之间无交叉耐药现象,对革兰氏阳性菌、革兰氏阴性菌及螺旋体有效。头孢菌素对革兰氏阳性菌(包括耐药金黄色葡萄球菌)作用最强的是第一代产品,但第一代产品对革兰氏阴性菌作用较差,对绿脓杆菌无效,对 β-内酰胺酶敏感,但对厌氧菌无效。第二代产品对革兰氏阴性菌的作用和对 β-内酰胺酶耐受性都增强,对厌氧菌部分药物有效,对绿脓杆菌无效。第三代比第二代对革兰氏阴性菌作用更强,对绿脓杆菌、厌氧菌都有很好的作用,并对 β-内酰胺酶稳定,但对革兰氏阳性菌作用不如第一、第二代强。第四代对革兰氏阴性菌作用比第三代更强,抗菌谱更广,更耐酶,血浆半衰期更长。头孢菌素的作用机理和青霉素相同,阻碍细胞壁的合成而呈现抗菌作用。第一代的头孢氨苄、头孢羟氨苄和第二代的头孢克洛内服均可从胃肠道吸收。其余的头孢菌素口服不易吸收,只宜注射给药。头孢菌素能广泛分布于大多数的体液和组织中,第三代头孢菌素具有较好的穿透血脑屏障的能力,分布到脑脊液中。肾小球的滤过和肾小管的分泌排泄是头孢菌素在机体内消除的主要方式,同时可受丙磺舒竞争而延缓消除。但肾功能障碍时,半衰期显著延长。

目前头孢菌素已发展到第四代,因价格昂贵,在兽医临床应用有限,多用于宠物、种畜禽及稀有动物等特殊情况。主要用于耐药金黄色葡萄球菌及一些敏感的革兰阴性杆菌,如大肠杆菌、沙门氏杆菌、伤寒杆菌、痢疾杆菌、巴氏杆菌等引起的消化道、呼吸道、泌尿生殖道感染、牛乳房炎和预防术后败血症等。兽医临床主要用第一代产品,如头孢氨苄、头孢羟氨苄、头孢噻肟等。

[制剂与用法用量]

(1)头孢氨苄胶囊,头孢氨苄片。内服,1 次量,每千克体重:马 22 mg;猫、犬 10～30 mg,3～4 次/d。头孢氨苄混悬剂(2%)。乳管注入,1 次量,每一乳室:奶牛 200 mg。2 次/d。连用 2 d。

(2)头孢羟氨苄胶囊,内服,1 次量,每千克体重:猫、犬 10～30 mg,2～3 次/d。

(3)注射用头孢噻肟钠,静脉注射,1 次量,每千克体重:驹 20～30 mg,4 次/d。静脉、肌内或皮下注射,猫、犬 25～50 mg,3～4 次/d。

(4)注射用头孢酊钠,静脉或肌内注射,1 次量,每千克体重:猫、犬 10～20 mg。2～3 次/d。

(5)注射用头孢噻呋钠,肌内注射,1 次量,每千克体重:牛 11 mg;猪 3～5 mg,犬 2.2 mg。1 次/d。连用 3 d。1 日龄雏鸡,每只 0.1 mg。

[不良反应]过敏反应主要是皮疹,兽医临床少见。肌内注射有刺激性,导致注射部位疼痛。头孢氨苄、头孢羟氨苄对肾功能损伤较重。对肾功能不良的动物慎用,忌与庆大霉素配伍,以免增强毒性。

头孢喹肟

[理化性质]又称头孢喹诺。本品为白色、类白色至淡黄色粉末。在水中易溶,常用硫酸盐。

[作用与应用]本品为动物专用第四代头孢菌素,具有广谱抗菌作用。对革兰氏阳性菌、革兰氏阴性菌(包括产 β-内酰胺酶菌)的抗菌活性较强。敏感菌主要有金色葡萄球菌、链球菌、肠球菌、大肠杆菌、沙门氏菌、多杀性巴氏杆菌、溶血性巴氏杆菌、胸膜肺炎放线杆菌、铜绿假单胞菌等。本品的抗菌活性比头孢噻呋、恩诺沙星强。主要用于治疗敏感菌引起的牛、猪呼吸系统感染及奶牛乳腺炎。

[制剂与用法用量]注射用硫酸头孢喹肟钠。肌内注射,1 次量:每千克体重,牛 1 mg,猪 1～2 mg,1 次/d,连用 3 d。乳管注入,奶牛每一乳室 75 mg,2 次/d,连用 2 d。

(三)β-内酰胺酶抑制剂

β-内酰胺酶抑制剂是一类能与革兰氏阳性菌、革兰氏阴性菌所产生的 β-内酰胺酶结合

而抑制 β-内酰胺酶活性的 β-内酰胺类药物。根据其作用方式,它可分为可逆竞争性抑制剂与不可逆的非竞争性抑制剂两类。目前临床常用的克拉维酸、舒巴坦和三唑巴坦属于不可逆的非竞争性抑制剂,此类抑制剂作用强,对葡萄球菌和多数革兰氏阳性菌产生的 β-内酰胺酶均有作用。

克拉维酸

[理化性质]又名棒酸,是由棒状链霉菌产生的抗生素。其钾盐为无色针状结晶,易溶于水,水溶液极不稳定,微溶于乙醇,不溶于乙醚,易吸湿失效,应于低温干燥处密闭保存。

[作用与应用]本品有微弱的抗菌活性,临床上一般不单独使用,常与 β-内酰胺类抗生素(如阿莫西林、氨苄西林)以 1∶2 或 1∶4 比例合用,以扩大不耐酶抗生素的抗菌谱,增强抗菌活性及克服细菌的耐药性。实践证明,对两药合用敏感的细菌有葡萄球菌、链球菌、化脓棒状杆菌、大肠杆菌、变形杆菌、沙门氏杆菌、巴氏杆菌及丹毒杆菌等。

本品内服吸收好,也可肌内注射给药,可通过血脑屏障和胎盘屏障,尤其当有炎症时可促进本品的扩散,在体内主要以原形从肾排出,部分也通过粪及呼吸道排出。

[制剂与用法用量]阿莫西林克拉维酸钾片,0.125 g,其中阿莫西林 0.1 g,克拉维酸 0.025 g。内服,1 次量,每千克体重,家畜 10 ~ 15 mg(以阿莫西林计)。2 次/d。

二、大环内酯类

本类抗生素因在化学结构上具有 12 ~ 16 个碳骨架的大环内酯而得名,主要对革兰氏阳性菌和支原体有作用。兽医临床常用的大环内酯类抗生素有红霉素、泰乐菌素、吉他霉素、螺旋霉素等。它们的抗菌作用、抗菌机理、抗菌谱、体内过程等均相似,红霉素是它们的代表。

红霉素

[理化性质]本品是从链霉菌的培养液中提取的有机碱化合物,为白色或类白色结晶性粉末,无臭,味苦,难溶于水,与酸结合而成的盐则易溶于水。其硫氰酸红霉素为动物专用药。

[体内过程]内服红霉素虽易吸收但易被胃酸破坏,故临床常用的是耐酸的依托红霉素。内服吸收良好,1 ~ 2 h 达血药浓度峰值,维持有效血药浓度时间约 8 h。吸收后分布广泛,在胆汁中浓度最高,大部分经肝脏代谢而灭活,经尿液、粪便排出。

[作用与应用]本品的抗菌谱与青霉素相似,对革兰氏阳性菌如金黄色葡萄球菌、链球菌、猪丹毒杆菌、炭疽杆菌等有较强的作用,对部分革兰氏阴性菌如布氏杆菌、多杀性巴氏杆菌等有抑菌作用,但对大肠杆菌、沙门氏杆菌等无效。对耐青霉素的金黄色葡萄球菌仍有效,另外,对某些支原体、立克次氏体和螺旋体有效。

本品主要用于耐药金黄色葡萄球菌所致的感染和对青霉素过敏的病例,如肺炎、败血症、乳腺炎、子宫内膜炎、猪丹毒、炭疽、多发性疖痈等;对禽支原体、猪支原体引起的呼吸道疾病也有较好的疗效。

[制剂与用法用量]

(1)红霉素片。内服,1 次量,每千克体重:仔猪、犬、猫 10 ~ 20 mg。2 次/d,连用 3 ~ 5 d。

（2）硫氰酸红霉素可溶性粉。混饮，每升水，鸡125 mg（效价）。连用3~5 d。

（3）注射用乳糖酸红霉素。静脉滴注，1次量，每千克体重：家畜3~5 mg；犬、猫5~10 mg。2次/d，连用2~3 d。

［不良反应］本品毒性低，但刺激性强。肌内注射可发生局部炎症，宜采用深部肌内注射。静脉注射速度宜缓，避免漏出血管外。对幼畜毒性大，马属动物及猪内服易发生肠道功能紊乱，应慎用。

泰乐菌素

［理化性质］本品是从弗氏链霉菌培养液中提取获得的弱碱性化合物，微溶于水，与酸制成盐后易溶于水，水溶液在pH值为5.5~7.5时稳定。临床常用其酒石酸盐和磷酸盐。

［体内过程］本品内服可吸收，但血药浓度比肌内注射低2~3倍，有效血药浓度维持时间也比注射给药短，肌内注射吸收迅速，主要随尿液和胆汁排出。

［作用与应用］本品为畜禽专用抗生素，对革兰氏阳性菌和一些革兰氏阴性菌有抑制作用。其特点是对支原体有较强的抑制作用，对革兰氏阳性菌的作用不如红霉素。本品主要用于防治鸡、火鸡和其他动物的支原体感染，用于金黄色葡萄球菌、化脓性链球菌、螺旋体等所致的肺炎、乳腺炎、子宫炎及肠炎等，还可用于浸泡种蛋以预防鸡支原体传播，以及用作猪的生长促进剂。本品与大环内酯类抗生素有交叉耐药现象。

［制剂与用法用量］

（1）泰乐菌素可溶性粉。混饮，每升水，禽500 mg（效价），连用3~5 d。蛋鸡产蛋期禁用，休药期1 d。

（2）泰乐菌素粉。混饲（促进生长），每1 000 kg饲料，猪10~100 g；鸡4~5 g。宰前5 d停止给药。内服，1次量，每千克体重：猪7~10 mg。3次/d，连用5~7 d。

（3）泰乐菌素注射液。肌内注射，1次量，每千克体重：牛10~20 mg；猪5~13 mg；猫10 mg。1~2次/d，连用5~7 d。

替米考星

［理化性质］又名梯米考星、特米考星。本品是由泰乐菌素的水解产物半合成的畜禽专用抗生素，药用其磷酸盐。

［作用与应用］本品为广谱抗生素，对革兰氏阳性菌、某些革兰氏阴性菌、螺旋体、支原体有效。对放线杆菌、巴氏杆菌、支原体的抗菌作用比泰乐菌素更强。本品内服和皮下注射吸收快，但不完全，表观分布容积大，肺组织中的药物浓度高，乳中药物浓度高，维持时间长，乳中半衰期达1~2 d；禁止静脉注射给药，因易引起动物死亡。临床常采用混饮、混饲及皮下注射的方式治疗由放线菌、巴氏杆菌、支原体等感染引起的家畜肺炎、禽呼吸道疾病及乳腺炎等。

［制剂与用法用量］

（1）替米考星可溶性粉。混饮，每升水，鸡100~200 mg，连用5 d。替米考星预混剂。混饲，每1 000 kg饲料，猪200~400 g。

（2）替米考星注射液。皮下注射，1次量，每千克体重：牛、猪10~20 mg。1次/d。乳管内注入,1 次量:每一乳室,奶牛 300 mg。

螺旋霉素

[理化性质]螺旋霉素是由链霉菌培养液提取制成的抗生素混合物。本品为白色或淡黄色结晶性粉末,味苦;难溶于水、甲醇、酒精及三氯甲烷,其硫酸盐、盐酸盐易溶于水,水溶液较稳定。

[作用与应用]本品的抗菌谱与红霉素相似,但抗菌作用比红霉素差,临床主要用于防治葡萄球菌的感染和支原体病。本品与红霉素、泰乐菌素之间有部分交叉耐药性。

[制剂与用法用量]

(1)螺旋霉素可溶性粉。混饮,每升水,禽 400 mg(效价)。连用 3~5 d。

(2)螺旋霉素片。内服,1 次量,每千克体重:牛、马 8~20 mg;羊、猪 20~100 mg;禽 50~100 mg。1 次/d,连用 3~5 d。

(3)盐酸螺旋霉素注射液,皮下或肌内注射,1 次量,每千克体重:牛、马 4~10 mg;羊、猪 10~50 mg;禽 25~50 mg。1 次/d,连用 3~5 d。

吉他霉素

[理化性质]又名柱晶白霉素、北里霉素。本品为白色或淡黄色粉末,无臭,味苦;在甲醇、酒精、氯仿和乙醚中极易溶解,在水中几乎不溶。

[作用与应用]本品的抗菌谱与红霉素相似。抗革兰氏阳性菌的作用稍弱于红霉素,对耐药金黄色葡萄球菌的作用强于红霉素,对支原体的作用与泰乐菌素相同。本品主要用于革兰氏阳性菌引起的感染、支原体病,以及作为饲料添加剂用于促进畜禽生长。

[制剂与用法用量]

(1)吉他霉素可溶性粉。混饮,每升水,鸡 250~500 mg(效价),产蛋期禁用,肉鸡休药期 7 d。猪 100~200 mg,连用 3~5 d。

(2)吉他霉素预混剂。混饲,每 1 000 kg 饲料,猪 5.5~50 g;鸡 5.5~11 g(用于促生长)。宰前 7 d 停止给药。

(3)吉他霉素片。内服,1 次量:每千克体重,猪 20~30 mg;鸡 20~50 mg。2 次/d,连用 3~5 d。

三、林可霉素类

林可霉素类主要有天然林可霉素和半合成的衍生物克林霉素。

林可霉素

[理化性质]又名洁霉素。本品为白色结晶性粉末,微臭,味苦;易溶于水和甲醇,酒精中微溶;20% 水溶液的 pH 值为 3.0~5.5,性质较稳定。

[体内过程]本品内服吸收不完全,肌内注射吸收良好,0.5~2 h 达血药浓度峰值。广泛分布于各组织和体液中,可通过胎盘屏障,不易通过血脑屏障,特别集中于骨髓组织和乳汁中,脑脊髓液中不能达有效浓度。本品在肝脏中代谢,原药及代谢物经胆汁、尿、粪便与乳

汁排出。

[作用与应用]本品抗菌谱与红霉素相似,对革兰氏阳性菌如葡萄球菌、肺炎球菌、溶血性链球菌等有较强的活性,对破伤风梭菌、产气荚膜芽孢杆菌、支原体有抑制作用,对革兰氏阴性菌无效。本品主要用于革兰氏阳性菌,特别适用于青霉素、红霉素耐药的菌株所引起的感染,痢疾杆菌、支原体等引起的肺炎、肠炎等。林可霉素与大观霉素合用,对治疗仔猪腹泻、猪的喘气病及鸡的慢性呼吸道病的疗效有协同作用。

[不良反应]大剂量内服有胃肠道反应,肌内注射有疼痛刺激,兔子对本品敏感,易引起死亡,故不宜用。

[制剂与用法用量]

(1)盐酸林可霉素可溶性粉。混饮,每升水,猪100 ~ 200 mg(效价),鸡200 ~ 300 mg。连用3 ~ 5 d。产蛋期禁用。宰前5 d停止给药。

(2)盐酸林可霉素片。内服,1次量,每千克体重:牛、马6 ~ 10 mg;羊、猪10 ~ 15 mg;犬、猫15 ~ 25 mg。1 ~ 2 次/d。

(3)盐酸林可霉素注射液。肌内注射,1次量:每千克体重,猪10 mg,1 次/d;犬、猫10 mg。2 次/d,连用3 ~ 5 d。猪休药期:2 d。

克林霉素

[理化性质]又名氯洁霉素、氯林可霉素、克林达霉素。本品为林可霉素的半合成衍生物。临床用其盐酸盐或磷酸盐,均为白色结晶性粉末,味苦,易溶于水。

[作用与应用]抗菌谱和临床应用与林可霉素相似,抗菌效力比林可霉素强4 ~ 8倍。两者间有完全交叉耐药性。

[制剂与用法用量]

(1)盐酸克林霉素胶囊。内服,1次量,每千克体重:犬、猫10 mg。2 次/d。

(2)磷酸克林霉素注射液。肌内注射,1次量,每千克体重:犬、猫10 mg。2 次/d。

四、氨基糖苷类抗生素

本类抗生素的化学结构中含有氨基醇环和氨基糖分子,并由配糖键连接成苷,故称为氨基糖苷类抗生素。兽医临床常用的有链霉素、卡那霉素、庆大霉素、小诺霉素、新霉素、阿米卡星、大观霉素及安普霉素等。它们具有以下共同特征:

①均为有机碱,能与酸形成盐。常用制剂为硫酸盐,易溶于水,性质比青霉素稳定,在碱性环境中作用增强。

②内服吸收很少,可作为肠道感染用药。全身感染时常注射给药(新霉素除外)。大部分以原形从尿中排出,适用于泌尿道感染,肾功能下降时,消除半衰期明显延长。

③抗菌谱较广,主要对需氧革兰氏阴性杆菌和结核杆菌作用较强,某些品种对绿脓杆菌、金黄色葡萄球菌也有作用,对革兰氏阳性菌的作用较弱。

④主要不良反应是耳毒性和肾毒性,以及对神经肌肉的阻断作用。

⑤细菌对本类药物易产生耐药性,且各药间有部分或完全交叉耐药性。

链霉素

[理化性质]本品从灰链霉素菌培养液中提取获得，是一种有机碱。药用其硫酸盐，为白色或类白色粉末，有吸湿性，易溶于水，性质稳定，在碱性环境中(pH=7.8)抗菌作用增强；遇醇、氧化剂其活性降低。葡萄糖、维生素 C 等也可使链霉素失效。抗菌效价单位以质量计算，纯链霉素碱 1 μg 等于 1 IU，1 g 等于 100 万 IU。

[体内过程]本品内服难吸收，大部分从粪便排出。肌内注射吸收快而完全，约 1 h 血药浓度达最高峰，有效血药浓度可维持 6~12 h，主要分布于细胞外液，易透入胸腔、腹腔中。肾脏中浓度最高，脑组织中几乎不能测出。可透过胎盘进入胎儿循环，胎血浓度为母畜血药浓度的 50%。其主要通过肾小球滤过而排出，尿中药物浓度高，故可用于泌尿道感染。肾功能不全时，排泄慢，易蓄积中毒。

[作用与应用]链霉素抗结核杆菌的作用在氨基糖苷类中最强，对大多数革兰氏阴性杆菌和革兰氏阳性球菌有效。如对大肠杆菌、沙门氏杆菌、痢疾杆菌、布氏杆菌、变形杆菌、鼠疫杆菌、鼻疽杆菌等均有较强的作用；对金黄色葡萄球菌、钩端螺旋体、放线菌也有效；对绿脓杆菌作用弱。链霉素的抗菌作用在碱性环境中增强，如在 pH=8 时的抗菌作用比在 pH=5.8 时强 20~80 倍。

本品主要用于敏感菌所致的急性感染，如大肠杆菌引起的各种腹泻；巴氏杆菌所引起的牛出血性败血症、犊肺炎、猪肺疫、禽霍乱，以及乳腺炎、子宫炎、膀胱炎和败血症等；母畜的布氏杆菌病、马志贺氏菌引起的脓毒败血症(化脓性肾炎、关节炎)；马棒状杆菌引起的幼驹肺炎。用于杂食及肉食动物的泌尿道感染时，可加服碳酸氢钠，以碱化尿液而增强效果；对怀孕母畜使用时，应警惕对胎儿的毒性。

[耐药性]多次使用链霉素，细菌极易产生耐药性，并远比青霉素快，而且一旦产生，停药后也不易恢复。细菌对链霉素、卡那霉素和庆大霉素三者有部分的交叉耐药性，一般表现为单向的，即对庆大霉素、卡那霉素产生耐药性的细菌对链霉素亦有耐药性，而对链霉素产生耐药性的细菌对庆大霉素和卡那霉素常常是敏感的。

[制剂与用法用量]注射用硫酸链霉素。肌内注射，1 次量，每千克体重：家畜 10~15 mg；家禽 20~30 mg。2~3 次/d。

[不良反应]

①过敏反应发生率比青霉素低，但亦可出现皮疹、发热、血管神经性水肿、嗜酸性白细胞增多等。

②神经系统反应第八对脑神经损害，造成前庭功能和听觉的损害，出现步态不稳、平衡失调和耳聋等症状，家畜中少见。

③神经肌肉的阻断作用为类似箭毒作用，出现呼吸抑制、四肢萎软和骨骼肌松弛等症状。解救时对严重者肌内注射新斯的明或静脉注射氯化钙即可缓解。一般来说，常用量的链霉素这一作用并不强，只有在用量过大并同时使用肌松药或麻醉药时，才可能发生。

卡那霉素

[理化性质]本品是从卡那链霉菌的培养液中提取获得的。卡那霉素有 A、B、C 三种成

分,临床用药的主要成分为 A,约占 95%,亦含少量 B,少于 5%。常用其硫酸盐,为白色或类白色粉末,无臭,性质稳定,易溶于水,不溶于醇。

[体内过程]本品内服吸收不良,肌内注射吸收快而完全,0.5~1 h 血药浓度达峰值,在体内主要分布于各组织和体液中,在正常的脑脊液和胆汁中含量较低。本品主要通过肾脏排泄,40%~80% 以原形从尿中排出,可用于治疗泌尿道感染。

[作用与应用]其抗菌机理和抗菌谱与链霉素相似,但抗菌活性稍强。对多数革兰氏阴性菌如大肠杆菌、沙门氏杆菌、变形杆菌和巴氏杆菌等有效,对结核杆菌和耐青霉素的金黄色葡萄球菌也有效,对绿脓杆菌无效。本品主要用于治疗多数革兰氏阴性杆菌和部分耐青霉素金黄色葡萄球菌所致的感染,如呼吸道、肠道、泌尿道感染和禽霍乱、鸡白痢等,对猪喘气病、萎缩性鼻炎也有治疗作用。

[制剂与用法用量]硫酸卡那霉素注射液。肌内注射,1 次量:每千克体重,家畜、家禽10~15 mg。2 次/d,连用 2~3 d。

[不良反应]卡那霉素的不良反应与庆大霉素相似。

庆大霉素

[理化性质]本品是从小单孢子菌培养液中提取的一种复合物,常用其硫酸盐,为白色或类白色结晶性粉末,无臭;易溶于水,酒精中不溶,水溶液稳定,4% 水溶液的 pH 值为4.0~6.0。

[体内过程]本品内服难吸收,肠道内浓度较高。肌内注射后吸收迅速而完全,血药浓度0.5~1 h 达峰值,有效血药浓度可维持 6~8 h;吸收后主要分布于细胞外液,可渗入胸、腹腔、心包、胆汁、淋巴及肌肉组织。本品主要以原形经肾小球滤过从尿中排出,在新生幼畜体内排泄缓慢,在肾功能障碍时半衰期明显延长,应用时应注意。

[作用与应用]本品是氨基糖苷类中抗菌活性最强、抗菌谱较广的抗生素。抗菌机理与链霉素相似。本品对革兰氏阴性菌和阳性菌都有抗菌作用:在阴性菌中对肠道菌和绿脓杆菌有特效;在阳性菌中,对耐药金黄色葡萄球菌的作用最强,并对耐药的金黄色葡萄球菌、溶血性链球菌、炭疽杆菌等有效;对支原体、结核杆菌也有一定的作用。因此本品主要用于耐药性金黄色葡萄球菌、绿脓杆菌、变形杆菌和大肠杆菌等引起的呼吸道、肠道、泌尿道感染和败血症等。细菌对庆大霉素的耐药性产生较链霉素慢,且耐药时间较短,停药一段时间后容易恢复其敏感性。

[制剂与用法用量]

(1)硫酸庆大霉素片。内服,1 次量:每千克体重,驹、犊、羔羊、仔猪 5~10 mg。2 次/d。

(2)硫酸庆大霉素注射液。肌内注射,1 次量:每千克体重,家畜 2~4 mg;犬、猫 3~5 mg;家禽 5~7 mg。2 次/d,连用 2~3 d。休药期:猪 40 d。静脉滴注。用量同肌内注射。

[不良反应]庆大霉素的不良反应与链霉素相似,对肾脏有较严重的损害,应用时要严格按照治疗量给药,不要随意加大剂量及延长疗程。

庆大小诺霉素

[理化性质]本品含有庆大霉素与小诺霉素的成分,易溶于水,不溶于有机溶剂,稳定

性好。

[作用与应用]本品对多种革兰氏阳性菌和革兰氏阴性菌有效,尤其对革兰氏阴性菌作用较强,其抗菌活性略高于庆大霉素。本品主要用于敏感菌所致的畜禽疾病,对鸡霉形体病也有治疗作用,且毒副反应比同剂量的庆大霉素低。

[制剂与用法用量]庆大小诺霉素注射液。肌内注射,1次量,每千克体重:家畜 1 ~ 2 mg;家禽 2 ~ 4 mg。2 次/d。

阿米卡星

[理化性质]又名丁胺卡那霉素。本品为半合成的氨基糖苷类抗生素,常用其硫酸盐,为白色或类白色结晶性粉末,无臭,无味,在水中极易溶解,在甲醇中几乎不溶。1% 水溶液的 pH 值为 6.0 ~ 7.5。

[体内过程]本品内服吸收不良,肌内注射吸收快而完全,血药浓度 0.5 ~ 1 h 达峰值,主要通过肾脏排泄,尿中浓度高。

[作用与应用]本品作用及抗菌谱与庆大霉素相似。其特点是对庆大霉素、卡那霉素耐药菌株如绿脓杆菌、大肠杆菌、变形杆菌等有效,对金黄色葡萄球菌效果较好。本品主要用于耐药菌引起的菌血症、败血症、呼吸道感染、腹膜炎及敏感菌引起的各种感染。

[制剂与用法用量]硫酸阿米卡星注射液。肌内注射,1次量:每千克体重,家畜、家禽、犬、猫 5 ~ 7.5 mg。2 次/d。

新霉素

[理化性质]本品为白色或类白色的粉末,无臭,极易吸湿,水溶液显右旋旋光性。在水中极易溶解,在酒精、乙醚、丙酮或氯仿中几乎不溶。常用其硫酸盐。

[作用与应用]本品抗菌谱与卡那霉素相似,但毒性大,一般禁用于注射给药。本品主要用于肠道和局部感染,如口服治疗畜禽的肠道大肠杆菌感染;子宫或乳管内注入,治疗牛、母猪的子宫内膜炎和乳腺炎;局部外用(0.5% 溶液或软膏)治疗皮肤、黏膜化脓性感染。

[制剂与用法用量]

(1)硫酸新霉素片。内服,1次量:每千克体重,家畜 10 ~ 15 mg;犬、猫 10 ~ 20 mg。2 次/d,连用 2 ~ 3 d。

(2)硫酸新霉素可溶性粉。混饮,每升水,禽 50 ~ 75 mg(效价)。连用 3 ~ 5 d。休药期 5 d。

(3)硫酸新霉素预混剂。混饲,每 1 000 kg 饲料,禽 75 ~ 154 mg(效价)。连用 3 ~ 5 d。休药期 5 d。蛋鸡产蛋期禁用。

大观霉素

[理化性质]又名壮观霉素。本品有盐酸盐和硫酸盐两种,为白色或类白色结晶性粉末,易溶于水,在酒精、氯仿或乙醚中几乎不溶。

[作用与应用]本品对革兰氏阴性菌,如布氏杆菌、变形杆菌、绿脓杆菌、沙门氏杆菌、巴氏杆菌、克雷伯氏杆菌等作用较强,对链球菌、葡萄球菌等革兰氏阳性菌作用较弱,对支原体有一定的作用。本品多用于猪、犊、禽的大肠杆菌感染,禽类各种霉形体感染和多杀性巴氏杆菌、沙门氏杆菌引起的感染。临床常用本品与林可霉素合用防治仔猪腹泻、猪支原体肺炎

和败血支原体引起的鸡慢性呼吸道疾病。

[制剂与用法用量]

(1)盐酸大观霉素可溶性粉,5 g∶2.5 g、50 g∶25 g、100 g∶50 g。混饮,每升水,鸡 1～2 g,连用 3～5 d,蛋鸡产蛋期禁用,休药期 5 d;内服,一次量,每千克体重:猪 20～40 mg,2 次/d。

(2)盐酸大观霉素、盐酸林可霉素可溶性粉,5 g∶大观霉素 2 g 与林可霉素 1 g;100 g∶大观霉素 40 g 与林可霉素 20 g。混饮,每升水,禽 0.5～0.8 g。连用 3～5 d。仅用于 5～7 日龄雏鸡。

安普霉素

[理化性质]又名阿普拉霉素。本品硫酸盐为白色结晶性粉末,易溶于水。

[作用与应用]本品抗菌谱广,对革兰氏阴性菌和一些革兰氏阳性菌如链球菌、支原体和蛇形螺旋体(密螺旋体)有效。本品临床主要用于幼畜的大肠杆菌感染,禽的沙门氏杆菌病、大肠杆菌病及禽霍乱,对畜禽的支原体病亦有效。

[制剂与用法用量]硫酸安普霉素注射液。肌内注射,1 次量:每千克体重,家畜 20 mg。2 次/d,连用 3 d。硫酸安普霉素可溶性粉。混饮,每升水,禽 250～500 mg(效价)。连用 5 d。宰前 7 d 停止给药。硫酸安普霉素预混剂。混饲,每 1 000 kg 饲料,猪 80～100 g(效价,用于促生长),连用 7 d。宰前 7 d 停止给药。

五、多肽类抗生素

多黏菌素类

多黏菌素类是从多黏杆菌的培养液中提取获得的,有多种成分,兽医临床应用的有多黏菌素 B、多黏菌素 E 及多黏菌素 M,多为硫酸盐制剂。目前常用多黏菌素 B 和多黏菌素 E。多黏菌素 E 又称为抗敌素、黏杆菌素。

[理化性质]多黏菌素 B、多黏菌素 E 的硫酸盐为白色结晶性粉末,易溶于水,在酸性溶液和中性溶液中稳定,碱性溶液中易失效。

[作用与应用]多黏菌素类为窄谱杀菌剂,对革兰氏阴性杆菌如大肠杆菌、沙门氏杆菌、巴氏杆菌、布氏杆菌、痢疾杆菌、绿脓杆菌及弧菌等作用强,尤其对绿脓杆菌有强大的杀菌作用。细菌对本类药物不易产生耐药性,但本类药物之间有交叉耐药性。多黏菌素类药物主要用于革兰氏阴性杆菌,特别是绿脓杆菌、大肠杆菌等引起的感染,内服不吸收,可用于治疗幼畜的肠炎、下痢等,局部应用治疗烧伤、创面感染等。本类药物易引起肾脏和神经系统的毒性反应,现在一般不用于全身感染,多作局部应用。多黏菌素 E 可用作饲料添加剂,促进畜禽生长。

[制剂与用法用量]

(1)硫酸多黏菌素 B 片。内服,1 次量:每千克体重,犊牛 0.5～1 mg,2 次/d;仔猪 0.2～0.4 mg。2～3 次/d。

(2)硫酸黏杆菌素片。内服,1 次量:每千克体重,犊牛、仔猪 1.5～5 mg;家禽 3～8 mg。1～2 次/d。

(3)硫酸黏杆菌素可溶性粉。混饮,每升水,猪 40 ~ 100 mg;鸡 20 ~ 60 mg(效价)。连用 5 d。宰前 7 d 停止给药。

(4)硫酸黏杆菌素预混剂。混饲,每 1 000 kg 饲料,牛(哺乳期)5 ~ 40 mg;猪(哺乳期) 2 ~ 4 mg;仔猪、鸡 2 ~ 20 mg(效价)。宰前 7 d 停止给药。

杆菌肽

[理化性质]本品是从枯草杆菌培养液中获得的多肽类抗生素,为白色或淡黄色粉末,易溶于水和酒精。本品的锌盐不溶于水,性质较稳定。

[作用与应用]本品的抗菌谱与青霉素相似,并对耐药的金黄色葡萄球菌也有效。其抗菌作用不受环境中脓、血、坏死组织或组织渗出液的影响。本品内服不吸收,肌内注射易吸收,但对肾脏毒性大,故不宜用于全身性感染,临床上主要用于革兰氏阳性菌引起的乳腺炎、眼部、皮肤及创伤感染等。另外,本品的锌盐专门用作饲料添加剂,但欧盟国家已于 2000 年开始禁止本品用作促生长剂。

[制剂与用法用量]杆菌肽锌预混剂。混饲,每 1 000 kg 饲料,3 月龄以下犊牛 10 ~ 100 g;3 ~ 6 月龄 4 ~ 40 g;6 月龄以下的猪 4 ~ 40 g;16 周龄以下禽 4 ~ 40 g。

子学习情境 2 广谱抗生素

一、四环素类抗生素

四环素类抗生素是一类具有共同多环并四苯羧基酰胺母核的衍生物。它们对革兰氏阳性菌、革兰氏阴性菌、立克次氏体、螺旋体、支原体、衣原体、原虫等均可产生抑制作用,故称为广谱抗生素。四环素可分为天然品和半合成品两类。天然品有四环素、土霉素、金霉素和地美环素。半合成品有多西环素、美他环素和米诺环素等。兽医临床常用的有四环素、土霉素、金霉素和多西环素。

四环素、土霉素和金霉素

[理化性质]本类抗生素从链霉菌培养液中提取获得。常用其盐酸盐,多为黄色粉末,遇光颜色变深,易溶于稀酸、稀碱,在碱性溶液中易破坏失效。其水溶液不稳定,宜现配现用。

[作用与应用]本类药物为广谱抗生素,起抑菌作用。除对革兰氏阳性菌和革兰氏阴性菌有效外,对立克次体、衣原体、支原体、螺旋体、放线菌和某些原虫也有良好的效果。但对革兰氏阳性菌的作用强度不如青霉素和头孢菌素类,对革兰氏阴性菌的作用强度不如氨基糖苷类和氯霉素类。四环素类的作用机理是干扰蛋白质的合成而起抑菌作用。细菌对本类抗生素能产生耐药性,但较慢。四环素类之间存在交叉耐药性,即对一种药物耐药的细菌,也对其他四环素类药物耐药。

[体内过程]本类抗生素口服易吸收,但不完全。一般畜禽在 2 ~ 4 h 血药浓度达到高峰,但反刍动物则需 4 ~ 8 h。吸收部位主要在胃和小肠前部,吸收率受钙、镁、铁、铝、铋等离子的络合作用的影响而降低。肌内注射后 2 h 内达血药浓度峰值。吸收后在体内广泛分布

易渗入胸腔、腹腔、乳汁及进入胎儿循环,但进入脑脊液浓度低。体内储存于胆、脾,尤其易在牙齿和骨骼中沉淀。主要由肾脏排泄,有相当一部分可由胆汁排入肠道,并再被利用,形成"肠肝循环",从而延长药物在体内的持续时间。在尿液和胆汁中浓度高,当肾功能障碍时,则减慢排泄,延长半衰期,增强对肝脏的毒性。

本药物临床主要用于:

①治疗沙门氏杆菌、大肠杆菌引起的犊牛白痢、雏鸡白痢、仔猪黄、白痢等。

②治疗多杀性巴氏杆菌引起的牛出血性败血症、猪肺疫、禽霍乱等。

③治疗支原体引起的牛肺炎、猪气喘病、鸡慢性呼吸道疾病等。

④局部用于坏死杆菌引起的坏死、子宫脓肿、子宫炎症等。

⑤治疗放线菌病、钩端螺旋体病和血孢子虫感染的泰勒梨形虫病等。

[不良反应]本类药物的盐酸盐水溶液属强酸性,刺激性大,肌内注射可产生局部炎症。口服四环素类药物剂量过大或疗程过长时,易引起成年草食动物的肠道菌群紊乱,使消化功能失常,造成肠炎和腹泻,并形成二重感染。因此在临床应用中,除土霉素外,其他均不宜肌内注射;静脉注射时宜缓慢注射,切勿漏出血管外。成年草食动物和反刍动物均不宜内服给药,避免与含钙高的饲料同时服用。

[制剂与用法用量]

(1)片剂。土霉素片,盐酸四环素片,盐酸金霉素片。内服,1次量,每千克体重:猪、幼畜 10~25 mg;犬 15~50 mg;禽 25~50 mg。2~3 次/d,连用 3~5 d。

(2)粉剂。盐酸土霉素水溶性粉,盐酸四环素可溶性粉。混饲:每 1 000 kg 饲料,猪 300~500 g;混饮:每升水,猪 100~200 mg,禽 150~250 mg。

(3)注射剂。注射用盐酸土霉素,长效(盐酸)土霉素注射液,注射用盐酸四环素。肌内注射(限于土霉素),1次量,每千克体重:家畜 5~10 mg。1~2 次/d。静脉注射,1次量,每千克体重:家畜 5~10 mg。2 次/d,连用 2~3 d。

多西环素

[理化性质]又名脱氧土霉素、强力霉素。本品盐酸盐为黄色结晶性粉末,易溶于水,在酒精中微溶,1% 水溶液的 pH 值为 2~3。

[体内过程]本品内服后吸收快而且生物利用度高,有效血药浓度维持时间长。对组织渗透力强,分布广,易进入细胞内。原形药物大部分经胆汁排入肠道再利用,故有显著的肠肝循环;通过肾脏排出时易被肾小管重吸收。本品在肝内大部分以络合的方式灭活,因而对动物的胃肠菌群和消化功能无明显的影响。

[作用与应用]本品抗菌谱与四环素类其他抗生素相同,但抗菌效力更强,临床用量更小,主要用于禽类的慢性呼吸疾病、大肠杆菌病、沙门氏菌病、巴氏杆菌病等。本品虽毒性较小,但有报道给马属动物静脉注射后出现严重反应及死亡的病例。

[制剂与用法用量]盐酸多西环素片。内服,1次量:每千克体重,猪、幼畜 3~5 mg;犬、猫 5~10 mg;禽 15~25 mg。1 次/d,连用 3~5 d。盐酸多西环素可溶性粉。混饲,每 1 000 kg 饲料,猪 150~250 g;禽 100~200 g。

二、氯霉素类

氯霉素类是人工合成的广谱抗生素,它包括氯霉素、甲砜霉素和氟苯尼考。氯霉素是人工合成的第一个抗生素,对革兰氏阳性菌和革兰氏阴性菌都有作用,特别是对伤寒杆菌、副伤寒杆菌、沙门氏杆菌作用最强。兽医临床在以前将氯霉素作为治疗由这几种细菌引起的各种感染的首选药,如仔猪副伤寒、仔猪黄、白痢、禽副伤寒、雏鸡白痢等,也用于子宫炎、乳腺炎等局部感染。氯霉素的不良反应主要是抑制骨髓造血机能,使动物机体产生可逆性的血细胞减少和不可逆的再生障碍性贫血,故农业部于2002年6月禁止氯霉素在兽医临床上使用,现在再将氯霉素用于兽医临床就属于违法,因此不再对氯霉素作详细介绍。

甲砜霉素

[理化性质]又名甲砜氯霉素,为氯霉素硝基被甲砜基取代的衍生物。本品为白色结晶性粉末,无臭;微溶于水,溶于甲醇,其稳定性和溶解度不受pH的影响。

[体内过程]本品内服或肌内注射均吸收快而完全。肌内注射后1h血药浓度达峰值,半衰期为4.2h。吸收后在体内分布广泛,以肾、脾、肝、肺等组织含量较高,可进入脑组织,主要由肾小球滤过,以原形从尿中排出。

[作用与应用]本品对革兰氏阴性菌和革兰氏阳性菌均有作用,以对革兰氏阴性菌的作用为强。其敏感菌有大肠杆菌、沙门氏杆菌、巴氏杆菌、伤寒杆菌、副伤寒杆菌、布氏杆菌、炭疽杆菌、肺炎球菌、链球菌及金黄色葡萄球菌等。对肠杆菌科细菌和金黄色葡萄球菌的效力较氯霉素弱。抗菌机理主要是抑制细菌蛋白质的合成。本品主要用于沙门氏杆菌、大肠杆菌、巴氏杆菌、肺炎球菌引起的仔猪白痢、仔猪副伤寒、仔猪肺炎、禽白痢、禽霍乱及败血病等,还可用于尿道、胆道及呼吸道感染,不产生再生障碍性贫血。

[制剂与用法用量]甲砜霉素片。内服,1次量,每千克体重:家畜10~20mg;家禽20~30mg。2次/d。

[不良反应]抑制红细胞、白细胞和血小板的生成作用比氯霉素弱。有较强的免疫抑制作用,主要是抑制免疫球蛋白和抗体的生成。

氟苯尼考

[理化性质]又名氟甲砜霉素,为甲砜霉素的单氟衍生物。本品为白色结晶性粉末,无臭,在水中极微溶解,在冰醋酸中略溶,在甲醇中溶解,在二甲基甲酰胺中极易溶解。

[体内过程]本品内服和肌内注射均吸收快,体内分布广,半衰期长,主要以原形从尿中排出。

[作用与应用]本品抗菌机理、抗菌谱与甲砜霉素相同,但抗菌活性强于氯霉素和甲砜霉素,属动物专用的广谱抗生素,主要用于牛、猪、鸡及鱼类的细菌性疾病,如猪的传染性胸膜肺炎、仔猪黄、白痢;禽霍乱、鸡大肠杆菌病;牛乳腺炎、呼吸道感染及鱼虾疾病等。

[制剂与用法用量]

(1)氟苯尼考粉。内服,1次量,每千克体重:猪、鸡20~30mg,2次/d,连用3~5d;鱼10~15mg,1次/d,连用3~5d。

(2)氟苯尼考注射液。肌内注射,1次量,每千克体重:猪、鸡20mg。1次/2d,连用2次;鱼0.5~1mg。1次/d。

子学习情境 3 抗真菌药物

真菌种类很多,根据真菌感染动物的部位不同,可分为两类:一为浅表真菌感染,主要侵犯皮肤、羽毛、趾甲、鸡冠、肉髯等,引起各种癣病,有些在人畜之间可以相互传染;二为深部真菌感染,主要侵犯机体的深部组织及内脏器官,如犊牛真菌性胃肠炎、牛真菌性子宫炎、念珠菌病和雏鸡霉菌性肺炎等。兽医临床常用的抗真菌药有两性霉素 B、灰黄霉素、制菌霉素、克霉唑等。

两性霉素 B

[理化性质]本品为多烯类全身性抗真菌药。在水中不溶,微溶于稀醇液,pH＝4～10 时稳定,对热不稳定。

[体内过程]本品内服与肌内注射均不易吸收,静脉滴注可维持较长的有效血药浓度,体内分布广泛,但不易进入脑脊液,大部分经肾脏缓慢排出,小部分经胆汁排出。

[作用与应用]本品为广谱抗真菌药,对隐球菌、球孢子菌、白色念珠菌、芽生菌等都有抑制作用,特别对深部真菌有强大的抑制作用。本品主要用于犬组织胞浆菌病、芽生菌病、球孢子菌病等;也用于白色念珠菌感染及各种真菌的局部炎症,如甲或爪及雏鸡嗉囊的真菌感染。

[制剂与用法用量]注射用两性霉素 B。静脉注射,1 次量,每千克体重:家畜 0.1～0.5 mg,隔日 1 次或 1 周 3 次,总剂量 4～11 mg。临用时,先用注射用水溶解,再用 5% 葡萄糖注射液(切勿用生理盐水)稀释成 0.1% 注射液,缓慢静脉注入。

[不良反应]本品毒性大,猫每天静脉注射每千克体重 1 mg,连续 17 d 即可出现严重溶血性贫血。在用药期间,可引起肝、肾损害,出现贫血和白细胞减少等。

灰黄霉素

[理化性质]本品为从灰黄青霉菌培养液中提取的耐热的中性结晶粉末,味微苦,难溶于水。

[体内过程]本品内服易吸收,吸收后广泛分布,以脂肪、皮肤、毛发、爪和甲中含量较高,在肝内代谢,经肾脏排出,少数以原形直接经尿和乳汁排出,未被吸收的灰黄霉素随粪便排出。

[作用与应用]本品为内服的抑制真菌药,本品对体表各种癣菌有很强的抑菌作用,对其他真菌无效,主要用于小孢子菌、毛癣菌及表皮癣菌引起的各种真菌病,如头癣、股癣、毛发癣、趾癣等。因本品无杀菌作用,故须连续用药至受感染的角质层完全为健康组织替代为止。

[制剂与用法用量]灰黄霉素片。内服,1 次量,每千克体重:牛、马 5～10 mg;犬 12.5～25 mg。连用 3～6 周。

[不良反应]本品虽毒性小,但有致癌和致畸的作用,禁用于妊娠动物,有些国家已将其淘汰。

制霉菌素

[**理化性质**]本品为黄色或橙色粉末,有引湿性,不溶于水,对光、空气、酸碱均不稳定。

[**作用与应用**]本品内服不吸收,多数随粪便排出。其抗真菌作用与两性霉素 B 相似,但毒性更大,不宜用于全身感染。本品内服治疗胃肠道真菌感染,如犊牛真菌性胃炎、禽念珠菌病;局部用于皮肤、黏膜的真菌感染,如念珠菌、曲霉菌所致的乳腺炎、子宫炎等。

[**制剂与用法用量**]

(1)制霉菌素片。内服,1 次量,每千克体重:牛、马 250 万 ~ 500 万 IU;羊、猪 50 万 ~100 万 IU;犬 5 万 ~ 15 万 IU。2 ~ 3 次/d。用于家禽鹅口疮:每公斤饲料 50 万 ~ 100 万 IU,混饲连喂 1 ~ 3 周。用于雏鸡霉菌病:每 100 羽 50 万 IU。2 次/d。连用 2 ~ 4 d。

(2)制霉菌素混悬液,乳管内注入,1 次量,每一乳室:牛 10 万 IU。子宫内灌注,牛、马 150 万 ~ 200 万 IU。

克霉唑

[**理化性质**]又名抗真菌 1 号。本品为白色结晶性粉末,难溶于水,易溶于酒精、氯仿、丙酮。

[**体内过程**]本品内服后吸收较少,主要通过肝脏代谢,经胆汁排出体外。

[**作用与应用**]本品为广谱抗真菌药。本品对浅表真菌的作用与灰黄霉素相似,对深部真菌作用不及两性霉素 B,主要用于体表真菌病,如毛癣和耳真菌感染。

[**制剂与用法用量**]克霉唑片。内服,1 次量,每千克体重:牛、马 5 ~ 10 g;犊、驹、羊、猪 1 ~1.5 g。2 次/d。混饲,每 100 只雏鸡用 1 g。克霉唑软膏。外用,1% 或 3% 软膏涂搽患处。

酮康唑

[**理化性质**]本品为咪唑类抗真菌药,为白色结晶性粉末,不溶于水。

[**体内过程**]本品内服吸收良好,吸收后分布广泛,易透过胎盘屏障,经肝脏代谢,随胆汁排出体外。

[**作用与应用**]本品属广谱抗真菌药,对深部及浅表真菌均有抗菌活性。对念珠菌、组织胞浆菌、球孢子菌、隐球菌等有良好作用,对癣菌、曲霉菌和酵母菌也有效。本品内服可治疗消化道、呼吸道及全身性真菌感染;外用可治疗鸡冠癣和皮肤、黏膜等浅表真菌感染。

[**制剂与用法用量**]酮康唑溶液,混饮,每千克体重:犬,5 ~ 10 mg,1 ~ 2 次/d。酮康唑片,0.2 g,每千克体重:家畜 5 ~ 10 mg,1 ~ 2 次/d;犬 5 ~ 20 mg,2 次/d。酮康唑软膏,2% 软膏,外用。

益康唑

[**理化性质**]本品为咪唑类抗真菌药,硝酸盐为白色结晶性粉末;极微溶于水,微溶于大多数有机溶剂。

[**作用与应用**]本品为广谱、速效抗真菌药,本品对革兰氏阳性菌和真菌有效,特别是对白色念珠菌有较高疗效;对组织胞浆菌、曲霉菌及孢子丝菌也有较强的抗菌作用。临床主要用于治疗皮肤和黏膜的真菌感染,如皮肤癣病、念珠菌阴道炎等。现仅有软膏、酊剂及栓剂供外用。

[**制剂与用法用量**]益康唑酊剂,1%,涂擦患部,2 ~ 3 次/d;益康唑软膏,1%,涂擦患

部,2~3 次/d;益康唑栓剂,50 mg,阴道真菌感染,每天 1 剂,连用 2 周。

伊曲康唑

[理化性质]本品为白色粉末,无味。

[作用与应用]本品属三唑类广谱抗真菌药。抗菌活性比酮康唑更强;对肝、肾毒性比酮康唑小。本品主要用于犬、猫各种浅表及深部真菌感染。如犬小孢子菌病、石膏样小孢子菌病、须毛癣菌病、芽生菌病、组织胞浆病、念珠菌病等引起的动物皮肤、眼部、口腔及肺部真菌感染。

[制剂与用法用量]伊曲康唑片,50 mg/片。内服,1 次量:每千克体重,犬 5 mg,猫 10 mg,1 次/d,连用 4 周。

学习情境3　化学合成抗菌药

子学习情境1　磺胺类药物

磺胺类药是人工合成的一类具有抗菌谱广、性质稳定、使用方便、体内分布广等优点的化学药物。自 1935 年发现以来,该类药物就在临床控制细菌感染疾病中发挥了巨大的作用,特别是甲氧苄啶等抗菌增效剂的发现,使得磺胺药物在各类抗生素不断发现和发展的今天,仍为畜禽抗感染治疗中的重要药物之一。临床常用的药物有磺胺嘧啶(SD)、磺胺二甲嘧啶(SM2)、磺胺对甲氧嘧啶(SMD)、磺胺间甲氧嘧啶(SMM)、磺胺喹恶啉(SQ)、磺胺脒(SG)等。

(一)概述

1.构效关系

磺胺类药物为白色或微黄色的结晶性粉末,无臭,无味。在水中难溶,易溶于稀碱和强酸溶液中,临床常用其钠盐制剂供注射用。磺胺类药物的基本化学结构是对氨基苯磺酰胺(简称磺胺),即

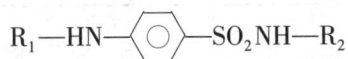

$$R_1—HN—\langle \bigcirc \rangle—SO_2NH—R_2$$

其中,R 代表不同的基团,由于 R 的取代基团不同,因而就合成了一系列的磺胺类药物。磺胺类药物的抑菌作用与其化学结构有密切的关系,一般规律是:①磺酰胺基的对位氨基必须保持游离状态才具有活性,若氨基上的一个氢原子(R_1)被乙酰化,则失去活性;②磺酰胺基上的一个氢原子(R_2)被其他基团取代所得的磺胺药,其抗菌作用增强,如磺胺甲恶唑(SMZ)、磺胺嘧啶(SD)等;③对位氨基上的氢原子(R_1)被其他基团取代所得的磺胺药,须在

体内水解释放出游离氨基后才有抗菌活性。

2.分类

磺胺药物内服后的吸收情况可分为三大类:①肠道易吸收药物,如磺胺嘧啶(SD)、磺胺二甲嘧啶(SM2)等,见表5-1;②肠道难吸收药物,如磺胺咪(SG)等,见表5-1;③外用磺胺,如氨苯磺胺(SN)等。

表 5-1　常用磺胺类药的分类与简名

1.肠道易吸收的磺胺药	
药　名	简　名
氨苯磺胺	SN
磺胺噻唑	ST
磺胺嘧啶	SD
磺胺二甲嘧啶	SM2
磺胺甲恶唑(新诺明,新明磺)	SMZ
磺胺对甲氧嘧啶(磺胺5甲氧嘧啶,消炎磺)	SMD
磺胺间甲氧嘧啶(磺胺6甲氧嘧啶,制菌磺)	SMM；DS-36
磺胺地索辛(磺胺2,6二甲氧嘧啶)	SDM
磺胺多辛(磺胺5,6二甲氧嘧啶,周效磺胺)	SDM′
磺胺喹恶啉	SQ
磺胺氯吡嗪	ESB
2.肠道难吸收的磺胺药	
磺胺脒	SG
琥珀酰磺胺噻唑(琥磺胺噻唑,琥磺胺唑)	SST
酞磺胺噻唑(酞酰磺胺噻唑)	PST
酞磺醋胺	PSA
柳氮磺胺吡啶(水杨酰偶氮磺胺吡啶)	SASP
3.外用磺胺药	
磺胺醋酰钠	SA-Na
醋酸磺胺米隆(甲磺灭脓)	SML
磺胺嘧啶银(烧伤宁)	SD-Ag

3.药动学

(1)吸收

胃肠道易吸收的磺胺药,内服后其吸收率由于药物和动物种类的不同而有差异,一般禽>犬>猪>马>羊>牛。内服后肉食动物3~4 h吸收完毕,单胃动物为4~6 h,反刍动物为12~24 h。

（2）分布

磺胺药吸收入血后,广泛分布于全身组织和体液中,以血液、肝、肾含量较高,脑脊液中较低,亦可进入乳腺及胎盘组织。磺胺药在血中一部分呈游离态,一部分与血浆蛋白结合。SD 与血浆蛋白的结合率低,因而进入脑脊液的浓度较高,为血药的 50% ~ 80% ,故可作为脑部细菌感染的首选药。一般来说,与血浆蛋白结合率高的药物排泄较慢,血中有效浓度维持时间较长。磺胺类药物在各种家畜体的蛋白结合率,通常以牛为最高,羊、猪、马次之。

（3）代谢

磺胺类药物主要在肝脏中代谢,引起结构上的变化,最常见的是对位氨基 R_1 处发生乙酰化。磺胺药物在动物体内的乙酰化程度的顺序是:牛>兔>绵羊>羊>马>猫>犬>禽。磺胺类药乙酰化后失去活性,但仍留有毒性。其溶解度降低,易在尿道内形成结晶,损害肾功能,因此临床常同时内服碳酸氢钠以碱化尿液、促进排出。

（4）排泄

内服难吸收的磺胺类药物经粪便排出;内服易吸收的主要经肾脏排泄,少量由乳汁、胆汁排泄。经肾排泄的药物部分以原形、乙酰化代谢产物、葡萄糖醛酸结合三种形式排出。重吸收少者,排泄快,半衰期短,有效血药浓度维持时间短,如 SD、SN 等;重吸收多者,排泄慢,半衰期长,有效血药浓度维持时间长,如 SM2、SMM 等。大部分以原形排出的药物可用于泌尿道感染,如 SMZ、SMD 等。肾功能损害时,药物的半衰期明显延长,毒性增强。

4. 药理作用

磺胺类药物为广谱抑菌药,无杀菌功效。对大多数革兰氏阳性菌和革兰氏阴性菌有效,甚至对衣原体及球虫、弓形虫等有效。不同病原菌对磺胺类药物敏感性不同,对磺胺药高度敏感的病原菌有:链球菌、肺炎球菌、沙门氏杆菌、化脓棒状杆菌、大肠杆菌等;中度敏感的病原菌有:葡萄球菌、变形杆菌、巴氏杆菌、产气荚膜杆菌、布氏杆菌、炭疽杆菌、肺炎杆菌、绿脓杆菌、李氏杆菌等;对螺旋体、立克次氏体、结核杆菌、支原体、病毒等无作用。不同磺胺对病原菌的抑制作用有明显的差异。一般来说,其抗菌作用强度的顺序是磺胺间甲氧嘧啶(SMM)>SMZ>SD>SMD>磺胺二甲嘧啶(SM2)>SN。

5. 作用机理

磺胺类药物的作用机理如图 5-1 所示。对磺胺敏感的细菌不能直接利用外源性叶酸来生长繁殖,必须利用对氨基苯甲酸(PABA)、二氢喋啶,在二氢叶酸合成酶的催化下,合成二氢叶酸。再在二氢叶酸还原酶的作用下,生成四氢叶酸。四氢叶酸是一碳基团的辅酶,参与核酸的生物合成。而核酸是细菌繁殖的物质基础。磺胺类药物的基本化学结构和 PABA 的结构极为相似,因而可与 PABA 竞争二氢叶酸合成酶,妨碍二氢叶酸的合成,从而影响细菌的生长繁殖,产生抑菌作用。

磺胺药对已形成的叶酸无影响。二氢叶酸合成酶与 PABA 的亲和力比与磺胺药的亲和力大数千倍,因此应用时需注意:①使用磺胺药时,必须要有足够的剂量和疗程,首次量宜加倍;②脓汁和坏死组织中含有大量的 PABA,局部用药时应排脓清创;③普鲁卡因在体内能分解出 PABA,可降低磺胺药疗效,故两者不可同时使用;④在代谢过程中不需叶酸或能利用外源性叶酸的细菌对磺胺药不敏感。

敏感菌对磺胺药较易产生耐药性,且有交叉耐药性,但与其他抗菌药之间无交叉耐药现象。产生耐药性的原因可能是细菌改变了代谢途径或直接利用了外源性叶酸。

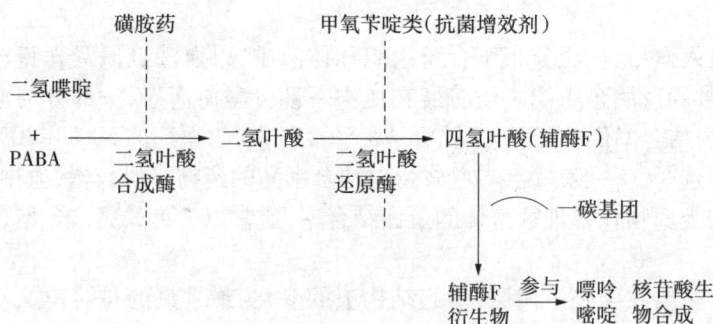

图 5-1　磺胺类药物的作用机理

6. 不良反应与预防措施

（1）急性中毒

急性中毒多见于静脉注射速度过快或用量过大，主要表现为神经症状，如共济失调、肌无力、惊厥、痉挛性麻痹等，严重者迅速死亡。牛、山羊还可能出现散瞳、目盲等症，雏鸡中毒时可致大批死亡。

（2）慢性中毒

慢性中毒常见于连续用药 1 周以上，主要表现为：①泌尿道损害，出现结晶尿、血尿、蛋白尿以至尿闭，犬、猫、禽尤其严重；②消化系统障碍，出现食欲不振、呕吐、便秘、腹泻等；③造血机能破坏，呈现出血性变化、白细胞减少等，幼龄畜禽的免疫系统抑制；④产蛋鸡产蛋率下降，蛋破损率和软蛋率增高。

为防止磺胺类药物不良反应的发生，在用药过程中，除控制剂量和疗程外，还可采取以下措施：①充分饮水，增加尿量，以促进排出；②选用疗效高、作用强、溶解度大、乙酰化低的磺胺药；③肉食和杂食动物及幼畜使用磺胺药时，应合用碳酸氢钠以碱化尿液，促进排出；④蛋鸡产蛋期禁用。

（二）临床常用药物

磺胺嘧啶（SD）

[**理化性质**]本品为白色结晶粉末，无臭，无味，难溶于水；其钠盐易溶于水。

[**体内过程**]本品内服易吸收，以血液、肝、肾含量较高，在血中溶解度最高，且药物与蛋白结合率低，易通过血脑屏障进入脑脊液中。磺胺嘧啶的代谢主要在肝，在体内代谢产生的乙酰化物在尿中溶解度较低，易引起血尿、结晶尿等，半衰期较长。

[**作用与应用**]本品抗菌作用强，对大多数革兰氏阳性菌和部分革兰氏阴性菌有效，对衣原体和某些原虫（球虫、弓形虫）有效，对金色葡萄球菌作用差。本品主要用于各种动物敏感病原体所引起的感染，如马腺疫、副伤寒、子宫内膜炎等；磺胺嘧啶在脑脊液中含量最高，常作为脑炎的首选用药。

[**制剂与用法用量**]磺胺嘧啶片。内服，1 次量，每千克体重：家畜首次量 140～200 mg，维持量 70～100 mg，2～3 次/d。

磺胺嘧啶注射液。静脉或肌内注射，1 次量，每千克体重：家畜 50～100 mg，1～2 次/d。

磺胺二甲嘧啶（SM2）

[**理化性质**]本品为白色或微黄色的结晶或粉末,无臭,微苦;遇光色渐变深;在水或乙醚中几乎不溶解;其钠盐易溶于水。

[**体内过程**]本品内服易吸收,与血浆蛋白结合率高,排泄较磺胺嘧啶慢;乙酰化率低,不易引起结晶尿或血尿。

[**作用与应用**]本品抗菌作用较磺胺嘧啶稍弱,但对球虫、弓形虫作用较强,主要用于巴氏杆菌病、子宫内膜炎、乳腺炎等;也常用于禽球虫病、猪弓形虫病。

[**制剂与用法用量**]磺胺二甲嘧啶片。内服,1 次量,每千克体重:家畜首次量 140～200 mg,维持量 70～100 mg,1～2 次/d。

磺胺二甲嘧啶钠注射液。静脉注射或肌内注射,1 次量,每千克体重:家畜首次量 140～200 mg,维持量 70～100 mg,1～2 次/d。

磺胺二甲氧嘧啶（SMD）

[**理化性质**]又称磺胺地托辛。本品为白色结晶粉末;微溶于水,易溶于稀盐酸或碳酸钠溶液。

[**体内过程**]本品内服易吸收,与血浆蛋白结合率高,乙酰化率低。

[**作用与应用**]本品抗菌力与 SD 相似,主要用于敏感菌引起的呼吸道、泌尿道、消化道及局部感染,对犊牛和禽球虫病、禽霍乱、禽传染性鼻炎有较好疗效。

[**制剂与用法用量**]磺胺二甲氧嘧啶片。内服,1 次量,每千克体重:家畜首次量 50～100 mg,维持量 25～50 mg,1～2 次/d。

磺胺二甲氧嘧啶钠注射液。静脉注射或肌内注射,1 次量,每千克体重:家畜首次量 50～100 mg,维持量 25～50 mg,1～2 次/d。

磺胺间甲氧嘧啶（SMM）

[**理化性质**]本品为白色或类白色结晶粉末,无臭,无味;不溶于水,其钠盐易溶于水。

[**体内过程**]本品内服易吸收,血中浓度高,乙酰化率低,且乙酰化物在尿中溶解度大,不易发生结晶尿。

[**作用与应用**]本品对大多数革兰氏阳性菌和革兰氏阴性菌有效,且比同类磺胺类药物抗菌作用强,常用于敏感菌引起的呼吸道、泌尿道、消化道等系统的感染;对球虫、弓形虫作用显著,常用于治疗球虫病、弓形虫病等。

[**制剂与用法用量**]磺胺间甲氧嘧啶片。内服,1 次量,每千克体重:家畜首次量 50～100 mg,维持量 25～50 mg,1～2 次/d。

磺胺间甲氧嘧啶钠注射液。静脉注射或肌内注射,1 次量,每千克体重:家畜首次量 50～100 mg,维持量 25～50 mg,1～2 次/d。

磺胺甲恶唑（SMM）

[**理化性质**]本品为白色结晶性粉末,无臭,味微苦;不溶于水,易溶于稀盐酸和氢氧化钠溶液。

[体内过程]本品内服易吸收,但吸收较慢,在胃肠道和尿中的排泄较缓慢。血浆蛋白结合率低,乙酰化率高,易发生结晶尿和血尿等。

[作用与应用]本品抗菌作用与应用和磺胺嘧啶相似,但抗菌活性比磺胺嘧啶强。临床常与甲氧苄啶联合用于治疗敏感菌引起的呼吸道和泌尿道感染。

[制剂与用法用量]磺胺甲恶唑片。内服,1次量,每千克体重:家畜首次量50~100 mg,维持量25~50 mg,1~2次/d。

复方磺胺甲恶唑片。以磺胺甲恶唑计算,内服,1次量,每千克体重:家畜25~50 mg,1~2次/d。

子学习情境2　抗菌增效剂

抗菌增效剂是人工合成的广谱抗菌药,因能增强磺胺药和多种抗生素的疗效,故称为抗菌增效剂。国内常用甲氧苄啶(TMP)和二甲氧苄啶(DVD)两种。二甲氧苄啶为动物专用品种。国外应用的还有奥美普林(OMP)、阿地普林(ADP)及巴喹普林(BQP)。

甲氧苄啶(TMP)

[理化性质]本品为白色或淡黄色结晶粉末,无臭,味微苦;难溶于水,微溶于酒精,易溶于冰醋酸。

[体内过程]本品内服吸收快而完全,1~2 h血药浓度达峰值,广泛分布于各组织和体液中,在肺、肾和肝中浓度较高,并超过血中浓度,主要从尿中排出,3 d内约排出剂量的80%,其中6%~15%以原形排出,少量从胆汁、唾液和粪便中排出。

[作用与应用]本品抗菌作用与磺胺药相似,效力较强,对多数革兰氏阳性菌及革兰氏阴性菌都有作用,通过抑制细菌二氢叶酸还原酶,阻碍四氢叶酸的合成。与磺胺药合用时,从两个不同环节同时阻断叶酸的代谢而起双重阻断作用,两者合用,抗菌作用增加数倍至近百倍,甚至使抑菌作用变为杀菌作用,并对磺胺药的耐药菌株亦有效。还可增强青霉素、四环素、庆大霉素等多种抗生素的抗菌作用,故称"抗菌增效剂"。

本品常用1:5的比例与SMD、SMZ、SD、磺胺喹恶啉(SQ)等磺胺药合用。含甲氧苄啶(TMP)的复方制剂主要用于链球菌、葡萄球菌和革兰氏阴性杆菌引起的感染及禽大肠杆菌病、禽伤寒、禽霍乱等。

[制剂与用法用量]含TMP的复方制剂给药量均以磺胺药量计。

[不良反应]本品毒性低,副作用小,但孕畜及初生幼畜应用易引起叶酸摄取障碍,应慎用。

二甲氧苄啶(DVD)

[理化性质]本品为白色或淡黄色结晶粉末,无臭;难溶于水、酒精,溶解于较高浓度的盐酸。

[体内过程]本品内服难吸收,但在胃肠道浓度高,主要从粪便排出,故更适合用作肠道抗菌增效剂。

[作用与应用]本品抗菌机理与 TMP 相似,抗菌作用较弱,为畜禽专用药,与磺胺类药物和抗生素联合应用有增效作用。与抗球虫的磺胺类药物合用对球虫的抑制作用比 TMP 强,常以 1:5 的比例与 SQ 等合用,用于防治禽、兔球虫病和畜禽肠道感染等。

[制剂与用法用量]含 DVD 的复方制剂给药量均以磺胺药量计。

子学习情境3　喹诺酮类

(一)概述

喹诺酮类药物是一类具有 4-喹诺酮环结构的人工合成抗菌药。这类药物发展迅速,自 1962 年第一代喹诺酮——萘啶酸用于临床后,第二代药物吡哌酸、第三代诺氟沙星等相继合成。第三代产品因其结构中含氟,故又称为氟喹诺酮,现临床应用的喹诺酮类药物中,以氟喹诺酮类为主,已有十多个品种。氟喹诺酮类药物具有抗菌谱广、杀菌作用强、临床疗效好、抗菌作用独特、不良反应小等优点。兽医临床常用的氟喹诺酮类有:诺氟沙星(氟哌酸)、培氟沙星、氧氟沙星(氟嗪酸)、环丙沙星、洛美沙星、恩诺沙星、达氟沙星、二氟沙星、沙拉沙星、麻保沙星、奥比沙星等。后 6 种为动物专用的氟喹诺酮类药物。

1. 药理作用

氟喹诺酮类药物为广谱杀菌性抗菌药。对革兰氏阳性菌和革兰氏阴性菌、支原体、螺旋体、某些厌氧菌、衣原体等均有极强的杀菌作用。有高度的抗菌活性,对多种耐药性菌株,如耐青霉素类的金黄色葡萄球菌、耐庆大霉素的绿脓杆菌、耐磺胺类+TMP 的细菌等均有效。另外,氟喹诺酮类对许多细菌,如金黄色葡萄球菌、链球菌、大肠杆菌、绿脓杆菌等能产生抗菌药后效应作用,一般可维持几小时。

2. 作用机理

作用于细菌 DNA 回旋酶,使细菌 DNA 不能形成负超螺旋,干扰 DNA 复制,从而产生杀菌作用;同时也抑制拓扑异构酶Ⅱ,并干扰复制 DNA 分配到子代细胞中去,使细菌死亡。

3. 不良反应

本类药物安全范围大,毒副作用小。主要不良反应有:①消化道反应。因剂量过大导致动物减食或废食、腹泻等。②尿道损伤。在剂量过大或饮水不足时易形成结晶尿。③肝细胞损害。对雏鸡长时间混饲或高浓度混饮时,特别容易导致肝细胞变形或坏死,环丙沙星尤其明显。④中枢神经反应。能引起动物惊厥、不安等反应。⑤影响幼畜软骨生长,禁用于幼龄动物和孕畜。

(二)临床常用药物

诺氟沙星

[理化性质]又名氟哌酸。本品为类白色或淡黄色结晶性粉末,无臭,味微苦;微溶于水和酒精,易溶于醋酸、盐酸和氢氧化钠溶液。

[体内过程]本品内服、肌内注射吸收迅速,但吸收不完全。血浆蛋白结合率低,在体内分布广泛,除脑和骨组织外,其他组织中浓度均高于血浆浓度。内服剂量的1/3经尿排出,其中80%为原形药物,消除半衰期长。

[作用和应用]本品为广谱杀菌药。对革兰氏阴性杆菌如大肠杆菌、沙门氏杆菌、巴氏杆菌及绿脓杆菌作用较强,对革兰氏阳性菌和支原体也有一定的作用。本品主要用于敏感菌引起的消化系统、呼吸系统、泌尿道感染及支原体病的治疗。

[制剂与用法用量]诺氟沙星可溶性粉。内服,1次量,每千克体重:猪、犬10~20 mg,1~2次/d。混饮,每升水,禽100 mg。

诺氟沙星注射液。肌内注射,1次量,每千克体重:猪、犬10~20 mg,1~2次/d。

恩诺沙星

[理化性质]又名乙基环丙沙星。本品为微黄色或淡橙黄色结晶性粉末,无臭,味苦;遇光色渐变为橙红色;不溶于水和酒精,易溶于醋酸、盐酸或氢氧化钠溶液中。其盐酸盐和乳酸盐易溶于水。

[体内过程]本品内服、肌内注射吸收迅速,且较完全。在动物体内广泛分布,能很好地进入组织、体液,除了脑脊液浓度只有血清浓度的6%~10%外,几乎所有组织的药物浓度均高于血浆浓度,有利于全身感染和深部组织感染的治疗。肝代谢主要是脱去7-哌嗪环的乙基生成环丙沙星,其次为氧化后与葡萄糖醛酸结合。排泄主要通过肾,15%~50%以原形经尿排泄。

[作用与应用]本品为广谱杀菌药,对支原体有特效,其效力强于泰乐菌素。对革兰氏阳性菌和革兰氏阴性菌均有较强的杀菌作用。临床上可用于支原体、大肠杆菌、溶血性巴氏杆菌、沙门氏杆菌、变形杆菌、绿脓杆菌、金黄色葡萄球菌、链球菌、丹毒杆菌等引起的消化道、呼吸道、泌尿生殖系统等全身性感染疾病以及局部皮肤感染。

[制剂与用法用量]恩诺沙星片。内服,1次量,每千克体重:犊牛、猪、犬、猫、兔2.5~5.0 mg;禽5~7.5 mg,2次/d,连用3~5 d。

恩诺沙星可溶性粉。混饮,每升水,禽50~75 mg,连用3~5 d。

恩诺沙星注射液。肌内注射,1次量,每千克体重:家畜2.5 mg;犬、猫、兔2.5~5 mg,1~2次/d,连用2~3 d。

环丙沙星

[理化性质]又名环丙氟哌酸。本品为淡黄色结晶性粉末;易溶于水,用其盐酸盐和乳酸盐。

[体内过程]本品内服吸收迅速,但吸收不完全,生物利用度不如恩诺沙星;肌内注射体内过程与恩诺沙星基本相似。排泄主要以原药形式从尿中排泄。

[作用与应用]本品属广谱杀菌药,其抗菌谱、抗菌活性等与恩诺沙星基本相似;对革兰氏阴性杆菌的抗菌活性略强于恩诺沙星;临床广泛用于敏感菌引起全身各系统的感染。如敏感菌引起的消化道、呼吸道、泌尿生殖道感染,支原体感染及皮肤局部感染等。

[制剂与用法用量]盐酸环丙沙星可溶性粉。内服,1次量,每千克体重:猪、犬15~25 mg,2次/d。

环丙沙星注射液。肌内注射,1 次量,每千克体重:家畜 25 mg;家禽 5 mg,2 次/d。

达氟沙星

[理化性质]又名单诺沙星。本品常用甲磺酸盐,为白色或淡黄色结晶性粉末,无臭,味苦;在水中易溶,在甲醇中微溶。

[体内过程]本品内服、肌内注射和皮下注射吸收迅速,且较完全,在动物体内广泛分布,特别是在肺组织中药物浓度高,可达血药浓度的 5~7 倍,主要通过肾排泄。

[作用与应用]本品为广谱杀菌药,抗菌谱与恩诺沙星相似,但抗菌作用更强,对牛溶血性巴氏杆菌、多杀性巴氏杆菌;猪胸膜肺炎放线杆菌、猪肺炎支原体;鸡大肠杆菌、鸡毒支原体等有较强的抗菌作用。本品主要用于牛巴氏杆菌病;猪传染性胸膜肺炎、支原体肺炎;禽大肠杆菌病、禽霍乱、慢性呼吸道疾病等。

[制剂与用法用量]甲磺酸达氟沙星可溶性粉。内服,1 次量,每千克体重:鸡 2.5~5 mg,1 次/d,混饮,每升水,鸡 25~50 mg,连用 3 d。

甲磺酸达氟沙星注射液。肌内注射,1 次量,每千克体重:牛、猪 1.25~2.5 mg,1 次/d,连用 3 d。

培氟沙星

[理化性质]本品甲磺酸盐为白色或微黄色结晶性粉末,无臭,味苦;易溶于水。

[体内过程]本品内服吸收迅速,生物利用度优于诺氟沙星;心肌浓度是血药浓度的 1~4 倍,较易通过血脑屏障。

[作用与应用]本品抗菌谱、体外抗菌活性与诺氟沙星相似。本品主要用于敏感菌引起的呼吸道感染、肠道感染、脑膜炎、心内膜炎、败血症、猪肺疫、禽霍乱、禽伤寒、副伤寒及畜禽支原体感染。

[制剂与用法用量]甲磺酸培氟沙星可溶性粉。混饮,每升水,家禽 50~100 mg;内服,1 次量,每千克体重:禽 10 mg,猪 5~10 mg,2 次/d。

甲磺酸培氟沙星注射液。肌内注射,1 次量,每千克体重:禽、猪 2.5~5 mg。

二氟沙星

[理化性质]又称双氟沙星。本品为白色或淡黄色结晶性粉末;无臭,味苦;不溶于水,其盐酸盐能溶于水。

[体内过程]本品内服吸收迅速,生物利用度高;体内分布广泛,主要经肾排泄,尿中浓度高。

[作用与应用]本品抗菌谱与恩诺沙星相似,抗菌活性略低于恩诺沙星。对多种细菌有效,如大肠杆菌、绿脓杆菌、金黄色葡萄球菌、变形杆菌、巴氏杆菌等,对支原体也有效。临床主要用于治疗畜禽敏感菌及支原体所致的各种感染性疾病,如鸡慢性呼吸道病猪、放线杆菌性胸膜肺炎、猪巴氏杆菌病等。

[制剂与用法用量]盐酸二氟沙星水溶性粉。混饮,每升水,畜禽 25 mg,连用 3~5 d,病重可加倍。

盐酸二氟沙星注射液。肌内注射,1 次量,每千克体重:猪 5 mg,1 次/d。

洛美沙星

[**理化性质**]本品盐酸盐为白色至灰黄色粉末;略溶于水。

[**体内过程**]本品内服吸收良好,生物利用度较高,消除半衰期较长。本品主要通过肾脏以原药形式随尿排出,丙磺舒可延迟洛美沙星的排泄。

[**作用与应用**]抗菌谱、抗菌活性与诺氟沙星相似或略强,临床应用同诺氟沙星。

[**制剂与用法用量**]盐酸洛美沙星可溶性粉。混饮,每升水,禽 50 ~ 100 mg。

盐酸洛美沙星注射液。50 mL∶500 mg。肌内注射,1 次量,每千克体重:禽 5 ~ 10 mg,家畜 2.5 ~ 5 mg,1 ~ 2 次/d。

马波沙星

[**理化性质**]又称马保沙星。本品为淡黄色粉末。

[**体内过程**]本品内服与注射后吸收迅速而完全,消除半衰期较长,体内分布广泛,在皮肤中的浓度约为血浆浓度的 1.6 倍,主要排泄途径为肾脏,犬在尿中排出占 30% ~ 45% 的原形药。

[**作用与应用**]本品为动物专用的新型广谱杀菌药物,抗菌谱、抗菌活性与恩诺沙星相似,应用同恩诺沙星,对耐红霉素、林可霉素、氯霉素、多西环素、磺胺药的病原菌仍然有效。

[**制剂与用法用量**]

(1)马波沙星注射液。2 mL∶0.2 g,100 mL∶10 g。肌内注射,1 次量,每千克体重:牛、猪 2 mg,鸡 2.5 mg,1 次/d。

(2)马波沙星片。20 mg/片,80 mg/片。内服,1 次量,每千克体重:畜 2 mg,1 次/d。

子学习情境 4   硝基呋喃类

硝基呋喃类是人工合成药。现兽医临床应用的有:抗细菌感染的呋喃妥因、抗血吸虫感染的呋喃丙胺等。以前用过的呋吗唑酮、呋喃唑酮(痢特灵)等,发现有致癌作用,现已禁用于畜禽,在宠物上有应用。

呋喃妥因

[**理化性质**]本品为黄色结晶性粉末,无臭,味苦;不溶于水或氯仿,溶解于二甲基甲酰胺中;遇光色渐变深。

[**体内过程**]本品内服后吸收迅速而完全,血清中药物浓度很低,高浓度出现于尿中。排泄快,在尿中排出量可达 40% ~ 50%。

[**作用与应用**]本品为广谱抗菌药,对大多数革兰氏阳性菌和革兰氏阴性菌、某些真菌和原虫有杀灭作用,其中对大肠杆菌、沙门氏杆菌作用较强,对产气杆菌、绿脓杆菌、结核杆菌、变形杆菌的作用较弱。临床主要用于敏感菌引起的泌尿道感染。

[**制剂与用法用量**]呋喃妥因片。内服,1 次量,每千克体重:家畜 6 ~ 7.5 mg,2 次/d。

子学习情境5　喹恶啉类

本类药物为合成抗菌药,均属喹恶啉 N-1,4 二氧化物的衍生物,应用于畜禽的主要有乙酰甲喹、喹乙醇和卡巴氧。卡巴氧主要用作生长促进剂,因发现其有致突变作用,许多国家已禁用。

乙酰甲喹

[理化性质]又名痢菌净。本品为鲜黄色结晶或黄色粉末;无臭,味微苦;在水、甲醇中微溶。

[药动学]本品内服和肌内注射均易吸收,猪肌内注射后约 10 min 即可分布于全身各组织,体内消除快,消除半衰期约 2 h,给药后 8 h 血液中已测不到药物,在体内破坏少,约 75% 以原形经尿排出,故尿中浓度高。

[作用与应用]本品具有广谱抗菌作用,对革兰氏阴性菌的作用强于革兰氏阳性菌,对猪痢蛇形螺旋体的作用尤为突出;对大肠杆菌、巴氏杆菌、猪霍乱沙门氏菌、鼠伤寒沙门氏菌、变形杆菌的作用较强;对某些革兰氏阳性菌如金葡菌、链球菌亦有抑制作用。本品主要用于猪痢蛇形螺旋体性痢疾及细菌性肠炎,如仔猪黄痢和白痢、犊牛副伤寒、鸡白痢、禽大肠杆菌病,不能用作生长促进剂。

[制剂与用法用量]

(1)痢菌净片。0.1 g/片,0.5 g/片。内服,1 次量,每千克体重:牛、猪、鸡 5～10 mg,2 次/d,连用 3 d。

(2)痢菌净注射液。10 mL∶50 mg。肌内注射,1 次量,每千克体重:牛、猪 2.5～5 mg,鸡 2.5 mg/kg,2 次/d,连用 3 d。

喹乙醇

[理化性质]本品为浅黄色结晶性粉末;无臭,味苦;溶于热水,微溶于冷水,在乙醇中几乎不溶。

[作用与应用]本品内服吸收迅速,生物利用度较高,鸡、犬、猪内服的生物利用度为 53%、90% 及 100%。本品为抗菌促生长剂,具有促进蛋白同化作用,能提高饲料转化率,使猪增重加快,对革兰氏阴性菌如巴氏杆菌、大肠杆菌、鸡白痢沙门氏杆菌、变形杆菌等有抑制作用;对革兰氏阳性菌如金葡菌、链球菌等亦有一定的抑制作用;对四环素、氨苄西林等耐药菌株仍然有效。本品主要用于促进畜禽生长,有时也用于治疗禽霍乱、肠道感染及预防仔猪腹泻等。由于休药期长(35 d),现《中国兽药典》(2015 年版)规定仅能用于育成猪(<35 kg)的促生长,禁用于禽。

[制剂与用法用量]喹乙醇预混剂 500 g∶25 g。混饲,每 1 000 kg 饲料,猪 1 000～2 000 g。

[不良反应]鸡、鸭对本品较敏感,国内鸡、鸭喹乙醇中毒的报道较多,主要是添加剂量过大,混饲不均所引起。猪应严格按《中国兽药典》(2015 年版)推荐的喹乙醇混饲浓度

0.005% ~0.01% 使用,切勿随意加大剂量。

子学习情境6 硝基咪唑类

硝基咪唑类是一类具有抗原虫和抗菌活性的药物,包括甲硝唑、地美硝唑、氯甲硝唑和氟硝唑等,它们还具有抗厌氧菌的作用,在兽医临床常用的有甲硝唑、地美硝唑等。

甲硝唑

[理化性质]又名灭滴灵、甲硝咪唑。本品为白色结晶性粉末,微苦,味咸;微溶于水,略溶于酒精。

[体内过程]本品内服易吸收,在 1 ~2 h 达血药峰值,在体内分布广泛,能进入血脑屏障、胎盘和乳汁内,大部分药物以原形经尿及胆汁排出。

[作用与应用]本品对各种厌氧菌具有极强的杀菌作用,对滴虫和阿米巴原虫也有作用,对需氧菌和兼性厌氧菌则无效。本品主要用于外科手术后的厌氧菌感染、肠道和全身的厌氧菌感染、脑部厌氧菌感染,以及用于阿米巴痢疾、肠道原虫、牛毛滴虫病的治疗。本品禁用于所有食用动物的促生长。

[制剂与用法用量]

(1)甲硝唑片。内服,1 次量,每千克体重:牛 60 mg;犬 25 mg,1 ~2 次/d。混饮,每升水,禽 500 mg,连用 7 d。

(2)甲硝唑注射液。静脉滴注,1 次量,每千克体重:牛 10 mg,1 次/d,连用 3 d。

[不良反应]本品剂量过大时可出现共济失调等神经系统功能紊乱症状。本品对啮齿动物有致癌作用,对细胞有致突变作用,不宜用于孕畜。

地美硝唑

[理化性质]又名二甲硝唑、二甲硝咪唑、达美索。本品为类白色或微黄色粉末;在酒精中溶解,在水中微溶。

[作用与应用]本品为广谱抗菌和抗原虫的药物,对厌氧菌、大肠弧菌、金黄葡萄球菌、链球菌及密螺旋体有效。本品主要用于猪密螺旋体性痢疾、禽滴虫病、肠道和全身性厌氧菌感染。

[制剂与用法用量]地美硝唑预混剂。混饲,每 1 000 kg 饲料:猪 200 ~500 g;鸡 80 ~500 g,连续用药,鸡不得超过 10 d,宰前 3 d 猪、肉鸡停止给药。

[不良反应]鸡对本品敏感,大剂量可引起平衡失调、肝功能损害。产蛋鸡禁用。

学习情境 4　抗病毒药

　　病毒是不具备细胞结构而又只能在细胞内生长繁殖的微生物。由病毒感染引起的疾病对畜禽的健康和生命的危害程度超过其他病原体带来的危害。现试用于兽医临床的抗病毒药主要有金刚烷胺、吗啉胍、利巴韦林;提高非特异性免疫力的药物(干扰素、植物血凝素、黄芪多糖)及许多中草药如黄芩、金银花等,但仍须对它们在兽医临床的作用与应用、用法与用量等做出全面的评价。故本类药只能就其特点作简略介绍。

金刚烷胺

　　[**理化性质**]本品盐酸盐为白色结晶性粉末;易溶于水,微溶于乙醇。

　　[**作用与应用**]本品为窄谱抗病毒药,主要对亚洲甲型流感病毒有效,亦能抑制丙型流感病毒、仙台病毒和伪(假性)狂犬病毒的复制。其作用机理是阻止病毒进入宿主细胞,并抑制病毒核酸的释出而抑制病毒的增殖,临床可与抗生素配伍用于禽流感、猪传染性胃肠炎的防治。本品有一定的退热作用,与解热止痛药合用时可能会增强疗效,对病毒无杀灭作用。

　　[**制剂与用法用量**]复方金刚烷胺片。0.1 g/片。内服,1 次量,每千克体重:家畜0.05 ~ 0.1 g。

吗啉胍

　　[**理化性质**]又名病毒灵、吗啉胍胍。本品的盐酸盐为白色结晶性粉末,无臭,味微苦;易溶于水,微溶于酒精。

　　[**作用与应用**]本品为广谱抗病毒药,对流感病毒、副流感病毒、鼻病毒、呼吸道合胞体病毒等及鸡痘病病毒、鸡传染性支气管炎病毒均有一定的作用。兽医临床用于鸡痘、鸡传染性支气管炎等病的防治。

　　[**制剂与用法用量**]

　　(1)盐酸吗啉胍片,0.1 g/片。内服,1 次量,每千克体重:羔羊 0.1 g/头,2 次/d;鸡 50 ~ 100 mg/羽(治疗鸡痘、鸡马立克氏病),2 ~ 3 次/d,或 30 ~ 50 mg/kg,或 0.6 g/kg 按饮料混饲(治疗腔上囊病),或按 0.1% ~ 0.2% 混饲(治疗鸡传染性脑脊髓炎);猪 0.1 ~ 0.3 g,3 次/d。

　　(2)盐酸吗啉胍注射液,500 mg∶10 mL。肌内注射,1 次量,每千克体重:大家畜(50 kg以上)20 ~ 50 mL;中家畜(25 ~ 50 kg)10 ~ 20 mL;小家畜(10 ~ 20 kg)3 ~ 5 mL,1 ~ 2 次/d。

利巴韦林

　　[**理化性质**]又名病毒唑、三氮唑核苷。本品为白色结晶性粉末,无臭,无味;易溶于水,微溶于乙醇,性质稳定。

　　[**作用与应用**]本品为广谱抗病毒药,对 DNA 病毒及 RNA 病毒均有明显的抑制作用。

如流行性乙型脑炎病毒、牛痘、流感病毒、副流感病毒、腺病毒、疱疹病毒、轮状病毒等。兽医临床用于鸡传染性支气管炎、禽流感、猪传染性胃肠炎等病的防治。

［制剂与用法用量］

三氮唑核苷注射液，100 mg/mL，内服、静脉注射或肌内注射，每千克体重：家畜 10～15 mg，1～2 次/d。

［不良反应］本品可引起动物厌食、胃肠功能紊乱、骨髓抑制和贫血等。

犬五联高免血清

［理化性质］本品为淡黄色或略带红色透明液体。

［作用与应用］本品主要用于紧急预防或治疗犬瘟热、犬细小病毒病、犬冠状病毒病、犬传染性肝炎、犬副流感。

［制剂与用法用量］皮下或肌内注射，1 次量，每千克体重：犬 1～2 mL，1 次/d，连用 3～5 d。

犬二联高免血清

［理化性质］本品为淡黄色或略带红色透明液体。

［作用与应用］本品主要用于紧急预防或治疗犬瘟热、犬细小病毒病。

［制剂与用法用量］皮下或肌内注射，1 次量，每千克体重：犬 1～2 mL，1 次/d，连用 3～5 d。

犬瘟热单克隆抗体

［理化性质］本品为乳白色或淡黄色透明液体。

［作用与应用］本品主要用于紧急预防或治疗犬瘟热。

［制剂与用法用量］皮下或肌内注射，1 次量，每千克体重：犬 0.5～1 mL，1 次/d，连用 3～5 d。

犬细小单克隆抗体

［理化性质］本品为乳白色或淡黄色透明液体。

［作用与应用］本品主要用于紧急预防或治疗犬细小病毒病。

［制剂与用法用量］皮下或肌内注射，1 次量，每千克体重：犬 0.5～1 mL，1 次/d，连用 3～5 d。

重组干扰素

［理化性质］本品为白色或淡黄色柱状疏松体，溶解后为澄明液体。

［作用与应用］本品是一种非特异性抗病毒物质，在机体产生特异性免疫应答前，就能表现抗病毒免疫作用。本品与细胞表面结合诱导细胞产生多种抗病毒蛋白，抑制病毒在细胞内繁殖，提高免疫功能，包括增强巨噬细胞的吞噬功能、增强淋巴细胞对靶细胞的细胞毒性和 NK 细胞的功能。本品具有广谱抗病毒、提高免疫力作用，主要用于各种动物病毒性疾病的防治。

［制剂与用法用量］重组干扰素冻干粉。皮下或肌内注射，1 次量，每千克体重：猪、牛、犬、猫 20～50 万 IU，1 次/d，连用 3～5 d。

抑制蛋白

[**理化性质**]本品为白色或淡黄色柱状疏松体,溶解后为澄明液体。

[**作用与应用**]本品能高效、特异地识别、捕集和结合细胞外的病毒,阻断病毒进入细胞的主要途径,防止病毒在细胞内增值,起到抗病毒的作用。本品具有广谱抗病毒作用,主要用于各种动物病毒性疾病的防治。

[**制剂与用法用量**]抑制蛋白冻干粉。皮下或肌内注射,1 次量,每千克体重:猪、牛、犬、猫 50 ~ 80 万 IU,1 次／d,连用 3 ~ 5 d。

学习情境 5　抗菌中草药

在中草药中具有抗菌作用的药物较多,它们具有清热泻火、解毒凉血等功能,在临床上可用于微生物引起的各种感染。抗菌中草药药源丰富,可就地取材,具有价格低廉、使用方便、不良反应少等优点。一种中草药含有多种化学成分,其作用范围较广,运用适当,往往可获得更为广泛的治疗效果。因此应大力推广抗菌中草药的使用。

黄连

[**理化性质**]本品为毛茛科植物黄连、三角叶黄连或云连的干燥根茎,主要成分为小檗碱,即黄连素,含量 5% ~ 8% 。含小檗碱的中草药还有黄柏、三颗针、十大功劳、南天竹和小檗等。小檗碱为黄色、味苦、无臭的结晶体,现已能人工合成。

[**体内过程**]黄连内服,吸收较少,吸收后黄连素迅速进入组织器官,然后缓慢释放,故血药浓度很低。

[**作用与应用**]本品抗菌谱较广,对多种革兰氏阳性菌如链球菌、葡萄球菌、肺炎球菌、炭疽杆菌和多种革兰氏阴性菌如痢疾杆菌、伤寒杆菌、副伤寒杆菌、大肠杆菌、绿脓杆菌等均有抑制作用,其中对痢疾杆菌和化脓性球菌作用较强,另外对结核杆菌、皮肤真菌、流感病毒、钩端螺旋体及原虫等也有抑制作用。黄连素具有提高白细胞吞噬作用和增强机体免疫力的功能,并有一定的解热、利胆、收缩子宫和兴奋平滑肌的作用。本品临床主要用于治疗腹泻、肠炎、仔猪白痢、仔猪副伤寒、痈肿疔毒、湿疹等。

[**制剂与用法用量**]
(1)盐酸黄连素片,内服,1 次量:牛、马 2 ~ 5 g;羊、猪 0.5 ~ 1 g。
(2)黄连素注射液,肌内注射,1 次量:牛、马 0.15 ~ 0.4 g;羊、猪 0.05 ~ 0.1 g。

黄芩

[**理化性质**]本品为唇形科植物黄芩的干燥根,主含黄芩苷、汉黄芩苷和黄芩苷原、汉黄芩素及少量的黄芩新素等。

[体内过程]黄芩内服吸收较少(约为25%以上的黄酮类),一部分被肠道细菌所降解,特别是草食兽,随胆汁排入肠道;小部分经肾脏随尿排出。除静脉注射或肌内注射外,尿中很少见以原形排出的黄酮类物质。

[作用与应用]本品具有广谱抗菌作用,对多种革兰氏阳性菌和革兰氏阴性菌如金黄色葡萄球菌、志贺氏痢疾杆菌、沙门氏杆菌、绿脓杆菌、肺炎球菌及某些真菌、病毒等有抑制作用,对钩端螺旋体、原虫等也有抑杀作用。本品临床用于肠炎、肺炎、流感、子宫内膜炎、布鲁氏菌病、结膜炎及雏鸡白痢的预防药用,也可用于鱼烂腮、赤皮、肠炎、出血。

[制剂与用法用量]粉碎混饲或煎水自饮。1次量:牛、马20~60 g;羊、猪5~15 g;犬3~5 g;兔、禽1.5~2.5 g;鱼2~4 g,拌饵投喂。

穿心莲

[理化性质]本品为爵床科植物穿心莲的干燥地上部分,主要成分为内酯类。内酯类包括穿心莲内酯和新穿心莲内酯等。

[体内过程]亚硫酸氢钠穿心莲内酯能迅速透过血脑屏障,广泛分布于中枢神经系统,然后迅速以原形经尿排出。

[作用与应用]本品具有广谱抗菌作用,对肺炎球菌、甲型链球菌、金黄色葡萄球菌、变形杆菌、绿脓杆菌、大肠杆菌、卡他球菌、痢疾杆菌和钩端螺旋体等均有抑杀作用;对孤儿病毒ECHO 11所致的肾细胞退变有延缓作用;有促进白细胞吞噬金黄色葡萄球菌的作用。本品临床用于畜禽及鱼类的细菌性感染疾病,如肠炎、下痢、仔猪白痢、鸡白痢、鱼肠炎、仔猪副伤寒,亦可用于肺炎、肺脓肿,以及尿路感染、脑炎、疡肿等。

[制剂与用法用量]穿心莲片剂。内服,1次量:牛、马60~120 g;羊、猪30~60 g;禽1~2 g。

板蓝根

[理化性质]本品为十字花科菘蓝的根和叶,根称板蓝根,叶称大青叶;大青叶经加工后所得的色素称青黛。本品主要成分为靛苷、松蓝苷、β谷甾醇、板蓝根乙素等。

[体内过程]靛苷内服大部分在胃肠道破坏。血中浓度以服药后2,3,4 h为最高,12 h内大部分被排出。

[作用与应用]本品对多种革兰氏阳性菌、革兰氏阴性菌及流感病毒有抑制作用,临床主要用于流感、流脑、咽喉炎、肺炎及其他全身性感染病症和化脓创。

[制剂与用法用量]板蓝根注射液。肌内注射,1次量:牛、马30~40 mL;羊、猪4~6 mL。

金银花

[理化性质]本品为忍冬科植物忍冬、红腺忍冬、山银花或毛花柱忍冬的干燥花蕾,故又称忍冬花。其茎枝称金银花藤,亦具有相似作用,功效稍弱。本品含木樨草素、异绿原酸、绿原酸、肌醇、皂苷等。

[作用与应用]本品对多种革兰氏阳性菌和革兰氏阴性菌,如金黄色葡萄球菌、变型杆菌、溶血性链球菌、志贺氏杆菌、大肠杆菌、绿脓杆菌等均有抑制作用,对病毒亦有抑制作用。本品临床主要用于流感、脑膜炎、肺炎、呼吸道感染、乳房炎、肠炎、下痢及外科感染等。金银花提取物有一定的溶血作用,不宜用作静脉注射。

[制剂与用法用量]

(1)银黄片(每片含金银花提取物 100 mg,黄芩素 80 mg)。内服,1 次量:猪 5~8 片,3 次/d。

(2)银黄针剂(2 mL,含金银花提取物 25 mg,黄芩粗苷 20 mg)。肌内注射,1 次量:猪 6~10 mL。

连翘

[理化性质]本品为木樨科植物连翘的干燥果实,主要含连翘酚、连翘苷、连翘苷元等及少量的挥发油和皂苷等。

[作用与应用]本品具有广谱抗菌作用,对多种革兰氏阳性菌及革兰氏阴性菌均有抑制作用。如金黄色葡萄球菌、肺炎双球菌、溶血性链球菌、志贺氏痢疾杆菌、鼠疫杆菌、伤寒杆菌、副伤寒杆菌、霍乱弧菌、变形杆菌、大肠杆菌、亚洲甲型流感病毒、鼻病毒 17 型等有抑制作用。本品用于流感、肺炎、肠炎、流行性淋巴管炎、胸疫及疮肿等。

[用法用量]1 次量:牛、马 20~30 g;羊、猪 10~15 g;兔、禽 1~2 g。

鱼腥草

[理化性质]本品为三白草科蕺菜的干燥地上部分,含挥发油,有强烈的鱼腥味,其主要成分为鱼腥草素。因其性质不稳定,极易聚合,故合成其亚硫酸氢钠合成物,称合成鱼腥草素。

[体内过程]本品吸收后,主要分布于呼吸系统,经呼吸道及泌尿道排泄。

[作用与应用]鱼腥草素的抗菌作用较强,对金黄色葡萄球菌、溶血性链球菌、肺炎球菌、结核杆菌作用最显著,高浓度时对真菌亦有抑制作用,并能增强机体白细胞吞噬作用和提高机体的免疫机能。本品主要用于呼吸道感染、尿路感染、肠炎、下痢、乳腺炎及外科感染。合成鱼腥草素有溶血作用,不宜静脉注射。

[制剂与用法用量]

(1)鱼腥草片。内服,1 次量:牛、马 80~120 mg;羊、猪 40~80 mg;禽 5~10 mg。

(2)鱼腥草注射液。肌内注射,1 次量:牛、马 40~80 mg;羊、猪 12~20 mg;禽 1 mg。

大蒜

[理化性质]本品为百合科植物大蒜的鳞茎,其主要成分为蒜素。蒜素是白色油状液体,难溶于水,遇碱失效,遇热不稳定,在室温下两日即失效。其干燥粉末的抗菌性质能长期保存。大蒜素是以蒜素原的形式存在于大蒜中,在大蒜破碎时经蒜素原酶的作用分解产生。

[体内过程]本品单胃动物内服后于 0.5 h 出现于血中。肺部分布最多,其次是心、肠、脂肪、脑、肌肉、脾、肝。胃液和胆汁可提高其作用。6 h 后随尿排出。

[作用与应用]本品具有广谱抗菌作用,对革兰氏阳性菌和革兰氏阴性菌,如葡萄球菌、链球菌、肺炎球菌、结核杆菌、大肠杆菌、变形杆菌、绿脓杆菌均有不同程度的抑制作用,对真菌、阿米巴原虫及阴道滴虫等也有作用。大蒜内服除有抗肠道细菌感染作用外,还能刺激胃肠黏膜反射性地加强胃肠的蠕动和胃液的分泌,故具有健胃作用。本品临床主要用于内服治疗反刍减弱、瘤胃弛缓、肠炎、下痢、仔猪白痢、仔猪副伤寒等。本品汁液可外用于创伤感

染及皮肤癣病。

[**制剂与用法用量**]大蒜酊(40%)。内服,1次量,每千克体重:牛、马50～100 mL;羊、猪10～20 mL;禽2～4 mL。

野菊花

[**理化性质**]本品为菊科植物野菊的干燥花蕾。本品含挥发油、菊色素、野菊花内酯黄酮类化合物等。

[**作用与应用**]本品对溶血性链球菌、金黄色葡萄球菌、大肠杆菌、绿脓杆菌等均有抑制作用,并有解热和增强白细胞吞噬机能的作用。本品临床主要用于流感、猪红皮病、尿道感染、结膜炎、乳腺炎及外科疮疡肿毒等。

[**制剂与用法用量**]野菊花注射液(每1 mL含生药1 g)。肌内注射或静脉注射,猪20～30 mL。

马齿苋

[**理化性质**]本品为马齿苋科马齿苋的全草,含儿茶酚胺、生物碱、皂苷、氨基酸、鞣质及多种维生素等成分。

[**作用与应用**]本品酒精浸出液能抑制多种肠道杆菌,有利尿、止血、增强子宫收缩、促进肠蠕动和促进溃疡愈合的作用。本品临床主要用于肠炎下痢、仔猪白痢的防治;鲜草外用治疗疮疡肿毒;注射剂可用于子宫止血。

[**制剂与用法用量**]

(1)消痢片(每片相当于马齿苋2.5 g)。内服,1次量:牛、马15～60片;羊、猪7～15片。

(2)马齿苋针剂。肌内注射,猪12～18 g。

紫花地丁

[**理化性质**]本品为堇菜科植物紫花地丁的全草,主要含黄酮类、苷类化合物。

[**作用与应用**]本品对金黄色葡萄球菌和卡他球菌有较强的抑制作用,对甲型链球菌和肺炎双球菌亦有作用。本品主要用于治疗肠炎、乳腺炎及外科疮疡肿毒等。

[**用法用量**]内服,1次量:牛、马60～80 g;羊、猪15～30 g;犬3～6 g。

大叶桉

[**理化性质**]本品为桃金娘科植物大叶桉、蓝桉及柠檬桉等的叶或幼枝。桉叶含挥发油约0.7%,油的主要成分为桉油精。

[**作用与应用**]大叶桉抗菌力较强,对葡萄球菌、链球菌、大肠杆菌、绿脓杆菌等有抑制作用,还有明显的祛痰作用,临床用于流感咳嗽、肠炎下痢、肾炎等。其煎剂(20%)可用于皮肤消毒或治疗局部感染。

[**用法用量**]内服,1次量:牛、马30～90 g;羊、猪15～30 g。

双黄连口服液

[**理化性质**]本品为多种中草药制成的复合制剂,即金银花375 g、黄芩375 g、连翘750 g

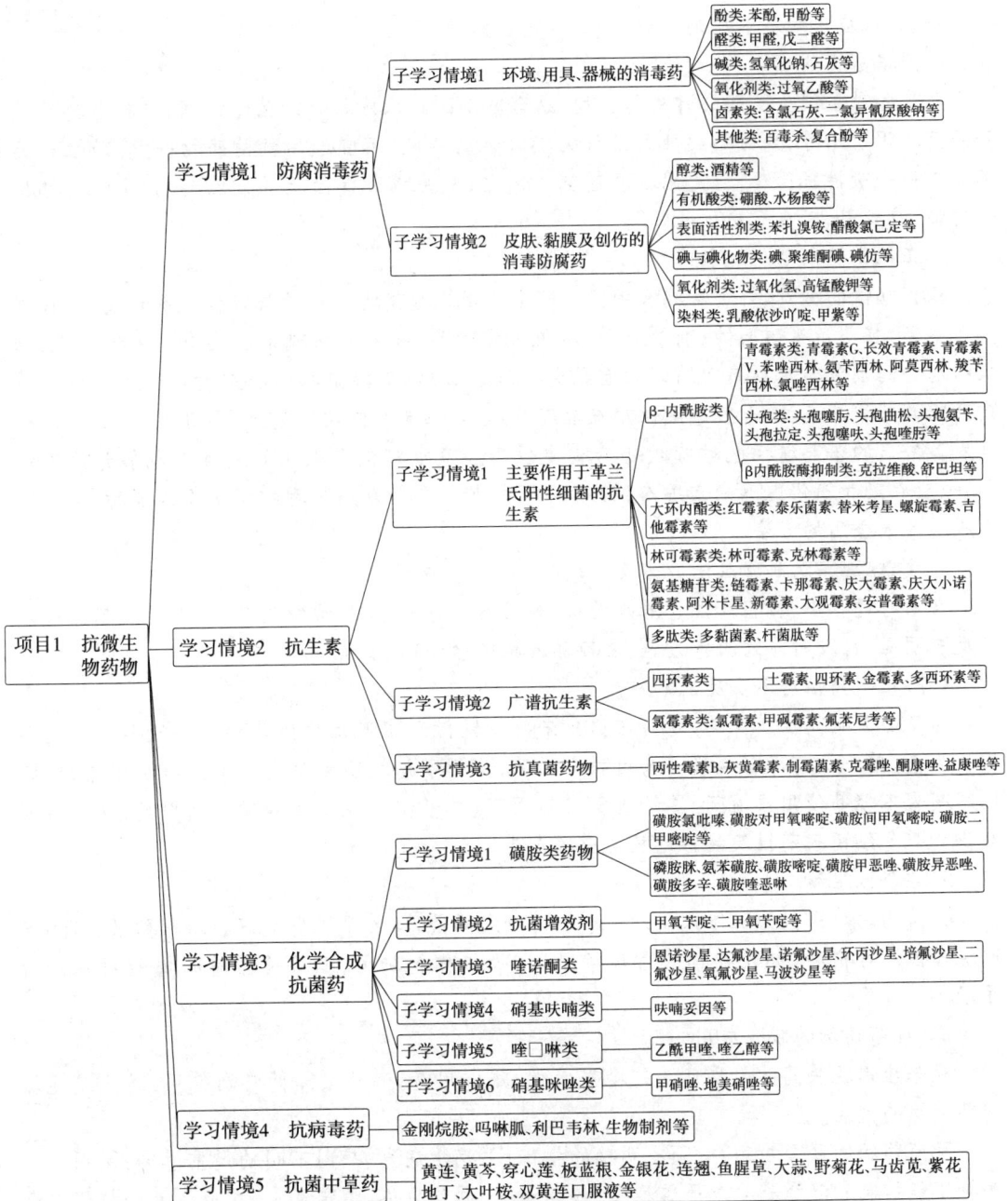

按《兽药典·2015 年版·二部》制成 1 000 mL 药液。

[作用与应用]本品具有广谱抗菌作用,对多种革兰氏阴性菌和革兰氏阳性菌、某些真菌、亚洲甲型流感病毒、钩端螺旋体及原虫等都有抑制作用。本品主要用于肺炎、感冒发烧、咽喉肿痛、咳嗽、上呼吸道感染。

[用法用量]内服,1 次量,每千克体重:犬、猫 1～1.5 mL;鸡 0.5～1 mL。

✳课后笔记

项目1 抗微生物药物

- 学习情境1 防腐消毒药
  - 子学习情境1 环境、用具、器械的消毒药
    - 酚类:苯酚,甲酚等
    - 醛类:甲醛,戊二醛等
    - 碱类:氢氧化钠,石灰等
    - 氧化剂类:过氧乙酸等
    - 卤素类:含氯石灰、二氯异氰尿酸钠等
    - 其他类:百毒杀、复合酚等
  - 子学习情境2 皮肤、黏膜及创伤的消毒防腐药
    - 醇类:酒精等
    - 有机酸类:硼酸、水杨酸等
    - 表面活性剂类:苯扎溴铵、醋酸氯己定等
    - 碘与碘化物类:碘、聚维酮碘、碘仿等
    - 氧化剂类:过氧化氢、高锰酸钾等
    - 染料类:乳酸依沙吖啶、甲紫等

- 学习情境2 抗生素
  - 子学习情境1 主要作用于革兰氏阳性细菌的抗生素
    - β-内酰胺类
      - 青霉素类:青霉素G、长效青霉素、青霉素V、苯唑西林、氨苄西林、阿莫西林、羧苄西林、氯唑西林等
      - 头孢类:头孢噻肟、头孢曲松、头孢氨苄、头孢拉定、头孢噻呋、头孢喹肟等
      - β内酰胺酶抑制类:克拉维酸、舒巴坦等
    - 大环内酯类:红霉素、泰乐菌素、替米考星、螺旋霉素、吉他霉素等
    - 林可霉素类:林可霉素、克林霉素等
    - 氨基糖苷类:链霉素、卡那霉素、庆大霉素、庆大小诺霉素、阿米卡星、新霉素、大观霉素、安普霉素等
    - 多肽类:多黏菌素、杆菌肽等
  - 子学习情境2 广谱抗生素
    - 四环素类
      - 土霉素、四环素、金霉素、多西环素等
    - 氯霉素类:氯霉素、甲砜霉素、氟苯尼考等
  - 子学习情境3 抗真菌药物
    - 两性霉素B、灰黄霉素、制霉菌素、克霉唑、酮康唑、益康唑等

- 学习情境3 化学合成抗菌药
  - 子学习情境1 磺胺类药物
    - 磺胺氯吡嗪、磺胺对甲氧嘧啶、磺胺间甲氧嘧啶、磺胺二甲嘧啶等
    - 磺胺脒、氨苯磺胺、磺胺嘧啶、磺胺甲噁唑、磺胺异噁唑、磺胺多辛、磺胺喹噁啉
  - 子学习情境2 抗菌增效剂
    - 甲氧苄啶、二甲氧苄啶等
  - 子学习情境3 喹诺酮类
    - 恩诺沙星、达氟沙星、诺氟沙星、环丙沙星、培氟沙星、二氟沙星、氧氟沙星、马波沙星等
  - 子学习情境4 硝基呋喃类
    - 呋喃妥因等
  - 子学习情境5 喹□啉类
    - 乙酰甲喹、喹乙醇等
  - 子学习情境6 硝基咪唑类
    - 甲硝唑、地美硝唑等

- 学习情境4 抗病毒药
  - 金刚烷胺、吗啉胍、利巴韦林、生物制剂等

- 学习情境5 抗菌中草药
  - 黄连、黄芩、穿心莲、板蓝根、金银花、连翘、鱼腥草、大蒜、野菊花、马齿苋、紫花地丁、大叶桉、双黄连口服液等

📖小贴士

抗微生物药的合理选用

抗微生物药在兽医临床的广泛应用,对防治畜禽的传染性疾病起到了重要作用。但目前滥用抗微生物药的现象十分严重,这不仅使细菌耐药性菌株增加,动物的不良反应增多,而且使动物食品中兽药残留量加大,给人们的健康、环境保护等都带来了较大的危害,因此,必须强调合理选用抗微生物药。

一、临床应用的基本原则

1.严格掌握适应证,合理选药

熟悉各种抗微生物药的作用与应用,结合准确的临床诊断和细菌学诊断,选择敏感性最强的药物用于治疗,如对病毒性或估计为病毒性的疾病,不宜选用抗菌药物;对真菌性感染不宜选用一般性抗菌药,应选用抗真菌药。总之,应根据致病菌及感染性疾病的确诊,选择作用强、疗效好、不良反应少的药物。

2.正确掌握剂量与适当疗程

根据病情的缓急、轻重和病畜的体质确定应用抗菌药物的剂量与疗程。剂量太小,控制不了感染,且易产生耐药性;剂量太大,不仅造成浪费,而且易出现毒性反应。一般来说,初次给药时的剂量与急重病例的剂量宜稍大,症状已控制或轻症病例的剂量应适当减少。抗菌药物的疗程应充足,一般感染性病症应连续用药 $3 \sim 4$ d,症状消失后,再巩固 $1 \sim 2$ d,以防复发。恰当的给药途径也对疗效起着重要作用。危重病例多采用肌内注射或静脉注射给药,一般感染和消化道感染宜用内服方法,严重消化道感染并发菌血症或败血症时,应选择内服与注射合用的方法。

3.注意疗效,及时修改治疗方案

在治疗过程中,应密切注意治疗效果,如果症状好转,坚持继续用药;如果疗效不佳或不良反应明显,应及时修改治疗方案,改换其他抗微生物药。

4.防止耐药性与不良反应的发生

为了避免耐药性菌株的产生,在临床治疗中应做到不滥用抗菌药物。一般感染尽量不用抗生素,单一抗菌药有效就不采用联合用药,可用窄谱抗菌素时就不用广谱抗菌素,对病因不明者不轻易使用抗菌药,尽量减少长期用药,尽量避免在皮肤和黏膜上用药,这样可以减少和避免细菌耐药性及病畜过敏反应的产生。

5.综合性措施

抗菌药的应用仅为机体杀灭细菌创造了一定的条件,为了取得更好的治疗效果,必须采取综合性治疗措施,如改善饲养管理条件,增强机体抵抗力,以及适当时必要的对症治疗手段。

二、抗菌药物的联合应用

联合应用抗菌药的主要目的是增强疗效,减少用量,避免或降低毒副作用,防止或延缓耐药菌株的产生。

抗菌药物的联合应用,必须有明确的指征:①病情危急、病因不明的严重感染;②用一种药物不能控制的混合感染或严重感染,如败血症、创伤感染、腹膜炎、鸡支原体大肠杆菌混合感染等;③因长期用药,可能已对某种抗菌素产生耐药性的细菌感染,如结核病、沙门氏杆菌病等;④对某些抗菌药物不易透过的感染病灶,如中枢神经系统感染。联合应用抗菌药可以取得协同作用或相加作用,在临床应用时,必须根据抗菌药物的作用特性和机理进行选择,以达到较好的效果,防止盲目组合。

根据作用性质,抗菌药可分为四大类:第一类为繁殖期杀菌剂,如青霉素类、头孢菌素类;第二类为静止期杀菌剂,如氨基糖苷类、多黏菌素类;第三类为速效抑菌剂,如四环素类、大环内酯类;第四类为慢性抑菌剂,如磺胺类等。

第一类和第二类药物都是杀菌剂,联合应用可取得协同作用。如青霉素和链霉素的使用,在作用机理方面,青霉素破坏细菌细胞壁的完整性,有利于链霉素进入菌体细胞发挥作用;同时也扩大了抗菌谱,使作用范围更广泛。第一类和第三类合用常出现拮抗作用,故一般不配合使用。如青霉素与四环素类合用,在四环素的作用下,细菌蛋白质的合成被迅速抑制,使细菌处于静止状态,致使在繁殖期干扰细胞壁合成的青霉素不能发挥作用,降低其抗菌作用。第一类与第四类合用,一般无明显的影响,但在治疗脑部细菌感染,如脑膜炎时,合用可提高疗效。如青霉素与 SD 合用,青霉素对脑炎球菌疗效好,但在血浆中的蛋白结合率高,不易透过血脑屏障,而 SD 则蛋白结合率低,易透过血脑屏障,两者合用,SD 作为载体使青霉素进入血脑屏障的量增大,起到杀菌的作用。与其他合用常可获得相加作用,如大观霉素与林可霉素的合用,可提高抗菌能力;磺胺药与抗菌增效剂 TMP 的合用,使抗菌作用加强,抗菌范围扩大。

抗菌药的联合应用虽能获得协同作用或相加作用,但还应注意其不良反应的发生。对作用机理或方式相同的同一类药物的合用,疗效不但不增强,反而使其毒性增大。如氨基糖苷类之间合用能增强对第八对脑神经的毒性;大环内酯类、林可霉素类,因其作用机理相同,均竞争细菌同一靶位,如果合用可能出现拮抗作用而降低药效。

联合用药一般仅限于两种抗菌药的合用。滥用抗菌药的联合也可使细菌同时对各种抗菌药产生耐药性,增加临床用药困难。另外,抗菌药的理化性质及配伍禁忌也是联合用药必须注意的问题。

项目 2　抗寄生虫药物

学习情境 1　抗蠕虫药

抗蠕虫药是指能驱除或杀灭动物体内的蠕虫的药物。蠕虫包括线虫、绦虫和吸虫三类，抗蠕虫药相应分为驱线虫药、驱绦虫药和驱吸虫药三类。

子学习情境 1　驱线虫药

线虫病是畜禽普遍感染的一种疾病，它给畜牧业带来的危害极大。目前，兽医临床应用的驱线虫药较多，可分为抗生素类、苯并咪唑类、咪唑并噻唑类、四氢嘧啶类、有机磷化合物和其他类。

一、抗生素类

驱除动物寄生虫的抗生素类药物主要有大环内酯类和氨基糖苷类。大环内酯类包括阿维菌素类和米白菌素两类药物。其中阿维菌素类以其优异的驱虫活性和较高的安全性，被看作是目前临床驱虫效果最好、应用最广、价值最大的一种新型高效、广谱、安全和用量小的抗体内外寄生虫药。目前用于临床的阿维菌素类有阿维菌素、伊维菌素、多拉菌素和依立菌素。氨基糖苷类有越霉素 A 和潮霉素。

阿维菌素

[**理化性质**]阿维菌素是阿维链霉菌发酵的天然产物，主要成分为阿维菌素 B1a、阿维菌素 B1b。本品为白色或淡黄色结晶性粉末，无味；不溶于水，微溶于甲醇、酒精，易溶于氯仿、丙二醇等。

[体内过程]阿维菌素类药物具有高脂溶性,无论内服和注射给药,吸收均快而良好,特别是皮下注射,生物利用度最高,体内维持时间较长。吸收后分布广泛,主要在肝脏代谢,大部分经粪便排出,小部分经尿液及乳汁排出。

[作用与应用]本品的作用机制可能是促进虫体内抑制神经递质 γ-氨基丁酸(GABA)的释放,从而阻断虫体神经信号的传导,导致虫体麻痹、死亡。本品是一种广谱、高效的驱肠道线虫和体表寄生虫的药物,对家畜家禽体内的蛔虫、蛲虫、肺线虫、旋毛虫、钩虫、肾虫、心丝虫等各种线虫均有极佳的作用,对体外寄生虫螨、虱、蜱、蝇、蛆等也有很好的效果,对吸虫与绦虫无效。本品广泛用于治疗家畜、家禽及宠物的各种体内线虫及体表寄生虫感染,目前被认为是最好的驱线虫抗生素药。

[制剂与用法用量]

(1)阿维菌素片。内服,1 次量,每千克体重:家畜 0.3 mg;兔、禽 0.2 mg;猫 0.1 mg。

(2)阿维菌素注射液。皮下注射,1 次量,每千克体重:牛、羊 0.2 mg;猪 0.3 mg。牛、羊泌乳期禁用。休药期:牛宰前 35 d,羊宰前 21 d,猪宰前 28 d,乳牛产乳前 28 d。

[注意事项]本品超剂量可引起中毒,无特效解毒药。英国种牧羊犬对本品敏感,应慎用。

多拉菌素

[理化性质]本品为白色或类白色结晶性粉末,有吸湿性。本品难溶于水,易容于三氯甲烷、甲醇中。

[作用与应用]多拉菌素是阿维菌素的衍生物,其作用、应用、剂量等与阿维菌素类药物基本相同,但因其在动物体内的血药浓度高,半衰期较长,因此具有长效驱虫作用,并可用于寄生虫病的预防。

[制剂与用法用量]一般用芝麻油/油酸乙酯(90∶10)作溶剂,制成1%的注射液,供皮下注射。1 次量,每千克体重:牛 0.2 mg。

[作用与应用]本品作用和应用与伊维菌素相似;但抗虫活性稍强,毒性较小。临床主要用于防治动物胃肠道线虫病及体表、体外寄生虫病。

米尔贝肟

[理化性质]本品为黄色结晶性粉末,有异味,难溶于水,易容于多数有机溶剂。

[作用与应用]本品为新型大环内酯类驱虫药,作用和应用与伊维菌素相似;但毒性更小。临床主要用于防治动物胃肠道线虫病及体表、体外寄生虫病。

[制剂与用法用量]米尔贝肟片。内服,1 次量:每千克体重,犬、猫 2 mg。

潮霉素 B

[理化性质]本品是吸水链霉菌的发酵产物,为微黄褐色粉末;可溶于甲醇、乙醇和水,但在乙醚、氯仿或苯中都几乎不溶。

[作用与应用]本品是氨基糖苷类抗寄生虫药,为畜禽专用抗生素。本品对猪、鸡的蛔

虫、结节虫等有特效,并对革兰氏阳性菌或革兰氏阴性菌及某些放线菌有效。混饲多用于预防雏鸡、猪肠道寄生虫。

[制剂与用法用量]混饲,每1 000 kg饲料,猪10 g、鸡8 g,连用8周。

二、苯并咪唑类

苯并咪唑类药物是一类广谱、高效、低毒的抗蠕虫药。本类药不仅对线虫的成虫有效,有的对幼虫及虫卵也有效,甚至对绦虫、吸虫也有效果。本类药物的作用机制主要是与虫体的微管蛋白结合,引起虫体表皮层与肠细胞质的微管损伤,使虫体的消化和吸收功能受到抑制而起到杀虫作用。本类药物主要有阿苯达唑、噻苯达唑、芬苯达唑等。

阿苯达唑

[理化性质]又名丙硫苯咪唑、丙硫咪唑。本品为白色或米黄色粉末,无臭,无味;不溶于水,微溶于有机溶剂,溶于冰醋酸。

[体内过程]本品内服易吸收,主要在肝脏代谢为阿苯达唑亚砜和砜。亚砜具有药理活性,多数代谢产物随尿和粪便排出,经乳汁也有少量排出。

[作用与应用]本品为广谱抗虫药,对动物体内线虫、吸虫、绦虫及囊虫、纤毛虫等均有驱除作用,广泛用于牛、马、羊、猪的肠道线虫、肺线虫的成虫和幼虫及肝片吸虫的感染,猪囊尾蚴的感染,对犬、猫蛔虫、钩虫、绦虫及旋毛虫有很好的杀灭作用;对禽类的鸡蛔虫、赖利绦虫、鹅裂口线虫、棘口吸虫等也有很高的疗效;还可用于野生动物的奥斯特线虫、毛圆线虫、细颈线虫、捻转血矛线虫等寄生虫病。

[制剂与用法用量]阿苯达唑片。内服,1次量,每千克体重:马、猪5～10 mg;牛、羊10～15 mg;犬25～50 mg;禽10～20 mg。休药期:牛27 d,羊7 d,乳牛产乳前6 d。

[注意事项]马对本品敏感,应慎用;牛、羊妊娠前期(45 d内)禁用。

噻苯达唑

[理化性质]又名噻苯唑、噻苯咪唑。本品为白色或米黄色晶体粉末,无味;难溶于水,微溶于醇和酯类。

[体内过程]本品内服易吸收,体内分布广,组织代谢快,其代谢产物主要随尿液排泄,少数随粪便排出,乳汁也可排出。

[作用与应用]本品为广谱驱虫药,对肠道线虫有杀灭作用,并具杀蚴和抑杀虫卵的作用,驱虫率达95%以上。本品既可用于治疗又可用于预防。内服本品对牛、羊肠道内的各种线虫及蚴虫有效;对马的圆形线虫有效,但对马的蛔虫疗效较差;对猪肠道线虫有效;对鸡的气管比翼线虫有效,但对鸡蛔虫、异刺线虫、毛细线虫效果差;用0.025%噻苯达唑拌饲,对幼犬的蛔虫、钩虫和鞭虫有预防作用;对犬的钱癣和皮肤霉菌感染有优良的防治效果。

[制剂与用法用量]噻苯达唑片。内服,1次量,每千克体重:家畜50～100 mg。休药期:牛3 d,羊、猪30 d,乳牛产乳前5 d。

[注意事项]妊娠期母羊对本品较敏感,应慎用;犬较敏感,长期连续用药可出现贫血现象。

芬苯达唑

[理化性质]又名苯硫苯咪唑或硫苯咪唑。本品为白色或类白色粉末,无臭,无味;不溶于水,可溶于二甲亚砜和冰醋酸。

[体内过程]本品内服仅少量吸收,吸收后在体内代谢为活性产物芬苯达唑亚砜和砜,约50%以原形随粪便排出,少量(约1%)随尿液排出。

[作用与应用]本品为广谱驱虫药,不仅对胃肠道线虫的成虫及幼虫有极强的杀灭作用,对肺线虫、肝片吸虫和绦虫也有很好的杀灭效果,还对虫卵有杀灭作用。本品主要用于畜禽的消化道线虫,牛、羊的吸虫、绦虫及犬、猫的线虫和绦虫的驱除。

[制剂与用法用量]芬苯达唑片。内服,1次量,每千克体重:牛、马、羊、猪 5 ~ 7.5 mg;犬、猫 25 ~ 50 mg;禽 10 ~ 50 mg。

三、咪唑骈噻唑类

本类药物为化学合成的广谱驱线虫药,主要包括咪唑和左旋咪唑。前者为混合体,后者为左旋体,具有驱虫作用的是左旋体。因此,临床所用药物为左旋咪唑。

左旋咪唑

[理化性质]又名左噻咪唑。本品的盐酸盐或磷酸盐为白色结晶性粉末;易溶于水,在酸性溶液中稳定,在碱性溶液中易水解失效。

[体内过程]本品内服、肌内注射吸收快而完全,还可通过皮肤吸收,在体内维持时间短,在肝脏内代谢,主要随尿排出,小部分随粪便排出,极少部分随乳汁排出。

[作用与应用]本品为广谱、高效、低毒的驱线虫药,对吸虫、绦虫、原虫等无效,对动物机体具有免疫增强作用。本品主要作用于虫体的酶活性中心,使延胡索酸还原酶失去活性,影响虫体内无氧代谢导致虫体肌肉麻痹而被排出体外。本品在动物机体内,通过刺激淋巴组织的 T 细胞系,增加淋巴细胞数量,并增强巨噬细胞和嗜中性粒细胞的吞噬作用,因而对动物有明显的免疫调节功能。本品对牛、羊的血矛线虫、奥斯特线虫、古柏线虫、毛圆线虫、仰口线虫、食道口线虫、牛新蛔虫、牛胎生网尾线虫和羊丝状网尾线虫的成虫有很好的效果,对毛细线虫无效;对马副蛔虫、毛线科线虫及肺丝虫有效,对圆形线虫效果差;对猪蛔虫、后圆线虫、食道口线虫、毛首线虫、红色舌圆线虫效果很好,对猪蛔虫和后圆线虫的幼虫也有效,但对猪肾虫效果不稳定;对犬、猫蛔虫、钩虫和犬心丝虫的效果较好;对鸡蛔虫、异刺线虫及鹅裂口线虫有极好的驱虫作用。

[制剂与用法用量]

(1)盐酸左咪唑片。内服,1次量,每千克体重:牛、羊、猪 7.5 mg;犬、猫 10 mg;禽 25 mg。

(2)盐酸左咪唑注射液。皮下和肌内注射,1次量,每千克体重:牛、羊、猪 7.5 mg;犬、猫 10 mg;禽 25 mg。

[不良反应]本品的安全范围较窄,马较敏感,宜慎用;骆驼很敏感,治疗量与中毒量接近,禁用;牛、羊、猪超过治疗量的 2～3 倍,易引起中毒反应以致死亡。据研究认为,中毒机制是与抑制胆碱酯酶有关,中毒症状表现 N 胆碱样和 M 胆碱样作用,可用阿托品解毒。单胃动物宜选用内服给药法,泌乳期禁用。休药期:内服,牛 2 d;羊、猪 3 d;皮下注射:牛 14 d,羊 28 d。

四、四氢嘧啶类

四氢嘧啶类主要有噻吩嘧啶、甲噻吩嘧啶及羟嘧啶。因抗寄生虫新药的不断问世,这类药物已较少用于临床。

五、有机磷化合物

用于动物驱虫的低毒有机磷化合物有敌百虫、哈罗松、敌敌畏等。其中以敌百虫应用最为广泛。

敌百虫

[理化性质]本品为白色结晶性粉末,有潮解性,易溶于水,水溶液呈酸性反应,性质不稳定,久置可分解,宜现配现制。在碱性水溶液中不稳定,可生成敌敌畏,增强毒性。

[体内过程]本品无论以何种途径给药都易吸收,以肝、肾、心、脑、脾及肺的含量为高,肌肉、脂肪等组织较少,内服 1 h 后,各脏器中浓度达到最高,体内代谢较快,代谢产物主要随尿排出。

[作用与应用]本品的驱虫作用机理是抑制虫体胆碱酯酶活性,导致乙酰胆碱蓄积,引起虫体肌肉麻痹而死亡。敌百虫的这种作用对虫体和宿主有同样的作用机制。敌百虫为广谱驱虫药,不仅对多种寄生虫有效,而且还对体外寄生虫有杀灭作用。本品用于畜禽体内各种线虫及猪的姜片吸虫、牛的血吸虫的驱除,还可用于鱼鳃吸虫及鱼虱的治疗。

[制剂与用法用量]精制敌百虫片。内服,1 次量,每千克体重:牛 20～40 mg(极量 15 g);马 30～50 mg(极量 20 g);山羊 50～75 mg;绵羊、猪 80～100 mg。各种动物休药期为 7 d。

[不良反应]本品安全范围较窄,治疗量与中毒量接近,易引起中毒。主要中毒症状为腹痛、流涎、呼吸困难、缩瞳、肌肉痉挛,肠蠕动增强,不时排便和拉稀,最后因支气管平滑肌痉挛,呼吸中枢麻痹而死亡,可用阿托品、碘解磷定进行解毒。各种动物对敌百虫的敏感性各不相同,家禽对敌百虫最敏感,易中毒,禁用;乳牛不宜用;水牛敏感,黄牛、羊次之;猪、犬较安全。敌百虫不宜与碱性药物配伍,以免增强毒性。

哈罗松

[理化性质]又名海罗松、氯磷吡喃酮。本品为白色结晶性粉末,无臭,无味;不溶于水,易溶于丙酮和氯仿。

[体内过程]本品内服后吸收迅速、代谢快,主要随尿液排泄,水解代谢产物无毒。

[作用与应用]本品对哺乳动物红细胞内胆碱酯酶抑制力弱,与胆碱酯酶的结合呈可逆

性,因而哺乳动物应用本品较安全,是有机磷化合物中最安全的药物之一。本品与捻转血矛虫体内的胆碱酯酶结合呈不可逆性,而与蛔虫体内的胆碱酯酶结合呈可逆性,故对前者驱虫作用强,而对后者的作用弱,主要用于驱除牛、羊真胃和小肠的寄生线虫,也用于猪、马、禽的驱线虫。本品为反刍动物最安全的有机磷驱虫药,除鹅极敏感外,其余畜禽用药都很安全。

[**用法用量**]内服,1 次量,每千克体重:牛 40～44 mg;马 50～70 mg;羊 35～50 mg;猪 50 mg;禽 50～100 mg。休药期:7 d。

[**注意事项**]家禽应慎用高剂量,鹅禁用;乳牛、乳羊慎用。

敌敌畏

[**理化性质**]本品为白色结晶性粉末,稍有芳香性,极易挥发和吸湿潮解,易被氧化剂破坏,在水中易水解,应在低于 27 ℃的条件下密封保存。

[**体内过程**]本品内服后吸收迅速,进入血液的药物在肝中立即降解。常因药物血液中已达中毒浓度而肝脏尚未降解。其代谢产物主要随粪尿排至体外。

[**作用与应用**]本品对马的副蛔虫、尖尾线虫和肠胃蝇蛆有效;对猪的蛔虫、结节虫、鞭虫等有显著的效果;对犬和猫的蛔虫、钩虫和鞭虫几乎能全驱除。但由于敌敌畏毒性大而很少用于内服,多用作体外杀虫剂。现国外制成了敌敌畏聚氯乙烯树脂颗粒剂,这是一种缓释剂,使敌敌畏在宿主胃肠道缓慢释放,减少了毒性,增大了安全性,不易引起中毒。本品对反刍动物的安全范围相当窄,家禽极敏感,均不宜用。

[**不良反应**]同敌百虫。

六、其他驱线虫药

哌嗪

[**理化性质**]又名驱蛔灵、二氮六环。本品临床常用其枸橼酸盐和磷酸盐,均为白色结晶性粉末,有咸味;磷酸盐不溶于水和乙二酸盐,在水中只溶 5%;其他盐制剂均易溶于水。

[**作用与应用**]本品对畜禽消化道线虫有较好的作用,尤以驱蛔虫效果最好,对其他线虫效果较差;对马的副蛔虫、马尖尾线虫有特效;对猪蛔虫、食道口线虫有很好的作用;对犬、猫的蛔虫、钩虫效果较好;对鸡蛔虫的成虫有效。本品毒性较小,犬、猫大剂量内服偶有呕吐和腹泻现象,猪用治疗量的 4 倍时,可出现精神沉郁、腹泻等反应。反刍动物一般不用,家禽宜慎用。

[**制剂与用法用量**]枸橼酸哌嗪粉剂。混饲或内服,1 次量,每千克体重:牛、马 250 mg;猪 300 mg;犬 100 mg;禽 250 mg。

乙胺嗪

[**理化性质**]又名海群生。本品为哌嗪衍生物,临床常用枸橼酸乙胺嗪,为无色结晶性固体,无味;极易溶于水、醇和氯仿,自然条件下放置十分稳定。

[体内过程]本品内服后从胃肠道迅速吸收,3 h 血药浓度达峰值,48 h 后检测不出。吸收后药物分布到体内大多数器官组织,部分发生降解代谢,然后随尿液排出,以原形排出仅占 10% ~ 25%。

[作用与应用]本品主要对丝虫如马、羊脑脊髓丝状虫,犬心丝虫和微丝蚴有特效,对肺线虫及蛔虫也有抗虫作用,可用于治疗马、羊脑脊髓丝状虫病,犬心丝虫病,家畜肺线虫病、蛔虫病等的治疗和犬心丝虫病的预防。大剂量对犬、猫的胃有刺激性,宜喂饲后内服。

[制剂与用法用量]枸橼酸乙胺嗪片。内服,1 次量,每千克体重:牛、马、羊、猪 20 mg;犬、猫 50 mg,预防犬心丝虫病 6.6 mg,连用 3 ~ 5 周。

子学习情境 2　驱绦虫药

驱绦虫的常用药物有氯硝柳胺、硫双二氯酚、吡喹酮、丁萘脒等。南瓜子、槟榔碱、仙鹤草酚等植物种子和提取物制剂也有很好的驱绦虫作用。另外,阿苯达唑等苯并咪唑类药物也兼有抗绦虫的作用。

氯硝柳胺

[理化性质]又名灭绦灵、育米生。本品为类白色或淡黄色结晶性粉末,无臭,无味,难溶于水,微溶于酒精、乙醚,置于空气中易呈黄色。

[体内过程]本品内服不易吸收,在肠中浓度高,随粪便排出;少数被吸收的药物在体内转化为氨基氯硝柳胺而灭活。

[作用与应用]本品为驱虫效果好、毒性低的广谱驱绦虫药,另有杀钉螺的作用。本品通过抑制虫体线粒体的氧化磷酸化过程并干扰虫体的三羧酸循环,使乳酸堆积而发挥杀虫作用。虫体与药物接触后,虫体逐渐萎缩,继而头节脱落而死亡,一般在用药48 h 后即可使虫体全部排出。本品用于畜禽绦虫病、反刍兽前后盘吸虫病,对马的大裸头绦虫、叶状裸头绦虫和侏儒副裸头绦虫,牛、羊的莫尼茨绦虫、曲子宫绦虫、前后盘吸虫,犬、猫的复殖孔绦虫、锯齿带绦虫、泡状带绦虫等;鸡的多种绦虫及鱼的裂头绦虫等均有良效。本品安全范围大,牛、羊、马应用安全;犬、猫比较敏感,2 倍治疗剂量则出现拉痢现象;鱼类敏感,易中毒死亡。

[制剂与用法用量]氯硝柳胺片。内服,1 次量,每千克体重:牛 40 ~ 60 mg;羊 60 ~ 70 mg;犬、猫 80 ~ 100 mg;禽 50 ~ 60 mg。

硫双二氯酚

[理化性质]又名别丁。本品为白色或类白色粉末,无臭或微带酚臭;不溶于水,易溶于酒精、乙醚、丙酮,在稀碱溶液中溶解。

[体内过程]本品内服吸收不完全,用药后 2 h 血药浓度达峰值,胆汁中药物浓度显著高于血液,主要通过胆汁排出。

[**作用与应用**]本品有广谱驱绦虫和驱吸虫的作用,对牛、羊、鹿的肝片吸虫,牛、羊前后盘吸虫、莫尼茨绦虫、曲子宫绦虫、猪姜片吸虫,马裸头绦虫、犬、猫带状绦虫及禽类绦虫均有效;但对肝片吸虫童虫的效果较差。本品用于治疗牛、羊肝片吸虫病、前后盘吸虫病、猪姜片吸虫病及畜禽绦虫病。

[**制剂与用法用量**]硫双二氯酚片。内服,1 次量,每千克体重:牛 40 ~ 60 mg;马 10 ~ 20 mg;羊、猪 75 ~ 100 mg;犬、猫 200 mg;鸡 100 ~ 200 mg。

[**不良反应**]多数动物用药后会出现食欲下降、轻度腹泻的现象,牛的不良反应现象较严重,但一般在 2 d 内自愈。为减小副作用,可小剂量连用 2 ~ 3 次。马属动物对本品较敏感,宜慎用。禁用酒精或稀碱液溶解本品后内服,否则会造成中毒死亡。不宜与四氯化碳、吐酒石、吐根碱、六氯对二甲苯、六氯乙烷合用,否则增强毒性。

吡喹酮

[**理化性质**]又名环吡异喹酮。本品为无色结晶性粉末,无臭,味微苦;难溶于水,易溶于酒精、氯仿。

[**体内过程**]本品内服吸收迅速,分布于体内各组织,其中以肝、肾中含量最高,能透过血脑屏障,首过效应强,在肝内迅速代谢,主要随尿液排出,少部分随粪便排出。

[**作用与应用**]本品为新型、高效、广谱的驱绦虫、驱吸虫的药物,能直接作用于虫体,引起虫体强直性收缩和表皮结构损伤,最终导致虫体崩解死亡。本品对曼氏血吸虫、埃及血吸虫和日本血吸虫的成虫及童虫有效,对虫卵无效;对牛、羊的肝片吸虫、阔盘吸虫;对猪的姜片吸虫和畜禽的各种绦虫及多种囊尾蚴等均有极好的作用。本品主要用于动物的血吸虫病、绦虫病和囊尾蚴病,对羊日本血吸虫、绦虫病有极好的效果,应用 1 次,灭虫率接近100%;连用 3 d,对细颈囊尾蚴也有 100%的效果,对家禽绦虫具 100%的灭虫率。本品毒性极低,对各种动物极为安全,但个别牛会有体温升高、肌震颤、臌气等不良反应。

[**制剂与用法用量**]吡喹酮片。内服,1 次量,每千克体重:牛、羊、猪 10 ~ 35 mg;犬、猫2. 5 ~ 5 mg;禽 10 ~ 20 mg。

丁萘脒

[**理化性质**]本品为化学合成药,临床上常用盐酸盐和羟萘酸盐。前者为白色结晶性粉末,无臭,可溶于水(1∶200,20 ℃),易溶于甲醇和热水,熔点 208 ~ 211 ℃;后者为淡黄色结晶性粉末,不溶于水,可溶于乙醇(1∶35,20 ℃)。

[**体内过程**]盐酸丁萘脒溶解后内服,由于吸收速度快,血液中药物浓度急增,易发生中毒,故多以包衣片内服,在胃内迅速崩解,药物可立即到达小肠、十二指肠部位,产生驱绦虫作用。

[**作用与应用**]本品主要为犬、猫驱绦虫药。盐酸丁萘脒用于犬、猫的复殖孔绦虫、豆状带绦虫、泡状带绦虫、细粒棘球绦虫等。羟萘酸丁萘脒用于羊的莫尼茨绦虫和贝氏莫尼茨绦虫。两种丁萘脒盐都有很好的杀绦虫作用,另外,对鸡的赖利绦虫也有很高的灭虫率。

[**制剂与用法用量**]

(1)盐酸丁萘脒。内服,1次量,每千克体重:犬、猫25～50 mg。

(2)羟萘酸丁萘脒。内服,1次量,每千克体重:羊25～50 mg;鸡400 mg。

[**不良反应**]本品对口腔黏膜有刺激性,不宜用粉剂或溶液剂内服。猫、犬用药后,可见呕吐、腹泻等胃肠道反应,对犬具有肝毒。

氢溴酸槟榔碱

[**理化性质**]本品为白色或淡黄色结晶性粉末,味苦,性质较稳定,应置避光容器中保存。

[**作用与应用**]槟榔碱对绦虫肌肉有较强的麻痹作用,能使虫体失去吸附于肠壁的能力,同时可增强宿主肠蠕动,而有利于麻痹虫体迅速排除。本品主要用于驱除犬细粒棘球绦虫和带属绦虫,也可用于驱除家禽绦虫。

[**制剂与用法用量**]氢溴酸槟榔碱片,5 mg/片,10 mg/片。内服,1次量,每千克体重:犬1.5～2 mg;鸡3 mg;鸭、鹅1～2 mg。

[**注意事项**]治疗剂量能使犬产生呕吐或腹泻症状,多可自愈。马属动物敏感,猫最敏感,不宜使用,中毒可用阿托品解救。

子学习情境3 驱吸虫药

一、抗血吸虫药

血吸虫病是人畜共患病,在疫区耕牛易患。药物治疗上主要有锑制剂和非锑制剂。锑制剂(如酒石酸锑钾等)是传统应用最有效的药物,但因其毒性太大,已被其他药物取代。非锑制剂抗血吸虫药物有吡喹酮、硝硫氰醚、六氯对二甲苯、硝硫氰胺、呋喃丙胺等。吡喹酮为目前人和动物抗血吸虫病的首选药物,在驱吸虫药中已介绍,是较为理想的新型广谱驱绦虫、驱吸虫和抗血吸虫的药物。

硝硫氰醚

[**理化性质**]本品为无色或淡黄色微细结晶性粉末,不溶于水,略溶于酒精,溶于丙酮和二甲基亚砜。

[**作用与应用**]本品为新型广谱驱虫药,对血吸虫,肝片吸虫,弓首蛔虫,钩口线虫,犬、猫带绦虫,犬复孔绦虫等有高效;对姜片吸虫、细粒棘球绦虫未成熟虫体也有良好效果。本品主要用于牛血吸虫病、肝片吸虫病的治疗,用于牛的血吸虫病时,给药途径必须采用第三胃注射法才有良好的效果;用于牛肝片吸虫病时,采用第三胃注射法的效果明显优于内服法。本品亦用于猪、犬、猫、禽的线虫、绦虫、吸虫病。本品颗粒越细,作用越强,对胃肠道有刺激性,作第三胃注射应配成3%油溶液。

[**制剂与用法用量**]硝硫氰醚粉内服,1次量,每千克体重:牛30～40 mg;猪15～20 mg;

犬、猫 50 mg;禽 50 ~ 70 mg。第三胃注射,1 次量,每千克体重:牛 15 ~ 20 mg。

六氯对二甲苯

[理化性质]又名血防 846、海涛尔。本品为白色有光泽的结晶性粉末,微臭,无味;不溶于水,溶于酒精和植物油,遇光、碱逐渐分解。

[体内过程]本品内服能吸收,用药后 8 ~ 12 h 开始在血清中检测到药物,用药后 3 ~ 6 d 血药浓度达峰值。本品排泄缓慢,有蓄积作用,在脂肪组织和牛乳中含量极高,停药 2 周后,血液中才检不出药物,主要通过肾脏排出,部分以原形随粪便排出。

[作用与应用]本品为有机氯化合物类广谱抗吸虫药,对童虫效果优于成虫。本品对耕牛的血吸虫,牛、羊肝片吸虫,前后盘吸虫,胰阔盘吸虫,腹腔吸虫有很好的疗效;对猪姜片吸虫也有作用。

[制剂与用法用量]

六氯对二甲苯片。(1)治疗血吸虫病。内服,1 次量,每千克体重:黄牛 120 mg;水牛 90 mg。1 次/d(日服极量:黄牛 28 g;水牛 36 g)。连用 10 d。

(2)治疗肝片吸虫病。内服,1 次量,每千克体重:牛 200 mg;羊 200 ~ 250 mg。

[不良反应]本品毒性较锑制剂小,但对肝脏有损害作用,使肝变性或坏死。因可透过胎盘到达胎儿体内,孕畜和哺乳母畜慎用。

硝硫氰胺

[理化性质]又名 7505。本品为异硫氰酸化合物,黄色结晶性粉末,无味,无臭;不溶于水,易溶于酯类化合物。

[体内过程]本品内服后在胃肠道吸收进入血液,药物颗粒越细,吸收越好,血浆半衰期长达 7 ~ 14 d,胆汁中浓度比血液浓度高 10 倍左右,有明显的肝肠循环作用。本品主要随尿液排出,使尿液变黄;与血浆蛋白结合紧密,不能通过胎盘。

[作用与应用]本品为合成的抗血吸虫新药,有抗血吸虫、姜片吸虫和钩虫的作用,对成虫杀灭作用快而强,对童虫作用小,主要用于牛、羊血吸虫病治疗,对猪姜片吸虫、蛔虫、钩虫及丝虫也有效。本品内服安全性好,但反刍动物所需剂量太大,多用吐温作助溶剂。静脉注射剂量小,疗效高。

[制剂与用法用量]硝硫氰胺粉。内服,1 次量,每千克体重:牛 60 mg。

[注意事项]兽医临床供静脉注射用的混悬剂毒性较大,宜慎用。

二、驱其他吸虫药

驱肝片吸虫药较多,除前述的硫双二氯酚、吡喹酮外,常用药物还有硝氯酚、硝碘酚腈、六氯乙烷、三氯苯达唑等。

硝氯酚

[理化性质]又名拜耳 9015、联硝氯酚。本品为黄色结晶性粉末,无臭,无味;不溶于水,

微溶于酒精,其钠盐易溶于水。

[体内过程]本品内服后经胃肠道吸收,在瘤胃内可逐渐灭活。牛在服药后 1 ~ 2 d 血中药物浓度达峰值,其后很快下降,在体内排泄较慢,9 ~ 10 d 后乳汁、尿中才难以检出。

[作用与应用]本品是高效、低毒的驱肝片吸虫药物。其作用是抑制虫体琥珀酸脱氢酶,干扰虫体的能量代谢,从而致虫体麻痹死亡。本品是应用广泛的抗牛、羊肝片吸虫较理想的药物。牛内服 1 次治疗量后,24 h 后可排出成虫率达 90% 以上;羊、猪内服 1 次治疗量后,对肝片吸虫的杀虫率可达 100%。硝氯酚对前后盘吸虫移行期幼虫也有较好的效果。各种动物对本品耐受性差异较大,牦牛耐受性最大,绵羊最小,中毒量为治疗量的 3 ~ 4 倍。奶牛用药后 15 d 内所分泌的乳汁禁止上市。

[制剂与用法用量]

(1)硝氯酚片。内服,1 次量,每千克体重:黄牛 3 ~ 7 mg;水牛 1 ~ 3 mg;羊 3 ~ 4 mg;猪 3 ~ 6 mg。

(2)硝氯酚注射液。深层肌内注射,1 次量,每千克体重:牛、羊 0.5 ~ 1 mg。休药期:屠宰动物、乳牛 15 d。

硝碘酚腈

[理化性质]又名氰碘硝基苯酚、碘硝腈酚、硝羟碘苄腈。本品为黄色带光泽结晶性粉末;微溶于水,易溶于大部分有机溶剂及碱性溶液,可溶于酒精和乙醚,对光十分敏感。

[作用与应用]本品为较新型杀肝片吸虫药,能阻断虫体的氧化磷酸化作用,降低 ATP浓度,减少细胞分裂所需的能量而导致虫体死亡。本品对牛、羊肝片吸虫、大片形吸虫成虫有高效,但对幼虫效果差;对阿维菌素类和苯并咪唑类药物有抗药性的羊捻转血矛线虫也有很好的作用。本品注射给药较内服效果更好,1 次皮下注射,驱虫率可达 100%。

[制剂与用法用量]25% 硝碘酚腈注射液。皮下注射,1 次量,每千克体重:牛、羊、猪、犬 10 mg。休药期:60 d。

[注意事项]本品排泄缓慢,重复用药应间隔 4 周以上,泌乳动物禁用。

三氯苯达唑

[理化性质]又名三氯苯咪唑。本品为白色或类白色粉末,微臭;水中不溶解。

[作用与应用]本品为新型苯并咪唑类驱虫药,对各种日龄、各阶段的肝片吸虫均有很好的杀灭效果,是比较理想的杀肝片吸虫药。本品对牛羊大片形吸虫、前后盘吸虫有很好的作用,对鹿肝片吸虫效果极佳。本品毒性小,治疗量对动物无不良反应,与左咪唑、甲噻嘧啶合用,也安全有效。

[制剂与用法用量]三氯苯达唑片。内服,1 次量,每千克体重:牛 12 mg;羊、鹿 10 mg。休药期:28 d。

学习情境2 抗原虫药

畜禽原虫病是由单细胞原生动物引起的一类寄生虫病。根据原虫的种类不同,抗原虫药分为抗球虫药、抗锥虫药、抗梨形虫药和其他抗原虫药。

子学习情境1 抗球虫药

畜禽的球虫病是球虫寄生于肠道、胆管及肾小管上皮细胞引起的一种原虫病,它以下痢、便血、贫血、消瘦为临床特征,爆发时可引起死亡,慢性者生长发育受阻,生产性能低下。雏禽、幼兔、犊牛、羔羊等都易感染,其中雏鸡、幼兔受害特别严重。

球虫病主要靠药物预防,药物治疗不易奏效。为了较好地控制球虫病,减少球虫对抗球虫药物产生耐药性,通常根据实际情况采用轮换或穿梭用药,或联合用药的方法。将药物混入饮水或饲料中混饮、混饲,能取得较好的效果。在使用抗球虫药时,除选用高效、低毒药,并按规定浓度使用外,还应注意抗球虫药物的作用峰期。

目前用于临床的抗球虫药多为广谱抗球虫药,可分为聚醚类离子载体抗生素、化学合成的抗球虫药两大类。

(一)聚醚类离子载体抗生素

聚醚类离子载体抗生素是从放线菌、链球菌的培养物中提取的抗生素,是一类广谱、高效的新型抗球虫药,能与球虫体内的钠离子、钾离子等形成亲脂性络合物,妨碍离子的正常运转和平衡,使钠离子大量进入细胞内,为平衡渗透压,大量的水分也进入球虫细胞内,使球虫过度膨胀而死亡。本类药物常用的有莫能菌素、盐霉素、马杜霉素、拉沙霉素等,莫能菌素为它们的代表药。本类药物对鸡艾美尔球虫的子孢子和第一代裂殖生殖阶段的初期虫体具有杀灭作用,但对裂殖生殖后期和配子生殖阶段虫体的作用极小,对常见的6种艾美尔球虫有抗虫活性。本类药物是目前世界上使用最多的一类药物,主要用于鸡球虫病的预防。

因本类药物的独特作用机制,使得其与人工合成的抗球虫药之间没有交叉耐药性。但本类药物之间有交叉耐药性。本类药物对哺乳动物毒性较大,特别是马最敏感,易引起死亡;对鸡易引起羽毛生长迟缓。

莫能菌素

[**理化性质**]又名莫能星、瘤胃素。本品是从肉桂地链霉菌的发酵产物中提取获得的单价离子载体类抗生素。其钠盐为白色结晶性粉末,略有特异臭味;不溶于水,溶于有机溶剂。

[体内过程]本品内服后极少量被吸收,多数以原形随粪便排出,吸收后在组织中被分解,停药24 h后组织中检不出。

[作用与应用]本品为广谱抗球虫药,对鸡的柔嫩艾美尔球虫、毒害艾美尔球虫、巨型艾美尔球虫、堆型艾美尔球虫、变位艾美尔球虫、布氏艾美尔球虫等有高效杀灭作用。其抗虫活性主要在球虫生活周期最初两天抑制子孢子或第一代裂殖体。莫能菌素对革兰氏阳性菌如产气荚膜芽孢梭菌有抑制作用,可预防坏死性肠炎的发生。本品主要用于鸡球虫病、兔球虫病的预防,还用于肉牛促生长。

[制剂与用法用量]莫能菌素钠预混剂(含莫能菌素钠20%)。混饲,每1 000 kg饲料:禽90~110 g;兔20~40 g;牛20 g。鸡休药期3 d。

[注意事项]产蛋鸡禁用;添加于鸡饲料中,其浓度不要超过每千克体重120 mg。马属动物禁用。禁与泰妙菌素、竹桃霉素、磺胺类药物等配伍。

盐霉素

[理化性质]又名沙利霉素,商品名为优素精。本品从白色链霉菌中提取而得,一般用其钠盐,为白色或淡黄色结晶性粉末;不溶于水,溶于有机溶剂。

[体内过程]本品内服几乎不能被吸收,主要随粪便排出。

[作用与应用]本品与莫能菌素相似,对鸡的多种艾美尔球虫有杀灭作用,对多数革兰氏阳性菌有抑制作用,还具有提高饲料转化率、促进家畜生长的作用,主要用于鸡球虫病的预防。

[制剂与用法用量]盐霉素预混剂。混饲,每1 000 kg饲料(以盐霉素计):鸡60 g;猪50 g;牛30 g。禽类休药期为5 d。

[注意事项]本品毒性较大,应严格控制混饲浓度,若浓度过大(饲料添加量中超过每千克体重75 mg),或时间过长,会抑制鸡的增重和降低饲料报酬,出现共济失调和腿无力现象。成年火鸡和马禁用。配伍禁忌同莫能菌素。

马杜霉素

[理化性质]又名马度米星。本品从马杜拉放线菌的发酵产物中分离而得,常用其钠盐,为白色结晶性粉末,不溶于水,溶于有机溶剂。

[体内过程]本品内服难以吸收,绝大部分随粪便排出。

[作用与应用]本品是一种较新型的聚醚类一价单糖苷离子载体抗生素,为广谱抗球虫药,效果较其他聚醚类抗生素强,主要对球虫早期的子孢子和第一代裂殖体有抑制和杀灭作用。本品广泛用于鸡球虫病的预防。

[注意事项]马杜霉素的安全范围极窄,混饲浓度超过每千克体重6 mg时,对禽生长有明显的抑制作用;以每千克体重7 mg浓度混饲,即可引起鸡不同程度的中毒,以每千克体重5 mg的量混饲对鸡是安全的。本品只能用于肉鸡,产蛋鸡禁用,休药期5 d。

拉沙霉素

[理化性质]又名拉沙洛西,商品名为球安。本品从拉沙链霉菌的发酵产物中分离而得,

常用其钠盐,为白色结晶粉末;不溶于水,溶于有机溶剂。

　　[作用与应用]本品为二价聚醚类离子载体抗生素,对禽的柔嫩艾美尔球虫、巨型艾美尔球虫、毒害艾美尔球虫等作用最强,对堆型艾美耳球虫的作用较弱,主要用于预防禽球虫病。

　　[制剂与用法用量]混饲,每 1 000 kg 饲料(以拉沙菌素计):犊牛 30 ~ 40 g;羔羊 20 ~ 60 g;肉鸡 75 ~ 125 g;雏鸡 75 g;促生长 22 g。休药期 5 d。

　　[注意事项]产蛋鸡禁用。混饲浓度不能超过每千克体重 150 mg,否则会导致生长抑制和动物中毒。

(二)化学合成的抗球虫药

　　化学合成的抗球虫药除前面介绍的磺胺二甲嘧啶(SMZ)、磺胺间甲氧嘧啶(SMM)、二甲氧苄啶(DVD)及呋喃唑酮外,常用的还有以下几种。

二硝托胺

　　[理化性质]又名球痢灵、二硝苯甲酰胺。本品属硝苯酰胺类抗球虫药,为无色或黄褐色结晶粉末,无臭,无味;不溶于水,可溶于酒精和丙酮。

　　[体内过程]本品内服少量吸收,吸收后在体内迅速降解,主要随粪便排出。

　　[作用与应用]本品对鸡的多种球虫有抑制作用,特别对小肠毒害艾美尔球虫效果更佳,对堆型艾美尔球虫效果稍差,主要作用于鸡球虫第一代和第二代裂殖体。本品不仅有预防作用,也有较好的治疗效果,主要用于鸡、火鸡的球虫病和兔球虫病的预防和治疗。本品毒性小,安全范围大,使用推荐剂量不影响鸡的发育、增重、蛋的孵化率,亦不影响鸡对球虫产生免疫力。

　　[用量与用法]混饲,每 1 000 kg 饲料:鸡 500 g。产蛋鸡禁用,休药期 3 d。

　　[注意事项]不宜与痢特灵等在轮换、穿梭用药或联合用药中使用。

氨丙啉

　　[理化性质]又名安保宁。本品为酸性淡黄色结晶粉末,无臭,有吸湿性;不溶于水、酒精、乙醚和三氯甲烷,微溶于二甲基甲酰胺,属抗硫胺类抗球虫药,其化学结构与硫胺相似。

　　[作用与应用]本品对鸡的柔嫩艾美尔球虫、堆型艾美尔球虫有良好的效果,对鸡的毒害艾美尔球虫、布氏艾美尔球虫、巨型艾美尔球虫的作用较弱。本品的作用机理与硫胺素(维生素 B_1)相似,干扰球虫的维生素 B_1 的代谢,使球虫缺乏硫胺素而发挥抗球虫作用。本品具有高效、低毒、不易产生耐药性等特点,临床应用较广泛,主要作用于球虫第一代裂殖体,阻止形成裂殖子,对子孢子也有一定的抑制作用,用于预防和治疗鸡球虫病,亦用于牛、羊的球虫病。本品与磺胺类、呋喃类等合用,可增强抗球虫的效果。

　　[制剂与用法用量]

　　(1)盐酸氨丙啉预混剂。治疗鸡球虫病,1 次量,以每千克体重 125 ~ 250 mg 混饲,连喂 3 ~ 5 d;再以每千克体重 60 mg 混饲喂 1 ~ 2 周。混饮,加入饮水的氨丙啉浓度为 60 ~ 240 mg/L。

　　(2)预防球虫病,常用复方预混剂。盐酸氨丙啉、乙氧酰胺苯甲脂、磺胺喹恶啉预混剂。混饲,每 1 000 kg 饲料,鸡 500 g。

[注意事项]本品长期使用,能引起雏鸡硫胺素缺乏症,可在饲料中添加硫胺素解除中毒症状。产蛋鸡禁用,休药期为 7 d。

尼卡巴嗪

[理化性质]又名球虫净、双硝苯脲二甲嘧啶醇。本品为4,4′-二硝基苯脲和2-羟基-4,6-二甲基嘧啶的复合物,为淡黄色结晶粉末,无臭,无味;不溶于水、酒精、氯仿和乙醚,微溶于二甲基甲酰胺。

[体内过程]本品内服能吸收,吸收后药物在组织中的消除较慢,在动物体组织中有一定程度的残留。

[作用与应用]本品具有抗球虫作用,主要抑制球虫第二裂殖体,对鸡的柔嫩艾美尔球虫等 9 种球虫有效,主要用于鸡、火鸡球虫病的预防和治疗。本品与其他抗球虫药无交叉耐药性,球虫对本品产生耐药性的速度很慢,因此尼卡巴嗪是一种具有实际使用价值的抗球虫药。本品毒性小,但混饲浓度过高(每千克体重 800～1 600 mg)时,鸡可出现轻度贫血;长期使用会使产蛋率和孵化率下降;高热季节使用,可使鸡热应激反应增强。

[制剂与用法用量]混饲,每 1 000 kg 饲料用本品 125 g。

[注意事项]禁用于产蛋鸡、种鸡。高热季节慎用。休药期 5 d。

磺胺喹恶啉(SQ)

[理化性质]又名磺胺喹沙啉。本品为白色或淡黄色结晶性粉末,难溶于水。

[体内过程]本品内服吸收迅速,在体内排泄缓慢,半衰期长,药物容易在组织器官和蛋中残留。

[作用与应用]本品主要作为抗球虫药用,对鸡的巨型艾美尔球虫、布氏艾美尔球虫、堆型艾美尔球虫有较强的抑制作用,主要抑制球虫第二代裂殖体。本品临床主要用于鸡、兔、牛、羊的球虫病治疗,特别是在鸡感染后第一次发现其排泄物中带血时,应用本品最为适宜。本品与抗菌增效剂合用,可产生协同作用,尤其适用于球虫病爆发症。球虫对本品易产生耐药性。

[制剂与用法用量]磺胺喹恶啉,二甲氧苄氨嘧啶预混剂。混饲,每 1 000 kg 饲料:鸡 500 g。连续饲喂不超过 5 d。休药期为 5 d。

[注意事项]本品与磺胺类药物有交叉耐药性。若超过正常剂量的 1～2 倍,连续用药 5～10 d,鸡可能会出现中毒症状,出现循环障碍、肝脾出血、坏死、产蛋量下降等。产蛋鸡禁用。

地克珠利

[理化性质]又名杀球灵,商品名为刻利禽,化学名为氯嗪苯乙氰。本品属均三嗪类新型抗球虫药,为淡黄色或米黄色粉末,几乎不溶于水。

[作用与应用]本品具有广谱、高效、低毒的优点,被认为是目前抗球虫药中作用最强、毒性最低、用量最小的一类药物。本品的抗虫活性主要是抑制球虫的子孢子和第一代裂殖体早期阶段,对鸡、鸭、兔的球虫都有很好的效果,可用于球虫病的预防和治疗。本品与其他抗球虫药不产生交叉耐药性,可与其他的药轮换、穿梭使用。本品药效期短,用药 2 d 后作用基

本消失,使用时应连续用药。

[制剂与用法用量]

(1)地克珠利预混剂。混饲,每1 000 kg饲料:禽1 g(按原料药计)。

(2)地克珠利溶液。混饮,每升水:鸡0.5~1 mg(按原料药计)。

托曲珠利

[理化性质]本品又名多嗪珠利、百球清、拜可,化学名为甲苯三嗪酮。本品为无色或浅黄色澄明黏稠液。

[作用与应用]本品属均三嗪类新型广谱抗球虫药。本品对家禽的多种球虫有良好效果,对鸡、火鸡所有艾美尔球虫,鹅、鸽球虫,哺乳动物球虫、住肉孢子虫及弓形虫都有作用,并对其他抗球虫药有耐药的虫株也有效。其抗虫活性干扰球虫细胞核分裂和线粒体的作用,影响虫体的呼吸和代谢功能,从而发挥杀虫作用。本品主要用于鸡球虫病的预防和治疗,临床多制成饮水剂混饮。

[用法与用量]混饮,每升水:鸡25 mg。连用2 d。

氯羟吡啶

[理化性质]又名克球粉、广虫灵、克球多、可爱丹、氯吡多。本品为白色或浅棕色结晶粉末,无臭,无味;难溶于水,在强酸中有一定的溶解性,易溶于氢氧化钠溶液中。

[作用与应用]本品属吡啶类抗球虫药,对鸡的各种球虫,特别是柔嫩艾美尔球虫有抑制作用,主要作用于球虫子孢子的形成,使其子孢子不能发育。本品主要用于预防禽、兔球虫病,而不用于治疗。本品能抑制鸡对球虫产生免疫力,过早停药会导致球虫病爆发,产蛋鸡禁用。球虫对本品易产生耐药性。

[制剂与用法用量]氯羟吡啶预混剂。混饲,每1 000 kg饲料:鸡500 g;兔800 g。休药期:鸡5 d,兔5 d。

常山酮

[理化性质]又名卤夫酮、速丹、溴氯常山酮。本品是从中药常山中提取到的一种生物碱,现已能人工合成。原粉为白色或带灰色的结晶粉末,可耐80 ℃高温,长期保存药效不减。

[作用与应用]本品为新型抗球虫药,对鸡的9种艾美尔球虫以及火鸡球虫都有效,对兔艾美尔球虫也有效,主要作用于球虫第一代、第二代裂殖体。本品与其他抗球虫药无交叉耐药性,为鸡和火鸡良好的抗球虫药,产蛋鸡禁用。

[制剂与用法用量]常山酮预混剂(含常山酮0.6%)。混饲,每1 000 kg饲料:鸡500 g,充分混匀饲喂。休药期5 d。

子学习情境2　抗锥虫药

锥虫是一种吸血性原虫,以蠓等吸血蚊为中间宿主传播疾病。我国家畜的锥虫病主要是马媾疫锥虫和伊氏锥虫,主要危害牛、马、骆驼。常用的抗锥虫药有喹嘧胺、苏拉明、三氮脒等。

喹嘧胺

[**理化性质**]又名安锥赛。本品有甲基硫酸盐和氯化盐两种。前者易溶于水,后者难溶于水;均为白色或淡黄色结晶粉末,无臭,味苦;有引湿性,在有机剂中不溶。

[**作用与应用**]本品对伊氏锥虫和马媾疫锥虫有很好的效果,主要作用是抑制锥虫代谢,影响虫体细胞分裂,主要用于治疗牛、马、骆驼的伊氏锥虫和马媾疫锥虫的感染。

[**制剂与用法用量**]注射用喹嘧胺。肌内、皮下注射,1 次量,每千克体重:牛、马、骆驼 4~5 mg。临用前配成 10% 水悬液。

[**不良反应**]马属动物较为敏感,注射后 15 min 至 2 h 可出现兴奋不安、肌肉震颤、呼吸急促、腹痛、全身出汗等不良反应,一般在 3~5 h 内消失。本品有刺激性,易引起注射部位肿胀和硬结,可采用分点注射法。当剂量不足时,锥虫可产生耐药性。

苏拉明

[**理化性质**]又名萘磺苯酰胺、那加宁。本品钠盐为白色或淡玫瑰色粉末,易溶于水,水溶液不稳定,宜新鲜配制,并在 5 h 内用完。

[**作用与应用**]本品为杀锥虫药。苏拉明吸收入血液后,与血浆蛋白结合率高,逐渐释放,因而作用持久,甚至可持续 1~2 个月。本品既可用于治疗,又可用于预防,对伊氏锥虫病有效,对马媾疫疗效差,主要用于锥虫病的早期感染的防治。本品的抗虫活性是能抑制虫体代谢,影响其同化作用,从而导致虫体分裂和繁殖受阻,最后溶解死亡。

[**制剂与用法用量**]苏拉明粉针剂。预防可采用低量、皮下或肌内注射;治疗须采用静脉注射。治疗伊氏锥虫病时,应于 20 d 后再注射 1 次;马媾疫则于 30~40 d 后重复注射。静脉、皮下或肌内注射,1 次量,每千克体重:牛 15~20 mg;马 10~15 mg;骆驼 8.5~17 mg。

[**注意事项**]本品安全范围小,马属动物敏感,常出现荨麻疹、浮肿、食欲下降及蹄冠糜烂等现象,一般经 1 h~3 d 可逐渐消失,可与钙剂合用以减轻不良反应,并可提高疗效。

三氮脒

[**理化性质**]又名贝尼尔。本品为重氮氨苯脒乙酰甘氨酸盐水化合物;为黄色晶粉,遇光、热变为橙红色;易溶于水,不溶于酒精,水溶液在低温下析出结晶。

[**作用与应用**]本品对锥虫、梨形虫及边虫(无形体)均有作用。其作用机理为选择性阻断锥虫 DNA 的合成,从而使其不能生长繁殖。本品用药后血中浓度高,但持续时间较短,故主要用于治疗,预防效果差,用于马媾疫和伊氏锥虫病,对马媾疫疗效最好,对牛伊氏锥虫病效果稍差,对由梨形虫引起的家畜巴贝斯虫病和泰勒虫病有治疗作用。

[**制剂与用法用量**]注射用三氮脒,用注射用水或生理盐水配制成 5%~7% 无菌溶液。深部肌内注射,1 次量,每千克体重:马 3~4 mg;牛、羊 3~5 mg;犬 3.5 mg。

[**不良反应**]本品毒性大,应用治疗量时也会出现起卧不安、频频排尿、肌肉震颤等不良反应。骆驼敏感,禁用;马、水牛较敏感,应慎用;对局部有刺激作用,宜分点注射。食品动物

休药期为 28～35 d。

子学习情境 3　抗梨形虫药

梨形虫是焦虫或血孢子虫的现用名。梨形虫病为蜱传播的寄生于动物红细胞内、破坏红细胞的原虫性传染病。抗梨形虫药物除了在抗锥虫药中介绍的三氮脒外，还有硫酸喹啉脲、双脒苯脲、青蒿素等。另外台盼蓝、黄色素等传统药物虽有抗梨形虫作用，但已少用，为新型药物所取代。

硫酸喹啉脲

[**理化性质**] 又名阿卡普林或抗焦虫素。本品为淡黄色或黄色粉末，易溶于水。

[**作用与应用**] 本品为传统的抗梨形虫药，对马、羊、猪、犬的梨形虫病，牛的巴贝斯梨形虫病、双芽梨形虫病等均有效，早期一次给药效果最显著，对牛早期的泰勒虫病也有一定的效果，对边虫的效果较差。本品毒性大，治疗剂量也可使动物出现不良反应，表现为神经兴奋、流涎、出汗、呼吸困难、频频排便等，症状常持续 30～40 min 后消失。牛的副作用明显，可用小剂量阿托品在给药前注射，既可减轻副作用，又不影响药物杀虫作用。

[**制剂与用法用量**] 硫酸喹啉脲注射液。皮下注射，1 次量，每千克体重：马 0.6～1 mg；牛 1 mg；羊、猪 2 mg；犬 0.25 mg。

双脒苯脲

[**理化性质**] 又名咪唑苯脲。本品常用其二盐酸盐和二丙酸盐，均为白色粉末，易溶于水。

[**作用与应用**] 本品为新型抗梨形虫药，对泰勒虫和巴贝斯虫病均有治疗和预防的作用，对锥虫也有效果。本品的疗效和安全范围大于三氮脒，毒性较小，但有类似抗胆碱酯酶的作用，治疗量可使动物出现兴奋、流涎、频频排便等症状，可用小剂量阿托品注射缓解。本品对注射局部组织有一定刺激性，禁用于静脉注射，因动物反应激烈，甚至可引起死亡。马属动物较敏感，忌用高剂量。

[**用法用量**] 皮下、肌内注射，1 次量，每千克体重：牛 1～2 mg（锥虫病 3 mg）；马 2.2～5 mg；犬 6 mg。休药期 28 d。

青蒿素

[**理化性质**] 本品从青蒿类草本植物中提取而得，为无色针状结晶；易溶于氯仿、丙酮、乙酸乙酯和苯，可溶于乙醇、乙醚，微溶于冷石油醚，几乎不溶于水；对热不稳定，易受湿、受热和还原性物质影响易分解。

[**作用与应用**] 本品对环形泰勒梨形虫、双芽巴贝斯虫、疟原虫、住白细胞虫等有作用，主要用于牛、羊双芽巴贝斯虫、环形泰勒梨形虫和鸡的住白细胞虫病的治疗。

本品禁用于怀孕母牛，不可与酸性药物配伍。

[制剂与用法用量]

(1)青蒿琥酯片,50 mg/片。内服,1次量,每千克体重:牛5 mg(首次剂量加倍),2次/d,连用2~4 d;羊8 mg,2次/d。

(2)青蒿素混悬注射液,100 mg∶2 mL。肌内注射量参照内服用量。

子学习情境4　抗滴虫药

畜禽的滴虫病主要有毛滴虫病和组织滴虫病。前者多寄生于牛生殖器官,可使牛流产、不孕和生产力下降;后者寄生于禽类的盲肠和肝脏。常用的抗滴虫药有甲硝唑(已在抗真菌、抗病毒药中介绍)和地美硝唑。

地美硝唑

[理化性质]本品为人工合成药,为白色或淡黄色结晶性粉末;溶于氯仿、酒精、稀碱或稀酸,微溶于水、乙醚。其盐酸盐溶于水和酒精,微溶于丙酮。

[体内过程]本品内服吸收良好,分布于各组织中,有肝肠循环过程,经代谢后排出体内。鸡的消除半衰期为2.56 h,生物利用度为80%。

[作用与应用]本品为新型抗组织滴虫药,具有极强的抗组织滴虫作用,用于禽组织滴虫、鸽滴虫、犬贾第虫病和兔、鸡的球虫病。本品毒性反应与甲硝唑相近,连续用药不能超过10 d,产蛋鸡禁用。

[制剂与用法用量]地美硝唑预混剂。混饲,每1 000 kg饲料:猪1 000~2 500 g;鸡400~2 500 g。休药期:猪、鸡3 d。

学习情境3　杀虫药

杀虫药是指对体外寄生虫具有杀灭作用的药物。体外寄生虫有螨、蜱、虱、蚤、蚋、蚊、蠓及蝇蛆等,它们不仅引起畜禽体外寄生虫病,危害动物健康,而且传播许多寄生虫病、传染病和人畜共患病,给人类健康带来危害,给畜牧业经济造成巨大损失。因此,杀虫药的应用具有重要意义。杀虫药可分为有机氯类、有机磷类、拟菊酯类和大环内酯类。其中有机氯类(如滴滴涕、六六六等)因其性质稳定,残效期长,在动物脂肪中大量富集,影响畜产品质量,污染环境,给人类健康带来危害,包括我国在内的许多国家已禁止使用。因此,对有机氯杀虫剂不作介绍。大环内酯类的主要药物阿维菌素类已在本章第一节中介绍过,在此不再重复。

子学习情境 1　有机磷类杀虫药

有机磷类杀虫药具有广谱、高效、残效期短的特性,广泛用于畜禽外寄生虫病。本类药物的作用机理是抑制虫体胆碱酯酶的活性,使虫体内乙酰胆碱蓄积,引起虫体先兴奋、痉挛,最后麻痹死亡,对宿主也具有同样的抑制作用,加之本类药物具有接触毒、胃毒和内吸作用,因此在使用过程中,动物会经常出现胆碱能神经兴奋的中毒症状。所以在使用中一定要控制好剂量和方法,出现中毒时,用阿托品或胆碱酯酶复活剂进行解救。本类药物中的敌百虫已在抗蠕虫药中介绍。

倍硫磷

[理化性质]本品纯品为无色无臭油状液体。工业品为棕黄色油状液体,略带有特殊气味;难溶于水,易溶于醇、苯等大多数有机溶剂及脂肪油中;对光和碱稳定,加热至 210 ℃ 不分解。

[作用与应用]本品为广谱、低毒、高效、快速的杀虫药,通过接触毒和胃毒的作用方式进入虫体,杀灭外寄生虫,如牛皮蝇幼虫、虱、蝇等。本品对牛皮蝇幼虫有特效,可将牛皮蝇消灭在皮肤穿孔之前,为防治牛皮蝇的首选药物。

[制剂与用法用量]市售药为 50% 乳油制剂。喷淋时,1 次量,每千克体重:牛 10～20 mg,混溶于液体石蜡中,配成 2% 溶液。

皮蝇磷

[理化性质]又名芬氯磷。本品纯品为无色结晶;在水中溶解度为 44 mg/L,易溶于大多数有机溶剂。

[作用与应用]本品是专供兽用的有机磷杀虫剂,对双翅目昆虫有特效,对牛皮蝇幼虫有杀灭作用,对室内苍蝇、蚊、臭虫及蜱等均有效。本品主要用于牛皮蝇蛆的防治。

[制剂与用法用量]

(1)25% 皮蝇磷粉。内服,1 次量,每千克体重:牛 100 mg。

(2)24% 皮蝇磷乳油。外用,喷淋,每 100 L 水加 1 L。

[注意事项]泌乳母牛禁用,母牛产犊前 10 d 内禁用。肉牛休药期 10 d。

二嗪农

[理化性质]本品纯品是无色油状液体;难溶于水,与乙醇、丙酮、二甲苯可混溶,并溶于石油醚;其化学性质不稳定,在酸、碱溶液中迅速分解。

[作用与应用]本品为新型有机磷杀虫、杀螨剂,具有接触毒、胃毒作用。本品外用对虱、螨、蚊、蝇、蝇蛆等具有极好的杀灭作用,对蚊、蝇能保持药效 6～8 周。

[制剂与用法用量]25% 的二嗪农溶液,稀释后药浴。

[注意事项]本品毒性小,但禽、猫较敏感,对蜜蜂有剧毒。休药期为 14 d,奶废弃期为 3 d。

氧硫磷

[**理化性质**]本品常用其浓溶液,为微黄色或无色油状液体。

[**作用与应用**]本品为高效、低毒的有机磷杀虫药,对家畜各种体外寄生虫,如螨、蚤、蝇、蚊、蜱等均有杀灭作用,临床主要用于驱杀猪螨、蚤、蜱等体外寄生虫。

[**制剂与用法用量**]氧硫磷溶液。一般配成 0.01% ~ 0.02% 溶液药浴、喷淋、浇淋。

子学习情境2 拟菊酯类杀虫药

拟菊酯类杀虫药是根据菊科植物白花除虫菊的有效成分——除虫菊酯的化学结构人工合成的一类杀虫药。这类药物具有广谱、高效、速效、低毒、残效期短、不污染环境、对人畜安全无毒及对其他杀虫药耐药的昆虫也有杀灭作用的特点而广泛用于植物除虫、畜禽驱体外寄生虫,以及环境卫生的杀虫等。拟菊酯类药物性质不稳定,进入动物机体后被迅速降解灭活,因此不能内服或注射给药。

溴氰菊酯

[**理化性质**]又称敌杀死。纯品为白色结晶;难溶于水,在碱性溶液中易分解。

[**作用与应用**]本品具有广谱、高效、低残留的优点,是使用最广泛的一种拟菊酯类杀虫药,具有接触毒和胃毒作用,能杀灭体外蚊、蝇、虱、蜱、螨等各种寄生虫,常用于牛、羊体外寄生虫的治疗及卫生、农业的除虫、消毒。

[**制剂与用法用量**]5% 溴氰菊酯乳油。药浴或喷淋,每 1 000 L 水加 100 ~ 300 mL。

[**注意事项**]蜜蜂、家蚕对本品敏感,环境消毒时应注意。本品对皮肤、呼吸道有刺激性,对塑料制品有腐蚀性,对鱼和冷血动物毒性大,不宜洒入鱼塘中。

氯菊酯

[**理化性质**]又名扑灭司林。本品在空气和阳光中稳定,残效期长,在碱性溶液中易分解。

[**作用与应用**]本品为高效、速效、无残毒、不污染环境的广谱杀虫剂,对多种体表寄生虫如虱、螨、虻、蚊、蝇、蟑螂等均有杀灭作用,对家禽螨的杀灭效力可持续 1.5 个月左右;室内灭蝇力可持续 1 ~ 3 个月;马体表喷雾 1 次可持续 2 ~ 4 周。本品广泛用于农业、牧业及环境卫生杀虫。

[**制剂与用法用量**]杀体外寄生虫。用氯菊酯乳油配成 0.2% ~ 0.4% 乳液喷洒体表;室内灭蝇,用 10% 乳剂喷雾。

[**注意事项**]本品禁用于鱼。

胺菊酯

[**理化性质**]又名四甲司林。本品在高温和碱性溶液中易分解,残效期短。

[**作用与应用**]本品对蚊、蝇、虱、蚤、螨等都有杀灭作用,是环境卫生杀灭有害昆虫最常用的拟菊酯类杀虫药。本品击倒昆虫的速度是本类药物中最快的,因其残效短,部分昆虫又可以复苏,一般多与苄呋菊酯并用,达到速效、高效的作用。本品主要用于环境杀虫,对人畜安全,无刺激性。

[**制剂与用法用量**]杀螨:牛、马 200 mL/L;羊、猪、犬、兔、鸡 80 ~ 200 mL/L;杀虱:牛、猪、犬、兔、鸡 4 ~ 5 mL/L;杀蝇、蚊、蚤、虻 40 ~ 80 mL/L。喷雾、涂布、药浴均可。室内除虫:0.03 ~ 0.05 mL/m^3,喷雾后密闭 4 h。

子学习情境 3　其他杀虫药

双甲脒

[**理化性质**]又名阿米曲士、虫螨脒。本品为白色或黄色针状结晶;具有一些碳胺的味道;微溶于水,可溶于二甲苯、丙酮和甲醇等多种有机溶剂;在无水条件下对温度和光是稳定的,在酸性条件下不稳定;不易燃,不易爆,长期储存在潮湿地方易分解变质。

[**作用与应用**]本品是一种接触性、广谱、高效、低毒的杀虫剂,对牛、羊、猪、兔的体表寄生虫,如疥螨、痒螨、蜱、虱等的各阶段虫体均有极强的杀灭作用。其作用缓慢,用药后 24 ~ 48 h 才使虱、螨等寄生虫解体脱落,残效期长,用药 1 次可维持药效 6 ~ 8 周。本品对人、畜毒性极小,可用于妊娠、授乳母畜。

[**制剂与用法用量**]12.5% 双甲脒乳油:药浴、喷淋、涂搽体表,每 1 000 L 水加 3 ~ 4 L。休药期:牛、羊、猪 1 d。

[**注意事项**]马对本品较为敏感,宜慎用;对鱼有剧毒,禁用;高浓度可引起家畜中毒;对蜜蜂虽无毒,但用药后蜂产品有药物残留,禁用。禁用作水生食品动物的杀虫剂。

氯苯脒

[**理化性质**]又名杀虫脒。本品纯品为白色,工业品为浅黄色晶体,有氨样气味;微溶于水,在丙酮、苯、氯仿、乙酸乙酯、己烷、甲醇中的溶解度大于 20%(质量/体积),在甲醇中的溶解度大于 30%;受高热分解。

[**作用与应用**]本品是一种高效、低毒、内吸、残效长的甲脒类杀虫剂,用于防治家畜的各种螨病,并有较强的杀螨虫卵的作用。

[**制剂与用法用量**]常用 0.1% ~0.8% 溶液擦洗、喷淋或药浴。

升化硫

[**理化性质**]本品为黄色结晶性粉末;有微臭;本品在水或乙醇中几乎不溶。

[**作用与应用**]本品与动物皮肤组织接触后,生成硫化氢(H_2S)和五硫磺酸($H_2S_5O_6$),有杀虫、杀螨和抗菌作用,主要用于治疗疥螨及痒螨病。

[**制剂与用法用量**]10% 硫磺软膏局部涂搽,或配成石灰硫磺液(硫磺 2%、石灰 1%)药浴。

✴课后笔记

```
                                           ┌─ 抗生素类:阿维菌素、伊维菌素、多拉菌素、米尔贝肟、
                                           │   潮霉素B等
                                           ├─ 苯并咪唑类:阿苯达唑、噻苯达唑、芬苯达唑等
                           ┌─ 子学习情境1  驱线虫药 ├─ 咪唑骈噻唑类:左旋咪唑等
                           │              ├─ 四氢嘧啶类:噻吩嘧啶、甲噻吩嘧啶、羟嘧啶等
                           │              ├─ 有机磷化合物类:敌百虫、哈罗松、敌敌畏等
                           │              └─ 其他类:哌嗪、乙胺嗪等
              学习情境1  抗蠕虫药 ┤
                           ├─ 子学习情境2  驱绦虫药 ─ 氯硝柳胺、硫双二氯酚、吡喹酮、丁萘脒、氢溴酸槟榔碱等
                           │
                           └─ 子学习情境3  驱吸虫药 ┬─ 抗血吸虫药:硝硫氰醚、六氯对二甲苯、硝硫氰胺等
                                                └─ 驱其他吸虫药:硝氯酚、硝碘酚腈、三氯苯达唑等

项目2  抗寄生虫药物 ┤
                           ┌─ 子学习情境1  抗球虫药 ─ 莫能菌素、盐霉素、马杜霉素、拉沙霉素、二硝托胺、氨
                           │                         丙啉、尼卡巴嗪、磺胺喹恶啉、地克珠利、托曲珠利、氯
                           │                         羟吡啶、常山酮等
              学习情境2  抗原虫药 ┤ 子学习情境2  抗锥虫药 ─ 喹密胺、苏拉明、三氮脒等
                           ├─ 子学习情境3  抗梨形虫药 ─ 硫酸喹啉脲、双脒苯脲、青蒿素等
                           └─ 子学习情境4  抗滴虫药 ─ 地美硝唑、甲硝唑等

              学习情境3  杀虫药 ┬─ 子学习情境1  有机磷类杀虫药 ─ 倍硫磷、皮蝇磷、二嗪农、氧硫磷等
                           ├─ 子学习情境2  拟菊酯类杀虫药 ─ 溴氰菊酯、氯菊酯、胺菊酯等
                           └─ 子学习情境3  其他类杀虫药 ─ 双甲脒、氯苯脒、升化硫等
```

✎思考题

1.抗蠕虫药分成几类? 其常用药在应用上各有哪些特点?

2.哪些抗蠕虫药会发生毒性反应? 应如何解救?

3.调查本地区抗蠕虫药的应用情况,如有抗药情况该怎么办?

4.专用的和兼用的抗球虫药各有什么特点? 当鸡群出现球虫性血痢时,请拟出一个抗球虫药给药方案。

✆模块病例导入

1.鸡,35 日龄,初步诊断为大肠杆菌病,用庆大霉素治疗 3 d,疗效欠佳,经实验室确诊为大肠杆菌并发支原体感染。

(1)治疗时,应加用的治疗药物是(　　　)。

A.杆菌肽　　　　　　　B.土霉素　　　　　　　C.头孢噻呋

D.莫能菌素　　　　　　E.磺胺嘧啶

(2)尿道发炎时,可用于清洗尿道的药物是(　　　)。

A.10% 氯化钠溶液　　　B.10% 葡萄糖酸钙溶液　　C.3% 过氧化氢溶液

D.2% 戊二醛溶液　　　　E.0.1% 高锰酸钾溶液

2.夏季,某 5 周龄雏鹅群出现精神委顿,排灰白色或暗红色带黏液的稀粪。剖检见小肠肿胀,黏膜出血、坏死,形成伪膜和肠芯。刮取肠黏膜镜检,见有大量圆形或椭圆形裂殖体。

（1）治疗该病应选择（　　）。

A.吡喹酮　　　　　　　　B.伊维菌素　　　　　　　C.泰乐菌素

D.二甲硝咪唑

（2）治疗本病时,禁用（　　）。

A.头孢曲松钠　　　　　　B.磺胺嘧啶钠　　　　　　C.乌洛托品

D.青霉素　　　　　　　　E.呋喃坦啶

3.黄牛,1岁,眼部和耳部皮肤出现结节状与菜花状突起,并在面部、颈部、肩部和下唇部逐渐增多,其表面无毛,凹凸不平,表面摩擦脱落后常见角化现象。

（1）此皮肤突起物为（　　）。

A.脓疹　　　　　　　　　B.丘疹　　　　　　　　　C.脓癣

D.结节　　　　　　　　　E.乳头状瘤

（2）本病的病因是（　　）。

A.病毒　　　　　　　　　B.细菌　　　　　　　　　C.真菌

D.支原体　　　　　　　　E.衣原体

（3）本病适宜的治疗方法是（　　）。

A.手术摘除　　　　　　　B.注射链霉素　　　　　　C.外用酮康唑乳膏

D.口服特比萘酚　　　　　E.注射林可霉素

（4）需要制定停药期的兽药是（　　）。

A.叶酸片　　　　　　　　B.呋塞米片　　　　　　　C.磺胺嘧啶片

D.碳酸氢钠片　　　　　　E.对乙酰氨基酚片

4.某黄牛7月份出现高热稽留、贫血、黄疸和血红蛋白尿等症状,体表检查发现腹下有多处虫体寄生。

（1）治疗该病可选用的药物是（　　）。

A.氨丙啉　　　　　　　　B.阿苯达唑　　　　　　　C.阿维菌素

D.咪唑苯脲　　　　　　　E.硫双二氯酚

（2）治疗痒螨病的药物是（　　）。

A.伊维菌素　　　　　　　B.丙硫咪唑　　　　　　　C.吡喹酮

D.地克珠利　　　　　　　E.磺胺嘧啶

（3）禁止在饲料中使用的药物不包括（　　）。

A.雌二醇　　　　　　　　B.氯丙嗪　　　　　　　　C.硝西泮

D.苯巴比妥　　　　　　　E.那西肽

5.某3～4月龄育肥猪群,消瘦,顽固性腹泻,用抗菌药物治疗无效,剖检见结肠壁有大量结节,肠腔内有大量长8～11 mm的线状虫体。

（1）该病是（　　）。

A.蛔虫病　　　　　　　　B.食道口线虫　　　　　　C.肾虫病

D.旋毛虫病　　　　　　　E.后圆线虫

（2）治疗该病可选用的药物是（　　）。

A.丙硫咪唑　　　　　　　B.三氮脒　　　　　　　　C.吡喹酮

D. 地克珠利　　　　　　　　　E. 拉沙里菌素

6. 春季, 某养殖场 1 000 只 5 周龄雏鸭由网上转为地面平养后发病, 表现精神委顿, 食欲减少或废绝, 缩头垂翅, 多伏卧不愿走动, 拉稀, 排黄绿色或血色粪便, 2～3 d 后死亡。另有少数鸭出现神经症状和呼吸困难并发生死亡。用地克珠利治疗, 鸭群消化道症状减轻, 死亡率下降。

(1) 该鸭群主要发生的是(　　　)。

A. 大肠杆菌病　　　　　　　B. 沙门氏菌病　　　　　　C. 鸭浆膜炎

D. 鸭球虫病　　　　　　　　E. 鸭绦虫病

(2) 该鸭群还需使用的治疗药物是(　　　)。

A. 阿苯达唑　　　　　　　　B. 青霉素　　　　　　　　C. 泰妙菌素

D. 氟苯尼考　　　　　　　　E. 地美硝唑

直击执业兽医师

1. 2009 年真题　有机磷杀虫剂抑制胆碱酯酶的作用属于(　　　)。

A. 竞争性抑制　　　　　　　B. 不可逆抑制　　　　　　C. 可逆性抑制

D. 非竞争性抑制　　　　　　E. 反竞争性抑制

2. 2009 年真题　四环素类药物的抗菌作用机制是抑制(　　　)。

A. 细菌叶酸的合成　　　　　B. 细菌蛋白质的合成　　　C. 细菌细胞壁的合成

D. 细菌细胞膜的通透性　　　E. 细菌 DNA 回旋酶的合成

3. 2009 年真题　抗生素治疗动物严重感染时, 辅助应用糖皮质激素类药物的目的是(　　　)。

A. 增强机体的免疫机能　　　B. 增强抗生素的抗菌作用　C. 延长抗生素的作用时间

D. 控制机体过度的炎症反应　E. 拮抗抗生素的某些副作用

4. 2009 年真题　具有抗球虫作用的药物是(　　　)。

A. 伊维菌素　　　　　　　　B. 多西环素　　　　　　　C. 莫能菌素

D. 大观霉素　　　　　　　　E. 泰乐菌素

5. 2009 年真题　8 月龄母猪, 因怀疑患细菌性肺炎, 用青霉素、链霉素肌内注射治疗 3 d, 疗效欠佳, 经实验室诊断为支原体肺炎混合感染胸膜肺炎放线杆菌, 应改用的治疗药物是(　　　)。

A. 新霉素　　　　　　　　　B. 头孢噻呋　　　　　　　C. 泰妙菌素

D. 氟苯尼考　　　　　　　　E. 地美硝唑

6. 2009 年真题　犬, 15 月龄, 初步诊断为感染性皮炎, 用恩诺沙星肌内注射治疗 3 d, 疗效差, 经实验室确诊为表皮癣菌感染, 应改用的治疗药物是(　　　)。

A. 红霉素　　　　　　　　　B. 土霉素　　　　　　　　C. 酮康唑

D. 左旋咪唑　　　　　　　　E. 庆大霉素

7. 2019 年真题　犬, 4 月龄, 生长缓慢、呕吐、腹泻、贫血, 经粪便检查确诊为蛔虫和复孔绦虫混合感染, 最佳的治疗药物是(　　　)。

A. 吡喹酮　　　　　　　　　B. 阿苯达唑　　　　　　　C. 伊维菌素

D. 地克珠利　　　　　　　　E. 三氯苯达唑

8. 2009年真题　治疗伊氏锥虫病的药物是（　　）。

A. 甲硝唑　　　　　　　B. 喹嘧胺　　　　　　　C. 三氯苯唑

D. 氯硝柳胺　　　　　　E. 伊维菌素

9. 2009年真题　目前已经确认的致畸动物的致畸物是（　　）。

A. 甲基汞　　　　　　　B. 氰化钾　　　　　　　C. 三聚氰胺

D. 双氯甲醚　　　　　　E. 亚硝酸盐

10. 2009年真题　可诱发人或哺乳动物皮肤癌的物质是（　　）。

A. 石棉　　　　　　　　B. 煤焦油　　　　　　　C. 双氯甲醚

D. 亚硝酸盐　　　　　　E. 黄曲霉毒素

11. 2009年真题　猪场带猪消毒最常用的消毒药是（　　）。

A. 0.1%高锰酸钾溶液　　B. 0.1%氢氧化钠溶液　　C. 0.3%食盐溶液

D. 0.3%过氧乙酸溶液　　E. 0.3%福尔马林溶液

12. 2009年真题　使用苯扎溴铵（新洁尔灭）溶液浸泡器械消毒时，时间应不少于（　　）。

A. 2分钟　　　　　　　B. 5分钟　　　　　　　C. 10分钟

D. 30分钟　　　　　　　E. 60分钟

13. 2009年真题　预防鸡住白细胞虫病可选用的药物是（　　）。

A. 噻嘧啶　　　　　　　B. 乙胺嘧啶　　　　　　C. 伊维菌素

D. 左旋咪唑　　　　　　E. 阿苯达唑

14. 2009年真题　治疗鸡球虫病可选用的药物是（　　）。

A. 氨丙啉　　　　　　　B. 左旋咪唑　　　　　　C. 阿苯达唑

D. 芬苯达唑　　　　　　E. 咪唑苯脲

15. 2009年真题　治疗犬蠕形螨病的首选药物是（　　）。

A. 吡喹酮　　　　　　　B. 三氮脒　　　　　　　C. 伊维菌素

D. 左旋咪唑　　　　　　E. 氯硝柳胺

16. 2009年真题　防治禽皮刺螨病的药物是（　　）。

A. 氨丙啉　　　　　　　B. 吡喹酮　　　　　　　C. 地克珠利

D. 阿苯达唑　　　　　　E. 溴氰菊酯

17. 2010年真题　适用于熏蒸消毒的药是（　　）。

A. 复合酚　　　　　　　B. 过氧化氢　　　　　　C. 苯扎溴铵

D. 二氯异氰脲酸　　　　E. 甲醛溶液（福尔马林）

18. 2010年真题　种蛋室空气消毒常用的方法是（　　）。

A. 紫外线　　　　　　　B. α射线　　　　　　　C. β射线

D. γ射线　　　　　　　E. X射线

19. 2010年真题　常用的洗眼液为（　　）。

A. 2%硼酸　　　　　　　B. 2%煤酚皂　　　　　　C. 2%苯扎溴铵

D. 2%过氧乙酸　　　　　E. 2%高锰酸钾

20. 2010 年真题 0.1%苯扎溴铵溶液(新洁尔灭)浸泡消毒手术器械时,为防止生锈应添加的药物是( )。

    A.5%碘酊   B.70%酒精   C.10%甲醛

    D.2%戊二醛   E.0.5%亚硝酸钠

21. 2010 年真题 辅助治疗犬口腔乳头状瘤的首选药物是( )。

    A.酮康唑   B.甘露醇   C.长春新碱

    D.氟苯尼考   E.环丙沙星

22. 2010 年真题 治疗水肿性溃疡不得使用的药物是( )。

    A.鱼肝油   B.植物油   C.碘甘油

    D.樟脑酒精   E.红霉素软膏

2009 年真题 (23—25 题共用备选答案)

    A.鸡球虫病   B.皮肤真菌病   C.厌氧菌感染

    D.猪支原体性肺炎   E.猪放线杆菌性胸膜肺炎

23. 甲硝唑适用于治疗( )。

24. 头孢噻呋适用于治疗( )。

25. 灰黄霉素适用于治疗( )。

2019 年真题 (26—27 题共用备选答案)

    A.配伍禁忌   B.协同作用   C.相加作用

    D.拮抗作用   E.无关作用

26. 犬,8 月龄,患大肠杆菌病,兽医采用肌内注射复方磺胺嘧啶钠注射液,剂量为每千克体重 20 mg 磺胺嘧啶钠和 4 mg 甲氧苄啶的用药方案,该联合用药最有可能发生的相互作用是( )。

27. 猪,3 月龄,患链球菌病并继发肺炎支原体感染,兽医采用肌内注射青霉素钠治疗(每千克体重 3 万单位),并同时肌内注射盐酸土霉素(每千克体重 15 mg)的治疗方案,该联合用药最有可能发生的相互作用是( )。

28. 2009 年真题 可用于饮水消毒的药物是( )。

    A.复合酚   B.戊二醛   C.含氯石灰

    D.聚维酮碘   E.溴氯海因

2009 年真题 (29—31 题共用备选答案)

    A.地克珠利   B.莫能菌素   C.托曲珠利

    D.尼卡巴嗪   E.氯羟吡啶

29. 通过干扰球虫细胞内钠、钾离子的正常渗透而产生杀虫作用的抗球虫药是( )。

30. 既能用于预防鸡球虫病,又能作肉牛促生长用的抗球虫药是( )。

31. 不属于畜禽专用的抗生素是( )。

    A.泰拉霉素   B.多西环素   C.泰乐菌素

    D.替米考星   E.沃尼妙林

32. 2009 年真题 对羊胃肠道线虫、牛绦虫和肝片吸虫均有效的药物是( )。

    A.阿维菌素   B.阿苯达唑   C.氯硝柳胺

D. 吡喹酮　　　　　　　　　E. 三氯苯达唑

33. 2009 年真题 应避免与呋塞米合用的抗生素(　　)。

A. 庆大霉素　　　　　　　　B. 红霉素　　　　　　　　C. 阿莫西林

D. 泰妙菌素　　　　　　　　E. 土霉素

34. 2009 年真题 5 月龄公猪,因怀疑患猪肺疫,用头孢噻呋肌注治疗 3 d,疗效欠佳,经实验室诊断为支原体肺炎混合感染巴氏杆菌,进一步治疗应加用的药物是(　　)。

A. 磺胺对甲氧嘧啶　　　　　B. 乙酰甲喹　　　　　　　C. 阿莫西林

D. 泰乐菌素　　　　　　　　E. 喹乙醇

35. 2009 年真题 某 25 日龄蛋用鸡群,因患维生素 B_1 缺乏症已在饲料中添加维生素 B_1 进行治疗,此时预防球虫病,不适宜添加的药物是(　　)。

A. 磺胺喹恶啉　　　　　　　B. 地克珠利　　　　　　　C. 盐酸氨丙啉

D. 氯羟吡啶　　　　　　　　E. 莫能菌素

36. 2009 年真题 经过好氧处理后的屠宰污水上层清液,在排放前常采取的处理方法是(　　)。

A. 氯化消毒　　　　　　　　B. 碱消毒　　　　　　　　C. 酸消毒

D. 过氧化消毒　　　　　　　E. 表面活性剂消毒

37. 2009 年真题 泰乐菌素抗菌的作用机理是抑制细菌(　　)。

A. 叶酸的合成　　　　　　　B. 蛋白质的合成　　　　　C. 细胞壁的合成

D. 细胞膜的合成　　　　　　E. DNA 回旋酶的合成

38. 2009 年真题 常用于犬术前或注射药物前皮肤消毒的碘酊浓度是(　　)。

A. 1%　　　　　　　　　　　B. 2%　　　　　　　　　　C. 3%

D. 4%　　　　　　　　　　　E. 5%

39. 2009 年真题 常与磺胺喹肟组成方制剂,用于防治禽球虫病(　　)。

A. 阿莫西林　　　　　　　　B. 二甲氧苄啶　　　　　　C. 恩诺沙星

D. 乙酰甲硅　　　　　　　　E. 甲硝唑

40. 2009 年真题 常用于畜舍熏蒸消毒的消毒剂是(　　)。

A. 来苏儿　　　　　　　　　B. 新洁尔灭　　　　　　　C. 季铵盐

D. 福尔马林　　　　　　　　E. 氢氧化钠

41. 2009 年真题 适用巴氏消毒法进行消毒的是(　　)。

A. 培养基　　　　　　　　　B. 生理盐水　　　　　　　C. 玻璃器皿

D. 手术器械　　　　　　　　E. 牛奶

42. 2009 年真题 乙醇消毒常用的浓度为(　　)。

A. 100%　　　　　　　　　　B. 95%　　　　　　　　　　C. 85%

D. 75%　　　　　　　　　　　E. 65%

43. 2019 年真题 治疗棘球蚴病的药物是(　　)。

A. 硫双二氯酚　　　　　　　B. 吡喹酮　　　　　　　　C. 阿维菌素

D. 莫能菌素　　　　　　　　E. 三氮脒

44. 2019 年真题 治疗马圆线虫病的药物是(　　)。

A. 吡喹酮   B. 倍硫磷   C. 溴氰菊酯

D. 磺胺嘧啶   E. 噻苯咪唑

45. 2017年真题 养殖场带畜禽消毒最适用的消毒药是( )。

A. 0.1%碘溶液   B. 0.2%氢氧化钠溶液   C. 0.4%福尔马林溶液

D. 0.3%过氧乙酸溶液   E. 0.1%乙内酰脲溶液

46. 2010年真题 秋季，散养鸡发病，剖检见腺胃肿胀呈球状，腺胃黏膜显著肥厚，有菜花样的溃疡病灶，在溃疡深处有线状的虫体。对该鸡群驱虫应选择( )。

A. 吡喹酮   B. 氨丙啉   C. 双甲脒

D. 左旋咪唑   E. 氯硝柳胺

47. 2010年真题 犬，4月龄，生长缓慢、呕吐、腹泻、贫血，经粪便检查确诊为蛔虫和复孔绦虫混合感染，最佳的治疗药物是( )。

A. 吡喹酮   B. 阿苯达唑   C. 伊维菌素

D. 地克珠利   E. 三氯苯达唑

48. 2010年真题 长江流域某地牛群出现严重贫血、消瘦，剖检见肝脏肿大、有虫卵结节。流行病学调查该牛群有湖滩放牧史，治疗该病的药物是( )。

A. 左旋咪唑   B. 磺胺嘧啶   C. 硫酸喹啉脲

D. 吡喹酮   E. 甲基盐霉素

49. 2011年真题 预防犬瘟热最有效的方法是注射( )。

A. 干扰素   B. 高免血清   C. 疫苗

D. 抗菌药物   E. 抗病毒药物

50. 2014年真题 犬细小病毒病肠炎型的特异性治疗方法是( )。

A. 注射高免血清   B. 注射阿托品止呕   C. 口服硝酸铋止泻

D. 注射安络血止血   E. 先盐后糖补液

51. 2014年真题 治疗犬巴贝斯虫病的药物是( )。

A. 伊维菌素   B. 马杜拉霉素   C. 左旋咪唑

D. 三氮脒   E. 磺胺嘧啶

52. 2014年真题 夏季，某养鸡场雏鸡下痢，呼吸困难，口流鲜血，鸡冠和肉垂苍白；剖检见有全身性出血，内脏器官肿大，胸肌、腿肌和心包等处有针尖至粟粒大小的白色结节。防治该病的药物是( )。

A. 吡喹酮   B. 阿苯达唑   C. 硫双二氯酚

D. 伊维菌素   E. 磺胺喹恶啉

53. 2015年真题 属于食品动物禁用的药物是( )。

A. 硫酸链霉素   B. 硫酸卡那霉素   C. 土霉素

D. 氯霉素   E. 恩拉霉素

54. 2017年真题 用于犬手术皮肤消毒的乙醇最佳浓度是( )。

A. 95%   B. 85%   C. 75%

D. 65%   E. 55%

（55—56 题共用备选答案）

A. 泰万菌素　　　　　　B. 苯唑西林　　　　　　C. 黏菌素

D. 氨苄青霉素　　　　　E. 灰黄霉素

55. 治疗耐青霉素的金黄色葡萄球菌引起的奶牛乳房炎时,用于乳房注入的药物应是（　　　）。

56. 可用于治疗犊牛、马属动物皮肤真菌病的药物是（　　　）。

2011 年真题　（57—58 题共用备选答案）

A. 马拉硫磷　　　　　　B. 非泼罗尼　　　　　　C. 环丙氯嗪

D. 常山酮　　　　　　　E. 三氮脒

57. 防治鸡群球虫感染的药物是（　　　）。

58. 治疗放牧黄牛牛皮蝇蛆感染的药物是（　　　）。

59. 2015 年真题　5 日龄仔猪,出现血痢,疑为厌氧菌感染。防治该病应选择的药物是（　　　）。

A. 酮康唑　　　　　　　B. 左旋咪唑　　　　　　C. 环丙氯嗪

D. 常山酮　　　　　　　E. 喹烯酮

60. 2018 年真题　犬阴茎肿瘤手术治疗后,常配合注射的植物类抗癌药物是（　　　）。

A. 马利兰　　　　　　　B. 环磷酰胺　　　　　　C. 氨甲蝶呤

D. 长春新碱　　　　　　E.6-巯基嘌呤

61. 2018 年真题　兽医临床上常用的洗眼液是（　　　）。

A.2% 煤酚皂　　　　　　B.2% 过氧乙酸　　　　　C.2% 苯扎溴铵

D.2% 硼酸　　　　　　　E.2% 高锰酸钾

62. 2015 年真题　犬,6 月龄,头部出现圆形脱毛区,且脱毛区逐渐扩大,患部伍氏灯检查,有强荧光,治疗药物（　　　）。

A. 氧氟沙星　　　　　　B. 伊维菌素　　　　　　C. 特比萘芬

D. 粘杆菌素　　　　　　E. 红霉素

63. 2015 年真题　某兔场 4 月龄兔突然出现食欲减退,精神沉郁,被毛无光泽,喜卧不喜动,严重腹泻等症状,个别兔腹围增大,肝区触诊敏感,粪便检查发现大量卵囊。化脓性胆管炎或肝脓肿,胆囊肿大,治疗该病宜选用的药物是（　　　）。

A. 青霉素　　　　　　　B. 盐霉素　　　　　　　C. 莫能菌素

D. 马杜拉霉素　　　　　E. 磺胺二甲氧嘧啶

64. 2017 年真题　成年蜂发病,剖检见肠道失去弹性、易破裂,颜色由蜜黄色变为灰白色,肠道外表环纹消失。治疗该病的药物是（　　　）。

A. 土霉素　　　　　　　B. 青霉素　　　　　　　C. 链霉素

D. 烟曲霉素　　　　　　E. 灰黄霉素

65. 2018 年真题　可以用于预防鸡球虫病的饲料药物添加剂是（　　　）。

A. 喹乙醇预混料　　　　B. 甲基盐霉素预混料　　C. 杆菌肽锌预混料

D. 土霉素钙　　　　　　E. 复方硝基酚钠预混料

66. 2016 年真题　黏菌素的抗菌谱主要是（　　　）。

A. 革兰氏阳性菌和革兰氏阴性菌　　　　　　　　　　B. 革兰氏阳性菌

C. 革兰氏阴性菌　　　　D. 支原体　　　　E. 衣原体

67. 2016年真题　治疗蹄叉腐烂病时,局部用药起防腐、溶解角质、止痒、刺激肉芽生长的药物是(　　)。

A. 酮康唑软膏　　　　B. 氨苯磺胺粉　　　　C. 碘酊

D. 碘甘油　　　　E. 松馏油

2016年真题　(68—70题共用备选答案)

A. 磺胺二甲嘧啶　　　　B. 磺胺喹恶啉　　　　C. 地美硝唑

D. 青霉素　　　　E. 头孢噻呋

68. 常与甲氧苄啶合用治疗猪链球菌病的药物是(　　)。

69. 常与二甲氧苄啶合用治疗兔球虫病的药物是(　　)。

70. 用于治疗禽组织滴虫病的药物是(　　)。

71. 2016年真题　育肥猪,出现咳嗽、打喷嚏、腹式呼吸等症状,病猪消瘦,X线检查可见肺部有云絮状阴影。剖检病死猪可见肺心叶、尖叶上胰样病灶。治疗该病应选用的药物是(　　)。

A. 青霉素　　　　B. 甲硝唑　　　　C. 头孢喹肟

D. 泰乐菌素　　　　E. 黏菌素

72. 2017年真题　育肥猪出现消瘦、异嗜,有的成为僵猪,剖检见小肠内有大量淡黄色、圆柱形、体长为15~30 cm的虫体,有的虫体尾端弯曲呈钩状,治疗该病应选用的药物是(　　)。

A. 氯羟吡啶　　　　B. 三氮脒　　　　C. 吡喹酮

D. 伊维菌素　　　　E. 戊氰菊酯

73. 2016年真题　治疗马裸头绦虫病的药物是(　　)。

A. 伊维菌素　　　　B. 左旋咪唑　　　　C. 莫能菌素

D. 噻苯唑　　　　E. 氯硝柳胺

2019年真题　(74—76题共用备选答案)

A. 阿苯达唑　　　　B. 伊维菌素　　　　C. 吡喹酮

D. 拉沙菌素　　　　E. 三氮脒

74. 犬,眼、唇、耳等无毛处出现界限明显的红斑,毛囊发炎化脓,皮脂溢出,取患部皮屑镜检,见细长圆柱状虫体,体前段有4对足,粗短,口器小。治疗该病宜选用的药物是(　　)。

75. 犬,头部、颈、肩等部位出现红斑,奇痒,脱毛,取患部皮屑镜检,见近圆形虫体,有足4对,前两对足伸出体缘,后两对足不伸出体缘。治疗该病宜选用的药物是(　　)。

76. 某犬,以前抓挠耳,耳部有渗出液,外耳道有棕黑色耳垢,取耳垢镜检,见有呈长椭圆形虫体,有足4对,均伸出体缘,治疗该病宜选用的药物是(　　)。

77. 2019年真题　某放牧牛群入夏后体温升高、体表淋巴结肿大、结膜充血或出血。血涂片染色镜检,见多量红细胞内有环形虫体。淋巴结穿刺物镜检见"石榴体"。治疗该病宜选用的药物是(　　)。

A. 三氮脒　　　　B. 磺胺氯丙嗪　　　　C. 吡喹酮

D. 伊维菌素　　　　E. 丙硫咪唑

78. 2019 年真题　夏初,雏鸭群生长发育受阻,腹泻。剖检见出血性肠炎。粪检见大量卵囊。卵囊孢子化后,内含 4 个孢子囊,每个孢子囊内有 4 个子孢子。预防该病宜选用的药物是(　　)。

A. 青霉素　　　　　　　　B. 庆大霉素　　　　　　　C. 泰乐菌素

D. 伊维菌素　　　　　　　E. 莫能菌素

79. 2019 年真题　金毛猎犬,3 月龄,近日口唇部出现红疹,而后在腋下和股内侧也出现红疹,患部瘙痒感不明显,患部刮皮诊断未见蠕形螨,真菌检查呈阴性,治疗时首选的口服药物是(　　)。

A. 氟康唑　　　　　　　　B. 伊维菌素　　　　　　　C. 地塞米松

D. 复合维生素 B　　　　　E. 阿莫西林

80. 2019 年真题　我国南方放牧犊牛群发病,表现精神沉郁,食欲废绝,严重贫血,腹泻,粪便带血,最后衰竭死亡,剖检见门静脉和肠系膜静脉内有多量线状虫体。治疗该病的药物是(　　)。

A. 阿维菌素　　　　　　　B. 左旋咪唑　　　　　　　C. 吡喹酮

D. 硫酸喹啉脲　　　　　　E. 莫能菌素

81. 2020 年真题　某 1 500 只山羊群,冬季发病,1 周内死亡 42 只,多为 3 岁以下妊娠羊,多数病程 4～5 d。同场绵羊未见发病。病羊高热,干咳,呼吸困难,流铁锈色鼻液,后期卧地不起,窒息死亡。剖检病变多限于单侧胸腔,肺实变,切面呈大理石样;胸膜和心包膜间相互粘连;胸腔积液量大,色淡黄,遇空气易凝集。对该病防治有效的措施是(　　)。

A. 注射青霉素　　　　　　B. 注射伊维菌素　　　　　C. 注射泰乐菌素

D. 注射庆大霉素　　　　　E. 注射弱毒疫苗

82. 2020 年真题　8 月,放牧羊群中 1 只 3 岁母羊发病,喜卧,可视黏膜暗紫色,战栗,呼吸困难,继而倒地,口鼻流出血色泡沫,数分钟后死亡,尸体迅速膨大,尸僵不全,天然孔出血,凝血不良呈酱油样。鉴别该病原菌的"串珠试验"中使用的抗生素是(　　)。

A. 青霉素　　　　　　　　B. 链霉素　　　　　　　　C. 土霉素

D. 红霉素　　　　　　　　E. 洁霉素

83. 2017 年真题　治疗犬脑部细菌感染应该首选(　　)。

A. 新霉素内服　　　　　　B. 庆大霉素内服　　　　　C. 磺胺氯丙嗪内服

D. 磺胺嘧啶内服　　　　　E. 磺胺二甲嘧啶内服

84. 2010 年真题　青霉素类抗生素的抗菌作用机理是抑制细菌(　　)。

A. 叶酸的合成　　　　　　B. 蛋白质合成　　　　　　C. 细胞壁的合成

D. 细胞膜的合成　　　　　E. DNA 回旋酶的合成

模块 6

抗组胺药、前列腺素、糖皮质激素及
解热镇痛抗炎药

【学习目标】

1. 了解抗组胺药、解热镇痛抗炎药的作用机理。
2. 了解解热镇痛抗炎药的分类及其关系。
3. 了解糖皮质激素的不良反应、注意事项。
4. 理解糖皮质激素类药物的"四抗"作用。
5. 掌握常用药物的作用、应用及用法。

【学习要求】

1. 掌握抗组胺药物的临床应用。
2. 掌握解热镇痛抗炎药与前列腺素合成的关系。
3. 掌握糖皮质激素的临床应用。
4. 掌握安乃近、阿司匹林、布洛芬等药物不同的作用。

【资讯问题】

1. 抗组胺药物分为哪几类？各包括哪些药？
2. 简述解热镇痛抗炎药的解热机理。
3. 临床上糖皮质激素类药物应该在什么情况下使用？有哪些用途？

项目1 抗组胺药

组胺(组织胺)由组氨酸脱羧而成,是体内正常存在而具有较强药理作用的胺类。组胺引起的机体变化和过敏反应的症状相似,如皮疹、皮炎、血管神经性水肿、支气管痉挛、腹痛、腹泻等,严重时还可出现过敏性休克。能对抗组胺作用的药物称为抗组胺药或抗过敏药。具有抗组胺作用的药物很多,如糖皮质激素、肾上腺素、钙剂、维生素 C 等,下面介绍一组抗组胺药。

苯海拉明

[理化性质]又名可他敏。本品属人工合成的白色结晶性粉末,无臭,味苦,服后有麻痹感;易溶于水和醇,应密闭保存。

[作用与应用]本品为组胺 H1 受体拮抗剂,有明显的抗组胺作用,能消除支气管和肠道平滑肌痉挛,对抗组胺而使毛细血管的通透性降低,减轻过敏反应,具有镇静、止吐和轻微局部麻醉作用。本品与氨茶碱、麻黄碱、维生素 C 或钙剂合用,能提高疗效。本品主要用于过敏性疾病,如荨麻疹、血清病、皮肤瘙痒、血管神经性水肿、小动物运输晕眩、止吐、药物过敏性反应等;也可用于组织损伤伴有组胺释放的疾病,如烧伤、冻伤、湿疹、脓毒性子宫炎等;还可用于过敏性休克,如因饲料过敏引起的腹泻和蹄叶炎,有机磷中毒的辅助治疗。本品对过敏性胃肠痉挛和腹泻有一定疗效,对过敏性支气管痉挛疗效差。

[制剂与用法用量]

(1)盐酸苯海拉明片,25 mg/片。内服,1 次量,每千克体重:4 600 ~ 1 200 mg;羊、猪 80 ~ 120 mg;犬 30 ~ 60 mg;猫 10 ~ 30 mg;每 12 h 一次。

(2)盐酸苯海拉明注射液,0.02 g∶1 mL,0.1 g∶5 mL。肌内注射,1 次量,每千克体重:牛、马 100 ~ 500 mg;羊、猪 40 ~ 60 mg;犬 0.5 ~ 1 mg;猫 5 ~ 50 mg。每 12 h 一次。

[注意事项]本品尚有中枢抑制作用,故用药后动物精神沉郁或昏睡,不必停药,但不宜静脉注射。

盐酸异丙嗪

[理化性质]又名非那宗、抗胺荨。本品为人工合成品,呈白色或近乎白色的粉末或颗粒,几乎无臭,味苦;在空气中、日光中变为蓝色;极易溶于水,易溶于酒精及氯仿,几乎不溶于丙酮或乙醚。

[作用与应用]本品的抗组胺作用与应用同苯海拉明,但作用比苯海拉明强而持久,副作用较小,可加强镇静药、镇痛药和麻醉药的作用,能使体温降低和具有止吐作用。

[制剂与用法用量]

(1)盐酸异丙嗪片,12.5 mg/片,25 mg/片。内服,1 次量,每千克体重:牛、马 250~1 000 mg;羊、猪 100~500 mg;犬 50~200 mg。

(2)盐酸异丙嗪注射液,25 mg/1 mL,50 mg/2 mL。肌内注射,1 次量,每千克体重:牛、马 250~500 mg;羊、猪 50~100 mg;犬 25~100 mg。不能与氨茶碱混合注射。

[注意事项]本品有刺激性,不宜皮下注射,且不宜与氨茶碱混合注射。

马来酸氯苯那敏

[理化性质]又名扑尔敏。本品为白色结晶性粉末,无臭,味苦;易溶于水、酒精、氯仿,微溶于乙醚。

[作用与应用]本品作用与应用同苯海拉明,但作用比苯海拉明强而持久,对中枢神经的抑制和嗜睡的副作用较轻。此外,本品可由皮肤吸收,制成软膏外用可治疗皮肤过敏性疾病。

[制剂与用法用量]

(1)扑尔敏片。内服,1 次量,每千克体重:牛、马 80~100 mg;羊、猪 12~16 mg;犬 2~20 mg;猫 1~10 mg,每 12 h 一次。

(2)扑尔敏注射液。肌内注射,1 次量,每千克体重:牛、马 60~100 mg;羊、猪 10~20 mg。

阿司咪唑

[理化性质]又名息斯敏。本品为人工合成品,呈白色结晶或结晶性粉末。

[药动学]本品口服吸收迅速,溶解后 0.5~1 h 达血药高峰浓度,药效达 24 h。在肝、肺、肾等主要器官中的浓度很高,而在肌肉内分布很少,主要经肺代谢。

[作用与应用]本品是一种无中枢镇静和抗胆碱能作用的新型抗组胺药,不能透过血脑屏障,有强而持久的抗组胺作用。本品主要用于过敏性鼻炎、过敏性结膜炎、荨麻疹以及其他过敏反应的治疗。

[制剂与用法用量]息斯敏片,10 mg/片。口服,1 次量,每千克体重:犬、猫 0.25~0.5 mg。

[注意事项]孕畜慎用。

西咪替丁

[理化性质]又名甲氰咪胍、甲氰咪胺。本品为人工合成的无色结晶;可溶于水,水溶液 pH 值为 9.3,在稀酸中溶解度增大。

[药动学]内服后吸收迅速,1.5 h 达血药高峰浓度,半衰期为 2 h,大部分以原形随尿液排出,12 h 可排出口服量的 80%~90%。

[作用与应用]本品为较强 H2 受体阻断药,能抑制组胺或五肽胃泌素刺激引起的胃液

分泌,无抗胆碱作用。本品主要用于治疗胃肠的溃疡、胃炎、胰腺炎和急性胃肠(消化道前段)出血,对皮肤瘙痒症有一定疗效。本品能降低肝血流量,干扰其他药物的吸收。

[**制剂与用法用量**]西咪替丁片,200 mg/片。内服,1 次量,每千克体重:猪 300 mg;牛 8 ~ 16 mg,3 次/d;犬、猫 5 ~ 10 mg,2 次/d。

雷尼替丁

[**理化性质**]又名甲硝呋呱、呋喃硝胺、胃安太定。本品为人工合成的白色或淡黄色粉末;易溶于水、乙醇和甲醇,不溶于氯仿。

[**药动学**]内服吸收,1 ~ 2 h 达血药高峰浓度,半衰期为 2 ~ 2.5 h,不受食物及制酸剂的影响。

[**作用与应用**]本品作用与应用同西咪替丁,但强于西咪替丁 5 ~ 8 倍,且具有速效和长效的优点,而副作用很弱。

[**制剂与用法用量**]

雷尼替丁片,150 mg/片。内服,1 次量,每千克体重:驹 150 mg;犬 0.5 mg,3 次/d。

[**注意事项**]本品在肾脏与其他药物竞争肾小管分泌,故肾功能不全者慎用。

＊课后笔记

项目1　抗组胺药物	苯海拉明、盐酸异丙嗪、马来酸氯苯那敏、阿司咪唑、西咪替丁、雷尼替丁等

项目 2　前列腺素(PG)

　　前列腺素(PG)是一类化学结构近似的自体活性物质的总称,广泛存在于机体各组织(红细胞除外)与体液中,最早从人的精液和羊的精囊中提取,现已能人工合成。前列腺素的种类虽然很多,但都是前列烷酸的衍生物。前列烷酸由五碳环(环戊烷环)、七碳羧基链和八碳羟基链组成,根据五碳环上被取代的基团不同,PG 分为 A、B、C、D、E、F、G、H、I 九型,有实际意义的只有 E、F、A、B 四型,字母的右下角以数字表示两条侧链上双键数目,如 E 型带有一个双键则表示为 PGE_1,两个双键者则表示为 PGE_2,以此类推。有的数字后面还有希腊字符 α,表示羟基的构型,如 $PGF_{1\alpha}$、$PGF_{2\alpha}$ 等。

　　PG 具有强大而广泛的生理(药理)效应,其作用性质取决于 PG 的种类与所作用的靶组织。在 PG 应用研究上,主要涉及平喘、鼻炎等治疗,促进发情、排卵及提高受胎率,治疗不孕症和终止早、中期妊娠等方面。应用于兽医临床的主要有 PGE_1、PGE_2、$PGF_{1\alpha}$、$PGF_{2\alpha}$、氯前列醇和氟前列醇等。

地诺前列素($PGF_{2\alpha}$)

　　[**理化性质**]又名黄体溶解素。本品是从动物精液或猪、羊的羊水中提取得到的,现多用人工合成品,为无色结晶,溶于水、乙醇。

　　[**作用与应用**]本品对生殖、循环、呼吸、消化等系统具有广泛作用。其中对生殖系统的作用表现为溶解黄体,抑制孕酮的合成。$PGF_{2\alpha}$ 既能直接作用于黄体细胞,使孕酮分泌减少,又对血管平滑肌有较强的收缩作用,选择性减少黄体血流量,导致黄体缺血,黄体萎缩、退化而溶解,使孕酮合成受抑制。因此黄体期缩短,使母畜同期发情和排卵,有利于人工同期发情或胚胎移植,兴奋子宫平滑肌。$PGF_{2\alpha}$ 对子宫平滑肌有强烈的收缩作用,特别是妊娠子宫对本品非常敏感,子宫平滑肌张力增加,子宫颈松弛,有利于催产、引产等;促进输卵管收缩,影响精子运行至受精部位及胚胎附植;促进垂体前叶释放黄体生成素;影响精子的发生和移行。本品主要用于畜群的同期发情。马、牛、羊注射后出现正常的性周期,注射两次,同期发情更准确;治疗母畜卵巢黄体囊肿,注射后 6～7 d 排卵;治疗持久性黄体,牛间情期肌注 30 mg,第 3 d 开始发情,第 4～5 d 排卵;治疗马、牛不发情或发情不明显;用于母猪催情,使断奶母猪提早发情和配种;用于催产、引产、子宫蓄脓、慢性子宫内膜炎、排出死胎;用于增加公畜的精液射出量和提高人工授精率。

　　[**制剂与用法用量**]地诺前列素注射液,1 mL∶1 mg、1 mL∶5 mg。肌内或子宫内注射,1

次量,每千克体重:马、牛6～20 mg,羊、猪3～8 mg(用时以适量注射用水或生理盐水稀释)。

[**注意事项**]用于收缩子宫时应注意剂量,过量会发生子宫破裂;用于引产时,猪出现呼吸加快,排便次数略增加,牛易造成胎衣不下,羊易造成子宫出血和急性子宫内膜炎,马可出现痉挛性腹痛、腹泻、厌食和大量出汗;对循环、呼吸、消化系统有疾病的患畜禁用;宰前停药1 d,奶无需休药期。

氯前列醇

[**理化性质**]本品为PGF2$_\alpha$的同系物。本品为淡黄色油状黏稠液体。在三氯甲烷中易溶,在无水乙醇或甲醇中溶解,在水中不溶,在10%碳酸钠溶液中溶解。

[**作用与应用**]本品对母畜具有溶解黄体和收缩子宫的作用,非妊娠牛用药后2～5 d发情;交配后1周至妊娠5个月的母牛用药后4～5 d流出胎儿和胎盘,临床上主要用于同期发情、催产、引产、子宫蓄脓,还可用来诱导母猪分娩。

[**制剂与用法用量**]氯前列醇钠注射液,2 mL:175 μg、2 mL:500 μg。肌内注射,1次量,每千克体重:牛500 μg,猪175 μg,山羊、绵羊62.5～125 μg。

[**注意事项**]循环、呼吸、消化系统有疾病的患畜禁用;宰前停药1 d,奶无需休药期。

＊课后笔记

项目2　前列腺素(PG)——地诺前列素、氯前列醇等

项目 3　糖皮质激素

肾上腺皮质激素(简称"皮质激素")是肾上腺皮质所分泌激素的总称。皮质激素按其生理作用可分为三类:①盐皮质激素类;②氮皮质激素类;③糖皮质激素类。以可的松和氢化可的松为代表,皮质激素主要影响糖类、蛋白质和脂肪的代谢。药理剂量的糖皮质激素具有明显的抗炎、抗毒、抗免疫和抗休克的作用,被广泛应用于兽医临床。本章主要介绍糖皮质激素。

1. 糖皮质激素的药理作用

虽然从动物的肾上腺素中可提取天然的激素,但现在所用的糖皮质激素均为人工合成。兽医临床上应用的糖皮质激素有氢化可的松、泼尼松、氢化泼尼松、地塞米松、去炎松、倍他米松等。糖皮质激素经胃肠道吸收迅速,一般在 2 h 内出现血药高峰浓度,肌内或皮下注射后,可在 1 h 内达到高峰浓度,进入血液的糖皮质激素,少部分呈游离状态,大部分与血浆蛋白结合。糖皮质激素具有十分广泛的药理作用,概括起来有以下几方面。

(1)抗炎作用

糖皮质激素对物理、化学、生物及免疫等多种原因引起的炎症和各种类型炎症的全过程都有强大的对抗作用。炎症初期,能抑制炎症局部的血管扩张,降低血管通透性,减少血浆渗出和细胞浸润,能缓解或消除炎症局部的红、肿、热、痛等症状。在炎症后期能抑制毛细血管和纤维母细胞的增生及纤维合成,影响疤痕组织的形成和创伤的愈合。

(2)免疫抑制作用

糖皮质激素是临床上常用的免疫抑制剂之一,能抑制免疫反应的很多环节,如抑制巨噬细胞对抗原的处理和吞噬,减少循环血液中淋巴细胞的数量。大剂量时,对细胞免疫的抑制作用明显,从而抑制抗体生成,但不能改变自身免疫体质而除去病因,只能控制症状,且对正常免疫也有抑制作用,因而易导致继发感染,应当警惕。此外,本品还能抑制组胺等活性物质的释放。

(3)抗毒素作用

糖皮质激素能提高机体对细菌(主要是革兰氏阴性细菌,如大肠杆菌、痢疾杆菌、脑膜炎球菌等)内毒素的耐受能力,对抗内毒素对机体的损害,减轻细胞的损伤,以保护机体度过危险期(如缓解症状,降高热,改善病情)。但对细菌外毒素(主要由革兰氏阳性菌产生)所引起的损害无保护作用。

（4）抗休克作用

在休克时,血压下降,内脏缺血、缺氧,引起溶酶体破裂,使组织分解,引起心肌收缩力减弱、心血输出量降低、内脏血管收缩等循环衰竭。大剂量糖皮质激素可稳定溶酶体膜,减少心肌抑制因子的形成,又能对抗去甲肾上腺素的缩血管作用,保持微循环畅通,故可用于抗休克。

（5）其他作用

糖皮质激素能刺激骨髓造血机能,增加血液中的中性粒细胞、红细胞和血小板,增加血红蛋白和纤维蛋白原的量;可对抗各型变态反应,缓解过敏性疾病的症状;能使血糖升高,促进肝糖原形成,增加蛋白质分解,抑制蛋白质合成,也能使脂肪分解。长期使用本品易引起水肿,骨质疏松。

2. 糖皮质激素的应用

糖皮质激素可用于多种疾病,但多数只能缓解或抑制症状,其应用如下。

（1）严重的感染性疾病

糖皮质激素对一般的感染性疾病不得使用,但当感染对动物的生命或生产带来严重危害时,应用很有必要。对中毒性菌痢、中毒性肺炎、腹膜炎、产后子宫炎、败血症等,可迅速缓解症状,度过危险期,促进患畜康复,但要与足量有效的抗生素合用。

（2）控制炎症

用糖皮质激素治疗各类动物的各种炎症,如各种眼炎、关节炎、腱鞘炎、心包炎、腹膜炎等,可消炎止痛,暂时改善症状,防止组织过度破坏,抑制体液渗出,防止粘连和疤痕形成等。治疗期间,如果炎症不能痊愈,停药后常会复发。

（3）过敏性疾病

糖皮质激素对皮肤的过敏性疾病和自身免疫性疾病有较好疗效,如荨麻疹、血清病、过敏性皮炎、脂溢性皮炎、蹄叶炎、风湿热、类风湿性关节炎和其他化脓性炎症等。局部或全身给药,能迅速缓解和消除症状,对伴有急性水肿和血管通透性增加的疾病,疗效更明显,但不能根治。

（4）抗休克

对治疗各种休克都有较好疗效,以早期、大量、短时用药为好。对感染中毒性休克必须配合有效的抗生素。

（5）代谢性疾病

对牛的醋酮血症或羊的妊娠毒血症等代谢性疾病有显著疗效,可升高血糖,使酮体下降。

糖皮质激素长期应用或使用不当,常会产生不良反应:

①使用糖皮质激素后,由于机体防御能力降低,突然停药易发生继发感染,或使潜在性病灶扩散。因此,应用于感染性疾病时,应合并使用有效抗生素。

②糖皮质激素有留钠排钾作用,长期使用易出现水肿和低血钾症,加快蛋白质异化和钙、磷排泄作用,易引起家畜出现肌肉萎缩无力、骨质疏松、幼畜生长抑制,应适时停药或给予必要的治疗。骨软症、骨折治疗期均不得使用糖皮质激素。

③长期使用糖皮质激素时,能引起皮质激素分泌减少,导致肾上腺皮质机能减退。突然

停药时,由于体内皮质激素不足,易引起停药症状,可出现比治疗前更为严重的病症(称"反跳")。因此,在长期用药后,必须逐渐减量,缓慢停药,或在治愈后使用一段时间的促皮质激素,以促进肾上腺皮质功能的恢复。

④糖皮质激素对机体全身各个系统均有影响,能抑制变态反应,用药期间可影响疫苗接种、结核菌素、鼻疽菌素点眼和其他免疫学实验诊断。对原因不明的传染病、糖尿病、妊娠期等不宜使用。

以下分别介绍几种临床上常用的糖皮质激素。

氢化可的松

[理化性质]又名氢可的松、可的索、皮质醇。本品为天然的糖皮质激素,为白色或近乎白色的结晶性粉末,无臭,初无味,随后有持续的苦味;遇光渐变质;略溶于酒精或丙酮中,微溶于氯仿中,不溶于水和乙醚。

[药动学]本品肌内注射吸收少,在体内作用很弱,一般多采用静脉注射,作用时间少于12 h。

[作用与应用]本品极难溶解于液体,主要治疗严重的中毒性感染或其他危险病症,但疗效不是很显著,水肿等副作用较多见,局部应用有较好疗效,故常用于乳腺炎、眼科炎症、皮肤过敏性炎症、关节炎和腱鞘炎等。

[制剂与用法用量]氢化可的松注射液,10 mg:2 mL、25 mg:5 mL、100 mg:20 mL。静脉注射,1次量,每千克体重:牛、马0.2~0.5 g;羊、猪0.02~0.08 g;犬0.005~0.02 g,1次/d。关节腔内注入,1次量,每千克体重:牛、马0.05~0.1 g。1次/d。

泼尼松

[理化性质]又名强的松、去氢可的松。本品为人工合成品,其醋酸盐为白色或近白色结晶性粉末,无臭,味苦;不溶于水,微溶于酒精,易溶于氯仿。

[作用与应用]本品具有较强的抗炎及抗过敏作用,是天然氢化可的松的4~5倍。水、钠潴留的副作用较轻。其抗炎作用常被用于某些皮肤炎症和眼科炎症,如角膜炎、结膜炎、巩膜炎、神经性皮炎、湿疹等。但局部应用并不比天然激素好。肌内注射可治疗牛酮血症,给药后作用时间为12~36 h。

[制剂与用法用量]

(1)醋酸泼尼松片,5 mg/片。内服,1次量,每千克体重:牛、马100~300 mg;羊、猪首次量20~40 mg,维持量5~10 mg;犬0.5~2 mg。

(2)醋酸泼尼松软膏、醋酸泼尼松眼膏:皮肤涂搽或0.5%点眼,适量。

[注意事项]角膜溃疡禁用。

地塞米松

[理化性质]又名氟美松。本品为人工合成品,常用其醋酸盐和磷酸盐。本品的磷酸钠盐为白色或微黄色粉末,无臭,味微苦;有吸湿性;在水或甲醇中溶解,几乎不溶于丙酮和乙醚。

[**药动学**]本品给药后,数分钟出现药效作用,维持 48 ~ 72 h。

[**作用与应用**]本品抗炎作用比氢化可的松强 25 ~ 30 倍,抗过敏作用较强,而水、钠潴留的副作用很小,但易引起孕畜早产。本品能增加钙从粪中排出,可引起负钙平衡,还对牛的同步分娩有较好作用。应用同其他糖皮质激素。

[**制剂与用法用量**]地塞米松磷酸钠注射液,1 mg:1 mL、2 mg:1 mL、5 mg:1 mL。地塞米松片,0.75 mg/片。肌内或静脉注射,1 次量:牛 5 ~ 20 mg;马 2.5 ~ 5 mg;羊、猪 4 ~ 12 mg;犬、猫 0.125 ~ 1 mg。关节腔内注射,1 次量:牛、马 2 ~ 10 mg。乳房内注射,1 次量,每乳室 10 mg。内服,1 次量,马、牛 5 ~ 20 mg,犬、猫 0.5 ~ 2 mg。

倍他米松

[**理化性质**]本品为人工合成品,为地塞米松的同分异构体,为白色或类白色结晶性粉末,无臭,味苦;略溶于酒精,微溶于二氧六环,几乎不溶于水或氯仿。

[**作用与应用**]本品抗炎作用及糖原异生作用比地塞米松强,钠潴留作用比地塞米松小。应用同地塞米松,也可用于母畜的同步分娩。

[**制剂与用法用量**]倍他米松片,0.5 mg/片。内服,1 次量:犬、猫 0.25 ~ 1 mg。

泼尼松龙

[**理化性质**]又名氢化泼尼松、强的松龙。本品为人工合成品,呈白色或类白色结晶性粉末,无臭,味苦;几乎不溶于水,在酒精或氯仿中微溶。

[**作用与应用**]本品作用与泼尼松相似,可静脉注射、肌内注射、乳管内注入和关节腔内注入等。给药后在体内作用时间维持 12 ~ 36 h。内服的疗效不理想。

[**制剂与用法用量**]醋酸氢化泼尼松注射液,静脉注射或静脉滴注、肌内注射,1 次量:牛、马 50 ~ 150 mg;羊、猪 10 ~ 20 mg。严重病例可酌情增加剂量。关节腔内注射,牛、马 20 ~ 80 mg,1 次/d。

曲安西龙

[**理化性质**]又名去炎松、氟羟氢化泼尼松。本品为人工合成品,呈白色或近白色结晶性粉末,无臭,味苦;微溶于水,稍溶于酒精、氯仿、乙醚等。

[**作用与应用**]本品内服易吸收,抗炎作用比氢化可的松强 5 倍,比泼尼松强,钠潴留作用很轻微,适用于类风湿性关节炎、支气管炎哮喘、过敏性皮炎、神经性皮炎、湿疹及其他结缔组织疾病等。

[**制剂与用法用量**]

(1)去炎松片,1 mg/片、2 mg/片、4 mg/片。内服,1 次量:犬 0.125 ~ 1 mg;猫 0.125 ~ 0.25 mg,2 次/d,连服 7 d。

(2)醋酸去炎松混悬液,125 mg:5 mL、200 mg:5 mL。肌内和皮下注射,1 次量:牛 2.5 ~ 10 mg;马 12 ~ 20 mg;犬、猫 0.1 ~ 0.2 mg。关节腔内或滑膜腔内注射,1 次量,每千克体重:牛、马 6 ~ 18 mg;犬、猫 1 ~ 3 mg。必要时 3 ~ 4 d 后再注射 1 次。

醋酸氟轻松

[**理化性质**]又名肤轻松。本品为人工合成品,是白色结晶性粉末,无臭;不溶于水,易溶于乙醇,常用其醋酸酯。

[**作用与应用**]本品是外用糖皮质激素中疗效最理想而副作用最小的品种,显效迅速,止痒效果好,很低浓度(0.025%)即有明显疗效。本品适用于湿疹、神经性皮炎、皮肤瘙痒、皮肤过敏及其他皮炎等。

[**制剂与用法用量**]氟轻松软膏:2.5 mg/10 g,5 mg/20 g。外用适量,3~4 次/d。

✳课后笔记

项目3　糖皮质激素 —— 氢化可的松、泼尼松、地塞米松、倍他米松、泼尼松龙、曲安西龙、醋酸氟轻松等

项目4 解热镇痛抗炎药

　　解热镇痛抗炎药是具有解热、镇痛作用,多数还有抗炎、抗风湿作用的药物。解热镇痛抗炎药能抑制体内前列腺素的合成,选择性地作用于动物体温调节中枢,降低发热动物的体温,而对正常体温几乎无影响。前列腺素既是使体温升高的致热原,又是一种炎症介质,具有使动物痛觉增敏,以及使局部炎症产生红、肿、热、痛等一系列反应的作用。解热镇痛抗炎药的机理是抑制前列腺素的合成,故既能使动物的体温恢复正常,又能达到消炎镇痛的目的。

学习情境1　苯胺类

　　本类药物为苯胺的衍生物,包括乙酰苯胺、非那西汀、扑热息痛等。因乙酰苯胺毒性大,兽医临床不再使用。

非那西汀

　　[理化性质]又名对乙酰氨基苯乙醚。本品为人工合成品,呈白色鳞状结晶,无臭,无味;不溶于水,难溶于热水。

　　[药动学]本品内服易吸收,服后20~30 min出现药效,持续5~6 h,不易进入脑脊液,主要在肝脏代谢。

　　[作用与应用]本品抑制丘脑下部前列腺素的合成与释放的作用很强,而对外周作用差,故解热作用强,镇痛抗炎作用弱。原形及其代谢物扑热息痛均有解热效果,药效强度与阿司匹林相当,作用缓慢而持久。本品主要用作解热药,不用于消炎、抗风湿等。

　　[制剂与用法用量]非那西汀片内服,1次量:牛、马10~20 g;猪1~2 g;羊1~4 g;犬0.1~1 g。

　　[注意事项]大剂量或长期反复使用,可引起高铁血红蛋白血症,出现组织缺氧、发绀。猫及肾、肝功能损害的家畜禁用。

扑热息痛

[理化性质]又名对乙酰氨基酚、醋氨酚。本品是苯胺的衍生物,人工合成品,为白色或淡白色结晶粉末,无臭,味微苦;在热水或酒精中易溶,在水中微溶。

[药动学]本品内服易吸收,0.5~1 h达血药高峰浓度,体内经肝脏代谢,从肾脏排出,半衰期为1~3 h。

[作用与应用]本品具有较强而持久的解热作用,副作用小,镇痛消炎作用弱,无抗风湿作用,临床上常作为中、小动物的解热镇痛药。

[制剂与用法用量]

(1)对乙酰氨基酚片,0.15 g/片、0.3 g/片、0.5 g/片。内服,1次量:牛、马10~20 g;羊1~4 g;猪1~2 g;犬0.1~1 g。

(2)对乙酰氨基酚注射液,1 mL∶75 mg、2 mL∶250 mg肌内注射,1次量:牛、马5~10 g;羊0.5~2 g;猪0.5~1 g;犬0.1~0.5 g。

[注意事项]同非那西汀。

学习情境2 吡唑酮类

吡唑酮类常用药物都是安替比林的衍生物,有氨基比林、安乃近、保泰松、羟基保泰松等,均有解热、镇痛、消炎、抗风湿的作用。其中氨基比林和安乃近解热作用强,保泰松消炎效果好。

氨基比林

[理化性质]又名匹拉米洞。本品为白色结晶性粉末,无臭,味微苦;遇光渐变质;溶于水,水溶液呈碱性。氨基比林注射液10 mL∶0.2 g、20 mL∶0.2 g皮下或肌内注射,1次量:牛、马0.6~1.2 g;猪、羊0.05~0.2 g。

[药动学]本品内服吸收迅速,很快达到血药高峰浓度,半衰期为1~4 h。

[作用与应用]本品与巴比妥类合用能增强镇痛效果,有利于缓和疼痛症状,常用于治疗肌肉痛、神经痛和关节痛,对马、骡疝痛,以及发热病畜和急性风湿性关节炎也有一定的疗效,但镇痛效果弱。

[制剂与用法用量]

(1)氨基比林片0.5 g/片,复方氨基比林注射液,2 mL/支、5 mL/支、10 mL/支。内服,1次量:牛、马8~20 g;羊、猪2~5 g;犬0.13~0.4 g。皮下、肌内注射,1次量:牛、马0.6~1.2 g;羊、猪50~200 mg;兔5~10 mg。

(2)安痛定注射液,由5%氨基比林、2%安替比林、0.9%巴比妥制成的灭菌水溶液,为无色或带极微黄色的澄明溶液,2 mL、5 mL、10 mL。皮下、肌内注射:牛、马0.6~1.2 g;羊、猪50~200 mg。

[注意事项]长期连续使用,易致白细胞减少症。

安乃近

[理化性质]又名罗瓦尔精、诺瓦精。本品为氨基比林与亚硫酸钠结合而成的化合物,为白色或黄色结晶性粉末,无臭,味微苦;易溶于水,溶液久置逐渐变黄,虽不影响药效,但增强了刺激性;略溶于酒精,不溶于乙醚;应遮光、密闭保存。

[药动学]本品肌内注射吸收迅速,10~20 min出现药效,作用可持续3~4 h。

[作用与应用]安乃近解热作用较显著、镇痛效果强而快,有抗炎和抗风湿作用,在制止腹痛时不影响肠蠕动,常作为止痛药用于肠痉挛、肠臌气、关节疼、肌肉疼及神经痛等。

[制剂与用法用量]

(1)安乃近片,0.25 g/片、0.5 g/片。内服,1次量:牛、马4~12 g;羊、猪2~5 g;犬0.5~1 g。

(2)安乃近注射液,1 mL:0.25 g、2 mL:0.5 g、5 mL:1.5 g、10 mL:3 g。肌内注射,1次量:牛、马3~10 g;猪1~3 g;羊1~2 g;犬0.3~0.6 g。静脉注射,1次量,每千克体重:牛、马3~6 g。

[注意事项]长期使用本品可引起颗粒性白细胞减少,还有抑制凝血酶原形成、加重出血的倾向,剂量过大易导致大汗产生虚脱,应慎用。

保泰松

[理化性质]又名布他酮、布他唑丁。本品为白色或微黄色结晶性粉末,味微苦;难溶于水,能溶于酒精和乙醚,易溶于碱及氯仿中;性质比较稳定。

[药动学]本品口服吸收迅速而完全,血药高峰浓度为2 h,肌内注射吸收缓慢,血药高峰浓度可达6~10 h。

[作用与应用]保泰松具有较强的消炎抗风湿作用,解热作用较差,因毒性较大,一般不作解热镇痛药用,临床主要用于风湿病、关节炎、腱鞘炎、黏液囊炎及睾丸炎等。在治疗风湿病时,必须连续应用,直至病情好转为止。

[制剂与用法用量]保泰松片,0.1 g/片。内服,1次量,每千克体重:马22 mg,首量加倍;羊、猪33 mg;犬20 mg;2次/d,3 d后用量酌减。

[注意事项]犬、猫对保泰松敏感,应慎用。患畜有胃肠溃疡,心、肝、肾疾病及食用生产动物、泌乳奶牛等禁用。

学习情境3　水杨酸类

水杨酸类是苯甲酸类的衍生物,有水杨酸、水杨酸钠和乙酰水杨酸等。水杨酸由于刺激性大,不适宜内服,只供外用,有抗真菌和溶解角质的作用。水杨酸钠和乙酰水杨酸内服有解热镇痛、消炎、抗风湿作用。

水杨酸钠

[理化性质]又名柳酸钠。本品为无色或微带淡红色的细微结晶或鳞片,或白色结晶性粉末;易氧化,在空气中可逐渐变黄色,红棕色,甚至深棕色,应遮光、密闭保存。

[药动学]本品内服易吸收,一般1~2 h达到最高浓度,均匀分布于各组织中,主要在肝脏中代谢。

[作用与应用]水杨酸钠具有较强的消炎、抗风湿作用,但解热、镇痛效果差,一般不作解热镇痛药用。本品主要用于治疗急性风湿症,如关节炎、关节疼痛、肿胀的治疗。

[制剂与用法用量]

(1)水杨酸钠片,0.3 g/片,0.5 g/片。内服,1次量:牛15~75 g;马10~50 g;羊、猪2~5 g;犬0.2~2 g;鸡0.1~0.12 g。

(2)水杨酸钠注射液,为10%水杨酸钠的灭菌水溶液,无色透明或微黄色澄明溶液,10 mL:1 g。静脉注射,1次量:牛、马10~30 g;羊、猪2~5 g,犬0.1~0.5 g。

[注意事项]水杨酸钠内服对胃有刺激性,使用时应与淀粉同服或经稀释后灌服。静脉注射要缓慢,且不可漏于血管外。长期大剂量使用易引起出血。

阿司匹林

[理化性质]又名乙酰水杨酸、醋柳酸。本品为白色结晶或结晶性粉末,无臭或略带醋酸臭,味微酸;微溶于水,易溶于酒精,能溶解于氯仿或乙醚;应在干燥处密封保存。

[药动学]本品内服后30~45 min显效,经2~3 h达高峰,广泛分布于各组织,在肝脏代谢,主要以代谢物形式随尿排出,很少部分以水杨酸形式排出,维持时间4~6 h。

[作用与应用]阿司匹林是水杨酸的衍生物,解热、镇痛效果好,消炎、抗风湿作用强,还有促进尿酸排泄及抑制炎性渗出作用。本品常用于多种原因引起的高热、感冒、关节痛、风湿痛、神经肌肉痛、痛风症和软组织炎症等,对急性风湿症疗效迅速、确实,但只能缓解症状,不易根治。目前对人的治疗已用于防止血栓形成、术后心肌梗塞等症。

[制剂与用法用量]阿司匹林片,0.3 g/片、0.5 g/片。内服:牛、马15~30 g;羊、猪1~3 g;犬0.2~1 g。

[注意事项]本品对猫有严重的毒性反应,不宜用于猫。本品长期使用易引起消化道出

血,故不宜空腹投药,可用维生素 K 治疗。长期使用易引发胃肠溃疡。胃炎、胃溃疡、胃出血、肾功能不全患畜慎用。

学习情境4　其他类

吲哚美辛

[**理化性质**]又名消炎痛。本品为人工合成的吲哚衍生物,呈白色或微黄色结晶性粉末,几乎无臭,无味;溶于丙酮,略溶于甲醇、酒精、氯仿和乙醚,不溶于水。

[**药动学**]本品单胃动物内服吸收迅速而完全,血药高峰时为 $1.5 \sim 2$ h,血浆蛋白结合率达 90%,一部分经肝代谢,排泄快,主要随尿排泄,少量经胆汁排出。

[**作用与应用**]本品具有消炎、解热、镇痛和肌肉松弛作用,其中抗炎最强,比保泰松强84 倍,比氢化可的松也强,与这些药物合用,可减少它们的用量及副作用。本品解热、镇痛效果较差,但对炎性疼痛的效果比保泰松、安乃近和水杨酸钠强,对痛风性关节炎和骨关节炎的效果最强,能有效地减轻症状,主要用于慢性风湿性关节炎、神经痛、腱炎、腱鞘炎及肌肉损伤等。

[**制剂与用法用量**]消炎痛片,25 mg/片。内服,1 次量,每千克体重:牛、马 1 mg;羊、猪2 mg。

[**注意事项**]本品能引起犬、猫恶心,腹痛,下痢等,有时还会引起溃疡,可致肝和造血功能损害。肾病及胃肠溃疡患畜慎用。

苄达明

[**理化性质**]又名炎痛静、消炎灵。本品为白色结晶性粉末,无臭,味辛辣;易溶于水、酒精或氯仿。

[**作用与应用**]本品具有解热、消炎、镇痛作用,对炎性疼痛的镇痛效果强于吲哚美辛,抗炎效果与保泰松相似或稍强,对急性炎症、外伤和术后炎症的效果明显。本品主要用于手术伤、外伤和风湿性关节炎等炎性疼痛。

[**制剂与用法用量**]炎痛静片,25 mg/片。内服,1 次量,每千克体重:牛、马 1 mg;羊、猪2 mg。

[**注意事项**]本品主要有食欲不振、恶心、呕吐等副作用。

萘洛芬

[**理化性质**]又名萘普生、消痛灵、甲氧萘丙酸。本品为白色或类白色结晶性粉末,无臭;溶于甲醇、酒精或氯仿,略溶于乙醚,水溶解度与 pH 有关,pH 高时易溶,pH 低时不溶。

[药动学]本品内服吸收完全,2~4 h 达血药高峰浓度,在血中99%以上与血浆蛋白结合,约95%随尿液以原形及代谢产物排出,半衰期为46 h,药效在5~7 h后出现。

[作用与应用]本品具有镇痛、消炎或解热作用,抗炎作用比保泰松强11倍,镇痛作用为阿司匹林的7倍,解热作用是阿司匹林的22倍,临床用于解除肌炎和软组织炎症的疼痛及跛行、风湿、痛风和关节炎。狗对本品敏感,可见出血或胃肠道毒性。

[制剂与用法用量]

(1)萘洛芬片,250 mg/片。内服,1次量,每千克体重:马5~10 mg;犬2~5 mg。首量加倍。

(2)萘普生注射液,0.1 g∶2 mL、0.2 g∶2 mL。静脉注射,1次量,每千克体重:马5 mg。

布洛芬

[理化性质]又名异丁苯丙酸、芬必得、拨怒风、异丁洛芬。本品为白色结晶性粉末,稍有特异臭,几乎无味;易溶于酒精、乙醚、丙酮、氯仿,在水中几乎不溶,易溶于氢氧化碱或碳酸碱溶液中。

[药动学]本品犬内服吸收迅速,0.5~3 h 达血药高峰浓度,半衰期为4~6 h。

[作用与应用]本品解热、镇痛、抗炎作用比阿司匹林、保泰松强,镇痛作用比阿司匹林弱,但毒副作用比阿司匹林小。本品主要用于狗的肌肉、骨骼系统功能障碍伴发的炎症、疼痛及风湿性关节炎等。使用后2~6 h犬可见呕吐,2~6周可见胃肠受损。

[制剂与用法用量]布洛芬片,0.2 g/片。内服,1次量,每千克体重:犬10 mg。

酮洛芬

[理化性质]又名优洛芬。本品为白色结晶性粉末,无臭,无味;极易溶于甲醇,几乎不溶于水。

[药动学]本品内服后吸收迅速,1 h 达血药高峰浓度,在血中与血浆蛋白结合力强,半衰期为0.6~1.9 h,在24 h内随尿液排出30%~90%,主要以葡萄糖醛酸结合物形式排出。

[作用与应用]本品为芳基烷酸类化合物,具有强大的抗炎、镇痛、解热作用。治疗风湿性关节炎,本品比阿司匹林、萘普生、布洛芬、双氯芬酸和炎痛喜康等作用强,副作用小,毒性低,镇痛是消炎痛的34倍,解热是消炎痛的28倍,消炎为消炎痛的2.5~6倍。对于术后疼痛,镇痛比哌替啶有效,并比与扑热息痛可待因合用的药效长。与保泰松相比,本品毒副作用极低。在兽医上,目前本品主要用于马和犬的风湿性关节炎、痛风、外伤及手术后抗炎镇痛。

[制剂与用法用量]酮洛芬丸,50 mg/丸;酮洛芬注射剂。马静脉注射,1次量,每千克体重:2.2 g,1次/d,连用5 d,用药后2 d内生效,12 d效果明显。

甲芬那酸

[理化性质]又名扑湿痛。本品为白色或类白色结晶粉末,味初淡而后微苦;不溶于水,略溶于酒精;久露于光则色变暗。

[作用与应用]本品具有镇痛、消炎和解热作用。镇痛、抗炎效果好,比阿司匹林强2.5

倍和 5 倍,比氨基比林强 4 倍,但不如保泰松,解热作用较持久。本品用于治疗犬运动系统慢性炎症及马急慢性炎症,如关节炎、跛行等。

[制剂与用法用量]甲芬那酸片,0.25 g/片。内服,1 次量,每千克体重:马 22 mg;犬 11 mg。

[注意事项]长期服用可表现嗜睡、恶心、腹泻、皮疹等,哮喘患者慎用。

甲氯芬酸

[理化性质]又名抗炎酸、甲氯灭酸。本品为无色结晶粉末;可溶于水,水溶液呈碱性,常用其钠盐。

[药动学]本品反刍动物内服后,在 0.5 h 达血药高峰浓度。用药曲线呈双峰现象,马内服后 0.5~4 h 达血药高峰浓度。

[作用与应用]本品消炎效果强于阿司匹林、氨基比林、保泰松和吲哚美辛,镇痛效果与阿司匹林相似,但不及氨基比林,用于治疗运动系统障碍,如风湿性、类风湿性关节炎。本品对胃肠道副作用小。

[制剂与用法用量]

(1)甲氯芬酸片,0.25 g/片。内服,1 次量,每千克体重:马 22 mg;犬 11 mg;奶牛 10 mg。

(2)甲氯芬酸注射液。肌内注射,1 次量,每千克体重:奶牛 20 mg。真胃注射,1 次量,每千克体重:奶牛 10 mg。

氟尼辛葡甲胺

[理化性质]本品为白色或类白色结晶性粉末,溶于水。

[作用与应用]本品具有解热、镇痛、抗炎和抗风湿作用,临床主要用于治疗动物的发热性、炎性疾病,肌肉痛和软组织疼痛等,如犬的发热、败血症等。

[制剂与用法用量]

(1)氟尼辛葡甲胺颗粒。内服,1 次量:每千克体重,犬、猫 2 mg,2 次/d,连用不超过 5 d。

(2)氟尼辛葡甲胺注射液。肌内、静脉注射,1 次量:每千克体重,牛、猪 2 mg,犬、猫 1~2 mg。2 次/d,连用不超过 5 d。

[应用注意]马、牛不易肌内注射,易引起局部炎症;大剂量或长期使用,马可发生胃肠溃疡;不得与抗炎性镇痛药、非甾体类抗炎药合用,否则毒副作用增大。

赛拉嗪

[理化性质]又名隆朋、甲苯噻嗪。本品为白色或类白色结晶性粉末,味微苦;不溶于水,溶于有机溶剂、药用盐酸盐。

[药动学]本品肌内注射或皮下注射吸收快,一般 1~5 min 起效,10~30 min 达血药高峰浓度,半衰期为 1~2 h。

[作用与应用]本品具有镇静、镇痛和中枢性肌肉松弛作用,可使心脏传导抑制,心率心搏出量减弱,降低心肌含氧量,对呼吸系统有抑制作用,使体温降低,能直接兴奋犬、猫的呕

吐中枢,导致呕吐,故可作犬、猫的催吐药。本品可作为牛、马、羊、犬、猫及鹿等野生动物的镇静与镇痛药,也可用于长途运输、去角、锯茸、去势、剖腹术、穿鼻术、子宫复位等复合麻醉及化学保定。

[制剂与用法用量]盐酸赛拉嗪注射液。肌内注射,1 次量,每千克体重:牛 0.1～0.3 mg;马 1～2 mg;羊 0.1～0.2 mg;犬、猫 1～2 mg;鹿 0.1～0.3 mg。

[注意事项]马静脉注射速度宜慢,给药前可先注射小剂量阿托品(100 kg 体重 1 mg),以防心脏传导阻滞。牛用本品前应停食数小时,注射阿托品,手术时应取伏卧姿势,并将头放低,以防异物性肺炎及减轻瘤胃气胀压迫心肺,中毒时,可用阿托品解救。本品可导致心率及血压失常;易引起牛呼吸抑制,对家畜妊娠后期不宜应用;能降低血清中 γ 球蛋白,免疫系统受到影响而使免疫功能减弱。

赛拉唑

[理化性质]又名静松灵、二甲苯胺噻唑。本品为白色结晶性粉末,味微苦;可溶于氯仿、酒精、乙醚和丙酮中,不溶于水,可与稀盐酸制成溶于水的二甲苯胺噻唑盐酸盐注射液。

[药动学]本品静脉注射后 1 min、肌内注射后 10～15 min 呈现良好的镇静和镇痛作用,但种属差异较大,无蓄积作用。

[作用与应用]本品为保定药,作用基本与赛拉嗪相似,具有镇静、镇痛与中枢性肌肉松弛作用。其作用强度和持续时间取决于给药剂量,剂量大则作用强,维持时间长,呈麻醉作用;小剂量起镇静效果,用药后很快安静,表现精神沉郁,嗜睡,头颈下垂,阴茎脱出,站立不稳,头颈、躯干、四肢皮肤痛觉迟钝或消失,约 30 min 开始缓解,1 h 完全恢复。牛最敏感,用药后呈睡眠状态。猪、兔及野生动物敏感性差。治疗剂量范围内,易使唾液分泌增加、汗液增多。一些动物表现呼吸减慢、血压微降,可逐渐恢复。应用同赛拉嗪,用于家畜及野生动物的镇痛、镇静、化学保定和复合麻醉等。应用注意事项同赛拉嗪。

[制剂与用法用量]盐酸赛拉唑注射液,0.1 g∶5 mL,0.2 g∶10 mL。肌内注射,1 次量,每千克体重:黄牛、牦牛 0.2～0.6 mg;水牛 0.4～1 mg;马、骡 0.5～1.2 mg;羊 1～3 mg;鹿 2～5 mg。

柴胡

[理化性质]本品为伞形科植物狭叶柴胡的干燥根或全草;柴胡含有挥发油、柴胡皂苷、脂肪油、柴胡醇等;茎叶中还含有芸香苷。

[药动学]本品内服或肌内注射吸收迅速,1～1.5 h 达血药高峰浓度。

[作用与应用]本品具有镇痛、镇静、镇咳、抗炎及降低血液中胆固醇的作用,常用于感冒及上呼吸道感染等的治疗。

[制剂与用法用量]柴胡注射液,每 1 mL 相当于生药 1 g。肌内注射,1 次量,每千克体重:牛、马 20～40 g;羊、猪 5～10 g。内服,1 次量,每千克体重:牛、马 15～45 g;羊、猪 10～20 g。

✳课后笔记

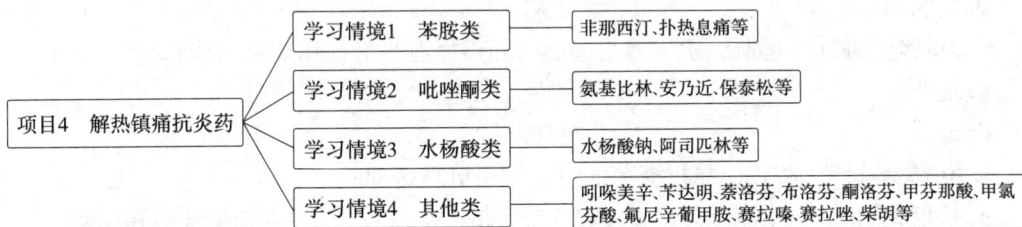

🔍思考题

1.简述解热镇痛药物的作用机理。

2.前列腺素与炎症有什么关系？

3.抗组胺药的作用机理有哪些？

4.猫不能使用哪些解热镇痛抗炎药？

5.临床中常用的代表性抗组胺药物、解热镇痛药物、消炎药物有哪些？它们有什么用途？

📖模块病例导入

重庆市万州区李某家1岁波斯公猫,体重2 kg,因鱼刺卡喉,咽喉肿痛、发烧、呕吐、不爱吃食,畜主给猫口服半片扑热息痛250 mg,1 h后患猫出现流口水、呕吐、舌头发紫、呼吸困难,随后将其送到重庆三峡职业学院动物医院就诊。经临床检查:体温39 ℃,脉搏112次/min,呼吸45次/min,白细胞总数为9 000/mm³,红细胞为30万/mm³,血红蛋白12 g/100 mL。根据病史情况、临床检查和血液学变化,初步诊断为扑热息痛中毒。

请问可以采取哪些治疗措施？

🔨直击执业兽医师

1.2017年真题　氟尼新葡甲胺的药理作用不包括(　　　)。

A.解热　　　　　　　　B.镇静　　　　　　　　C.抗炎

D.镇痛　　　　　　　　E.抗风湿

2.2011年真题　动物专用的解热镇痛抗炎药是(　　　)。

A.安乃近　　　　　　　B.萘普生　　　　　　　C.阿司匹林

D.氨基比林　　　　　　E.氟尼新葡甲胺

3.2012年真题　属于盐皮质激素的是(　　　)。

A.降钙素　　　　　　　B.抗利尿激素　　　　　C.醛固酮

D.皮质醇　　　　　　　E.肾上腺素

4.2019年真题　猫禁用的解热镇痛抗炎药物是(　　　)。

A.安乃近　　　　　　　B.萘普生　　　　　　　C.安替比林

D.对乙酰氨基酚　　　　E.氟尼新葡甲胺

5. 2019 年真题　马来酸氯苯那敏抗过敏作用的机理是（　　　）。

A. 激动 H1 受体　　　　　　B. 阻断 H1 受体　　　　　C. 激动 H2 受体

D. 阻断 H2 受体　　　　　　E. 激动 N1 受体

6. 2017 年真题　对创伤、手术等引起的剧烈疼痛有良好镇痛效果的药物是（　　　）。

A. 地西洋　　　　　　　　　B. 氯丙嗪　　　　　　　　C. 安乃近

D. 杜冷丁　　　　　　　　　E. 扑热息痛

7. 2016 年真题　解热镇痛抗炎药的抗炎作用机理是抑制（　　　）。

A. 环氧化酶　　　　　　　　B. 磷酸二酯酶　　　　　　C. 葡萄糖苷酸转移酶

D. 胆碱酯酶　　　　　　　　E. 二氢叶酸还原酶

8. 2009 年真题　不属于糖皮质激素类药物的是（　　　）。

A. 地塞米松　　　　　　　　B. 可的松　　　　　　　　C. 泼尼松

D. 氟轻松　　　　　　　　　E. 保泰松

2009 年真题　（9—10 题共用备选答案）

A. 氨茶碱　　　　　　　　　B. 尼可刹米　　　　　　　C. 地塞米松

D. 氟尼新葡甲胺　　　　　　E. 氟轻松

9. 犬，2 岁，发生不明原因高热，选用的对症治疗药物是（　　　）。

10. 奶牛，3 岁，产后 1 周食欲减退，便秘，迅速消瘦，产奶量下降，乳中血酮含量显著升高，应选用的治疗药物是（　　　）。

11. 2018 年真题　安乃近的主要不良反应是（　　　）。

A. 组织缺氧　　　　　　　　B. 贫血　　　　　　　　　C. 胃肠溃疡

D. 黄疸　　　　　　　　　　E. 粒细胞减少

12. 2018 年真题　某牛场 10% 的牛发生羞明、流泪、痉挛，有浆液性或脓性分泌物，角膜混浊，血管增生，有的病牛出现角膜溃疡，体温 40.5～41.5 ℃，精神沉郁，食欲不振。

（1）治疗该病不宜使用的药物是（　　　）。

A. 金霉素眼膏　　　　　　　B. 四环素眼膏　　　　　　C. 氧氟沙星滴眼液

D. 醋酸氢化可的松滴眼液　　E. 硫酸新霉素滴眼液

（2）临床上治疗该病的首选药物是（　　　）。

A. 马绒毛膜促性腺激素　　　B. 人绒毛膜促性腺激素　　C. 孕酮

D. 前列腺素　　　　　　　　E. 苯丙酸诺龙

13. 2015 年真题　具有较强解热作用的药物是（　　　）。

A. 地塞米松　　　　　　　　B. 可的松　　　　　　　　C. 保泰松

D. 氢化可的松　　　　　　　E. 地塞米松

14. 2015 年真题　治疗急性风湿病时，除应用解热镇痛药外，首选的抗菌药是（　　　）。

A. 链霉素　　　　　　　　　B. 青霉素　　　　　　　　C. 甲硝唑

D. 利福平　　　　　　　　　E. 卡那霉素

15. 2016 年真题　地塞米松的药理作用不包括（　　　）。

A. 抗毒素　　　　　　　　　B. 抗菌　　　　　　　　　C. 抗过敏

D. 抗休克　　　　　　　　　E. 抗炎

模块 7

解毒药

【学习目标】

  1. 了解药物中毒的一般处理原则。

  2. 了解有机磷、亚硝酸盐、氰化物、金属及类金属中毒的毒理。

  3. 了解其他毒物中毒与解毒药。

  4. 理解特效解毒药的解毒机理,掌握有机磷中毒的解毒机理。

  5. 掌握常用特效解毒药的作用、应用及临床注意事项。

【学习要求】

  1. 了解特异性解毒药与非特异性解毒药所包含的内容。

  2. 了解特异性解毒药的解毒机理、作用及临床注意事项。

  3. 掌握动物有机磷中毒、氰化物中毒、重金属中毒等的解救方法。

【资讯问题】

  1. 非特异性解毒药有哪些?

  2. 简述有机磷中毒的中毒机理与解救方法。

  3. 简述重金属中毒的解救方法。

  4. 简述亚硝酸盐中毒的解救方法。

  5. 简述蛇毒的解救方法。

项目1　非特异性解毒药

　　非特异性解毒药又称一般解毒药,其解毒范围广,但作用无特异性,解毒效果较低,仅在毒物产生毒性作用之前,通过破坏毒物、促进毒物排出、稀释毒物浓度、保护胃肠黏膜、阻止毒物吸收等方式,保护机体免遭毒物进一步损害,赢得抢救时间,在实践中具有重要意义。对于常用的非特异性解毒药,本项目主要叙述其分类,药物的理化性质、作用与应用、注意事项、制剂、用法与用量见有关章节。

学习情境1　物理性解毒药

1. 吸附剂

　　吸附剂可使毒物附着于其表面或孔隙中,以减少或延缓毒物的吸收,起到解毒的作用。吸附剂不受剂量的限制,任何经口进入畜体的毒物中毒都可以使用。使用吸附剂的同时配合使用泻剂或催吐剂。常用的吸附剂有药用炭、木炭末、通用解毒剂(药用炭50%、氧化镁25%和鞣酸25%混合后给中等动物每次服20~30 g,大动物100~150 g),其中药用炭最为常用。

2. 催吐剂

　　催吐剂一般用于中毒初期,使动物发生呕吐,促进毒物排出,只适用于猪、猫和犬等。常用的催吐剂有硫酸铜、吐根末、吐酒石等。

3. 泻药

　　泻药一般用于中毒的中期,促进胃肠道内毒物的排出,以避免或减少毒物的吸收。一般应用盐类泻药,但升汞中毒时不能用盐类泻药。在巴比妥类、阿片类、颠茄中毒时,可使肠蠕动受抑制,因而增加镁离子的吸收,尤其是肾功能不全的动物,能加深中枢神经及呼吸机能的抑制,不能用硫酸镁泻下,尽可能用硫酸钠。对发生严重腹泻或脱水的动物应慎用或不用泻药。

4. 其他

大部分毒物吸收后主要经肾脏排泄,因此可应用利尿剂促进毒物的排出,或通过静脉输入生理盐水、葡萄糖等,以稀释血液中毒物浓度,减轻毒性作用。

学习情境 2　化学性解毒药

1. 氧化剂

氧化剂与毒物间的氧化反应可破坏毒物,使毒物毒性降低或丧失。氧化剂可用于生物碱类药物、氰化物、无机磷、巴比妥类、阿片类、士的宁、砷化物、一氧化碳、烟碱、毒扁豆碱、蛇毒、棉酚等的解毒,但有机磷毒物如 1605、1059、3911、乐果等的中毒绝不能使用氧化剂解毒。常用的氧化剂有高锰酸钾、过氧化氢等。

2. 中和剂

中和剂利用弱酸弱碱类与强碱强酸类毒物间发生中和作用,使毒物失去毒性。常用的弱酸解毒剂有食醋、酸奶、稀盐酸、稀醋酸等。常用的弱碱解毒剂有氧化镁、石灰水上清液、小苏打水、肥皂水等。

3. 还原剂

维生素 C 的解毒作用与其参与某些代谢过程、保护含巯基的酶、促进抗体生成、增强肝脏解毒能力和改善心血管功能等有关。

4. 沉淀剂

沉淀剂使毒物沉淀,以减少其毒性或延缓吸收产生解毒作用。沉淀剂有鞣酸、浓茶、稀碘酊、钙剂、五倍子、蛋清、牛奶等。其中 3% ~5% 鞣酸水或浓茶水为常用的沉淀剂,能与多种有机毒物(如生物碱)、重金属盐生成沉淀,减少吸收。

学习情境 3　药理性解毒药

这类解毒药主要通过药物与毒物之间的拮抗作用,部分或完全抵消毒物的毒性而产生解毒作用。常见的相互拮抗的药物或毒物如下:

①毛果芸香碱、烟碱、氨甲酰胆碱、新斯的明等拟胆碱药与阿托品、颠茄及其制剂、曼陀

罗、莨菪碱等抗胆碱药有拮抗作用,可互相作为解毒药。阿托品等对有机磷农药及吗啡类药物,也有一定的拮抗性解毒作用。

　　②水合氯醛、巴比妥类等中枢抑制药与尼克刹米、安钠咖、士的宁等中枢兴奋药及麻黄碱、山梗菜碱、美解眠(贝美格)等有拮抗作用。

学习情境4　对症治疗药

　　动物中毒时往往会伴有一些严重的症状,如惊厥、呼吸衰竭、心功能障碍、休克等,如不迅速处理,将影响动物康复,甚至危及生命。因此,在解毒的同时要及时使用抗惊厥药、呼吸兴奋药、强心药、抗休克药等对症治疗药以配合解毒,还应使用抗生素预防肺炎以度过危险期。

＊课后笔记

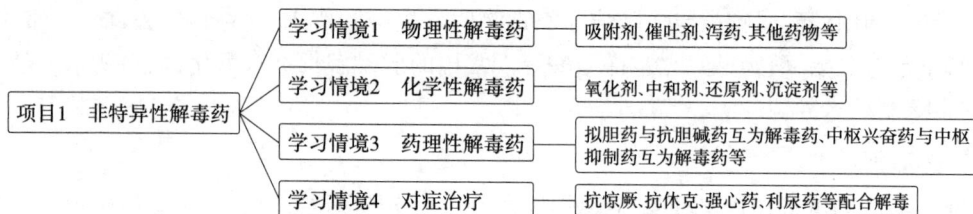

项目 2　特异性解毒药

特异性解毒药又称特效解毒药,是一类可特异性地对抗或阻断某些毒物中毒效应的解毒药。这类药物针对毒物中毒机理,解除其中毒原因,所以具有高度专属性,解毒效果好,在中毒的治疗中占有重要地位。临床常用的特异性解毒药根据解毒对象(毒物或药物)的性质,可分为以下五大类。

学习情境 1　有机磷酸酯类中毒的特异性解毒药

有机磷酸酯类(简称"有机磷")是一类高效杀虫药,广泛用于农业、医学及兽医学领域,对防治农业害虫、杀灭人类疫病媒介昆虫、驱杀动物体内外寄生虫等都有重要意义。但其毒性强,在临床实践中经常因管理、使用不当,导致人畜中毒。

(一)毒理

有机磷酸酯类化合物经消化道、皮肤、黏膜或呼吸道进入动物体内,与胆碱酯酶(ChE)结合形成磷酰化胆碱酯酶,使胆碱酯酶失活,不能水解乙酰胆碱,导致乙酰胆碱在体内大量蓄积,引起胆碱受体兴奋,出现一系列胆碱能神经过度兴奋的临床中毒症状(M、N 样症状及中枢神经先兴奋后抑制等)。此外,有机磷酸酯类还可抑制三磷酸腺苷酶、胰蛋白酶、胰凝乳酶、胃蛋白酶等酶的活性,导致中毒症状复杂化,加重病情。中毒过程可表示为:

有机磷酸酯类+胆碱酯酶(有活性)——→磷酰化胆碱酯酶(失去活性)

(二)解毒机理

以胆碱酯酶复活剂结合生理拮抗剂进行解毒,配合对症治疗。

1. 生理拮抗剂

生理拮抗剂又称 M 胆碱受体阻断药,如阿托品、东莨菪碱、山莨菪碱等,可竞争性地阻断 M 胆碱受体与乙酰胆碱结合,而迅速解除有机磷酸酯类中毒的 M 样症状,大剂量时也能进入中枢神经消除部分中枢神经症状,而且对呼吸中枢有兴奋作用,可解除呼吸抑制,但其对骨骼肌震颤等 N 样中毒症状无效,也不能使胆碱酯酶复活,故单独使用时,只适宜于轻度中毒。有机磷中毒时,动物对阿托品的耐受量远比正常时大,可用至每千克体重 1 mg。起始一次量,牛、马为 30~50 mg,猪、羊 10~30 mg,犬 2 mg,猫、兔、家禽 0.5 mg,约经 1 h 后,症状未见好转,应重复用药,直至病畜出现口腔干燥、瞳孔扩大、呼吸平稳、心跳加快,即所谓"阿托品化"(莨菪碱化)时,逐渐减少剂量和用药次数。中度或重度中毒时,阿托品可静脉给药。如在用药中,动物出现过度兴奋、心率过快、体温升高等阿托品中毒症状,应减量或暂停给药。反刍兽用药后可能引起瘤胃臌气,应加强护理,严重时应穿刺放气。

2. 胆碱酯酶复活剂

碘解磷定、氯解磷啶、双解磷和双复磷等胆碱酯酶复活剂在化学结构上均属季铵类化合物,分子中含有的肟基(=NOH)具有强大的亲磷酸酯作用,能与磷原子牢固地结合,所以能夺取与有机磷结合的、已失去活性的磷酰化胆碱酯酶中带有磷的化学基团(磷酰化基团),并与其结合后脱离胆碱酯酶,使 ChE 恢复原来状态,重新呈现活性。另外这类化合物也能直接与体内游离有机磷酸酯类的磷酰基结合,生成磷酰化碘解磷定等无毒物质随尿排至体外,解除有机磷的毒性作用。解毒过程可表示为:

胆碱酯酶复活剂+磷酰化胆碱酯酶(无活性)──→磷酰化胆碱酯酶复活剂+胆碱酯酶(复活)

胆碱酯酶复活剂+游离有机磷酸酯类(有毒性)──→磷酰化胆碱酯酶复活剂+卤化氢

如果中毒时间过久,超过 36 h,磷酰化胆碱酯酶即发生"老化",胆碱酯酶复活剂难以使胆碱酯酶恢复活性,所以应用胆碱酯酶复活剂治疗有机磷中毒时,早期用药效果较好。

在解救有机磷酸酯类化合物中毒时,对轻度的中毒可用生理拮抗剂缓解症状,但对中度和重度中毒,必须以胆碱酯酶复活剂结合生理拮抗剂解毒,才能取得较好的效果。

(三)常用药物

碘解磷定

[**理化性质**]又名派姆,为最早合成的肟类胆碱酯酶复活剂。本品呈黄色颗粒状结晶或晶粉;无臭,味苦;遇光易变质;在水(1:20)或热乙醇中溶解,水溶液稳定性不如氯解磷定。如药液颜色变深,则不可以使用。

[**药动学**]本品静脉注射后,很快达到有效血浓度,数分钟后被抑制的血中胆碱酯酶活性即开始复活,临床中毒症状也有所缓解。静脉注射后在肝、肾、脾、心等器官含量较高,肺、骨骼肌和血中次之。因脂溶性差,不易透过血脑屏障,但临床应用大剂量时,对中枢症状有一定缓解作用,故认为碘解磷定在大剂量时也能通过血脑屏障进入中枢神经系统。本品在肝脏迅速代谢,经肾脏排出,在体内无蓄积作用,半衰期较短,一次给药,作用仅维持 1.5 h 左右,必须反复用药。维生素 B_1 能延长其半衰期。

[**作用与应用**]本品对胆碱酯酶的复活作用,在神经肌肉接头处最为显著,可迅速制止有机磷中毒所致的肌束颤动。对有机磷引起的烟碱样症状抑制作用明显,而对毒蕈碱样症状则抑制作用较弱,对中枢神经症状抑制作用也不明显,而且对体内已蓄积的 ACh 无作用。所以对轻度有机磷中毒,可单独应用本品或阿托品可以控制中毒症状,但对中度或重度中毒

时,必须与阿托品配合应用。

碘解磷定可用于解救多种有机磷中毒,但其解毒作用有一定选择性,如对内吸磷(1059)、对硫磷(1605)、特普、乙硫磷中毒的疗效较好;对马拉硫磷、敌敌畏、敌百虫、乐果、甲氟磷、丙胺氟磷和八甲磷等中毒的疗效较差;对氨基甲酸酯类杀虫剂中毒则无效。

[**制剂与用法用量**]碘解磷啶注射液,20 mL：0.5 g。静脉注射,1次量,每千克体重:家畜15～30 mg。症状缓解前,每2 h注射一次。

[**注意事项**]①本品应用时间至少维持48～72 h,以防延迟吸收的有机磷引起中毒程度加重,甚至致死;②本品在碱性溶液中易分解为有剧毒的氰化物,所以禁止与碱性药物配伍;③与阿托品联合应用时,本品能增强阿托品的作用,所以要减少阿托品剂量;④静注过快会产生呕吐、心动过速、运动失调等。药物漏至皮下有强烈的刺激作用,应注意。

氯解磷定

[**理化性质**]又称氯磷定,亦称氯化派姆。本品为白色结晶性粉末,易溶于水。忌与碱性药物混合。

[**作用与应用**]本品结构与碘解磷定相似,但作用较碘解磷定强、产生作用快、毒性较低。其注射液可供肌内注射或静脉注射,是目前胆碱酯酶复活剂中的首选药物。

[**制剂与用法用量**]氯解磷啶注射液。2 mL：0.5 g。肌内、静脉注射,1次量,每千克体重:家畜15～30 mg。

双复磷

[**理化性质**]本品为微黄色结晶性粉末,可溶于水。

[**作用与应用**]本品作用同碘解磷定,但较易透过血脑屏障,有阿托品样作用,对有机磷所致毒蕈碱样和烟碱样症状均有效,对中枢神经系统症状的消除作用较强。其注射液可供肌内注射或静脉注射。

[**制剂与用法用量**]双复磷注射液。2 mL：0.25 g。肌内、静脉注射,一次量,每千克体重,家畜15～30 mg。

学习情境2　亚硝酸盐中毒的特异性解毒药

亚硝酸盐来自饲料中的硝酸盐。富含硝酸盐的饲料有白菜、萝卜叶、莴苣叶、菠菜、甜菜茎叶、红薯藤叶、多种牧草和野菜等。当其储存、保管、调制不当时,如青绿饲料长期堆放变质、腐烂,青贮饲料长时间在锅里焖煮等,饲料中的硝酸盐被大量繁殖的硝酸盐还原菌(反硝化细菌)还原,产生大量的亚硝酸盐,被动物采食后引起中毒。饲料中的硝酸盐被动物采食后,在胃肠道微生物的作用下也可转化为亚硝酸盐,并进一步还原为氨被利用,但是当牛、羊等反刍动物瘤胃 pH 和微生物群发生异常变化,使亚硝酸盐还原为氨的过程受到限制时,采食大量新鲜的青绿饲料后,可引起亚硝酸盐中毒。另外,耕地排出的水、浸泡过大量植物的坑塘水及厩舍、积肥堆、垃圾堆附近的水源中也都含有大量硝酸盐或亚硝酸盐,当动物采食以上含有大量硝酸盐的饮水时,也可引起亚硝酸盐中毒。

（一）毒理

亚硝酸盐被机体吸收后,其毒性表现为两个方面:一是亚硝酸盐利用其氧化性将血液中正常的低铁血红蛋白($HbFe^{2+}/Hb$)转化为高铁血红蛋白($HbFe^{3+}/MHb$),使其失去携氧和释放氧的能力,导致血液不能给组织供氧,引起全身组织严重缺氧而中毒。二是亚硝酸盐能抑制血管运动中枢,使血管扩张,血压下降。另外,在一定的条件下,亚硝酸盐在体内可与仲胺或酰胺结合,生成致癌物亚硝胺或 N-亚硝基酰胺,长期作用可诱发癌症。动物中毒后,主要表现呼吸加快、心跳加速、黏膜发绀、流涎、呕吐、运动失调,严重时呼吸中枢麻痹,最终窒息死亡。血液呈酱油色,且凝固时间延长。

（二）解毒机理

针对亚硝酸盐中毒的毒理,通常使用高铁血红蛋白还原剂,如小剂量亚甲蓝、硫代硫酸钠等,使高铁血红蛋白还原为低铁血红蛋白,恢复其携氧能力,解除组织缺氧的中毒症状。解毒时,配合使用呼吸中枢兴奋药(尼可刹米等)及其他还原剂(维生素 C 等)治疗,可提高疗效。

（三）常用药物

亚甲蓝

[理化性状]又名美蓝、甲烯蓝。本品为深绿色、有铜样光泽的柱状结晶或结晶性粉末;易溶于水和乙醇,溶液呈深蓝色;应遮光、密闭保存。

[药动学]本品内服不易吸收。在组织中可迅速被还原为还原型亚甲蓝,并部分被代谢。亚甲蓝、还原型亚甲蓝及代谢产物均经肾脏缓慢排出。

[作用与应用]使用亚甲蓝后,因其在血液中浓度的不同,对血红蛋白可产生氧化和还原两种作用。

①小剂量的亚甲蓝产生还原作用。小剂量的亚甲蓝进入机体后,在体内还原型辅酶 I 脱氢酶的作用下,迅速被还原成还原型亚甲蓝(MBH_2),还原型亚甲蓝具有还原作用,能将高铁血红蛋白还原成低铁血红蛋白,重新恢复其携氧的功能,同时还原型亚甲蓝又被氧化成氧化型亚甲蓝(MB),如此循环进行。此作用常用于治疗亚硝酸盐中毒及苯胺类等所致的高铁血红蛋白症。葡萄糖能促进亚甲蓝的还原作用,常与高渗葡萄糖溶液合用以提高疗效。

②大剂量的亚甲蓝产生氧化作用。给予大剂量的氧化型亚甲蓝(MB)时,体内还原型辅酶 I 脱氢酶来不及迅速、完全地将氧化型亚甲蓝转化为还原型,未被转化的氧化型亚甲蓝直接利用其氧化作用,使正常的低铁血红蛋白氧化成高铁血红蛋白,此作用可加重亚硝酸盐中毒,但可用于解除氰化物中毒。

[**制剂与用法用量**]亚甲蓝注射液,2 mL∶20 mg、5 mL∶50 mg、100 mL∶100 mg。静脉注射,1 次量,每千克体重,家畜,治疗亚硝酸盐中毒 1~2 mg,注射后 1~2 h 未见好转,可重复注射以上剂量或半量;治疗氰化物中毒 10 mg(最大剂量 20 mg)。

[**注意事项**]

①亚甲蓝刺激性大,忌皮下或肌内注射。

②亚甲蓝溶液与许多药物、强碱性溶液、氧化剂、还原剂和碘化物存在配伍禁忌,所以不得与其混合注射。

学习情境3　氰化物中毒的特异性解毒药

自然界中 3 000 多种植物有生氰作用,此类植物中的生氰化合物包括氰苷和氰酯两类,氰苷占绝大多数,氰酯占少数。含有氰苷的植物都含有水解氰苷的 β 葡萄糖苷酶和羟腈裂解酶,在完整植物中,氰苷与其水解酶被分隔在不同的组织细胞中,所以氰苷不会受到水解酶的作用,一般不会形成游离的氢氰酸。当植物组织受到损害或被动物咀嚼破碎后,氰苷与水解酶接触,发生酶促反应,释放出氢氰酸,产生毒性。富含氰苷的饲料有亚麻籽饼,木薯,某些豆类(如菜豆),某些牧草(如苏丹草),高粱幼苗及再生苗,橡胶籽饼及杏、梅、桃、李、樱桃等蔷薇科植物的叶和核仁,马铃薯幼芽,醉马草等。当动物采食大量以上饲料后,氰苷在胃肠内水解成大量氢氰酸导致中毒。另外,工业生产用的各种无机氰化物(氰化钠、氰化钾、氯化氰等)、有机氰化物(乙腈、丙烯腈、氰基甲酸甲酯)等污染饲料、牧草、饮水或被动物误食后,也可导致氰化物中毒。牛对氰化物最敏感,其次是羊、马和猪。

(一)毒理

氰苷本身无毒,但水解形成的氢氰酸被吸收后,氰离子(CN)能迅速与氧化型细胞色素氧化酶中的 Fe^{3+} 结合,形成氰化高铁细胞色素氧化酶,从而阻碍此酶转化为 Fe^{2+} 的还原型细胞色素氧化酶,使酶失去传递电子、激活分子氧的功能,使组织细胞不能利用氧,形成"细胞内窒息",导致细胞缺氧,引起动物中毒。由于氢氰酸在类脂质中溶解度大,并且中枢神经对缺氧敏感,所以氢氰酸中毒时,中枢神经首先受到损害,并以呼吸和血管运动中枢为甚,动物表现先兴奋后抑制,终因呼吸麻痹,窒息死亡。血液呈鲜红色为其主要特征。

(二)解毒机理

使用氧化剂(如亚硝酸钠、大剂量的亚甲蓝等)结合供硫剂(硫代硫酸钠)联合解毒。

氧化剂使部分低铁血红蛋白氧化为高铁血红蛋白,高铁血红蛋白中的 Fe^{3+} 与 CN 有很强的结合力,不但能与血液中游离的氰离子结合,形成氰化高铁血红蛋白,使氰离子不能产生毒性作用,还能夺取已与细胞色素氧化酶结合的氰离子,使细胞色素氧化酶复活而发挥解毒作用。但形成的氰化高铁血红蛋白不稳定,可离解出部分氰离子而再次产生毒性,所以需进一步给予供硫剂硫代硫酸钠,使其在体内转硫酶的作用下,与氰离子形成稳定而毒性很小的硫氰酸盐,随尿液排出而彻底解毒。

(三)常用药物

亚硝酸钠

[理化性质]本品为无色或白色至微黄色结晶;无臭,味微咸,有潮解性;水中易溶,乙醇中微溶,水溶液呈碱性。

[作用与应用]本品为氧化剂,可将血红蛋白中的二价铁氧化成三价铁,形成高铁血红蛋白而解救氰化物中毒。因本品仅能暂时性地延迟氰化物对机体的毒性,所以静脉注射数分钟后,应立即使用硫代硫酸钠。亚硝酸钠容易引起高铁血红蛋白症,故不宜反复使用。

[制剂与用法用量]亚硝酸钠注射液,10 mL:0.3 g。静脉注射,1次量:马、牛2 g;猪、羊0.1~0.2 g。临用时用注射用水配成1%的溶液缓慢静脉注射。

硫代硫酸钠

[理化性质]又名次亚硫酸钠、大苏打。本品为无色结晶或结晶性细粒;无臭,味咸;有风化性和潮解性;水中极易溶解,乙醇中不溶,水溶液显微弱的碱性反应。

[作用与应用]本品在体内转硫酶的作用下,可游离出硫原子,与游离的或已与高铁血红蛋白结合的CN结合,生成无毒的且比较稳定的硫氰酸盐随尿排出,故可配合亚硝酸钠或亚甲蓝解救氰化物中毒。另外,本品有还原性,可使高铁血红蛋白还原为低铁血药蛋白,并可与多种金属或类金属离子结合形成无毒硫化物排出,所以也可用于亚硝酸盐中毒及砷、汞、铅、铋、碘等中毒。因硫代硫酸钠被吸收后能增加体内硫的含量,增强肝脏的解毒机能,所以能提高机体的一般解毒功能,可用作一般解毒药。

[制剂与用法用量]硫代硫酸钠注射液,10 mL:0.5 g、20 mL:1 g。肌内注射、静脉注射,1次量:马、牛5~10 g;羊、猪1~3 g;犬、猫1~2 g。

[注意事项]解救氰化物中毒时,本品解毒作用产生较慢,应先静脉注射作用产生迅速的氧化剂如亚硝酸钠或亚甲蓝后,立即缓慢注射本品,不能与亚硝酸钠混合后同时静脉注射;对内服氰化物中毒的动物,还应使用5%本品溶液洗胃,并于洗胃后保留适量溶液于胃中。

学习情境4　金属及类金属中毒的特异性解毒药

金属元素引起动物中毒的途径多种多样。金属元素在土壤中分布不均可引起中毒;人们对金属元素矿藏的开发、冶炼使其扩散,如铁矿、铜矿在冶炼过程中产生砷、三氧化二砷随烟尘对土壤的污染;人类对金属化合物的广泛使用,如在油漆颜料工业、塑料工业、医药工业、农药工业等生产中大量使用金属化合物,汽油中的四乙基铅和颜料红铅中铅的污染;电气设备、石油化工、制药、造纸、农药(氯化乙基汞)、消毒药(升汞)等造成金属、类金属对环境的污染等,使人类及动物广泛接触金属元素,并通过各种生态链进入体内而引起中毒。引起中毒的金属主要有汞、铅、铜、银、锰、铬、锌、镍等,类金属主要有砷、锑、磷、铋等。

(一)毒理

金属及类金属进入机体后解离出金属或类金属离子,这些离子除了在高浓度时直接作用于组织产生腐蚀作用,使组织坏死外,还能与组织细胞中的酶(主要为含巯基的酶如丙酮酸氧化酶等)相结合,使酶失去活性,影响组织细胞的功能,使细胞的物质代谢发生障碍而出现一系列中毒症状。

(二)解毒机理

解毒常使用金属络合剂。它们与金属及类金属离子有很强的亲和力,可与金属及类金属离子络合形成无活性难解离的可溶性络合物,随尿排出。金属络合剂与金属及类金属离子的这种亲和力大于含巯基酶与金属及类金属离子的亲和力,其不仅可与金属及类金属离子直接结合,而且还能夺取已经与酶结合的金属及类金属离子,使组织细胞中的酶复活,恢复其功能,起到解毒作用。

(三)常用药物

常用药物有二巯丙醇、二巯丙磺钠、二巯丁二钠、青霉胺、去铁胺、依地酸钙钠等。

二巯丙醇

[**理化性质**]本品为无色或几乎无色易流动的液体;有强烈的、类似蒜的异臭;在水中溶解,但水溶液不稳定,乙醇和苯甲酸苄酯中极易溶解;一般配成10%油溶液(加有9.6%苯甲酸苄酯)供肌内注射用。

[**作用及应用**]本品属巯基络合剂,能竞争性地与金属离子结合,形成较稳定的水溶性络合物,随尿排出,并使失活的酶复活。但二巯丙醇与金属离子形成的络合物在动物体内有一部分可重新逐渐解离出金属离子和二巯丙醇,后者很快被氧化并失去作用,而游离出的金属离子仍能引起机体中毒。因此,必须反复给予足够剂量的二巯丙醇,使血液中其与金属离子浓度保持2:1的优势,使解离出的金属离子再度与二巯丙醇结合,直至随尿排出为止。巯基酶与金属离子结合得越久,酶的活性越难恢复,所以在动物接触金属后1~2 h内用药,效果较好。

本品主要用于治疗砷中毒,对汞和金中毒也有效。与依地酸钙钠合用,可治疗幼小动物的急性铅脑病。本品对其他金属的促排效果如下:排铅不及依地酸钙钠;排铜不如青霉胺;对锑和铋无效。

[制剂与用法用量]

二巯丙醇注射液,2 mL∶0.2 g、5 mL∶0.5 g、10 mL∶1 g。肌内注射,1次量,每千克体重:家畜3 mg;犬、猫2.5~5 mg。用于砷中毒,第1~2 d每4 h一次,第3 d每8 h一次,以后10 d内,每天2次直至痊愈。

[不良反应]二巯丙醇对肝、肾具有损害作用,并有收缩小动脉作用。过量使用可引起动物呕吐、震颤、抽搐、昏迷,甚至死亡。由于药物排出迅速,多数为暂时性的。

[注意事项]

①本品仅供深部肌内注射。

②肝、肾功能不良动物应慎用。

③碱化尿液可减少络合物的重新解离,减轻肾损害。

④本品可与镉、硒、铁、砷等金属形成有毒络合物,其毒性作用高于金属本身,故应避免同时应用硒和铁盐等。

⑤二巯丙醇本身对机体其他酶系统也有一定抑制作用,如抑制过氧化物酶系的活性,而且其氧化产物又能抑制含巯基酶,故应控制好用量。

二巯丙磺钠

[理化性质]本品为无色或微红色的澄明液体,有类似蒜的特臭。

[作用与应用]本品作用与应用基本和二巯丙醇相同,但毒性较小。除对砷、汞中毒有效外,对铋、铬、锑中毒亦有效。

[制剂与用法用量]二巯丙磺钠注射液,5 mL∶0.5 g、10 mL∶1 g。肌内注射、静脉注射,1次量,每千克体重:马、牛5~8 mg,猪、羊7~10 mg,第1—2 d每4~6 h一次,第3 d开始2次/d。

二巯丁二钠

[理化性质]又名二巯琥珀酸钠。本品为白色粉末,易潮解,水溶液无色或微红色,不稳定,不能加热,久置后毒性增大。如溶液混浊或呈土黄色时,不能使用,须新鲜配制。

[作用与应用]本品为广谱金属解毒剂,毒性较低,无蓄积性作用。对锑的解毒作用最强,比二巯丙醇高10倍;对汞、砷的解毒作用与二巯丙磺钠相同。排铅作用不亚于依地酸钙钠。本品主要用于锑、汞、砷、铅中毒,也可用于铜、锌、镉、钴、镍、银等金属中毒。

[制剂与用法用量]

注射用二巯丁二钠,0.5、1 g。静脉注射,1次量,每千克体重:家畜20 mg,一般用生理盐水稀释成5%~10%溶液,缓慢注入。急性中毒,4次/d,连用3 d。慢性中毒,1次/d,5~7 d为一疗程。

青霉胺

[理化性质]又名二甲基半胱氨酸。本品为青霉素分解产物,属单巯基络合物,为近白色细微晶粉,易溶于水,性质稳定。*N*-乙酰基-DL-乙青霉胺为青霉胺的衍生物,毒性较低。

[作用与应用]本品毒性低于二巯丙醇,副作用少,可用于铜、铁、汞、铅、砷等中毒或其他络合剂有禁忌时选用。本品对铜中毒的解毒作用强于二巯丙醇;对铅、汞中毒的解毒作用不及依地酸钙钠和二巯丙磺钠;汞中毒解救时用 N-乙酰基-DL-乙青霉胺优于青霉胺。

[制剂与用法用量]青霉胺片。内服,1 次量,每千克体重:家畜 5～10 mg,4 次/d,5～7 d 为一疗程,间歇 2 d。

[不良反应]本品可影响胚胎发育。动物实验发现致胎儿骨骼畸形和腭裂等。

去铁胺

[理化性质]又名去铁敏,是从链球菌的发酵液中提取的天然物,呈白色结晶性粉末;易溶于水,水溶液性质稳定。

[作用与应用]去铁胺属羟肟酸络合物,其羟肟酸基团与游离的、已与蛋白质结合的三价铁离子和铝离子(Al^{3+})有很强的结合力,与其结合形成稳定无毒的可溶性络合物,随尿排出,在酸性条件下这种结合作用更强。但其与其他金属离子的结合力较小,所以主要用于铁中毒的解救。本品能清除铁蛋白和含铁血黄素中的铁离子,但对转铁蛋白中铁离子清除作用不强,更不能清除血红蛋白、肌红蛋白和细胞色素中的铁离子。

[制剂与用法用量]注射用去铁胺,肌内注射,1 次量,每千克体重:开始量 20 mg,维持量 10 mg,总日量,每千克体重,不超过 120 mg。

[不良反应]

①动物实验发现可诱发胎儿骨骼畸形,妊娠动物不宜使用。

②严重肾功能不全动物禁用,老年动物慎用。

③用药后可出现腹泻、心动过速、肌肉震颤等症状。

依地酸钙钠(EDTA)

[理化性质]又名解铅乐。本品为白色结晶性或颗粒性粉末;易潮解,易溶于水。

[作用与应用]本品属氨羧络合剂,能与多种二价、三价金属离子络合形成无活性可溶性的环状络合物,由组织释放到细胞外液,随尿排出,产生解毒作用。本品与各种金属的络合能力不同,其中与铅的络合作用最强,与其他金属的络合效果较差,对汞和砷无效,主要用于治疗铅中毒,对无机铅中毒有特效;亦可用于镉、锰、铬、镍、钴和铜中毒。依地酸钙钠对贮存于骨内的铅络合作用强,对软组织和红细胞中的铅作用较小。

[制剂与用法用量]依地酸钙钠注射液,5 mL∶1 g。静脉注射,1 次量,每千克体重:马、牛 3～6 g,猪、羊 1～2 g,2 次/d,连用 4 d。临用时用生理盐水或 5% 葡萄糖溶液稀释成 0.25%～0.5% 的浓度,缓慢静注。皮下注射,每千克体重:犬、猫 25 mg。

[注意事项]

①本品具有动员骨铅,并与之络合的作用,而肾脏又不可能迅速排出大量的络合铅,所以超剂量应用本品,不仅对铅中毒的治疗效果不佳,而且可引起肾小管上皮细胞损害、水肿,甚至急性肾功能衰竭。

②对各种肾病患畜和肾毒性金属中毒动物应慎用,对少尿、无尿和肾功能不全的动物应

禁用。

③本品不宜长期连续使用。动物实验证明,本品可增加小鼠胚胎畸变率,但增加饲料和饮水中锌的含量,则可预防之。依地酸钙钠对犬具有严重的肾毒性。每千克体重,犬的致死剂量为 12 g。

学习情境 5　有机氟中毒的特异性解毒药

在农业生产中常使用有机氟杀虫剂和杀鼠剂,如氟乙酸钠、氟乙酰胺、甲基氟乙酸等消灭农作物害虫。家畜有机氟中毒通常是因为误食以上有机氟毒饵及其中毒死亡的动物,或被有机氟污染的饲草料、饮水等。有机氟可通过各种途径从皮肤、消化道和呼吸道侵入动物机体发生急性或慢性氟中毒。

（一）毒理

中毒机理尚不完全清楚,目前认为有机氟进入机体后在酰胺酶作用下分解生成氟乙酸,氟乙酸与辅酶 A 作用生成氟乙酰辅酶 A,后者再与草酰乙酸缩合形成氟柠檬酸。由于氟柠檬酸与柠檬酸的化学结构相似,可与柠檬酸竞争三羧酸循环中的乌头酸酶,并抑制其活性,因此阻止了柠檬酸转化为异柠檬酸的过程,造成柠檬酸堆积,破坏了体内三羧酸循环,使糖代谢中断,组织代谢发生障碍。同时组织中大量的柠檬酸可导致组织细胞损害,引起心脏和中枢神经系统功能紊乱,使动物中毒,表现不安、厌食、步态失调、呼吸心跳加快等症状,甚至死亡。

（二）常用药物

乙酰胺

[理化性质]又名解氟灵。本品为白色结晶性粉末,溶于水。

[作用与应用]本品与氟乙酰胺等有机氟的化学结构相似,进入体内后与氟乙酰胺等有机氟竞争酰胺酶,使氟乙酰胺等不能分解产生对机体有害的氟乙酸。同时本品本身分解产生的乙酸能干扰氟乙酸的作用,因而解除有机氟中毒。本品主要用于解除氟乙酰胺和氟乙酸钠的中毒,能延长中毒的潜伏期,减轻症状或制止发病。

[制剂与用法剂量]乙酰胺注射液,5 mL：0.5 g、5 mL：2.5 g、10 mL：1 g、10 mL：5 g。肌内注射、静脉注射,1 次量,每千克体重:家畜 50~1 00 mg。

[注意事项]本品酸性强,肌内注射时局部疼痛,可配合应用普鲁卡因,以减轻疼痛。

✳课后笔记

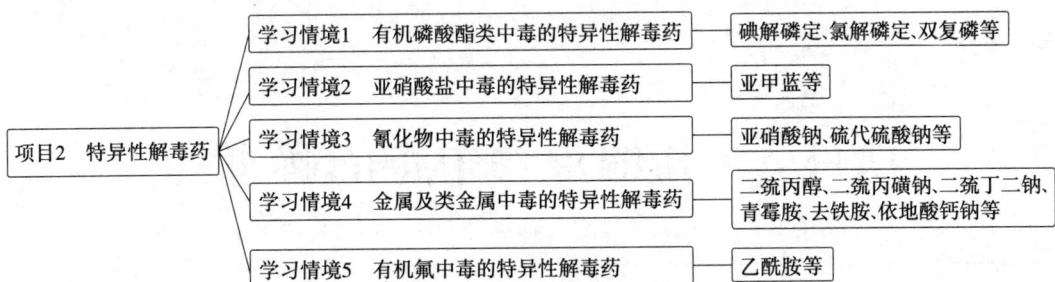

项目3 其他毒物中毒的解毒药

学习情境1 氨基甲酸酯类农药中毒与解毒药

近年来,氨基甲酸酯类杀虫剂、杀菌剂、除草剂等在农业生产上的应用越来越广泛,如西维因、速灭威、呋喃丹、氧化萎锈、萎锈灵、抗鼠灵等。本类农药的化学结构、理化性质、毒性大多相似。

本类农药经消化道、呼吸道和皮肤黏膜吸收进入机体,抑制胆碱酯酶水解乙酰胆碱的作用,造成体内乙酰胆碱大量蓄积,出现胆碱能神经过度兴奋的中毒症状。另外,氨基甲酸酯类还可阻碍乙酰辅酶 A 的作用,使糖原的氧化过程受阻,导致肝、肾及神经病变。

呋喃丹除以上毒性外,尚可在体内水解产生氰化氢,离解出氰离子,产生氰化物中毒的症状。

解救可首选阿托品,并配合输液、消除肺水肿、脑水肿及兴奋呼吸中枢等对症疗法。重度呋喃丹中毒时,应用亚硝酸钠、硫代硫酸钠等,但一般禁用肟类胆碱酯酶复活剂。

学习情境2 杀鼠剂中毒与解毒

目前杀鼠剂种类很多,按其性质可分为有机氟杀鼠剂(如氟乙酰胺、甘氟)、无机磷杀鼠剂(如磷化锌)、抗凝血杀鼠剂(如敌鼠、华法林)、有机磷杀鼠剂(如毒鼠磷)及其他杀鼠剂(如安妥、溴甲烷),在此主要叙述抗凝血杀鼠剂中毒的解救,其他杀鼠剂的中毒解救见有关章节。

抗凝血杀鼠剂主要的品种按其化学结构可分为香豆素衍生物(如华法林)和茚满二酮类(如敌鼠、杀鼠酮)两大类。畜禽常因误食毒饵、死鼠以及采食被杀鼠剂污染的饲料、饮水等引起中毒。杀鼠剂主要经消化道吸收,进入机体后,产生与维生素 K 相拮抗的作用,干扰维生素 K 的氧化还原循环,使肝细胞生成的凝血酶原和维生素 K 依赖性凝血因子 Ⅱ、Ⅴ 及 Ⅶ 等不能转化为有活性的凝血蛋白,从而影响凝血过程,导致出血倾向。

华法林等香豆素类杀鼠剂只影响维生素 K 依赖性凝血因子的生成,对血浆中已形成的维生素 K 依赖性凝血因子不产生影响。此外,华法林还可扩张并破坏毛细血管,使其通透性、脆性增加,导致血管破裂,出血加重。动物中毒后,以肺脏出血最严重,其次为脑、消化道和胸腔血管出血,如不及时解救,可引起死亡。

解毒主要通过增加体内维生素 K 的含量,提高其与杀鼠剂竞争的优势,恢复并加强原有的各种生理功能,如参与合成各种凝血因子、促进血凝等,解除中毒。亚硫酸氢钠甲萘醌是本类杀鼠剂中毒的特效解毒药。

学习情境 3　蛇毒中毒与解毒

蛇毒中毒主要是家畜在放牧过程中被毒蛇咬伤时,毒液被注入皮下组织,经淋巴循环或毛细血管吸收而引起。毒蛇种类很多,蛇毒成分也很复杂,每种蛇毒含一种以上的有毒成分。蛇毒的成分有神经毒、心脏毒、血液毒及出血毒等。神经毒可抑制乙酰胆碱的释放和阻断 N2 胆碱受体,使胆碱能神经兴奋性降低,导致全身肌肉麻痹,呼吸停止而死亡。心脏毒可损害心脏功能,甚至可使心脏停止于收缩期,毒性比神经毒低。血液毒常因其凝血毒素和抗凝血毒素引起血栓或出血。

毒蛇咬伤的局部常有红、肿、水泡、血泡、剧痛及组织坏死、流血不止等现象。蛇毒中毒后表现全身症状为吞咽困难,舌活动不灵,失声,眼睑下垂,全身肌肉松弛瘫痪,呼吸逐渐困难,最后因呼吸麻痹而死亡。有的还出现急性肾功能衰竭、全身出血等。

解毒首先采用非特异性处理措施,将毒蛇咬伤的局部进行处理,破坏毒素,延缓毒素吸收。同时应用特效药抗蛇毒血清,中和蛇毒。有单价抗蛇毒血清和多价抗蛇毒血清,前者针对某一种蛇毒效果好,后者治疗范围较广,但疗效较差。

我国目前生产有多种精制抗蛇毒血清,它们具有特效、速效等优点。但治疗中应早期、足量使用。静脉注射量,抗蝮蛇毒血清 6 000 IU,抗五步蛇毒血清 8 000 IU,抗银环蛇毒血清 10 000 IU,抗眼镜蛇毒血清 2 000 IU,以生理盐水稀释至 40 mL,缓慢静脉注射。中毒较重的病例可酌情增加剂量。

✳ 课后笔记

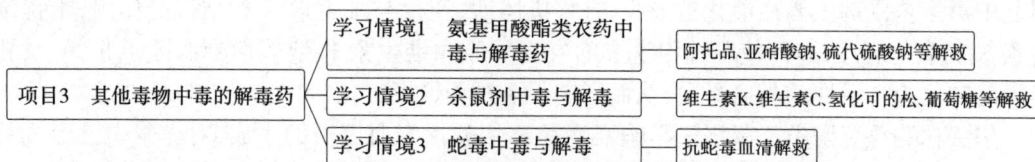

项目3 其他毒物中毒的解毒药
- 学习情境1 氨基甲酸酯类农药中毒与解毒药 —— 阿托品、亚硝酸钠、硫代硫酸钠等解救
- 学习情境2 杀鼠剂中毒与解毒 —— 维生素K、维生素C、氢化可的松、葡萄糖等解救
- 学习情境3 蛇毒中毒与解毒 —— 抗蛇毒血清解救

思考题

1. 在中毒原因没有明确前,可用哪些药物进行解毒,为什么?

2. 有机磷酸酯类中毒时,使用生理拮抗剂能解除何种中毒症状? 为什么中度和重度中毒时必须并用碘解磷定等胆碱酯酶复活剂?

3. 亚甲蓝剂量的大小与其药理作用性质及用途有什么关系?

4. 硫代硫酸钠有哪些用途? 为什么氰化物中毒使用亚硝酸钠后,还需使用硫代硫酸钠?

模块病例导入

1. 重庆市万州区张某家2只一岁半本地土犬,一公一母,体重分别4.8 kg和5.5 kg。主诉:两只犬常年散养,体表有大量跳蚤和疥螨。2018年7月27日上午10点左右,将两只犬固定在笼子内,并对其体表和周围环境喷洒了敌敌畏溶液,上午11点半左右,发现两只犬出现口吐白沫、无法正常站立等中毒症状,随后将其送到重庆三峡职业学院动物医院就诊。

(1)该犬只初步诊断为什么疾病?

A. 棉籽饼中毒　　　　　B. 菜籽饼中毒　　　　　C.氢氰酸中毒

D. 有机磷中毒　　　　　E. 亚硝酸盐中毒

(2)应该选择什么药物进行解救?

A. 阿托品　　　　　B. 肾上腺素　　　　　C.头孢曲松

D. 解磷定　　　　　E. 阿托品+解磷定

2. 牛群,采食后陆续出现呕吐、呼吸困难、口吐白沫、站立不稳等症状,检查见可视黏膜发绀,末梢部位冰冷,体温36.5 ℃,调查发现,病牛发病前曾饱食久置菜叶。

(1)该病因主要作用于(　　　)。

A. 单核细胞　　　　　B. 红细胞　　　　　C.血小板

D. 淋巴细胞　　　　　E. 巨噬细胞

(2)治疗该病的特效药物是(　　　)。

A. 亚甲蓝　　　　　B. 乙酰胺　　　　　C. 阿托品

D. 亚硝酸钠　　　　　E. 二巯基丙磺酸钠

(3)用特效药治疗该病时,应采用的给药方式是(　　　)。

A. 低浓度静脉注射　　　　　B. 高浓度静脉注射　　　　　C. 低浓度肌内注射

D. 高浓度肌内注射

3. 山羊,40只,采食大量高粱苗后在小溪饮水,约15 min后,陆续出现兴奋不安、呼吸困难、流涎,心跳快而弱、精神高度沉郁、行走困难、可视黏膜鲜红、瞳孔散大等症状,半小时内死亡 25 只。治疗该病的特效药物是( )。

A.亚甲蓝　　　　　B.阿托品　　　　　C.乙酰胺

D.亚硝酸盐　　　　E.亚硒酸钠

(1)解毒药中,不属于兽用处方药的是( )。

A.氯磷定注射液　　　B.二巯丙磺注射液　　　C.二巯丙醇注射液

D.亚甲蓝注射液　　　E.亚硝酸钠注射液

(2)乙酰胺解毒机理是阻止氟乙酰胺转化成( )。

A.乙酸　　　　　B.乙酰胺　　　　　C.氟乙酸

D.氟乙酸钠　　　E.氟离子

4.5 头黄牛,田间放牧时突然发病,精神沉郁,流涎,磨牙,后肢踢腹,腹泻,骨骼肌震颤,严重者瞳孔缩小,死亡 2 头。

(1)该病最可能的诊断是( )。

A.尿素中毒　　　　　B.有机磷中毒　　　　　C.有机氟中毒

D.抗凝血灭鼠药中毒　　E.氨中毒

(2)治疗该病的措施是( )。

A.灌服食醋、肌内注射苯巴比妥　　B.肌内注射维生素 K1　C.肌内注射乙酰胺

D.肌内注射阿托品和氯磷定　　　　E.静脉注射葡萄糖酸钙

直击执业兽医师

1.2009 年真题　美蓝作为特效解毒药常用于治疗( )。

A.棉籽饼中毒　　　　B.菜籽饼中毒　　　　C.氢氰酸中毒

D.有机磷中毒　　　　E.亚硝酸盐中毒

2009 年真题 (2—3 题共用备选答案)

A.对抗烟碱样症状　　　B.对抗毒蕈碱样症状　　　C.恢复胆碱酯酶活力

D.恢复顺乌头酸酶活力　E.恢复细胞色素氧化酶活力

2.抢救有机磷农药中毒动物时,使用解磷定的目的是( )。

3.抢救有机磷农药中毒动物时,使用阿托品的目的是( )。

4.解磷定用于解救动物严重有机磷中毒时,必须联合应用的药物是( )。

A.亚甲蓝　　　　　B.阿托品　　　　　C.亚硝酸钠

D.氨甲酰胆碱　　　E.毛果芸香碱

5.2011 年真题　某猪群,饲喂焖煮的菜叶后不久生病,临床表现为呼吸困难,心跳加快,全身发绀。剖检见血液呈黑褐色,凝固不良。治疗该病的特效药是( )。

A.亚硝酸钠　　　　B.硫代硫酸钠　　　　C.阿托品

D.亚甲蓝　　　　　E.硫酸镁

6.2016 年真题　亚硝酸钠适用于解救动物( )。

A.氰化物中毒　　　　B.金属中毒　　　　C.有机氟中毒

D.有机磷中毒　　　　E.磷化锌中毒

7. 2018 年真题　猪亚硝酸盐中毒的特效解毒药是(　　)。

A. 硫代硫酸钠　　　　　　　B. 碳酸氢钠　　　　　　　C. 葡萄糖

D. 甲苯胺蓝　　　　　　　　E. 阿托品

8. 2013 年真题　防止饲料中黄曲霉素生长的有效方法是(　　)。

A. 酸处理　　　　　　　　　B. 使用丙酸钠　　　　　　C. 使用氯化钾

D. 使用硫酸亚铁

9. 2014 年真题　犬有机氟中毒的特效解毒药是(　　)。

A. 苯巴比妥　　　　　　　　B. 抗坏血酸　　　　　　　C. 解磷定

D. 乙酰胺　　　　　　　　　E. 硫代硫酸钠

10. 2015 年真题　放牧牛在误食喷洒农药的牧草后突然发病,主要表现为流涎、腹泻、腹痛、尿频、瞳孔缩小、胃肠蠕动音增强,治疗本病应使用的药物是(　　)。

A. 亚甲蓝和维生素 C　　　　B. 亚硝酸钠和硫代硫酸钠　　C. 解磷定和阿托品

D. 乙酰胺和维生素 K_3　　　E. 苯妥英钠和葡萄糖酸钙

11. 2018 年真题　可用乙酰胺解救的动物中毒是(　　)。

A. 有机氟中毒　　　　　　　B. 亚硝酸盐中毒　　　　　C. 有机磷中毒

D. 有机砷中毒　　　　　　　E. 氰化物中毒

参考文献

[1] 张红超,孙洪梅.宠物药理[M].2版.北京:化学工业出版社,2018.

[2] 杨勇.动物药理[M].北京:中国农业大学出版社,2017.

[3] 胡功政,李荣誉.新全兽药手册[M].5版.郑州:河南科技出版社,2015.

[4] 倪学勤,吕道俊,何明清,等.生物兽药研究进展[J].中国微生态学杂志,2001(3):173-176.

[5] 朱金凤,陈功义.动物解剖[M].2版.重庆:重庆大学出版社,2014.

[6] 吕永智,张福寿.动物生理[M].重庆:重庆大学出版社,2017.

[7] 王子轼,周铁忠.动物病理[M].3版.北京:中国农业出版社,2011.

[8] 赵兴绪.兽医产科学[M].5版.北京:中国农业出版社,2016.

[9] 凌丁,张业怀,黄小佳.奶牛乳房炎病原菌的分离鉴定与耐药性分析[J].黑龙江畜牧兽医,2016(5):185-189.

[10] 何斌,陈洁,金尔光,等.中草药防治奶牛乳房炎的研究进展[J].中国兽药杂志,2016,50(5):60-64.

[11] 吴俊伟.兽医药理学[M].重庆:西南师范大学出版社,2017.

[12] 陈杖榴.兽医药理学[M].3版.北京:中国农业出版社,2016.

[13] 中国兽医协会.2015年执业兽医资格考试应试指南[M].北京:中国农业出版社,2015.

[14] 王洪斌.现代兽医麻醉学[M].北京:中国农业出版社,2010.

[15] 张海萍,高艳丽.小动物常用麻醉药的药效特点分析[J].当代畜牧,2017(27):36-37.

[16] 李培德,侯凤香,侯加法,等.小动物诱导麻醉研究进展[J].动物医学进展,2014,35(1):102-106.

[17] 曹鼎鼎,孟田田,舒绪刚,等.硒元素在动物体内的吸收代谢研究进展[J].仲恺农业工程学院学报,2017,30(4):66-70.

[18] 鲍坤,王凯英,王晓旭,等.硒和维生素E添加对梅花鹿营养物质消化率及血液生化指标的影响[J].饲料工业,2018,39(5):60-64.

[19] 陈渠,华灿枫,牛立琼,等.地塞米松对山羊体内多种维生素和微量元素含量的影响[J].畜牧与兽医,2018,50(5):65-70.

[20] 闫晓龙.小动物阿司匹林中毒的治疗方法[J].中国动物保健,2012,14(5):19.

[21] 李赛慧,闵雯嫣,张信军,等.1 例犬黄曲霉毒素中毒的诊断分析[J].畜牧与兽医,2018 (10):124-127.

[22] 王传宝.兔亚硒酸钠中毒的临床分析[J].中国动物保健,2018(9):34-35.

[23] 张文广.羊六种有毒植物中毒的诊断和防治方案[J].当代畜牧,2018(7):7-8.